INTEGRATION KONKRET

INTEGRATION KONKRET
Begründung, didaktische Konzepte, inklusive Praxis

herausgegeben von
Hans Eberwein
Johannes Mand

VERLAG
JULIUS KLINKHARDT
BAD HEILBRUNN • 2008

Dieser Titel wurde in das Programm des Verlages mittels eines Peer-Review-Verfahrens aufgenommen. Für weitere Informationen siehe www.klinkhardt.de.

Bibliografische Information der Deutschen Nationalbibliothek
Die Deutsche Nationalbibliothek verzeichnet diese Publikation in der Deutschen Nationalbibliografie; detaillierte bibliografische Daten sind im Internet abrufbar über http://dnb.d-nb.de.

2008.8.Kk. © by Julius Klinkhardt.
Das Werk ist einschließlich aller seiner Teile urheberrechtlich geschützt.
Jede Verwertung außerhalb der engen Grenzen des Urheberrechtsgesetzes ist ohne Zustimmung des Verlages unzulässig und strafbar. Das gilt insbesondere für Vervielfältigungen, Übersetzungen, Mikroverfilmungen und die Einspeicherung und Verarbeitung in elektronischen Systemen.

Druck und Bindung: AZ Druck und Datentechnik.
Printed in Germany 2008.
Gedruckt auf chlorfrei gebleichtem alterungsbeständigem Papier.

ISBN 978-3-7815-1639-7

Inhaltsverzeichnis

Einleitung: Integration als pädagogische Aufgabe................................7

Zur Begründung inklusiver Bildung

1 *Hans Eberwein*
  Zur Entstehung und Entwicklung des Sonderschulwesens –
  Darstellung und Kritik..15
2 *Alfred Sander*
  Etappen auf dem Weg zu integrativer Erziehung und Bildung.............27
3 *Hans Eberwein*
  Kritische Analyse der sonderpädagogischen Theoriebildung –
  Konsequenzen für Integration, Unterricht und Lehrerrolle..................41
4 *Douglas Ross*
  Was Eltern wollen..59
5 *Anette Hausotter*
  Integration und Inklusion in Europa..75

Methoden integrativer Arbeit

6 *Johannes Mand und Marcel Veber*
  Diagnostische Aufgaben in integrativen Einrichtungen.....................93
7 *Sabine Herm*
  Konzepte integrativer Förderung im Elementarbereich....................107
8 *Georg Feuser*
  Didaktik integrativen Unterrichts. Eine Problemskizze....................121
9 *Barbara Gasteiger-Klicpera und Christian Klicpera*
  Förderung der sozialen Inklusion..137

10 *Jutta Schöler*
Integrative Förderung von Menschen mit schweren
Behinderungen..155
11 *Gudrun Doll-Tepper*
Integrationspädagogik, Bewegung und Sport............................165

Integrative Institutionen

12 *Max Kreuzer*
Entwicklung und Rahmenbedingungen der integrationspädagogischen Arbeit im Elementarbereich.............................183
13 *Andreas Hinz*
Gemeinsamer Unterricht..197
14 *Stefan Doose*
Berufliche Integration...213
15 *Bernhard Klingmüller*
Wohnen und Integration..229
16 *Reinhard Markowetz*
Freizeit inklusive – Aspekte des Gelingens integrationspädagogischer Arbeit im Lebensbereich Freizeit.......................241

Autorinnen und Autoren..253

Hans Eberwein und Johannes Mand

Einleitung: Integration als pädagogische Aufgabe

Als Kind die Kita, die Schule in der Nachbarschaft besuchen, später einen Beruf erlernen, leben mitten in der Gemeinde in der eigenen Wohnung, das ist für viele Menschen in Deutschland heute selbstverständlich. Für die meisten Menschen mit sog. Behinderungen sind diese Standards jedoch noch lange nicht erreicht.

Dass Menschen mit „Behinderungen" häufig nicht oder nur randständig am gesellschaftlichen Leben teilnehmen können, hat viel mit Sondereinrichtungen für Behinderte zu tun. Diese Institutionen wurden mit dem Ziel errichtet, spezielle Förderangebote bereit zu stellen. Der Grundgedanke dabei war: Kinder, Jugendliche oder Erwachsene mit Behinderung haben andere Bedürfnisse. Sie benötigen eine besondere Förderung durch Spezialisten. Und nach langen Jahren der Förderung in Sondereinrichtungen sind Menschen mit Beeinträchtigung auf ein Leben in der Gemeinschaft gut vorbereitet.

Inzwischen haben Jahrzehnte der Forschung gezeigt: Integrativen Einrichtungen gelingt eben dies – die Vorbereitung auf ein Leben in der Gemeinschaft – deutlich besser als Sondereinrichtungen. In integrativen Schulen geförderte Kinder mit Behinderungen zeigen bessere Leistungen als Sonderschüler (genauere Informationen über lernbehinderte Schüler/innen bei HILDESCHMIDT/SANDER 1996, über Kinder mit Körperbehinderungen, Geistiger Behinderung und Sinnesbehinderungen bei NACKEN u.a. 2002 und bei HINZ in diesem Buch). Ihre Berufs- und Lebenschancen sind gut (vgl. DOOSE in diesem Buch). Die entsprechenden Befunde der vergleichenden Integrationsforschung kann man so erklären: Kinder mit „Behinderung" lernen in der Regel nicht nur das, was Pädagogen lehren, sondern sie lernen auch von ihren Mitschülern. Fasst man z. B. Kinder mit Lernproblemen in Sonderschulen bzw. Förderschulen zusammen, so können sie nur von ebenfalls beeinträchtigten Mitschülerinnen und Mitschülern lernen. Sonderschülern mit Sprachschwierigkeiten fehlt das Sprachvorbild der nicht „behinderten" Kinder. Sonderschüler mit Verhaltensproblemen lernen nur Kinder kennen, die wie sie selbst Probleme mit ihren eigenen Gefühlen haben oder oftmals an der Aufgabe scheitern, sich anderen Menschen gegenüber in angemessener Weise zu verhalten. Anders formuliert: Wer Sondereinrichtungen

besucht, erfährt reduzierte Entwicklungsanreize und Lernimpulse. Er hat geringere Chancen auf ein selbst bestimmtes Leben in unserer Gesellschaft.
Seit Jahrzehnten entscheiden sich deshalb immer mehr Eltern von Kindern mit Beeinträchtigung, ihre Kinder in integrative Einrichtungen zu schicken: in die Kita der Nachbarschaft, in die gemeinsame Grundschule und, wenn diese Möglichkeiten gegeben sind, in integrative Gesamtschulen oder Gemeinschaftsschulen. Sie suchen für ihre Kinder Ausbildungs- und Arbeitsverhältnisse in Integrationsprojekten. Und viele dieser Eltern unterstützen den Weg ihrer Kinder in integrative Wohnformen.
Mit der Aufnahme von Kindern mit „Behinderungen" in Regeleinrichtungen hat sich auch die Arbeit mit Kindern und Jugendlichen ohne Behinderung verändert. In den Kitas ist deutlicher geworden, wie wichtig eine solidarische Gemeinschaft sein kann, in der auch schwache, langsamer lernende oder schwierigere Kinder ihren Platz haben. Viele Schulen haben inzwischen akzeptiert, dass alle Kinder unterschiedliche Lernvoraussetzungen, Lerninteressen und Lernwege haben. Alle integrativ beschulten Kinder profitieren von individualisierten Angeboten, d. h. von Aufgaben, die an dem jeweils erreichten Lernstand anknüpfen. Im Berufsbereich sind neue Arten von gemeinnützigen Unternehmen entstanden. Und es entstehen neue Formen der ambulanten Beratung und Unterstützung von Arbeitsverhältnissen in Assistenzmodellen.
Eine integrative bzw. inklusive Förderung von Kindern, Jugendlichen und Erwachsenen mit „Behinderung" hat also nachhaltige und positive Auswirkungen auch auf die pädagogische Arbeit in Einrichtungen, die von ihren Ursprüngen her nicht auf die Bedürfnisse dieser Kinder zugeschnitten waren. Pädagogen und Pädagoginnen, die in integrativ arbeitenden Institutionen tätig sind, müssen sich mit besonderen Entwicklungswegen und hierzu passenden Fördermethoden auseinandersetzen. Sie befassen sich z. B. mit förderdiagnostischen Instrumenten und erfahren so, dass die Suche nach geeigneten, d. h. individuell passenden Methoden eine interessante, anspruchsvolle und befriedigende Aufgabe für jede Lehrerin und jeden Lehrer sein kann.
Eine inklusive Förderung von Kindern, Jugendlichen und jungen Erwachsenen mit Beeinträchtigungen ist nicht mit den traditionellen Methoden der Regeleinrichtungen zu erreichen; auch nicht mit den herkömmlichen Fördermethoden der Behindertenarbeit. Sondern es hat sich eine Vielfalt von Methoden entwickelt, von denen *alle* Kinder profitieren können, solche mit und ohne Beeinträchtigung ebenso wie sog. Hochbegabte oder Kinder mit Lernproblemen. Integrative Einrichtungen üben deshalb eine starke Anzie-

hungskraft aus, und zwar auf Kinder mit speziellen Förderbedürfnissen ebenso wie auf andere Schüler.

Pädagogen und Pädagoginnen, die in integrativen Einrichtungen arbeiten, müssen neue Qualifikationen erwerben. Wichtig sind z. B. gute förderdiagnostische Kenntnisse. Denn die individuell passenden Angebote für alle Mitglieder der Lerngruppe kann man nur unterbreiten, wenn man weiß, in welchen Schritten sich die Entwicklung normalerweise vollzieht, und wenn man weiß, wo jedes Kind, jeder einzelne Jugendliche oder junge Erwachsene steht. Und mehr noch: Es ist unverzichtbar, zu wissen, wie sie auf spezifische Fördersituationen, auf besondere methodische Angebote reagieren. Und es ist hilfreich, auch alternative Lernwege zu kennen, Ideen darüber entwickeln zu können, was ein Kind, ein Jugendlicher, ein Erwachsener benötigt, um den nächsten bedeutsamen Schritt in seiner Entwicklung zu tun. Dies alles gehört zu den Aufgaben der förderdiagnostischen Tätigkeit. Wer in integrativen Zusammenhängen arbeitet, muss also wissen, wie man entwicklungsorientierte individuelle Förderung gestalten kann.

Die zweite integrationspädagogische Qualifikationsanforderung an Pädagoginnen und Pädagogen entsteht aus der Heterogenität der Lerngruppen: Wer mit sehr unterschiedlichen Lernvoraussetzungen und Erfahrungen zu tun hat, der muss in der Lage sein, das Lernen so zu organisieren, dass alle Kinder und Jugendlichen auf unterschiedlichem Niveau am gemeinsamen Gegenstand lernen können. Sie müssen also einerseits in der Lage sein, Lerngegenstände auf ihr Potential zur inneren Differenzierung zu analysieren, also zu erkennen, worin die Möglichkeiten zum Lernen auf unterschiedlichen Anforderungsniveaus bestehen. Und sie müssen andererseits in der Lage sein, das Lernen von Kindern und Jugendlichen so zu organisieren, dass sie in der Lage snd, ihr Lernen auf unterschiedlichen Ebenen angemessen zu gestalten. Weil innere Differenzierung u. a. bedeutet, dass unterschiedliche Kinder, Jugendliche bzw. junge Erwachsene zur gleichen Zeit unterschiedliche Dinge tun, und weil in aller Regel bestenfalls zwei Pädagogen pro Lerngruppe zur Verfügung stehen, erfordert dies ein hohes Maß selbst bestimmten und disziplinierten Lernens. Dies sind Lern- und Verhaltensvoraussetzungen, die nicht von selbst entstehen, oder die Kinder beim Wechsel in inklusive Einrichtungen mitbringen; sondern diese Voraussetzungen sind selbst wichtiges Lernziel der pädagogischen Arbeit und fordern entsprechend methodisches Geschick auf der Seite der Pädagogen.

Drittens ist es wohl wichtig, dass Gruppenprozesse innerhalb der Lerngruppe wahrgenommen und gesteuert werden. Kinder, Jugendliche und junge Erwachsene mit „Behinderungen" haben ein erhöhtes Risiko, in Außenseiterpositionen zu kommen, wenn das soziale Lernen selbst nicht Gegenstand der pädagogischen Arbeit wird. Die einschlägigen Untersuchungen zum Thema soziale Integration in Schulen zeigen vergleichsweise deutlich, dass Schüler mit Beeinträchtigung von ihren Mitschülern leicht als „unbeliebt" eingestuft werden (WOCKEN 1993, HILDESCHMIDT/SANDER 1996, PREUSS-LAUSITZ 1997, KLICPERA/KLICPERA 2003, PREUSS-LAUSITZ/TEXTOR 2006, MAND 2007). Es ist wichtig, dass Lehrerinnen und Lehrer kompetent in der frühen Wahrnehmung solcher Gruppenprozesse sind. Und es ist notwendig, dass sie in solchen Situationen professionell und wirksam eingreifen können, bevor sich problematische Gruppenkonstellationen verfestigen.

In die Aus-, Fort- und Weiterbildung sind diese besonderen Qualifikationsanforderungen noch nicht in hinreichendem Maße eingegangen. Integration und Inklusion sind seit Jahren nur ein Thema unter vielen in den einschlägigen Ausbildungs- und Studiengängen. Dies hat damit zu tun, dass Menschen mit Behinderung über viele Jahrzehnte hinweg vor allem als Klientel von Sondereinrichtungen wahrgenommen wurden und dass sich Sonder- und Heilpädagogik als allein zuständig für pädagogische Arbeit in diesen Einrichtungen erklärten. Dies muss sich ändern. Denn wer Anfang des 21. Jahrhunderts Sonderpädagogik studiert, hat mit hoher Wahrscheinlichkeit in seiner späteren beruflichen Praxis mit integrativen Einrichtungen zu tun. Bereits jetzt ist Integration in den meisten Bundesländern ein festes Regelangebot. Sehr verbreitet sind integrative Angebote im Kitabereich. Auch die von der KMK erfassten Zahlen belegen in den letzten Jahren einen kontinuierlichen Anstieg der Integrationszahlen im Bereich Schule (von bundesweit 54 350 Schülerinnen im Jahr 1999 auf 65 804 Kinder mit Behinderungen in Allgemeinen Schulen; KMK 2003, 10).

Die Entwicklung der Integrationspädagogik wird dennoch etwa mit dem Beginn des neuen Jahrhunderts von einigen ihrer Vertreter/innen kritisch wahrgenommen. Diese Unzufriedenheit mit der Entwicklung integrativer Einrichtungen hat mehrere Gründe. Eine wichtige Rolle spielt z. B., dass sich die in Modellversuchen erprobten Rahmenbedingungen mit der Ausweitung der integrativen Arbeit z. T. deutlich verschlechtern. Hinzu kommt, dass die Zahlen der KMK trotz aller Erfolge deutlich vor Augen führen, dass nach wie vor nur eine kleine Minderheit von Kindern, Jugendlichen oder Erwachsenen mit Behinderungen in integrativen Settings leben, lernen und arbeiten kann. Von einer Wahlfreiheit oder gar von einer Abschaffung von Sondereinrichtungen kann bisher nicht die Rede sein.

Die neue Unzufriedenheit hat auch Auswirkungen auf einen Teilaspekt der Integrationsdebatte – auf die Begriffsdiskussion. War seit den Anfängen der

Integrationsbewegung und Integrationspädagogik klar, dass der Begriff Integration für das gemeinsame Leben, Lernen und Arbeiten aller Menschen mit und ohne Behinderung steht (FEUSER 1999), sorgt die Einführung des Begriffs „Inklusion" seit einigen Jahren für Diskussionen. Integration steht in einigen Publikationen nicht mehr für die Utopie einer gemeinsamen Welt von Menschen mit und ohne Behinderung, sondern wird zum Begriff, der den manchmal unbefriedigenden Alltag integrativer Einrichtungen beschreiben soll. "Integration" wird mit individuumzentrierten Ansätzen verbunden, mit der defizitorientierten Verteilung von Ressourcen, mit der Ausweitung von Sonderpädagogik in Regelschulen. Der Begriff "Inklusion" soll dagegen für Institutionen stehen, in denen Menschen mit Behinderungen nicht in ein bestehendes System eingepasst werden, sondern bestehende Systeme so ausgerichtet sind, dass alle Menschen in ihrer Unterschiedlichkeit gefördert werden. In inklusiven Einrichtungen tritt der systemische Ansatz an die Stelle individuumzentrierter Modelle. In inklusiven Institutionen gehen die Ressourcen ohne Etikettierung „behinderter" Kinder direkt in die betreffenden Systeme. Inklusionspädagogik ist eine Pädagogik, in der eine Synthese von (veränderter) Sonder- und Schulpädagogik gelingt (HINZ 2004).
An diesem Vorschlag entzündet sich eine Begriffsdebatte. Preuss-Lausitz (2006) erkennt in diesem Vorschlag nicht ganz ohne Grund eine faktische Abwertung der bisherigen integrationspädagogischen Arbeit und Forschung. Und man muss wohl auch festhalten, dass der Begriff "Integration" als fehlerhafte und nicht angemessene Umsetzung von Inklusion durch einige Kritiker so bestimmt wird, wie ihn zuvor kein Autor der Integrationspädagogik diskutiert hat.
Welches Bild ergibt sich, wenn man die Begrifflichkeit der Welt-Gesundheits-Organisation auf die Inklusions-Integrations-Debatte bezieht? In der International Classifikation of Functioning (ICF) werden drei Ebenen unterschieden: Die Ebene der Körperstrukturen und -funktionen (functioning), die Ebene der Aktivitäten (activity) und die Ebene der Partizipation (WHO 2005). Wendet man diese Begrifflichkeit auf das hier diskutierte Problem an, so kann man festhalten, dass das Ziel der pädagogischen Arbeit in integrativen und inklusiven Zusammenhängen wohl darin besteht, eine möglichst frühe und weitgehende Partizipation herzustellen, und zwar durch Veränderung der bestehenden pädagogischen Regeleinrichtungen selbst und durch Veränderung der pädagogischen Arbeit in diesen Einrichtungen. Auch Sonderinstitutionen dürften für sich reklamieren, dass sie am Ziel der Partizipation ausgerichtet sind. Partizipation soll aber hier erreicht werden, indem in Sondereinrichtungen möglichst effektiv an Körperstrukturen/funktionen

bzw. Aktivitätseinschränkungen gearbeitet wird. Sonderpädagogische Förderung soll Beeinträchtigungen möglichst weitgehend abbauen und so eine spätere gesellschaftliche Partizipation ermöglichen. Wesentlich sind also nicht mögliche Bedeutungsunterschiede zwischen Integration und Inklusion. Sondern die entscheidende Frage dürfte vielmehr darin bestehen, ob Partizipation durch (zeitweilige) Segregration erreicht werden soll (wie dies Vertreter der traditionellen Sonderpädagogik wollen) oder durch Förderung in (veränderten) Regeleinrichtungen (Integration und Inklusion).

Wie die Begriffsdebatte weiter verlaufen wird, ist derzeit noch nicht abzusehen. Einiges deutet darauf hin, dass der Begriff Inklusion den Begriff Integration ersetzen wird. Immerhin ist der Begriff Inklusion auch in internationalen Zusammenhängen gut verständlich. Das gemeinsame Leben, Lernen und Arbeiten von Menschen mit und ohne Behinderungen ist ein internationales Anliegen.

Wer in seiner pädagogischen Arbeit die Voraussetzungen dafür schaffen möchte, dass Kinder, Jugendliche und Erwachsene mit und ohne Beeinträchtigungen gemeinsam leben, lernen und arbeiten können, wer Alternativen zu Wohnheimen und Werkstätten für Menschen mit Behinderungen schaffen möchte, sollte die wichtigsten theoretischen Begründungen der Integrationspädagogik kennen. Theorien können wichtig werden, wenn man auf der Suche nach Leitbildern für Institutionen ist. Und sie sind wichtig in der öffentlichen Debatte, etwa wenn es darum geht zu erklären, warum Institutionen davon profitieren können, wenn sie sich für alle Menschen öffnen.

Dieses Buch beschäftigt sich deshalb in seinem ersten Teil mit Theoriefragen. Der erste Beitrag von HANS EBERWEIN beschreibt die Entwicklung des Sonderschulwesens sowie der Integrationspädagogik. Der Beitrag von ALFRED SANDER gibt einen historischen Überblick über die Entwicklung der Theoriediskussion in Sachen Integration/Inklusion und greift die im Rahmen des Einleitungsbeitrags nur kurz angerissene Begriffsdiskussion auf. Der zweite Beitrag von Hans Eberwein liefert eine theoretische Begründung integrativer Arbeit. Der Beitrag von DOUGLAS ROSS informiert darüber, wie Eltern über integrative Einrichtungen, über Sondereinrichtungen denken und welche Wünsche an die pädagogische Arbeit bestehen. ANETTE HAUSOTTER beschreibt die Entwicklung von Inklusion in unterschiedlichen Staaten der EU. Der Vergleich mit anderen Bildungssystemen ist insbesondere für deutsche Pädagog/innen eine interessante Angelegenheit. Denn Deutschland setzt die einschlägigen internationalen Vereinbarungen offenbar nur schleppend und unbefriedigend um. Der Blick auf in Sachen Inklusion erfolgreiche Staaten kann wichtige Anregungen zur Entwicklung in Deutschland liefern.

Der dritte Teil beschäftigt sich mit Methodenfragen. Es geht also um das „Wie" integrativer bzw. inklusiver Arbeit. Am Anfang des Kapitels steht ein Beitrag, der sich mit der diagnostischen Arbeit in integrativen Einrichtungen beschäftigt. Er erklärt, wie förderdiagnostische Methoden dazu beitragen können, Anregungen für die pädagogische Arbeit zu gewinnen, spricht aber auch Empfehlungen zum Einsatz von testdiagnostischen Instrumenten aus. Hieran schließen sich Beiträge an, die Methoden der diagnostischen Arbeit in unterschiedlichen Institutionen vorstellen. SABINE HERM beschäftigt sich mit den für den Vorschulbereich einschlägigen Methoden-Konzepten. GEORG FEUSER stellt die Essentials integrativer Didaktik für schulische Zusammenhänge vor. In welchem Umfang Kinder und Jugendliche sozial integriert sind und welche Methoden dazu beitragen können, die soziale Inklusion zu fördern, beschreiben BARBARA GASTEIGER-KLICPERA und CHRISTIAN KLICPERA. JUTTA SCHÖLER befasst sich mit der integrativen Förderung von Menschen mit schweren Behinderungen. Und der Beitrag von GUDRUN DOLL-TEPPER befasst sich mit Integration in den Bereichen Spiel und Sport. Der vierte Teil beschreibt vor allem Institutionen. Er soll darüber informieren, welche Einrichtungen unter welchen Bedingungen integrativ arbeiten und liefert einen Vergleich zwischen diesen und Sondereinrichtungen. Dem Beitrag von MAX KREUZER sind z. B. die neusten Zahlen zur Integration in Kitas zu entnehmen. ANDREAS HINZ vergleicht Sonderschulen und Integrationsschulen mit Hinweisen auf positive Ergebnisse der integrativen Förderung. Der Beitrag von STEFAN DOOSE bietet eine Forschungsübersicht zur Wirksamkeit von Integrationsprojekten zur Eingliederung von Menschen mit geistiger Behinderung. BERNHARD KLINGMÜLLER beschreibt neue Ansätze im Wohnbereich. Wie Menschen mit Behinderungen auch im Freizeitbereich integriert werden können ist bei RAINER MARKOWETZ nachzulesen.

Literatur

FEUSER, G.: Modelle der Integration: Fortschritt oder Inflationierung des Integrationsanliegens? In: Behinderung. Integration in der Schule. Positionen, Praxis, Zukunft. Schulheft 94. Wien 1999, 29–42

HILDESCHMIDT, A./SANDER, A.: Zur Effizienz der Beschulung sogenannter Lernbehinderter in Sonderschulen. In: Eberwein, H.: Handbuch Lernen und Lern-Behinderungen. Weinheim 1996, 115–134

HINZ, A.: Entwicklungswege zu einer Schule für Inklusion. In: Zeitschrift für Heilpädagogik 55 (2004) 245–250

KLICPERA, C./GASTEIGER KLICPERA, B.: Förderung der sozialen Integration von Schülern mit Behinderungen.. In: Zeitschrift für Heilpädagogik 54 (2003) 278–285

MAND, J.: Social position of special needs pupils in the classroom: a comparison between German special schools for pupils with learning difficulties and integrated primary school classes. In: European Journal of Special Needs Education 22 (2007) 7–14

NACKEN, H./ PIJL, S.J./MAND, J.: Lernen im integrativen Unterricht. Eine Übersicht über die Auswirkungen von Integration auf die Schulleistungen von Schüler/innen mit Sinnesbehinderungen, Körperbehinderungen und/oder geistigen Behinderungen. In: Sonderpädagogik 33 (2003) 18–27

PREUSS-LAUSITZ, U./TEXTOR, A.: Verhaltensauffällige Kinder sinnvoll integrieren – eine Alternative zur Schule für Erziehungshilfe. In: Zeitschrift für Heilpädagogik 57(2006), 2–8

PREUSS-LAUSITZ, U.: Die Bildungsperspektive der integrativen Schule für alle. In: 90–96. In: PLATTE, A. /SEITZ, S. / TERFFLOTH, K.: Integrative Bildungsprozesse. Bad Heilbrunn 2006, 90–96

Preuss-Lausitz, U.: Integration und Toleranz. In: Heyer, P. u.a.: Behinderte Kinder sind doch wie wir. Berlin 1997, 171–204

WHO: Internationale Klassifikation der Funktionsfähigkeit, Behinderung und Gesundheit. Genf 2005

WOCKEN, H.: Bewältigung von Andersartigkeit. In: Gehrmann, P./Hüwe, B. (Hrsg.):Forschungsprofile der Integration von Behinderten. Essen 1993, 86–106

Hans Eberwein

1 Zur Entstehung und Entwicklung des Sonderschulwesens – Darstellung und Kritik

Die Anfänge einer besonderen Erziehung für Menschen mit Beeinträchtigungen können auf das Ende des 18. Jahrhunderts datiert werden. Es waren in erster Linie religiöse, humanitäre und caritative Gründe, die dazu führten, sich der Erziehung und Bildung dieser Menschen anzunehmen. Diese Entwicklung stand in engem Zusammenhang mit der Epoche der Aufklärung, die von der Bildsamkeit und Lernfähigkeit des Menschen überzeugt war. Mit der Forderung nach allgemeiner Volksbildung verband sich auch eine andere Sichtweise von Menschen mit „Behinderung". Nach JANTZEN (1974, 51) wird ihre Ausgrenzung mehr und mehr überwunden und von den bürgerlichen Pädagogen und Medizinern im Rahmen des gesellschaftlichen Bildungs-, Arbeits- und Produktionsprozesses gesehen.
Die Medizin des 18. Jahrhunderts hatte im Zuge der Aufklärung für alle Beeinträchtigungen körperliche, psychische und soziale Bedingungen gleichermaßen verantwortlich gemacht. Demgegenüber reduzierte die Medizin des 19. Jahrhunderts ihr Denkmodell auf ein eindimensionales Ursache-Wirkungs-Prinzip. Auch soziale Fragen wurden verstärkt mit diesem medizinisch-naturwissenschaftlichen Paradigma erklärt und zunehmend auf psychische und biologische Zusammenhänge reduziert. Behinderung und psychische Krankheit sind daher nicht mehr in ihrer sozialen Verursachung gesehen worden (JANTZEN 1982, 22 ff.; NEUMANN 1994, 7).
Mit dem Aufkommen von Spezialwissenschaften im Laufe des 19. Jahrhunderts entwickelte sich nach JANTZEN (19) auch eine allmähliche Ausdifferenzierung von Störungen der Individuen und die Umsetzung in medizinische, pädagogische und psychologische Kategorien. Diese Denkformen wurden schließlich auch für die Sonderpädagogik konstitutiv. Die Medizin ist im 19. Jahrhundert durch die Physiologie und vor allem Pathologie sowie durch die Entdeckung der experimentellen Methode bestimmt worden. In dieser Zeit bildeten sich die Begriffspaare „normal – anormal" heraus. Für die durch wissenschaftliche Begründungsversuche sich etablierende Sonder- bzw.

Heilpädagogik wurden „Normalität" und „Abnormität" ebenfalls zu zentralen Begriffen der Theoriebildung. Solche Versuche lassen sich bis in die 30er und 40er Jahre des 20. Jahrhunderts verfolgen; z. B. die Entwicklungs- und Testpsychologie der letzten Jahrzehnte hat durch die Klassifizierung von Entwicklungsstandards Normierungen geschaffen, die gleichzeitig als Legitimation für Aussonderung dienten (FÖLLING–ALBERS 1989, 40 f.).

1890 erschien von STRÜMPELL, einem Schüler HERBARTS, das Werk „Die pädagogische Pathologie oder Die Lehre von den Fehlern der Kinder". Das Untersuchungsmaterial Strümpells enthält über 200 Fehler in alphabetischer Reihenfolge von „abergläubisch" bis zu „zimperlich" und „Zwangshandlungen". Er unterscheidet zwar zwischen medizinisch–psychiatrischer und pädagogischer Pathologie, aber die Fehler der Kinder werden im naturwissenschaftlichen Sinne erfasst und aus dem gesellschaftlichen Kontext herausgelöst.

BLEIDICK sieht in der Lehre von den Kinderfehlern den ideengeschichtlichen Ursprung der Heilpädagogik. Die Sonderpädagogik hat sich bis in unsere Tage an diesem „medizinischen Modell" orientiert und betrachtet „Behinderung" als Defekt, der kausalätiologisch im Individuum lokalisiert ist. Bereits GEORGENS und DEINHARDT (1861) haben die Heilpädagogik als ein „Zwischenglied zwischen Medizin und Pädagogik" bezeichnet. Und der Kinderpsychiater STUTTE schrieb 1960 (1070): „Heilpädagogik ist angewandte Kinderpsychiatrie".

Die Medizinisierung der Sonderpädagogik, insbesondere der Einfluss von Psychiatrie und Pathologie hat die Entwicklung und Theoriebildung dieser Disziplin entscheidend geprägt. So wird verständlich, dass das Abweichende, das Abnorme, die Kinderfehler, der Defekt, die organische Schädigung im Mittelpunkt des Denkens stand und vielfach heute noch steht. Für die starke Identifizierung der Sonderpädagogen mit der Arbeit des Arztes gibt es nach BLEIDICK (1985, 255) zwei Motive. Einmal sieht er in der Lehre von den Kinderfehlern der Philanthropen im 18. Jahrhundert „einen ungebrochenen Optimismus, durch erzieherische Maßnahmen körperliche, geistige und seelische Gebrechen tatsächlich heilen zu können. Zum zweiten – und dies ist wesentlicher für die Professionalisierung des neuen Berufsstandes – bot die Okkupation des medizinischen Begriffs von Heilpädagogik jene Faszination und Prestigeerhöhung, die im Vergleich zu den renommierten ärztlichen Standesvertretern den Lehrern des niederen Standes und der sozial Vernachlässigten gerade fehlte. Der weiße Kittel des Sonderschullehrers und die Attrappe des Stethoskops um den Hals des Sprachheillehrers haben hier ihren

Ursprung. Damit waren vom wissenschaftlichen Selbstverständnis der um ihre Profilierung ringenden Heilpädagogik her etliche Probleme mitgegeben." Die Hilfsschullehrer wollten am Image des Arztes partizipieren und nicht mehr nur Volksschullehrer sein. Sie wollten einen besonderen Status haben. In der Zeitschrift „Hilfsschule" schrieb der Lehrer FISCHER 1926 (258): „Nennen wir Hilfsschullehrer uns neben den Blinden- und Taubstummenlehrern getrost Schwachsinnigenlehrer, und niemand wird mehr Ursache haben, uns gering zu achten". Für diese Haltung waren also vor allem berufsständische Motive maßgebend. Hinzu kam allerdings Ende des 19. Jahrhunderts ein wachsendes staatliches Interesse an der Erziehung von „Behinderten". Durch die zunehmende Maschinisierung der Produktionsprozesse waren die Qualifikationsanforderungen an die Arbeiter gestiegen, so dass der Staat sich für eine bessere Volksschulbildung zu interessieren begann. Die Leistungsanforderungen in den Volksschulen stiegen. Gleichzeitig sollten erstmals Kinder aller gesellschaftlichen Schichten zusammen unterrichtet werden (NEUMANN 1994, 8). Aufgrund der allgemeinen Schulpflicht wurde in den Volksschulen ein Mindestmaß an bestimmten Fähigkeiten und Fertigkeiten verlangt. Dadurch fielen Schüler mit Lernschwierigkeiten, zumeist aus armen Familien, zunehmend auf. In den Volksschulen herrschten außerdem sehr schlechte materielle und personelle Verhältnisse. Massenunterricht in Klassen von 70 bis 200 Schülern war keine Seltenheit. Eine individuelle Förderung war so kaum möglich. Die Volksschule hatte daher ein Interesse, sich *der* Schüler zu entledigen, die das Ziel der Jahrgangsklasse, den gleichmäßigen Lernfortschritt sowie Leistungssteigerungen gefährdeten.

1864 hat STÖTZNER, Taubstummenlehrer und Leiter einer Idiotenanstalt, eine Schrift veröffentlicht mit dem Titel: „Schulen für schwachbefähigte Kinder – Erster Versuch zur Begründung derselben". Nach seiner Auffassung habe die Volksschule andere Aufgaben, als sich mit den „Schwachen und Stumpfsinnigen" herumzumühen und müsse deshalb von diesen Kindern befreit werden (er benutzte in diesem Zusammenhang den Begriff „Ballast"). Sie sollten andererseits nicht der Armenfürsorge anheim fallen. „Auch die Schwachsinnigen sollen als Erwachsene durch ihrer Hände Arbeit ihr Brot verdienen und nicht wie Schmarotzerpflanzen vom Marke anderer zehren" (STÖTZNER 1864, 122).

Die Gründung von Hilfsschulen kann nicht unabhängig von den strukturellen Verhältnissen in den damaligen Volksschulen gesehen werden. Sie war Ausdruck einer Kritik an der unzulänglichen Unterrichtssituation. Es bestand jedoch unter den Pädagogen jener Zeit keine Einigkeit darüber, wie dieses Problem gelöst werden könnte. Die Argumente von Gegnern einer eigenständigen Hilfsschule sind auch einhundert Jahre danach noch von hoher Aktualität (vgl. z. B. WITTE 1901). Durch die Aussonderung von Kindern wurde erstmals äußere Differenzierung praktiziert, statt die Schul- und Unterrichtsstrukturen der allgemeinen Schule durch innere Differenzierung (Binnendifferenzierung) so zu verändern, dass *alle* Kinder gemeinsam in einer Klasse lernen können.

Die Hilfsschullehrer schlossen sich 1898 zum „Verband der Hilfsschulen Deutschlands" (VdHD) zusammen, dem Vorgänger des heutigen Verbandes Sonderpädagogik (vds). Sie widmeten sich vor allem der Aufgabe, den Gegnern des Hilfsschulgedankens entgegen zu wirken sowie die Hilfsschulen zu verbreiten und zu vereinheitlichen. Tatsächlich ist die Zahl der Hilfsschulen danach sprunghaft angestiegen (MYSCHKER 1969). Sie plädierten für die Anerkennung der Hilfsschulen als „Spezialschulen". Versuche auf der Reichsschulkonferenz von 1920, „heilpädagogische Schulen" als Teil der Einheitsschule zu definieren, scheiterten. Die Hilfsschullehrer haben auf ihrem Verbandstag 1926 gefordert: „Die Hilfsschule muss den Charakter der Normalschule abstreifen und einen spezifisch heilpädagogischen Charakter annehmen" (SPECK 1973, 350). Die Eigenständigkeit der Hilfs- bzw. Sonderschulen ist auch in der Folgezeit von der Verbandsorganisation der Sonderschullehrer sowie der Schuladministration immer wieder betont und verteidigt worden.

Unter Berufung auf die biologisch-medizinische Kategorie „Schwachsinn" konnten die Hilfsschullehrer das Phänomen „Schulversagen" anthropologisieren, eine wesensmäßige Andersartigkeit ihrer Schüler betonen und damit die Notwendigkeit der Hilfsschule begründen. Die Defekt orientierte Sichtweise führte schließlich zur Herausbildung eines Individuum zentrierten Paradigmas mit der Konsequenz, dass sozioökonomische und interaktionistische sowie systemtheoretische (z. B. unzulängliche schulische Rahmenbedingungen) Verursachungsfaktoren aus dem Blickfeld gerieten und Lernversagen einseitig als organisch-genetisch bedingt interpretiert wurde.

Schon vor mehr als 100 Jahren gab es erhebliche Bedenken und Einwände gegen die Sichtweise der Hilfsschullehrer, „die in einer Mischung aus berufsständischem Egoismus und ständestaatlichem Gesellschaftsbild kein Interesse an einer Veränderung der bestehenden gesellschaftlichen und bildungspolitischen Verhältnisse zeigten" (ELLGER-RÜTTGARDT 1999, 53). Widerstand formierte sich besonders in Berlin und Hamburg. So lehnte der Magistrat von Berlin 1898 die Gründung von Hilfsschulen mit dem Hinweis auf die damit verbundene Stigmatisierung und die zu langen Schulwege ab. An Stelle von Hilfsschulen wurden deshalb in den Gemeindeschulen so genannte Nebenklassen eingerichtet, die sich jedoch nicht bewährt hatten und 11 Jahre später wieder abgeschafft wurden. In Hamburg wandte sich 1890 vor allem der Lehrer ARMACK „gegen jedes Sortieren der Kinder", aber auch der Posener Schulrat WITTE trug 1901 in einer Schrift mehrfache Bedenken gegen die Einrichtung von Hilfsschulen vor. Vor allem von der Reformpädagogik zu Beginn des 20. Jahrhunderts, hier besonders von MARIA MONTESSORI, CELESTIN FREINET und PETER PETERSEN, gingen wichtige Impulse für das gemeinsame Lernen aus. Die Integrationspädagogik von heute basiert in ihren Unterrichtskonzepten und offenen Lernformen weitgehend auf Vorstellungen, wie sie von der Reformpädagogik entwickelt und praktiziert worden sind.

Aus heutiger Sicht und beim derzeitigen Erkenntnisstand kann man feststellen: Die Errichtung und Verbreitung eigenständiger Hilfsschulen war eine falsche Entscheidung; denn die Grundlage dafür war kein eigentlich pädagogisches Konzept, keine Theorie der Hilfsschule. Die Sonderschulentwicklung war vielmehr das Ergebnis des Zusammenwirkens unterschiedlicher Einflussfaktoren, sowohl ökonomischer als auch der Entlastungsfunktion für die Volksschule; vor allem aber die Interessen der Hilfsschullehrer, ihr Statusdenken, stellten das entscheidende Motiv dar.

Vor diesem Hintergrund wurde die Grundschule in der Weimarer Verfassung und im Grundschulgesetz von 1920 zwar als „Eine für alle Kinder gemeinsame Schule" konzipiert, sie hat sich aber in den Jahrzehnten danach immer stärker vom Grundkonzept einer Gesamtschule entfernt. Dieser Sachverhalt stützte das Bemühen der Sonderpädagogen, immer mehr Hilfs- bzw. Sonderschulen einzurichten.

Während des Nazi-Regimes sind auf der Grundlage des „Gesetzes zur Verhütung erbkranken Nachwuchses" von 1938 u. a. auch Hilfsschüler sterilisiert worden. Die Zahl der zwischen 1933 und 1945 ermordeten Menschen mit Behinderung ist nicht präzise dokumentiert. Nachweislich handelt es sich aber um mehrere Zehntausend Opfer. Allein die Anstalten Brandenburg an der Havel, Bernburg an der Saale, Hadamar/Limburg, Grafeneck/Württemberg und Hartheim/Linz kommen auf mehrere Zehntausend Opfer der T4 Aktion (LANDESWOHLFAHRTSVERBAND HESSEN 2003). Die Auseinandersetzung mit dem Menschen mit Behinderung zugefügten Unrecht führte dazu, dass in der ersten KMK-Empfehlung nach dem Zweiten Weltkrieg, dem „Gutachten zur Ordnung des Sonderschulwesens" von 1960, der Gedanke der Schuld und der Wiedergutmachung im Mittelpunkt standen: „Das Ansehen der Sonderschulen in der Öffentlichkeit muss gehoben werden. Das deutsche Volk hat gegenüber den Menschen, die durch Leiden oder Gebrechen be-

benachteiligt sind, eine geschichtliche Schuld abzutragen. Sie dürfen nicht als weniger wertvoll betrachtet und behandelt werden. Das deutsche Volk muß die Aufgabe wieder ernst nehmen, allen Kindern und Jugendlichen, die die allgemeinen Schulen nicht mit Erfolg besuchen können, den Weg zu einem sinnerfüllten Leben zu bereiten" (7).
Das Gutachten der KMK hatte, auch im Zusammenhang mit dem wirtschaftlichen Aufschwung in den 60er Jahren des letzten Jahrhunderts, einen gewaltigen Ausbau des Sonderschulwesens in Deutschland zur Folge. Neben der Achtung der Menschenwürde war nach Ansicht der KMK die Förderung von Sonderschulen auch aus wirtschaftlichen Gründen notwendig. „Mittel, die heute für das Sonderschulwesen ausgegeben werden, werden später in vielfacher Höhe bei den Ausgaben für Unterstützungen, Gefängnisse und Heilanstalten eingespart." ... „Die gesunde Weiterentwicklung des Sonderschulwesens setzt voraus, daß die Eigenständigkeit der Arbeit in den Sonderschulen gewährleistet wird..." (8). Sonderschulen im Sinne der KMK sind also Unterrichts- und Erziehungseinrichtungen für Kinder und Jugendliche mit Behinderung, die sich in der allgemeinen Schule „nicht oder nicht mit genügendem Erfolg entfalten können oder die durch ihr vermindertes Leistungsvermögen oder ihr gemeinschaftsstörendes Verhalten die Entwicklung ihrer Mitschüler erheblich hemmen oder gefährden" (8). In den Schulpflichtgesetzen der folgenden Jahre und Jahrzehnte spielten diese beiden Kriterien, die „nicht hinreichende Förderungsmöglichkeit in der allgemeinen Schule" und das „Hemmen der Lernentwicklung von Mitschülern" die entscheidenden Begründungsaspekte für die Aussonderung von Kindern.
Bei der Überweisung von Schülern in Sonderschulen stand also immer schon die Entlastung der allgemeinen Schule im Vordergrund und weniger das Erfordernis einer veränderten, Reform orientierten Pädagogik für Schüler mit Lernproblemen. Orientierungspunkt war dabei die Fiktion des Normalschülers, des sog. Durchschnittsschülers, den es in der Realität nicht gibt, da jedes Kind individuell spezifisch lernfähig ist. Trotzdem entwickelten die Schulverwaltungen das Auslesekriterium der „hinreichenden Förderung" (EBERWEIN 1987). Nach den damals geltenden Schulpflichtgesetzen musste ein Schüler dann in eine Sonderschule überwiesen werden, wenn sich die Grundschule für die erfolgreiche Beschulung eines Schülers als ungeeignet erwies. Dieser Sachverhalt ist zwar verwaltungstechnisch richtig, aber pädagogisch fragwürdig, denn er unterstellt, dass die Sonderschule in jedem Falle die bessere, d. h. erfolgreichere Schule ist, in der ausgesonderte Schüler „hinreichend gefördert" werden können. Diese Annahme stimmt in dieser Ausschließlichkeit nicht; sie steht im Widerspruch zu vorliegenden Erfahrungen

in Sonderschulen sowie hinsichtlich der Persönlichkeits- und Leistungsentwicklung von Sonderschülern (vgl. KNIEL 1979; HILDESCHMIDT/SANDER 1996; NACKEN u. a. 2002; HINZ in diesem Buch). Auch in der Sonderschule gibt es ein Sitzenbleiberelend, Leistungsselektion und Entlassungen ohne Schulabschluss. Darüber hinaus kommen für als behindert definierte Schüler der Verlust der bisherigen personalen und sozialen Identität, Stigmatisierungs- und Diskriminierungseffekte sowie geringere Berufsaussichten hinzu. Im Übrigen haben sich sowohl die Anwendung besonderer Lehrmethoden als auch die den Sonderschullehrern zugesprochenen therapeutischen Möglichkeiten und besonderen Fördermaßnahmen weitgehend als Mythos herausgestellt (EBERWEIN 1988). Die in den Schulpflichtgesetzen enthaltene und von den Verwaltungsgerichten lange benutzte Formel von der „hinreichenden Förderung" muss deshalb durch das Prinzip der „individuellen Förderung" ersetzt werden. Auf dieser Grundlage hat die allgemeine Schule ihre Zuständigkeit auch für Kinder mit Behinderungen anzuerkennen. Damit wird die Grundfrage, ob Schüler sich starren Strukturen und Normen der Schule anzupassen haben oder ob Schule sich auf die unterschiedlichen Voraussetzungen der Schüler flexibel einstellen muss, eindeutig zugunsten der Kinder entschieden. Wenn aber als Prämisse akzeptiert und zu einem allgemeinen Erkenntnisprinzip erhoben wird, dass das individuelle Lernverhalten als Ausgangspunkt für pädagogisches Handeln zu sehen ist, um darauf aufbauend besondere Fördermaßnahmen zu entwickeln, ist eine solchermaßen verstandene Pädagogik eine Individuum bezogene Pädagogik. Indem sie grundsätzlichen und allgemeinverbindlichen Charakter trägt, verliert sie das Besondere. „Sonder"-Pädagogik wird zur Pädagogik und „sonder"-pädagogische Förderung zur pädagogischen Förderung.

Auch die neuere Formulierung in den Schulpflichtgesetzen der 90er Jahre, nämlich "zusätzlicher" oder „besonderer" Förderbedarf, ist problematisch, denn jedes Kind hat aufgrund seiner Einmaligkeit einen besonderen, d. h. individuellen Förderbedarf. Insofern ist jeder Förderbedarf ein anderer. Deshalb ist auch die Frage nach zusätzlichem oder sonderpädagogischem Förderbedarf müßig. Wir sind ohnehin nicht in der Lage zu sagen, was regulärer und was zusätzlicher Förderbedarf ist. BACH (1993, 143) hat in diesem Zusammenhang darauf hingewiesen, dass sich „objektive, präzise und verlässliche Kriterien für den zusätzlichen Förderbedarf eines Kindes" nicht aufstellen lassen und dass insbesondere die „Komponenten der individualen Disposition" zu berücksichtigen sind. Und wenn man diesbezüglich die Begriffsvielfalt liest, angefangen bei besonderem, über erheblichen, erhöhten, erheblich erhöhten bis zu sehr ausgeweitetem Förderbedarf, dann wird deutlich,

dass sich dahinter immanent die alten Behinderungsbegriffe verbergen, die eigentlich überwunden werden sollten. Das Gleiche gilt für den erneuten Begriffswechsel von der „Sonderschule" zur „Förderschule". Auch hier soll die Ablösung eines negativ besetzten Begriffs eine Neuorganisation pädagogischer Maßnahmen vermitteln, obwohl das Grundkonzept, der Personenkreis und die Wertvorstellung von normal und abweichend sowie der Auslesemechanismus erhalten bleiben. Ganz offensichtlich dient die neue Terminologie nicht der Grundlegung systemstruktureller Veränderungen und damit der Überwindung von Aussonderung, sondern der Stabilisierung der gegebenen schul- und bildungspolitischen Verhältnisse und deren sprachlicher Absicherung. Dafür spricht auch der Etikettenschwindel mit dem Begriff „Sonderpädagogisches Förderzentrum" als Ersatzbegriff für „Sonderschule".
BLEIDICK sieht im Begriff „sonderpädagogischer Förderbedarf" einen Schlüsselbegriff sowie eine „kopernikanische Wende" der Behindertenpädagogik (Bleidick u. a. 1995, 253). Mit diesem Begriff wird zwar zu Gunsten von individueller Förderung auf die herkömmliche Behinderungszuschreibung in Form von unveränderlichen Persönlichkeitsmerkmalen, Eigen-schaftszuschreibungen, wie z.B.: der Schüler *ist* „lernbehindert", *ist* „geistig behindert", verzichtet, was sicher einen bedeutsamen Fortschritt darstellt; dennoch wird der Versuch erkennbar, den Einfluss der „Sonder"-Pädagogik zu sichern, indem der individuelle Förderbedarf zum „sonder"-pädagogischen Bedarf erklärt wird, was immer das sein mag. Insofern ist aus integrationspädagogischer Sicht keine „kopernikanische Wende" erkennbar. Bach hat an dem Begriff Förderbedarf das Risiko einer Wertunterstellung aufgezeigt: „Wenn man zwischen Bedarf und Bedürfnis unterscheidet, dann steht Bedürfnis für die subjektiv empfundenen Wünsche, Bedarf dagegen für das, was jemand aus der Sicht „erfahrener" anderer Personen nötig hat oder später einmal gebrauchen wird. Bedarf wird also auf Grund bestimmter Wertentscheidungen unterstellt – und ist keineswegs ein objektiver Sachverhalt, wie zumeist suggeriert wird. Auch wenn man von der „normalen", d. h. von der Ausstattung der Regelgruppe ausgeht (z. B. der Alters- und Geschlechtsgruppe, die zum Vergleich herangezogen wird), so ist das bereits eine Wertentscheidung, die ja durchaus nicht zwangsläufig ist. Das Risiko des Begriffs Förderbedarf besteht nun in seiner vermeintlichen Objektivität, in der Unterstellung, dass seine Überprüfung und Begründung entbehrlich sei – ebenso übrigens wie hinsichtlich der Art der Verabreichung der Förderung" (BACH 1996, 43).
Die Kritik von BACH richtet sich also dagegen, dass Sonderpädagogen stillschweigend unterstellen zu wissen, was „objektiver" Förderbedarf ist, und

dabei die subjektiven Bedürfnisse des Kindes außer Acht lassen, außerdem den Wertungs- und Konstruktionscharakter von Begriffen und dessen Begründung nicht ausreichend offen legen und nicht hinterfragen.
Um diesem Begriffs-Dilemma zu entgehen, hat die Kultusminister-Konferenz (KMK) Ende der 90er Jahre im amtlichen Sprachgebrauch die Begriffe „Behinderung" und „sonderpädagogischer Förderbedarf" folgerichtig durch die Formulierung „Kinder mit dem Förderschwerpunkt ..." (Lernen, Sehen, Hören, Sprechen usw.) ersetzt. In den Schulen und bei den Lehrerinnen und Lehrern ist diese neue Sprachregelung bisher jedoch kaum angekommen.
Die Diskussion um eine Schule ohne Aussonderung und ohne negative begriffliche Etikettierung wird in der Bundesrepublik Deutschland seit fast 40 Jahren geführt. Sie begann im Zusammenhang mit der Einrichtung von Gesamtschulen und den dadurch ausgelösten reform- und gesellschaftspolitischen Auseinandersetzungen, als 1970 erstmals die Frage nach der Einbeziehung auch von Sonderschulen gestellt wurde (vgl. Eberwein 1970). Damit begann die *erste Phase* der Integrationsdiskussion innerhalb der Sonderpädagogik (dazu sowie zur weiteren Entwicklung vergl. EBERWEIN/KNAUER 2002, 506 ff.).
Es gibt heute kein Bundesland mehr, in dem, zumindest bei Oppositionsparteien, die Integration kein schulpolitisches Thema wäre. Die Einrichtung von integrativen Schulen ist jedoch in den einzelnen Bundesländern unterschiedlich ausgeprägt. Hier gibt es nach wie vor ein Nord-Süd- und West-Ost-Gefälle. In der Mehrzahl aller Bundesländer existieren Integrationsschulen vor allem im Primarbereich, aber zunehmend auch in der Sekundarstufe. Die integrative Entwicklung stellt zweifellos die wichtigste schul- und bildungspolitische Reform der 80er und 90er Jahre dar. In mehreren Bundesländern (z. B. in Berlin, Hessen, Niedersachsen, Rheinland-Pfalz, Saarland) gehört es bereits zum gesetzlichen Auftrag der allgemeinen Schule, Kinder mit so genanntem sonderpädagogischem Förderbedarf zu unterrichten. In Schleswig-Holstein wurde 2006 die Integrationsschule (Gemeinschaftsschule) sogar als Regeleinrichtung im Schulgesetz verankert. Aufgrund der PISA-Ergebnisse und von Schulerfahrungen in den skandinavischen Ländern, vor allem Finnlands, ist in einigen Bundesländern nach einem möglichen Regierungs- und Politikwechsel durch die SPD-Oppositionsparteien die Einführung der Gemeinschaftsschule, also das gemeinsame Lernen bis zum 10. Schuljahr, ein wichtiges Ziel ihrer Bildungspolitik.
Die integrative Schule steht im Einklang mit den KMK-„Empfehlungen zur sonderpädagogischen Förderung in den Schulen der Bundesrepublik Deutschland" vom 6.5.94. Die KMK-„Empfehlungen zur Arbeit in der

Grundschule", ebenfalls vom 6.5.94, heben hervor: „Grundschule und Sonderschule sollen dafür Sorge tragen, daß behinderte und nichtbehinderte Kinder gemeinsame Erfahrungen machen können" (18). Die UNESCO-Weltkonferenz „Zur Pädagogik für besondere Bedürfnisse", die 1994 in Salamanca/Spanien stattfand, ging noch einen Schritt weiter. Sie hat alle Länder der Erde aufgerufen, „unabhängig von individuellen Schwierigkeiten das Prinzip integrativer Pädagogik anzuerkennen". In Deutschland hat der Bundestag 1994 den Art. 3 Abs. 3 des Grundgesetzes durch den Satz 2 ergänzt: "Niemand darf wegen seiner Behinderung benachteiligt werden". Aus diesem Grund- und Menschenrecht für „Behinderte" leitet die Integrationspädagogik die Forderung nach Integration/Inklusion im Schul- und Bildungswesen ab.

Das Zusammenleben von Kindern mit und ohne speziellen Förderschwerpunkt muss bereits im Elementarbereich beginnen. Kinder begegnen in diesem Alter dem Phänomen „behindert" unbefangen. Hier vollziehen sich gemeinsame Erziehung und gemeinsames Lernen am natürlichsten. Dies stellt eine wichtige Voraussetzung dar, damit Kinder mit und ohne besondere Bedürfnisse in späteren Lebensabschnitten unvoreingenommen, ohne Vorurteile, Ängste und Abwehr miteinander umgehen. Der integrationspädagogische Ansatz muss daher ohne Haushaltsvorbehalt im Primar- und Sekundarbereich weitergeführt werden.

Integrative bzw. inklusive Pädagogik, d. h., die theoretische Grundlegung und organisationsstrukturelle Verwirklichung gemeinsamen Lernens, bietet historisch erstmalig die Möglichkeit, die in der Allgemeinen Pädagogik sowie in der Sonderpädagogik gewonnenen Erfahrungen und entwickelten Konzepte im dialektischen Sinne auf eine höhere Qualitätsstufe von Erziehung und Unterricht zu führen.

Literatur

BACH, H.: Zusätzlicher Förderbedarf. Begriff und Begründung von zusätzlichem Förderbedarf eines Kindes in der Schule. In: Vierteljahresschrift für Heilpädagogik und ihre Nachbargebiete 62 (1993), 137-143

BACH, H.: Begriffe im Bereich der Sonderpädagogik. Wegweiser und ihre Risiken. In: OPP, G./ PETERANDER, F. (Hrsg.): Focus Heilpädagogik. München 1996, 36-44

BLEIDICK, U: Historische Theorien: Heilpädagogik, Sonderpädagogik, Pädagogik der Behinderten. In: BLEIDICK, U. (Hrsg.): Theorie der Behindertenpädagogik. Handbuch der Sonderpädagogik, Bd. 1. Berlin 1985, 253-272

BLEIDICK, U. u. a.: Die Empfehlungen der Kultusministerkonferenz zur sonderpädagogischen Förderung in den Schulen der Bundesrepublik Deutschland. In: Zeitschrift für Pädagogik 41 (1995) 247-264

EBERWEIN, H.: Die Sonderschule als Integrationsfaktor der Gesamtschule – ein pädagogisch-soziologisches Problem. In: Zeitschrift für Heilpädagogik 21 (1970) 311–327

EBERWEIN, H.: Zum Problem der „hinreichenden Förderung" von Kindern mit Behinderungen in Grundschulen und Sonderschulen oder Der Einsatz „behinderungsspezifischer Hilfsmittel" muß auch in der Grundschule möglich sein. In: Zeitschrift für Heilpädagogik 38 (1987) 328–337

EBERWEIN, H.: Konsequenzen der Integrationsentwicklung für die Sonderpädagogik – Das Ambulanzsystem als sonderpädagogische Überlebensform? In: Meißner, K./Hess, E. (Hrsg.): Integration in der pädagogischen Praxis, Bd. 3. Berlin 1988, 53–64

EBERWEIN, H./KNAUER, S. (Hrsg.): Integrationspädagogik. Kinder mit und ohne Beeinträchtigung lernen gemeinsam. Ein Handbuch. Weinheim[6] 2002

FÖLLING-ALBERS, M.: Kindheit – entwicklungspsychologisch gesehen. In: FÖLLING-ALBERS, M: (Hrsg.): Veränderte Kindheit – Veränderte Grundschule. Frankfurt[4] 1994

GEORGENS, J. D./DEINDARDT, H. M.: Die Heilpädagogik. Mit besonderer Berücksichtigung der Idiotie und der Idiotenanstalten. Leipzig 1861

HILDESCHMIDT, A./ SANDER, A.: Zur Effizienz der Beschulung so genannter Lernbehinderter in Sonderschulen. In: EBERWEIN, H. (Hrsg.): Handbuch Lernen und Lern-Behinderungen. Lernkonzepte, Lernprobleme, neue Lernformen. Weinheim 1996, 115–134

JANTZEN, W.: Sozialisation und Behinderung. Gießen 1974

JANTZEN, W.: Sozialgeschichte des Behindertenbetreuungswesens. München 1982

KNIEL, A.: Die Schule für Lernbehinderte und ihre Alternativen. Eine Analyse empirischer Untersuchungen. Rheinstetten 1979

LANDESWOHLFAHRTVERBAND HESSEN: Verlegt nach Hadamar. Kassel[3] 2003

MYSCHKER, N.: Der Verband der Hilfsschulen Deutschlands und seine Bedeutung für das deutsche Sonderschulwesen. Nienburg 1969

NACKEN, H./PJL, S. J./MAND, J.: Lernen im integrativen Unterricht. Eine Übersicht über die Auswirkungen von Integration auf die Schulleistungen von Schüler/innen mit Sinnesbehinderungen, Körperbehinderungen und/oder geistigen Behinderungen. In: Sonderpädagogik 33 (1/2003) 18–27

NEUMANN, U.: Die Legitimationskrise der Sonderpädagogik unter besonderer Berücksichtigung der Lernbehindertenpädagogik. Berlin (Unveröff. Prüfungsarb.) 1994

SPECK, O.: Innerschulische Nachhilfe und eigenständige Sonderschulen gestern und heute. Pädagogische Konzeptionen in der Sonderschulpädagogik, ihre historische Bedeutung und neuzeitliche Entwicklung. In: Zeitschrift für Heilpädagogik 24 (1973) 846–857

STÖTZNER, H. E.: Schulen für schwachbefähigte Kinder. Erster Entwurf zur Begründung derselben. Leipzig 1864

STUTTE, H.: Kinder- und Jugendpsychiatrie. In: GRUHLE, H. W. u. a. (Hrsg.): Psychiatrie der Gegenwart. Forschung und Praxis. Bd. II. Berlin 1960, 952–1087

WITTE, J. H.: Die mehrfach bedenkliche Einrichtung von Hilfsschulen als Schulen nur für schwachbegabte Kinder. Thorn 1901

Alfred Sander

2 Etappen auf dem Weg zu integrativer Erziehung und Bildung

2.1 Vorbemerkung

Erst seit wenigen Jahrzehnten ist die Integration von Menschen mit Behinderungen ein öffentliches Thema, das auch in den Massenmedien immer wieder einmal angesprochen wird. Das Thema wird unsere Gesellschaft noch lange beschäftigen, denn von dem angestrebten Zielzustand sind wir noch weit entfernt. Der Zielzustand wäre erreicht, wenn – verkürzt gesagt – jeder Mensch mit einer körperlichen, geistigen oder psychischen Schädigung so weit in alle Lebensbereiche der Gesellschaft integriert sein könnte, wie er persönlich es wollte. Der Integrationsprozess muss nicht bei allen Betroffenen zum gleichen Grad der Integriertheit führen, Integration ist keine Gleichmacherei. Auch die Menschen ohne Behinderung sind keineswegs in gleichem Maße in die Gesellschaft integriert, sondern sie sind es individuell verschieden und nach Lebensbereichen unterschiedlich.

Damit die Integration behinderter Menschen individuell gelingt, sollte sie von der frühen Kindheit an ermöglicht und unterstützt werden. Der Erziehung und Bildung im vorschulischen und schulischen Alter kommt daher große Bedeutung zu. Schule ist die einzige Pflichtinstitution, die von allen jungen Einwohnern des Landes etwa zehn Jahre lang besucht werden muss; keine andere Institution erfasst in ähnlicher Vollständigkeit und Dauer alle Menschen. Daher stellen sich im Schulwesen die Fragen von Aussonderung und Integration mit besonderer Schärfe und Dringlichkeit.

Das Ziel des folgenden Beitrags ist es, zu verdeutlichen, dass die integrative Erziehung und Bildung ein aktuelles Ergebnis eines längeren historischen Prozesses ist. Wer den historischen Kontext überblickt, kann die gegenwärtige Situation besser verstehen und auf kommende Herausforderungen gezielter reagieren.

2.2 Exklusion

In der europäischen Kultur und Zivilisation existierte bis vor etwa 200 Jahren noch keinerlei öffentliche Unterstützung für Menschen mit Behinderungen. Behinderte Menschen lebten meist in den Familien ihrer Eltern oder Geschwister, wo sie geduldet und miternährt wurden und vor den Blicken der Öffentlichkeit verborgen waren; oder sie zogen als Bettler einzeln oder in Gruppen durch das Land. In manchen Orten gab es schon sogenannte Armenhäuser, gedacht für schuldlos verarmte Gemeindemitglieder, oder christliche Hospize für mittellose Pilger und Sieche; und einige dieser Häuser nahmen auch Menschen mit Behinderungen auf. Das war, in groben Zügen, die Lage bis etwa um das Jahr 1800. Schulische oder berufsbezogene Ausbildung gab es für behinderte Menschen nicht.

Aus der Geschichte der Heilpädagogik ist bekannt, dass es in früheren Jahrhunderten zwar vereinzelte Versuche zur Bildung behinderter Kinder der vermögenden Oberschicht gegeben hatte (LÖWE 1983, 13 f.; MÖCKEL 1988, 32 f.), das blieben jedoch punktuelle Ausnahmen ohne Nachhaltigkeit. Man muss allerdings bedenken, dass auch für Kinder ohne Behinderung die Schulbesuchspflicht bis ins 19. Jahrhundert hinein noch nicht überall durchgesetzt war. Der bekannte Schweizer Heilpädagoge Alois Bürli, dessen knappe historische Übersicht (BÜRLI 1997, 56) hier teilweise zugrunde liegt, nennt diese vor-heilpädagogische Zeit zutreffend das Stadium der Exklusion: Menschen mit Behinderungen waren damals in aller Regel von den gesellschaftlichen Einrichtungen ausgeschlossen, insbesondere auch vom Bildungswesen exkludiert.

2.3 Separation

Im Zeitalter der Aufklärung (18. Jahrhundert) hatte sich nach und nach die theoretische Überzeugung verbreitet, dass alle Menschen grundsätzlich gleichwertig sind und jeder Mensch bildungsfähig ist. Von gebildeten Untertanen, insbesondere von für eine Berufstätigkeit ausgebildeten, versprachen die Fürsten und sonstigen Landesherren sich höheren Wohlstand für das Land und für den Landesherren. Die Folge waren verstärkte Bemühungen um die Durchsetzung der allgemeinen Schulpflicht und in diesem Zusammenhang auch erste systematische Versuche zur Ausbildung behinderter junger Menschen. Die Versuche fanden in besonderen Anstalten statt und führten zu befriedigenden Ergebnissen. So entstanden in wenigen Jahrzehnten um das Jahr 1800 die ersten dauerhaften Bildungseinrichtungen für gehörlose, für blinde, für körperbehinderte und für geistigbehinderte Kinder und Jugendliche, aber abgetrennt vom übrigen Schulwesen. Für die darin aufgenommenen jungen Menschen war die Zeit der krassen Exklusion nun beendet, aber ihre Ausbildung erfolgte separiert und segregiert. Das Stadium der Separation war erreicht und breitete sich kontinuierlich aus.

Zwar blieben andere Jugendliche mit Behinderungen, je nachdem wo sie wohnten und lebten, noch mehrere Generationen lang weiterhin exkludiert, aber für eine immer größere Anzahl Betroffener wurde nun Bildung in separaten Anstalten möglich und üblich. Die Zahl der Sonderschulen (heute meist: Förderschulen) mit oder ohne Heimbetrieb für Kinder von allen Arten körperlicher oder geistiger Beeinträchtigungen nahm im Lauf des 19. Jahrhunderts beträchtlich zu, und die einzelnen deutschen Länder begannen mit der Einführung der Pflicht zum Sonderschulbesuch. Die Eltern behinderter Kinder wurden also gesetzlich verpflichtet, ihr Kind auf eine separierte Spezialschule der betreffenden Behinderungsart zu schicken.

Zahlenmäßig großen Aufschwung nahm das deutsche Sonderschulwesen durch die Erfindung der Hilfsschule (um 1870), einer Schule für alle Kinder, die in der Volksschule mehrfach „sitzen blieben", weil sie leistungsmäßig nicht mitkamen. Die Hilfsschule – heute heißt sie Schule für Lernbehinderte, Förderschule mit dem Schwerpunkt Lernen oder ähnlich – übertraf an Schülerzahlen ab etwa 1900 alle andern Sonderschultypen bei weitem; auch heute noch weist sie höhere Schülerzahlen auf als alle anderen Sonderschultypen zusammen. Sie war und ist der pädagogisch am heftigsten umstrittene Sonderschultyp, unter anderem weil die Kriterien der Schülerzuweisung wissenschaftlich nie eindeutig geklärt werden konnten.

Das Stadium der Separation in Sonderschulen überdauerte den Ersten Weltkrieg und die Weimarer Republik und kam dann den Nazis sehr gelegen. Denn eins der Ziele der Menschen verachtenden NS-Politik bestand bekanntlich darin, das deutsche Volk bzw. die „nordische Rasse" radikal von allen erblich Kranken zu befreien – durch Zwangssterilisationen und Euthanasiemorde, und dazu waren die separierten Behindertenschulen sehr nützlich. Denn die Sonderschulen waren – so verkündete es beispielsweise der seinerzeit führende NS-Sonderpädagoge ALFRED KRAMPF (1936, 42) eilfertig – „das Sammelbecken ..., in das der Arzt mit Schere und Sonde hineingreifen kann".

Trotz dieses entsetzlichen Missbrauchs, der erst 1945 endete, wurde das separate Sonderschulwesen nach dem Zusammenbruch des Nazi-Reiches nicht nur wieder aufgebaut, sondern auch erheblich ausgebaut. In Deutschland besuchen bis heute die meisten Kinder und Jugendlichen mit

Behinderungen separierte Förderschulen. Gleichzeitig ist aber auch das historische Stadium der Exklusion noch nicht vollständig überwunden, denn in den meisten Ländern kann für eine – wenn auch kleine – Zahl von Kindern mit schweren und schwersten mehrfachen Behinderungen das Ruhen der Schulpflicht von Amts wegen angeordnet werden. Die betreffenden jungen Menschen bleiben dann zu Hause oder werden täglich in eine Tagesstätte für Schwerbehinderte gebracht oder leben in entsprechenden Heimen. Vom Bildungswesen – auch von den separierten Sonderschulen – sind sie exkludiert.

2.4 Kooperation

Der Ausbau des Sonderschulwesens nach dem Zweiten Weltkrieg rief bald zunehmende Kritik hervor, weil eine kritische Generation heranwuchs. In den 1960er-Jahren entstand nämlich in vielen Ländern der westlichen Welt, auch in der BRD, als Reaktion auf den unbeweglichen Neokonservatismus weiter Teile der Kriegsgeneration eine starke gesellschaftskritische Bewegung meist junger Menschen, die herkömmliche Strukturen hinterfragten, soziale Ungerechtigkeiten anprangerten und sie bekämpften. In den sogenannten Neuen sozialen Bewegungen wurde schulische Separation als soziales Unrecht erkannt, insbesondere wenn sie gegen den Willen der Betroffenen als negative Selektion erfolgte. So erhob sich heftige Kritik am Sonderschulwesen. Die Sonderschulvertreter und die konservativen Schulbehörden reagierten alsbald beschwichtigend darauf mit der Zusage, künftig die Separation der Sonderschulkinder durch vielfältige Formen von Zusammenarbeit mit Regelschulen abzubauen. Es begann also die bildungspolitisch ausgerufene Phase der Kooperation von Sonderschulen mit allgemeinen Schulen.

Die Kooperation konnte und kann unterschiedlichste Gestalten annehmen, z.B. Besuche bei der Partnerklasse in der anderen Schule, Austausch einzelner Schüler oder Schülerinnen in bestimmten Unterrichtsfächern, gemeinsame Schüler-Arbeitsgemeinschaften am Nachmittag, Wandertage zusammen mit der Partnerklasse, gemeinsame Schulfeiern an Weihnachten usw. Viele Kooperationsformen wurden modellhaft auf einem bundesweiten, vom Verband Deutscher Sonderschulen veranstalteten Symposion „Kooperation im Umfeld von Lernbehinderung" 1980 in Berlin vorgestellt. Mancherorts verlief und verläuft die Zusammenarbeit zwar kreativ und anregungsreich, vielerorts aber nur kümmerlich; meistens fehlt es an wirklichem Interesse der Regelschulen, und auch viele Sonderschulen entfalten zu wenig Initiative in dieser Hinsicht. Insgesamt gesehen blieb die Kooperation weitgehend unwirksam im Sinne der versprochenen Separationsminderung. Dennoch wird in verschiedenen Regionen Deutschlands bis heute bildungspolitisch auf Kooperation gesetzt. Denn Kooperation ist politisch eine wohlfeile Lösung: Das Wort nimmt sich auf dem Papier fortschrittlich aus, weiter gehende Forderungen nach Gemeinsamkeit können damit zunächst einmal beschwichtigt werden; in der Praxis aber brauchen sich die Regelschulen nicht ernsthaft zu öffnen, und auch den Sonderschulen droht keine Gefahr, denn ihr Fortbestand als selbstständige Anstalten und auch ihre Schülerzahlen bleiben erhalten.

2.5 Integration

Die Kritik an schulischer Separation war also durch die Einführung der diversen Kooperationsformen nicht verstummt. Zusätzlich wurden von der in den 1960er-Jahren aufkommenden empirischen Forschungsrichtung der Erziehungswissenschaft alte Zweifel an der pädagogischen Effizienz von Sonderschulen bestätigt; denn es konnte bis dato – und auch bis heute – nie wissenschaftlich zweifelsfrei nachgewiesen werden, dass die separierte Erziehung und Unterrichtung behinderte Kinder und Jugendliche besser fördert, als wenn sie in allgemeinen Schulen verbleiben (bezüglich der Schule für Lernbehinderte vgl. zusammenfassend: HILDESCHMIDT/SANDER 1996; neu: WOCKEN 2007). Differenziertere humanitäre und pädagogische Erwägungen, wie sie im Deutschen Bildungsrat diskutiert und 1973 veröffentlicht wurden (DEUTSCHER BILDUNGSRAT 1973), erschütterten das Konzept der Pflicht-Sonderschule weiter. Etwa gleichzeitig meldeten sich erstmals auch Vereinigungen erwachsener Menschen mit Behinderung nachdrücklich zu Wort und forderten ihr Menschenrechte auf Nichtaussonderung in allen gesellschaftlichen Feldern ein. Das alles führte dazu, dass ab Mitte der 70er-Jahre sich in der BRD immer mehr Eltern behinderter Kinder erst lokal, dann regional und überregional zusammenschlossen und sich erfolgreich gegen Sonderschuleinweisungen wehrten, nicht zuletzt auch unter Berufung auf andere Länder der westlichen Welt, wo die sonderpädagogisch unterstützte Unterrichtung in Regelschulklassen schon verbreiteter war. An manchen Orten fanden sie Unterstützung durch Eltern nichtbehinderter Kinder, durch Pädagoginnen und Pädagogen von Kindergärten und Grundschulen, durch Fachleute aus der universitären Sonderpädagogik und Erziehungswissenschaft oder auch durch aufgeschlossene Sonderschullehrer und -lehrerinnen. Das Stadium der Integration hatte begonnen.

Integration meint hier die weitestmögliche Teilhabe von Menschen mit Behinderungen am allgemeinen Leben in allen gesellschaftlichen Formen und Institutionen. Integrationsbestrebungen beziehen sich zwar auf alle Altersstufen und Lebensbereiche, die Diskussion zwischen Befürwortern und Gegnern konzentriert sich jedoch häufig auf den Schulbesuch. Sonderschulbefürworter beharren auf der separierten Unterrichtung behinderter Kinder mit dem Argument, dass das Ziel der Sonderschule schon immer die Integration sei, nämlich die nachschulische Eingliederung in Beruf und Gesellschaft („Integration als Ziel"). Integrationsbefürworter lehnen den Irrweg über die Sonderschule ab und setzen sich für gemeinsames Lernen und Leben von Anfang an ein („Integration als Weg"). Integration im Schulalter meint die aktive und effektive Teilnahme von Kindern und Jugendlichen mit Behinderungen aller Arten und Schweregrade am Unterricht und sonstigen Schulleben auf allen Schulstufen in wohnortnahen Regelschulklassen etwa gleichaltriger Nichtbehinderter.

Der schulische Integrationsprozess wird von vielen Bedingungen beeinflusst. Fast immer ist die Mitwirkung einer sonderpädagogischen Lehrkraft erforderlich, die die Regelschullehrkraft berät, aber auch das behinderte Kind (und Mitschüler/innen) schulpraktisch unterstützt. Häufig arbeitet die sonderpädagogische Lehrkraft stundenweise im Unterricht mit (Ko-Unterricht). Gruppenunterricht, Wochenplanarbeit und andere Formen binnendifferenzierten Lernens und Arbeitens sind dafür besser geeignet als Frontalunterricht.

Werden mehrere behinderte Schüler/innen in einer Klasse integrativ unterrichtet, kann die Wochenstundenzahl der sonderpädagogischen Lehrkraft so weit steigen, dass sie ständig in der Klasse mitwirkt (Zwei-Lehrer-System). Je nach Kooperationsfähigkeit und pädagogischer Übereinstimmung der Beteiligten tragen Ko-Unterricht und Zwei-Lehrer-System wesentlich zur Effizienz des Unterrichts, zur Verbesserung des sozialen Klassenklimas und auch zur Berufszufriedenheit der Lehrpersonen bei. Wissenschaftliche Begleituntersuchungen belegen, dass die Schulleistungen sowohl der nichtbehinderten als auch der behinderten Schüler/innen im Durchschnitt mindestens so gut gefördert werden wie in nicht-integrativen Regelschul- bzw. wie in Sonderschulklassen, und dass die soziale Entwicklung in integrativen Klassen deutlich besser gefördert wird (EBERWEIN/KNAUER 2002).

Ein Teil der behinderten Schüler/innen in Regelschulklassen kann mit sonderpädagogischer Unterstützung „zielgleich" unterrichtet werden, d. h. für sie gelten die gleichen Lehrplanziele wie für ihre nichtbehinderten Mitschüler/innen. Ein anderer Teil wird – ebenfalls mit sonderpädagogischer Unterstützung - „zieldifferent" unterrichtet; für diese Kinder werden Individuelle

Förderpläne aufgestellt, die möglichst viele themengleiche, wenn auch niveauverschiedene Stoffe wie der Klassenlehrplan enthalten. Zieldifferent unterrichtete Schüler und Schülerinnen verbleiben grundsätzlich in ihrer Regelschulklasse, für sie gelten nicht die Versetzungsbestimmungen des zielgleichen Unterrichts. Die offizielle Zulassung des zieldifferenten Unterrichts durchbricht das traditionelle Konzept von der Schulklasse als einer homogenen Lerngruppe. Zieldifferente Unterrichtung befreit die Lehrkräfte und die Kinder oder Jugendlichen von dem Druck, Tag für Tag vor unerreichbare Ziele gestellt zu werden. Praktische Integrationserfahrungen und wissenschaftliche Begleituntersuchungen haben aber auch gezeigt, dass viele der als zieldifferent eingestuften Schulkinder (vor allem mit der Diagnose Lernbehinderung) in einigen Fächern dennoch zielgleich mitzuarbeiten beginnen. Die Dichotomie zielgleich-zieldifferent wird in der Schulpraxis also um eine Mischform erweitert. Auf den Zeugnissen der Schüler/innen wird dies entsprechend vermerkt.

Nach 20 Jahre langen internen Diskussionen folgte 1994 die deutsche Kultusministerkonferenz endlich den schon länger angelaufenen integrationsorientierten Reformen vieler Bundesländer und empfahl, sonderpädagogische Förderung nicht mehr nur in Sonderschulen, sondern verstärkt auch integrativ in Regelschulen aller Art durchzuführen. An Stelle des traditionellen Begriffs „Sonderschulbedürftigkeit" unterstützt die KMK nun das neue Konzept „Sonderpädagogischer Förderbedarf"; denn solchem Förderbedarf kann auch in andern Schulen als Sonderschulen entsprochen werden. Integration soll zwar gestärkt, aber das Sonderschulsystem soll laut KMK (1994) grundsätzlich erhalten werden.

Die Eltern eines behinderten Kindes haben in den meisten deutschen Ländern nicht die Wahl zwischen Sonderschule und Integration, sondern nur zwischen Sonderschule und einem Antrag auf Integration. Der Antrag kann von den Schulbehörden aus Haushaltsgründen abgelehnt werden (Haushaltsvorbehalt zu Gunsten der Sonderschulen).

Die Quote der integrativ unterrichteten Kinder mit Behinderung nimmt allmählich zu; in Deutschland ist sie aber, wie schon gesagt, immer noch viel kleiner als die Quote der in Sonderschulen unterrichteten. Mit andern Worten: Die Stadien der Separation, der Kooperation und der Integration bestehen gegenwärtig in Deutschland nebeneinander, sie überlappen einander. Integration musste und muss sich gegen viele Widerstände durchsetzen (vgl. SCHNELL 2003) und findet besonders in der Schulverwaltung oft nur wenig Unterstützung. Verwaltungen lieben im allgemeinen schon keine tief greifenden Reformen, und die Bildungsverwaltungen haben in diesen Jahren nur

sehr begrenzte Haushaltsmittel zur Verfügung. Zwar empfiehlt die KMK seit 1994, die Integration in Regelschulen generell auszubauen, aber viele Schulbehörden fanden und finden trotzdem immer noch Möglichkeiten, dieser Reform Steine in den Weg zu rollen. Zwischen den 16 Bundesländern und auch zwischen den acht Förderschwerpunkten bestehen immense, sachlich nicht zu rechtfertigende Unterschiede in den Integrationsquoten. In einer ausführlichen Analyse der von der KMK veröffentlichten Integrationsstatistik des Schuljahres 2003/04 hat IRMTRAUD SCHNELL (2006) unter anderem aufzeigen können: Die Integrationsquote (Quote der integrativ unterrichteten Kinder an allen Kindern mit anerkanntem Sonderpädagogischem Förderbedarf) variiert im Förderschwerpunkt
- Lernen von 61 % in Bremen bis 1 % in Sachsen,
- Sprache von 100 % in Bremen bis 3 % in Sachsen-Anhalt,
- Emotionale und soziale Entwicklung von 100 % in Hamburg bis 5 % in Niedersachsen,
- Geistige Entwicklung von 18 % in Hamburg bis 0,2 % in Sachsen-Anhalt,
- Körperliche und motorische Entwicklung von 79 % in Brandenburg bis 3 % in Bremen,
- Hören von 67 % in Brandenburg bis 5 % in Bayern,
- Sehen von 100 % in Schleswig-Holstein bis 8 % in Thüringen.

Im Förderschwerpunkt „Kranke" lässt sich kein aussagekräftiger Ländervergleich anstellen. Auch in den übrigen Förderschwerpunkten kann die KMK-Statistik nur das erfassen, was die 16 Bundesländer melden; fachliche Zweifel an der Validität sind angebracht. Dennoch weisen diese Zahlen auf große regionale Unterschiede, ja auf regionale Willkür hin. Eine regionale Schulbehörde braucht beispielsweise nur die Zahl der Sonderschullehrerstunden, die für den Gemeinsamen Unterricht in Regelschulklassen erforderlich sind, administrativ zu kürzen – schon ist die Integrationsentwicklung in dem betreffenden Bereich gestoppt.

Gleichwohl kann man die hinter uns liegenden drei Jahrzehnte schulischer Integration unter mehreren Gesichtspunkten als pädagogische „Erfolgsgeschichte" (PREUSS-LAUSITZ 2005, 71) bezeichnen: einmal weil nichtbehinderte und behinderte Kinder auf natürliche Weise miteinander umzugehen lernten; und weil vielen Tausend behinderten Kindern und Jugendlichen die Separation erspart blieb; und weil nichtbehinderte wie behinderte Kinder dabei leistungsmäßig mindestens ebenso gut gefördert wurden wie in getrennten Schulen; und weil neue Impulse für eine breit wirkende Unterrichtsreform entstanden sind. Gemeinsamer Unterricht, besonders in seiner zieldifferenten Form, veranlasst die Lehrpersonen zur genaueren Beachtung der individuellen Bedürfnisse und Fähigkeiten des Kindes, er macht auf die Heterogenität der Schülerinnen und Schüler aufmerksam, er animiert zur Binnendifferenzierung des Unterrichts, und er lenkt den Blick auf spezielle Bedürfnisse und Fähigkeiten auch anderer Schüler und Schülerinnen in der Klasse.

2.6 Qualitative Weiterentwicklung zur Inklusion?

Der Punkt, an dem die pädagogischen Bedürfnisse auch der andern Kinder beachtet werden, bezeichnet den Beginn des Stadiums der Inklusion. Inklusion setzt bewusst bei der ganzen Klasse an, inklusiver Unterricht berücksichtigt nicht nur das Integrationskind, sondern ebenso die speziellen Bedürfnisse und Fähigkeiten der Mitschüler und Mitschülerinnen, seien es Schwächen oder besondere Begabungen (ausführlicher bei HINZ 2004). In gutem integrativem Unterricht mit Zwei-Lehrer-System war zwar auch bisher schon zu beobachten, dass eigentlich alle Kinder vom binnendifferenzierten Lernen Gewinn hatten und die Arbeitsweise und Atmosphäre der ganzen Klasse sich positiv änderten. Neben gutem Gemeinsamem Unterricht gibt es aber immer noch kümmerliche Integrationsformen, zum Beispiel die bloß additive Beigesellung eines behinderten Kindes ohne weitere Veränderung des Klassenunterrichts. Solche mangelhaften Formen entsprechen nicht dem eigentlichen Integrationskonzept. Darauf soll der neue Begriff Inklusion aufmerksam machen. Inklusion will verstanden sein als optimierte und erweiterte Integration: optimiert durch den konsequenten Abbau von Fehlentwicklungen, die den Namen Integration nicht verdienen; und erweitert durch den Einbezug aller Kinder mit besonderen pädagogischen Bedürfnissen welcher Art auch immer (ausführlicher bei SANDER 2003). Inklusion erfordert also eine Rückbesinnung auf den unverfälschten Integrationsbegriff. Noch ist in Deutschland die inklusive Schule eine Vision, aber jeder kleine Schritt in ihre Richtung bringt eine kleine Verbesserung des Schulwesens mit.

Da Inklusion sich auch auf Kinder mit anderen als behinderungsbedingten Bedürfnissen bezieht, bezieht sie sich im Grunde auf alle Kinder. Denn jedes Kind ist verschieden, hat eigene Bedürfnisse und verdient individuelle Beachtung. Inklusive Pädagogik ist insofern allgemeine Pädagogik. Oder anders gewendet: Die so genannte Allgemeine Pädagogik sollte endlich die Verschiedenheit aller Kinder und Jugendlichen grundlegend anerkennen und darauf aufbauen; dann wird Allgemeine Pädagogik dasselbe sein wie inklusive Pädagogik, dasselbe wie gute Integrationspädagogik.

Stellen wir uns eine Schulklasse vor, die im Sinne der Inklusion zusammengesetzt ist: Eine solche Klasse braucht natürlich nicht in einheitlichem Tempo zu lernen. Die Klasse umfasst eine so große Heterogenität von Jungen und Mädchen, dass der Versuch, alle zur gleichen Zeit das Gleiche zu lehren, sich von vornherein verbietet. Er verbietet sich nicht nur wegen seiner praktischen Undurchführbarkeit, sondern auch wegen der grundsätzlichen inklusionspädagogischen Haltung, Unterschiede zu akzeptieren und positive Individualitäten zu unterstützen. Die Klasse soll keine homogene Lernergruppe sein. Die inklusive Schule fühlt sich zuständig für alle Kinder: für nichtbehinderte und behinderte Kinder, für Kinder ohne und mit Migrationshintergrund, für Kinder aus intakten und aus gestörten Familien, für Kinder aus christlichen Familien, aus islamischen oder anders religiösen Familien und aus religionsfernen Familien, für sogenannte hochbegabte und sogenannte schulschwache Kinder, für Kinder mit unbeschwerter und Kinder mit belastender Biografie usw. Das gemeinsame Rahmencurriculum der Klasse wird so weit wie erforderlich individualisiert; kein Kind oder Jugendlicher muss am Schuljahresende zwangsweise die Klasse verlassen; die Heterogenität wird bewusst beibehalten.

Die gewollte Heterogenität der inklusiven Klasse erfordert eine andere Unterrichtspraxis als in traditionellen Klassen. Lehren und Lernen finden in vielförmigem Wechsel von Einzelarbeit, Partnerarbeit, Kleingruppen- und Plenumsarbeit statt; auch Phasen von sog. Frontalunterricht haben dabei ihren Stellenwert. Für die aus dem gemeinsamen Rahmencurriculum abgeleiteten individualisierten Curricula werden individuelle Arbeitsaufgaben benötigt, individuelle Rückmeldungen, individuelle Leistungsbeurteilungen und dergleichen mehr. Auf die Lehrpersonen kommen somit differenziertere und teilweise neue Anforderungen zu. Dieser Mehrbelastung stehen aber gleichzeitig Entlastungen gegenüber:

Denn erstens erhält die Klasse mindestens stundenweise Unterstützung im Unterricht, meistens durch die Mitarbeit einer sonderpädagogisch ausgebildeten Lehrkraft. In Schulregionen, in denen bereits inklusionspädagogisch gearbeitet wird – wie etwa im Bezirk des früheren kanadischen Schulinspektors Gordon Porter (vgl. Perner 1997) – veränderte sich die Funktion der sonderpädagogischen Lehrpersonen mit der Zeit ganz erheblich und in bemerkenswerter Weise. Aus den *Special Educators* wurden dort *Method and Resource Teachers*, Methoden- und Ressourcen-Lehrer in Regelschulen. Sie arbeiten in der allgemeinen Klasse kooperativ für alle Schülerinnen und Schüler mit, ohne das behinderte Kind zu vernachlässigen; sie vergrößern das Methodenrepertoire im Unterricht und im sonstigen Schulleben; sie kennen spezielle Lehrmittel, Lern- und Arbeitsmittel für besondere pädagogische Bedürfnisse; sie wissen, wie man an diese Ressourcen herankommt; und sie haben Kontakte zu speziellen, auch außerschulischen Fachdiensten, die gelegentlich benötigt werden. Die Methoden- und Ressourcen-Lehrkräfte, kurz M&R-Lehrer, verkörpern geradezu „die Neudefinition der Sonderpädagogenrolle" (Hinz 2000, S. 128) im inklusiven Schulwesen. Nach den kanadischen Erfahrungen stellen sie eine der wichtigsten Komponenten der schulischen Inklusionspädagogik dar.

Zweitens müssen in der inklusiven Klasse die Lernenden nicht mehr zum gleichen Lehrplanziel geführt, gezogen und geschoben werden. Das heißt, es entfällt die Belastung der Lehrpersonen durch das meistens erfolglose Bemühen, mit allen das gleiche Ziel zu erreichen. Jeder und jede lernt nach seinen bzw. ihren Fähigkeiten, der Unterricht erfolgt zieldifferent, und die Lehrpersonen sind dadurch psychisch entlastet. Die Arbeit ist insofern stressärmer. Den stressärmeren Unterricht erleben auch die Schüler und Schülerinnen. Lernen und Arbeiten gemäß einem individualisierten Curriculum macht den Kindern weniger Druck als Lernen und Arbeiten in der ständigen Gefahr, ein standardisiertes Kriterium nicht zu erreichen und als „Versager" da zu stehen. Ein Hauptkennzeichen von inklusivem Unterricht ist also seine Abwendung von dem frustrierenden Versuch, die Klasse im Gleichschritt lernen zu lassen. Diesen verbreiteten Frust bei den Lehrenden wie bei den Lernenden zu verhindern ist zugleich ein wichtiger Beitrag zur Vermeidung von Schulunlust, zur Humanisierung des Schullebens und damit zum Abbau von Absentismus, Vandalismus und anderer Gewalt in Schulen.

2.7 Überblick

Die beschriebenen Etappen auf dem Weg zu integrativer Erziehung und Bildung können in einer schematischen Grafik zusammengefasst werden. Die Abbildung soll die im Lauf der Geschichte zunehmende Gemeinsamkeit von behinderten und nichtbehinderten Kindern beim Schulbesuch verdeutlichen. Im Stadium der Inklusion ist eine grafische Markierung der Kinder mit Behinderung bewusst unterlassen worden, denn sie sind dort in die prinzipiell untrennbare Vielfalt aller Kinder einbezogen. Die Abbildung verdeutlicht jedoch nicht die Tatsache, dass die Phasen in der Praxis einander meistens überlappen. Im Text wurde mehrfach dargelegt, dass im Zuge der Entwicklung eine neue Phase beginnen kann, ohne die bisherige Phase vollständig abzulösen.

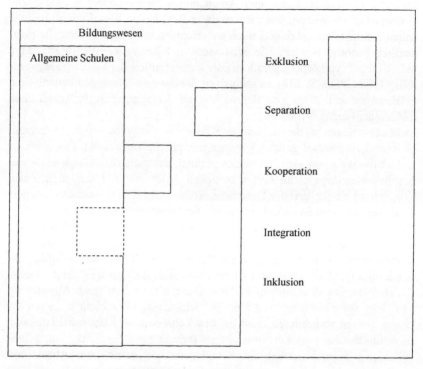

Abbildung 1: Historische Entwicklung des Schulbesuchs von Kindern mit Behinderung

Auch ein simultanes Nebeneinander von mehr als zwei Phasen entspricht durchaus der Realität. Die skizzierte Entwicklung ist naturgemäß nicht abgeschlossen; die menschliche Gesellschaft und ihre Einrichtungen entwickeln sich immerzu. Erst die Zukunft kann zeigen, wie die Etappe der optimierten und erweiterten Integration sich weiter ausgestalten wird.

Literatur

BÜRLI, A.: Internationale Tendenzen in der Sonderpädagogik – Vergleichende Betrachtung mit Schwerpunkt auf den europäischen Raum. Fernuniversität Hagen 1997

DEUTSCHER BILDUNGSRAT, Empfehlungen der Bildungskommission: Zur pädagogischen Förderung behinderter und von Behinderung bedrohter Kinder und Jugendlicher. Bonn und Stuttgart 1973

EBERWEIN, H./KNAUER, S. (Hrsg.): Integrationspädagogik. Weinheim[6] 2002

HILDESCHMIDT, A./SANDER, A.: Zur Effizienz der Beschulung sogenannter Lernbehinderter in Sonderschulen. In: Eberwein, H. (Hrsg.): Handbuch Lernen und Lern-Behinderungen. Weinheim 1996, 115–134

HINZ, A.: Sonderpädagogik im Rahmen von Pädagogik der Vielfalt und Inclusive Education. In: Albrecht, F./Hinz, A./Moser, V. (Hrsg.): Perspektiven der Sonderpädagogik. Neuwied 2000, 124–140

KMK: Empfehlungen zur sonderpädagogischen Förderung in den Schulen in der Bundesrepublik Deutschland. Beschluss der Kultusministerkonferenz vom 06.05.1994. Bonn 1994

KRAMPF, A.: Hilfsschule im neuen Staat. Leipzig (Reichsfachschaft V Sonderschulen im NS-Lehrerbund) 1936

LÖWE, A.: Gehörlosenpädagogik. In: Solarová, S. (Hrsg.): Geschichte der Sonderpädagogik. Stuttgart 1983, 12–48

MÖCKEL, A.: Geschichte der Heilpädagogik. Stuttgart 1988

PERNER, D.: Supporting the Classroom Teacher in New Brunswick. In: OECD (Hrsg.): Implementing Inclusive Education (= OECD-Proceedings, Centre for Educational Research and Innovation). Paris 1997, 75–87

PREUSS-LAUSITZ, U.: Entwicklungslinien und Zukunftsperspektiven der Integrationspädagogik. In: Sonderpädagogische Förderung 50 (2005), 70–80

SANDER, A.: Von Integrationspädagogik zu Inklusionspädagogik. In: Sonderpädagogische Förderung 48 (2003), 313–329

SCHNELL, I.: Geschichte schulischer Integration. München 2003

SCHNELL, I.: An den Kindern kann's nicht liegen ... Zum aktuellen Stand gemeinsamen Lernens von Mädchen und Jungen mit und ohne sonderpädagogischen Förderbedarf in der Bundesrepublik Deutschland. In: Gemeinsam leben 14 (2006), 195–213

WOCKEN, H.: Fördert Förderschule? Eine empirische Rundreise durch Schulen für „optimale Förderung". In.: DEMMER-DIECKMANN, I./ TEXTOR, A. (Hrsg.): Integrationsforschung und Bildungspolitik im Dialog. Bad Heilbrunn 2007, 35–59

Hans Eberwein

3 Kritische Analyse der sonderpädagogischen Theoriebildung – Konsequenzen für Integration, Unterricht und Lehrerrolle

Das eigenständige Sonderschulwesen ist auf dem Hintergrund bestimmter ökonomischer und sozialer Verhältnisse sowie bildungs- und gesellschaftspolitischer Bedingungen entstanden. Diese strukturellen und politischen Voraussetzungen haben sich seither grundlegend gewandelt. Es ist deshalb zu fragen, ob das, was im letzten Drittel des 19. Jahrhunderts vielleicht richtig oder historisch unausweichlich war, heute noch Bestand haben kann. Auf Grund der veränderten gesellschaftlichen, sozioökonomischen und bildungspolitischen Voraussetzungen ist diese Frage – zu mindest für Teilbereiche – zu verneinen. Es ist jedoch nicht nur eine Veränderung der politischen Rahmenbedingungen eingetreten, wir haben eine Reihe von Erkenntnissen über das Phänomen „Behinderung" gewonnen, die Anlass für eine Revision der bisherigen sonderpädagogischen Theoriebildung sowie der traditionellen Sonderschulkonzeption sein sollten (EBERWEIN/KNAUER 2002).
Dass das gegenwärtige Theoriegebäude etwas Gewordenes – und damit auch wieder Veränderbares – ist, wird für ELLGER-RÜTTGARDT (1985, 108) am Beispiel der Begriffsbildung, wie sie BLEIDICK versteht, deutlich. Er schrieb nämlich: „Letztlich ist die Festlegung des Begriffssystems in der Behindertenpädagogik eine Konvention, die eher von historischen Entwicklungslinien und schulorganisatorischen Übereinkünften bestimmt wird als von einer wissenschaftlich gesäuberten Ableitung". Dieses Bekenntnis zur „historischen Relativierung sonderpädagogischer Theoriebildung" scheint die wichtigste Voraussetzung zu sein für die Überwindung der bloßen „Rechtfertigung des Gewordenen und Etablierten" und damit das Offensein für neue Antworten, für eine Veränderung des Selbstverständnisses der Sonderpädagogik. Nach Auffassung BLEIDICKS (1988a, 43 ff.) ist „der geläufigen Anthropologie der Behinderten ... der Vorwurf nicht zu ersparen, sie verfestige die Sonderstellung des Behinderten dadurch, dass sie seiner Abwei-

chung verdinglichende Attribute verleihe: biologischer Defekt, soziale Insuffizienz, psychisches Anderssein. ... Fraglos aber wird dadurch der Status der Behinderten festgeschrieben, Normalisierung als natürlicher Prozess verhindert. ... Anthropologie als Festsetzung der Sonderstellung des Behinderten, als Hinweis auf seinen Personenwert, seine Eigenart, seine Würde hat darum trotz besten gegenteiligen Wollens affirmativen Charakter."
Die Sonderpädagogik hat auf Grund mangelnder Selbstreflexion und Selbstkritik die Zeichen der Zeit sehr spät erkannt und letztlich bis heute nicht vorbehaltlos akzeptiert, dass ihr Wissenschaftssystem und ihre Schulkonzeption neu zu denken sowie paradigmatische Überlegungen anzustellen sind. Lediglich bei SPECK (1991, 11) findet man die Formulierung: „Die Heil-, Sonder- und Behindertenpädagogik ist zur Frage geworden, grundlegend zur Disposition gestellt. Weil sie diese Erfahrung eigentlich zum ersten Mal in ihrer Geschichte machen musste, fiel es ihr schwer, die Fragezeichen am Horizont zu erkennen".
Die Hauptursache für die Krise der Sonderpädagogik liegt im integrationspädagogischen Ansatz begründet, der die Frage nach der Legitimation „sonder"-pädagogischen Handelns aufwirft. Hinzu kommen verschiedene gesellschaftspolitische Entwicklungen und Veränderungen, die u. a. auch das Problem sozialer Benachteiligungen stärker bewusst gemacht haben. Vor allem die Behindertenbewegung, also die Betroffenen selbst, wenden sich mit Vehemenz gegen institutionelle Ausgrenzung und die zunehmende Therapeutisierung. Die Kritik der Behindertenselbsthilfegruppen richtet sich nicht nur gegen die Diskriminierung und Stigmatisierung, sondern auch gegen die stellvertretende Interessenwahrnehmung durch „Fachleute" aus den verschiedenen pädagogischen Berufsfeldern. Diese advokatorische Funktion führt oftmals zu einer Beeinträchtigung der Selbstbestimmung, der Identitätsfindung und der Persönlichkeitsentwicklung. Da sich die Sonderpädagogik im Wesentlichen durch pädagogische Hilfen für so genannte Behinderte legitimiert, hat sie selbstkritisch zu fragen, ob die durch sie verliehene Etikettierung und die damit verbundene Aussonderung „Behinderung" nicht eigentlich erst konstituiert wird. Nach KOBI (1990, 16) verletzt allein schon der Gedanke daran, eine Lebensform auf sich beruhen zu lassen, sich mit ihr abzufinden und auszusöhnen, unsere berufliche Identität als Weltverbesserer. Der „Behinderte" erfahre seine Definition durch die Hilfe, die wir ihm angedeihen lassen: Behindert ist, wer als speziell therapie- und förderungsbedürftig erkannt wird. BRUMLIK (1992, 159) geht noch einen Schritt weiter. Nach seiner Auffassung muss sich jede advokatorische Ethik die Frage stellen, ob

sie nur als Deckmäntelchen zum Durchsetzen eigener Interessen missbraucht wird.

3.1 Behinderungsbegriff und sonderpädagogisches Paradigma

Das sonderpädagogische Paradigma stützt sich vor allem auf den Behinderungsbegriff. Angesichts der zunehmenden Selbstbestimmung der „Behinderten" und ihrer Ablehnung des Objektstatus sowie erfolgreicher integrationspädagogischer Betreuung ist jedoch die defektspezifische Betrachtungsweise, d. h. die Behinderungszuschreibung als Voraussetzung für besondere Hilfen nicht mehr zu rechtfertigen; sie ist in einem integrativen System, in dem die fiktive Durchschnittsnorm und die damit verknüpfte Intervention aufgehoben sind, in dem also die Vielfalt menschlichen Seins zur Normalität gehört, obsolet geworden.

LINDMEIER (1993, 57 ff.) kritisiert zu Recht, dass bei BLEIDICK Erziehungsbehinderung bei so genannten Nichtbehinderten genau so wenig thematisiert werde, „wie der Gedanke, dass durch eine Schädigung oder Beeinträchtigung der Erziehungsprozess auch positiv beeinflusst werden kann". Im Übrigen gehe bei einer auf medizinische oder psychologische Ursachen zurückgeführten Störung der Bildsamkeit die Einsicht verloren, „dass die Bildsamkeit im pädagogischen Bezug erst aktualisiert werden muss". Da sich Bildsamkeit erst im dialogischen Geschehen entfalte, „sollte man von Störungen oder Behinderungen nur in Bezug auf das Erziehungs- und Bildungsgeschehen selbst sprechen, nicht aber in Bezug auf den Zögling". Bleidicks System habe keine „Pädagogik der Behinderungen, sondern eine Pädagogik der Behinderten" zum Gegenstand.

Der Behinderungsbegriff ist pädagogisch nicht zu verantworten, weil diskriminierend (MÖCKEL 1973, 1016), erziehungswissenschaftlich nicht trennscharf, und er eröffnet keine Handlungsperspektive (SPECK 1991, 234 f.). Er vernachlässigt durch seine individualtheoretisch zuschreibende Bedeutung zudem den relationalen, interaktiven Aspekt pädagogischer Praxisfelder. Nach BACH (1985, 7) besteht „Behinderung" in einer Beeinträchtigung der Realisierung einer Verhaltenserwartung, also in einer Irritation der Kommunikation. Die Diskrepanz zwischen Verhaltensdisposition und Verhaltenserwartung ist für BACH „als das wesentliche Merkmal von Behinderung anzusehen, nicht die Verhaltensdisposition an sich". Die genannten Problematiken gesteht auch BLEIDICK, der Begründer der „Pädagogik der Behinderten", ein und schreibt: „Ich weiß jetzt, dass die Pädagogik der Behinderten … eher einer vergangenen Phase der Wissenschaft angehört" (1988 a, 827).

Bei der Diskussion um den Behinderungsbegriff fällt auf, dass vor allem die Autoren BACH, BLEIDICK und SPECK immer wieder auf Normabweichungen, auf negative Verhaltensmerkmale, auf Besonderheiten im Individuum rekurrieren, seien es nun eingeschränkte Dispositionen, Erziehungsbehinderungen oder spezielle Erziehungsbedürfnisse. BLEIDICK und SPECK bestätigen zwar, dass die Behinderungstheorien sämtlich von Nichtbehinderten entwickelt wurden und dass diese anders aussähen, wenn sie von Behinderten selbst entworfen worden wären; sie haben aber letztlich trotz aller Beteuerungen zur Überwindung des Behinderungsbegriffs das medizinische Modell und damit die Objektivierung und Ontologisierung von Behinderung nicht überwunden. Sie bleiben dem individualtheoretischen Paradigma, dem defektspezifischen Ansatz, dem konditionalen Denken verhaftet. Die sozialwissenschaftliche Perspektive, d. h. die interaktions- und systemtheoretische Sichtweise, gerät kaum ins Blickfeld.

Seit dem Versuch, die Sonderpädagogik als Wissenschaft zu begründen, und der ersten Veröffentlichung einer theoretischen Heilpädagogik durch GEORGENS und DEINHARDT 1861 bis in die 40er Jahre des 20. Jahrhunderts wird nach LINDMEIER (1993, 140) in allen bedeutenden theoretischen Veröffentlichungen zur Sonderpädagogik in relativ ausführlicher Weise von abnormen oder abnormalen Kindern und Jugendlichen gesprochen. Das zentrale Problem, mit dem alle Grundbegriffe der Heil- und Sonderpädagogik unmittelbar zu tun hatten und haben, sei seit jeher das Phänomen der Norm gewesen. Der Normbegriff in Form der statistischen Norm, d. h. die Abweichung vom Mittelwert, ist also konstitutiv für die Sonderpädagogik. Sie legitimiert sonderpädagogisches Eingreifen und Handeln. Deshalb haben auch alle in der Sonderpädagogik verwendeten Begriffe eine normative Dimension.

Solange das Schulsystem mit den Sonderschulen als vierter Säule unangefochten war, hielt sich hartnäckig das Bild vom Normalschüler. Jedoch spätestens seit der integrativen Beschulung von Kindern mit individuellen und sozialen Benachteiligungen wird von Lehrern akzeptiert, dass der Durchschnittsschüler eine Fiktion ist. In der Schulpraxis hat sich längst gezeigt, dass Kinder unterschiedliche Sozialisationserfahrungen und Lernvoraussetzungen, Interessen und Bedürfnisse mitbringen. Dieser Erfahrungswert von der Heterogenität der Schüler gilt heute in der Pädagogik als unumstritten. Deshalb war die Einrichtung vermeintlich homogener Gruppen, z. B. Jahrgangsklassen oder Leistungskurse, sowie die Einführung des normativen Denkens in die Pädagogik, insbesondere der statistischen Norm als konstitutives Merkmal, ein Verhängnis. BLEIDICK schreibt daher auch in einer Veröffentlichung von 1988 (b): „Der Begriff der Norm erfüllt ... nicht das Kriterium Wissenschaftsgenauigkeit. Sein diffamierender Beiklang macht ihn vollends suspekt. Er ist willkürlich, inhuman und dem Rehabilitationsbemühen schädlich..." (16).

Behinderung als relationales Phänomen kann jedoch nicht unabhängig gesehen werden von den Anforderungen der Schule, den Leistungserwartungen und dem Beurteilungsverhalten der Lehrer, ihren Lernarrangements und Toleranzgrenzen. Allein dieser Sachverhalt verbietet es, von *dem* Behinderten zu sprechen. Eine Auseinandersetzung mit diesem interaktions- und systemtheoretischen Behinderungsbegriff eröffnet die Chance, die Defekt orientierte Sichtweise zu überwinden. Wenn es normal ist, anders zu sein – und jeder von uns ist anders – wenn also die Vielfalt als Normalität angesehen wird, dann brauchen wir keine scheinbare Homogenität mehr anzustreben und bestimmte Menschen nicht mehr als Norm abweichend auszusondern. Dann bedarf es auch keiner als besonders bezeichneten Pädagogik mehr. In diesem Falle würde es ausreichen, die individuellen Bedürfnisse und Dispositionen eines jeden Kindes zu beschreiben, statt sie in einem stigmatisierenden Begriff zu verkürzen, zumal er keine pädagogischen Handlungsimplikationen enthält (vgl. EBERWEIN 2000). „Sonderpädagogik ist ... nicht frei vom Stigma der Segregation. Dem Gebot der Normalisierung obliegt es, den Behinderten als Ausprägung von Menschsein so zu nehmen, wie er ist" (BLEIDICK 1985, 261).

Als Pädagogen haben wir die ethische und programmatische Pflicht, uns gegen den von der bürgerlichen Anthropologie zur Norm erhobenen perfektiblen Menschen, gegen die Kategorisierung, Homogenisierung und Reduzierung von Menschen zur Wehr zu setzen. Anthropologische Fragen müssen heute differenzierter, offener gestellt werden. Die anthropologischen Wissenschaften sind sich einig darüber, dass die traditionelle Rede von *dem Menschen* überholt ist (KAMPER/WULF 1994, 7). Und ich füge hinzu: Auch die Rede von *dem Behinderten* ist nicht mehr zu rechtfertigen. Eine sonderpädagogische Anthropologie, die einen „defizienten Modus des Menschseins" (BLEIDICK 1978, 472) als gemeinsames charakteristisches Unterscheidungsmerkmal gegenüber so genannten Nichtbehinderten in die Diskussion bringt, sollte nicht länger Gegenstand pädagogischer Theoriebildung sein. Es stünde gerade Pädagogen gut an, die ethno- und soziozentristische Sichtweise zu überwinden und dafür einzutreten, dass alle Menschen im Sinne der Artikel 1, 2 und 3 des Grundgesetzes als gleichwertig und gleichberechtigt am gesellschaftlichen Leben teilhaben können.

Die Sonderpädagogik verfolgte zwar immer schon das Ziel der gesellschaftlichen Integration von Kindern mit individueller und sozialer Benachteiligung.

Die praktischen Erfahrungen in Sonderschulen und vergleichende wissenschaftliche Untersuchungen zeigen jedoch, dass Eingliederung nicht durch Ausgliederung erreicht werden kann. Neben der mangelnden Effizienz der Sonderbeschulung, die durch zahlreiche Untersuchungen belegt worden ist (vgl. z. B. BLESS 1995; EBERWEIN 1996; HILDESCHMIDT/SANDER 1996; HINZ in diesem Buch), kommen für die als behindert definierten Schüler der Verlust der bisherigen personalen und sozialen Identität, Etikettierungs- , Stigmatisierungs- und Diskriminierungseffekte sowie geringere Berufsaussichten und ungünstige Lebensperspektiven hinzu. Der Behinderungsbegriff stellt das Fehlende in den Vordergrund. Es gibt jedoch kein Kind, das nur Schwächen hat. Behinderung ist keine Eigenschaft, sondern eine Zuschreibung, eine Diskrepanz zwischen individuellen Voraussetzungen und gesellschaftlichen Erwartungen. Sie ist immer an einen sozialen Kontext gebunden, in dem Verhalten stattfindet. Behinderung ist also kein a priori vorhandenes Persönlichkeitsmerkmal, erst die gesellschaftliche Bewertung, das Normensystem macht einen Menschen mit spezifischen Bedürfnissen zum „Behinderten". Die Pädagogik z. B. produziert durch bestimmte Erwartungen, Kontrollen, Zensuren, Interventionen und Sanktionen Normabweichungen und konstituiert so „Behinderung".

Die Fixierung der Sonderpädagogik auf das Behinderungsspezifische vernachlässigt außerdem die ganzheitliche Sicht von Kindern mit so genannter Behinderung. Die Sonderpädagogik nimmt Schüler „nur ausschnitthaft aus dem Blickwinkel schulisch definierter Leistungsanforderungen wahr und verallgemeinert Details, verabsolutiert etikettierend nach einem konstruierten Merkmal einen Menschen, dessen ganz anderer Reichtum an Gefühlen, Fertigkeiten, Fähigkeiten, Aussehen etc. ausgeblendet wird" (BLOEMERS 1993, 459). Die Sonderpädagogik konzentrierte sich deshalb sehr stark auf kompensatorische und verhaltensmodifikatorische Lernkonzepte, die nicht selten zu einem isolierten Funktionstraining führten. Sie unterlag diesbezüglich dem funktionalistischen medizinischen Anspruch, unerwünschte Verhaltensweisen „wegzutherapieren", statt die Autonomie und Normalität im Lebensvollzug der „Behinderten" und damit das Entwickeln einer eigenen Identität zu unterstützen. Die so genannte Behinderung ist aber nur ein Teil der Gesamtpersönlichkeit eines Kindes, die ihrerseits eingebunden ist in verschiedene soziale Systeme. Eine systemische und Lebenswelt orientierte Sichtweise könnte das monokausale Denken und damit die einseitig Defekt orientierte Betrachtung überwinden. Eine ganzheitliche Sichtweise verbietet Kategorisierungen, Einstufungen und Ausgrenzung. In der Integrationspädagogik gilt deshalb der Grundsatz: Es ist normal, verschieden zu sein. Und: Die Gemeinsamkeit ist Voraussetzung, um Verschiedenheit akzeptieren zu können. „Wir alle oder doch wohl viele von uns, ... haben, durch unsere soziokulturell spezifische Sozialisation vorgeprägt, mehr oder minder starke Vorbehalte, Unsicherheitsgefühle, Berührungsängste bei der Begegnung mit dem Andersartigen, dem von den mehrheitlich vertretenen kulturellen Standards Abweichenden, dem Ungewohnten, dem Fremden. Und daher sind wir vielfach zunächst gar nicht geneigt, uns auf Erfahrungen mit dem Anderen, Neuen, Fremden einzulassen. Das bedeutet: Es genügt nicht, dass man Gelegenheiten zur Begegnung mit dem Fremden, Anderen, Abweichenden nur anbietet. Erfahrungschancen dieser Art müssen oft pädagogisch arrangiert, inszeniert werden" (KLAFKI 1994, 584).

3.2 Lernen in integrativen Einrichtungen

Integrative Beschulung, gemeinsames Lernen, könnten ein Stück Normalität für die Kinder mit und ohne so genannter Behinderung und zwischen ihnen herstellen, Vorurteile und Etikettierungen vermeiden, Über-Therapien verhindern und Selbstbestimmung fördern. Daran hat sich pädagogische Theoriebildung künftig zu orientieren. Dies heißt, den Behinderungsbegriff, die Sonderpädagogisierung von Lernproblemen aufzugeben und pädagogisches Handeln auf das *gemeinsame* Lernen, die Förderung der Entwicklung, Identität und Autonomie *aller* Kinder zu richten.

Lernen ist dann auch wieder am positiven Modell des Mitschülerverhaltens orientiert. Das Lernen durch Beobachtung, Miterleben und Nachvollziehen hat gerade für Kinder mit beeinträchtigten Entwicklungsverläufen einen hohen Stellenwert. Das Imitationslernen als Möglichkeit sozialen und kognitiven Lernens ist deshalb eines der wichtigsten Argumente für die Notwendigkeit integrativen Unterrichts. Demgegenüber haben durch eine Zusammenfassung von gleichartig „Behinderten" die Betroffenen stark reduzierte Lern- und Entwicklungschancen. Man denke z. B. nur an die eingeschränkten Vorbilder und Lernanreize in einer Klasse, deren Schüler *alle* Verhaltensauffälligkeiten, sprachliche Beeinträchtigungen oder geistige Behinderungen aufweisen.

Integrative Pädagogik und Didaktik implizieren deshalb einen veränderten Lernbegriff. Der Unterricht wird vor allem durch das dialektische Verhältnis von Gleichheit und Differenz geprägt. Jeder Schüler kann sich seinen Fähigkeiten und Möglichkeiten entsprechend entfalten, frei von Aussonderungsängsten. In diesem anthropologischen Verständnis kann es deshalb nicht länger Zielsetzung von Schule sein, dass sich so genannte „Behinderte" an die Normen der „Nichtbehinderten" anzupassen haben, sondern, dass sie in ihrem Sosein und Anderssein anerkannt werden. In Integrationsschulen ist die Erfahrung gemacht worden, dass gemeinsames Lernen auch dann möglich ist, wenn nicht alle Kinder zur gleichen Zeit am gleichen Gegenstand lernen. Auch wenn sie in *einem* Klassenraum zeitgleich ganz unterschiedlichen Aktivitäten nachgehen, kann es zu einer Fülle wechselseitiger Begegnungen und Anregungen kommen.

Die langjährigen Erfahrungen mit integriertem Lernen zeigen, wie über eine offene, flexible, differenzierende Lehr-/Lernorganisation, d. h. über verschiedene Formen der *inneren* Differenzierung (Binnendifferenzierung) die individuelle Lernfähigkeit von Schülern hinsichtlich des Inhalts, des Schwierigkeitsgrades, des Umfangs, der Reihenfolge und zeitlichen Dauer einer Aufgabenstellung so berücksichtigt werden kann, dass nicht jeder auf dem gleichen Wege und zur gleichen Zeit das gleiche Ziel erreichen muss. In der Verwirklichung *zieldifferenten* Lernens liegt die eigentliche Chance zur unterrichtlichen Integration von Kindern mit individuellen und sozialen Benachteiligungen begründet. Dies bedeutet jedoch als logische Konsequenz letztlich auch, dass in *einer* Klasse unterschiedliche Abschlüsse erlangt werden können.

Im Hinblick auf eine stärkere Binnendifferenzierung mit weit reichender Individualisierung ergeben sich im Gegensatz zur äußeren Fachleistungsdifferenzierung früherer Gesamtschulen für den Unterricht zwei Grundformen der inneren Differenzierung, die jedoch miteinander kombiniert werden können: eine Differenzierung von *Methoden und Medien* bei gleichen Lernzielen und Lerninhalten für alle Schüler einer Klasse oder aber eine Differenzierung im Bereich der *Lernziele und Lerninhalte*. Letztere wird in der Planung von traditionellem Unterricht im Allgemeinen nicht berücksichtigt oder angestrebt, faktisch entspricht sie aber der Unterrichtswirklichkeit und dem Lernverhalten der Schüler, denn diese interessieren sich nicht alle für die gleichen Inhalte und erreichen auch nicht alle die gleichen Lernziele. D. h., auch wenn Lehrer nicht geplant differenzieren, findet eine unbewusste Differenzierung durch die Schüler statt, weil Lehrer mit ihren inhaltlichen Angeboten nicht alle Schüler gleichzeitig ansprechen und erreichen, weshalb *eine* Gruppe von Schülern von vornherein abschaltet, andere fühlen sich über- oder unterfordert und schalten dann ebenfalls ab. Es gibt also im Unterricht keine Entsprechung zwischen Lehren und Lernen. Das, was Lehrer lehren, lernen die Schüler nicht zwingend. Wofür sich Schüler interessieren, wofür sie aufnahmefähig sind, hängt von ihrer im Laufe der biografischen Entwicklung und Sozialisation ausgeprägten kognitiven Struktur ab. Das bedeutet, Schüler lernen nur das, was zu dem im Laufe ihres Lebens ausgebildeten kognitiven System passt. D. h., Wissen, das sie nicht in bestehendes Vorwissen integrieren können, bleibt ungenutzt, wird nicht aufgegriffen, nicht vernetzt, gelangt somit nicht zur Anwendung und führt deshalb zu so genanntem trägem Wissen, das schnell wieder vergessen wird. Schulisches Lernen ist zwar angeleitetes Lernen, aber der Lernweg des Kindes wird nicht in erster Linie vom Lehrverhalten des Lehrers bestimmt. Was der Lernende *wie* lernt, ist von außen durch didaktisch-methodische Planung des Lehrers letztlich nicht steuerbar. Das Lernen des Schülers ist also durch den Lehrer nur bedingt planbar, denn hier handelt es sich um einen innerpsychischen Prozess, den Lehrende nicht beobachten und nicht kontrollieren, sondern nur von außen anregen und unterstützen können.

Wenn aber das Lernen von Schülern nicht einfach rezeptive Informationsverarbeitung, nicht nur eine Reaktion auf Lehren, sondern Selbsttätigkeit, Selbstorganisation darstellt, hat dies weitreichende Konsequenzen für Unterrichtsplanung und Diagnostik. Lehrern kommt dann „lediglich" die Aufgabe zu, *Bedingungen* für die Selbstorganisation des Lernens zu schaffen. Soll die Vielfalt der Vorerfahrungen, der Interessen, Wahrnehmungen und Denkstile in einer Lerngruppe zum Tragen kommen, dann sind eine Vielzahl von Lehrmethoden und Lernmitteln erforderlich. Das heißt, die Lernsituationen müssen so komplex und anregend gestaltet werden, dass alle Kinder je nach individuellen Lernvoraussetzungen für sie wichtige Lernerfahrungen machen und eigene Wissenskonstruktionen bilden können. In diesem Verständnis von Lernen verändert sich die Rolle des Lehrers. Er wird vor allem Begleiter von Lernprozessen. Darüber hinaus bieten sich ihm vielfältige Möglichkeiten, das Lernverhalten der Schüler zu beobachten und zu begutachten und so diagnostische Informationen zu gewinnen.

Diese kognitions- und lerntheoretischen Erkenntnisse haben weitreichende Konsequenzen für das diagnostische Handeln. Die traditionelle „sonder"-pädagogische Diagnostik kommt immer dann zum Zuge, wenn der „normale" Lernprozess gestört ist, d. h., wenn ein Schüler mit der Aneignung der vom Lehrer angebotenen Lerninhalte Probleme hat. Erst dann wird der diagnostische Prozess in Gang gesetzt und nach Ursachen für die Aneignungsschwierigkeiten gesucht sowie die Frage der Sonderschulbedürftigkeit geprüft. Bei diesem Vorgehen ist die Diagnostik der Didaktik nachgeordnet. Diesem diagnostischen Verständnis liegt die Annahme zu Grunde, dass der Lehrer qua Lehrfunktion, gründlicher Vorbereitung und unterrichtlicher Erfahrung weiß, was für den „Normalschüler" gut und richtig ist. Er orientiert sich dabei am Durchschnittsschüler, den es aber, wie dargestellt, in der Unterrichtswirklichkeit so nicht gibt. Dem gegenüber ist im modernen Verständnis von Lernen und Unterricht die Diagnostik der Didaktik vorgeordnet. D. h., der Lehrer verschafft sich im Vorfeld von Unterricht ein diagnostisches Bild vom Schüler, von seiner Herkunft und biografischen Entwicklung, der familiären Sozialisation und jener Wirklichkeitsbereiche, die sein Lernverhalten bestimmen. Eine solche ökosystemische Sichtweise von Diagnostik ist eine verstehende, den Lernprozess begleitende Sichtweise von diagnostischem Handeln, in dem nicht die Frage der Selektion, sondern der Lernvoraussetzungen sowie der individuellen Förderung im Mittelpunkt stehen (vgl. hierzu EBERWEIN/KNAUER 2003 a; HILDESCHMIDT/SANDER 2002). Nur auf diesem Hintergrund kann Aussonderung vermieden und integrativer Unterricht sowie die Selbstorganisation von Lernen bewerkstelligt werden.

Es liegt auf der Hand, dass Selbstlernen vor allem ermöglicht werden kann durch eine nicht Lehrer zentrierte Pädagogik, d. h. durch Formen offenen, flexiblen, handlungsorientierten Unterrichts, insbesondere durch Projekte und Freiarbeit. Wird Freie Arbeit aber über Wochenpläne organisiert, ist darauf zu achten, dass produktives, kreatives Denken und Handeln der Schüler und damit selbst gesteuertes Lernen nicht unterdrückt werden. Wird dem Schüler nämlich ein fertiges System von Inhalten präsentiert, werden seine Möglichkeiten zu eigenen Erfahrungen, Erkenntnissen, Wissenskonstruktionen und Interpretationen stark eingeschränkt.

In diesem Zusammenhang wird deutlich, dass Lehrmittel und Arbeitsmaterialien, d. h. eine multimediale Lernumgebung, die wichtigste Voraussetzung für Binnendifferenzierung sind. Zu bevorzugen sind vor allem solche Lernmaterialien, die offen konzipiert sind, die also dem Schüler eigene Strukturierungsmöglichkeiten bieten. Lernmittel, die den Schüler auf einen einzigen, vom Lehrer vor gedachten Lösungsweg festlegen, sind deshalb nicht unproblematisch. Lernen dieser Art führt lediglich zu reproduktivem statt zu produktivem Denken. Offene Lernformen bieten zwar vom Ansatz her gute Möglichkeiten für selbst bestimmtes Lernen, sie bedürfen jedoch der Weiterentwicklung in Richtung entdeckenden, handlungsorientierten Lernens und eigener Wissenskonstruktionen. Das Gleiche gilt für die im Unterricht verwendeten Medien.

Darüber hinaus sollten im Hinblick auf das Lernen mit möglichst vielen Sinnen folgende lernpsychologischen Erkenntnisse beachtet werden: Durch bloßes Lesen werden in der Regel nur 10% behalten, durch Hören 20%, durch Sehen bereits 30%, durch Hören und Sehen schon 50%, durch darüber Sprechen jedoch 70% und durch selbständiges Handeln (Ausprobieren und Ausführen) sogar 90%. In diesem Zusammenhang ist es wichtig, durch Lernprozessbeobachtung oder durch einen Lerntypentest zu erfahren, wie Schüler überwiegend lernen. Neurobiologische und lernpsychologische Erkenntnisse belegen, dass Menschen unterschiedliche Wahrnehmungskanäle bevorzugen, verbale, akustische, visuelle, taktile oder Kombinationen aus den verschiedenen Wahrnehmungsformen.

3.3 Innere Differenzierung als methodisches Mittel integrativer Arbeit

Ein notwendiger Schritt zur Weiterentwicklung innerer Differenzierung ist im Hinblick auf integrativen Unterricht das Prinzip des zieldifferenten Lernens, das immer mehr an Bedeutung gewinnt. Aufgrund der gesellschaftlichen Veränderungen, der besonderen Lebensverhältnisse von Schülern, der unterschiedlichen Sozialisationserfahrungen, Lebensstile und Interessen werden Schülergruppen immer heterogener. Die zunehmende Pluralität wird noch verstärkt durch Migrantenkinder sowie durch Kinder mit individuellen und sozialen Benachteiligungen in integrativ arbeitenden Klassen. Auf diese Vielfalt der Schulerpersönlichkeiten muss die Schule angemessen reagieren. Will sie nicht wieder in den Fehler verfallen und bestimmte Schüler auslesen, separieren und sortieren, dann muss das pädagogische Differenzierungsrepertoire erweitert werden. Es reicht nicht aus, inhaltlich, methodisch, medial und zeitlich zu differenzieren. Eine Pädagogik der Vielfalt ist ohne zieldifferentes Lernen nicht erfolgreich zu organisieren.

In Integrationsschulen ist es notwendig, die Prinzipien von Zielgleichheit und Zieldifferenz in ein sinnvolles Verhältnis zu bringen. Dieses polare Spannungsverhältnis ist eingebettet in die gesellschaftliche Grundproblematik von Gleichheit und Differenz. Jeder Mensch/jedes Kind hat ein Recht sowohl auf Gleichheit als auch auf Verschiedenheit. Bildungstheoretisch formuliert heißt die Grundfrage: Wie kann man differenzieren/individualisieren, ohne zugleich die Gemeinsamkeit des Lernens aufzuheben? Erfahrungen aus integrativen Schulen zeigen, dass wesentliche Anleihen bei reformpädagogischen Konzeptionen, vor allem bei der Freinet- und Montessori-Pädagogik sowie beim Projekt orientierten Unterricht, integratives Lernen nachhaltig unterstützen. Andere Unterrichtsformen wie Freie Arbeit, Wochenplan, Stationen lernen, Förderung in Kleingruppen und Elemente wie Morgen- und Abschlusskreis sind besonders geeignet, die herkömmliche Lernschule zu überwinden. Um im gemeinsamen Unterricht individuelles Arbeiten zu ermöglichen, ist die Gestaltung des Klassenzimmers mit vielfältigen, für die Binnendifferenzierung geeigneten Materialangeboten, Voraussetzung. Zu bevorzugen sind vor allem solche Lernmaterialien, die dem Schüler eigene

Strukturierungsmöglichkeiten sowie eine selbsttätige Lernerfolgskontrolle bieten und die der lernpsychologischen Erkenntnis folgend, möglichst viele Sinne am Lernprozess beteiligen. Binnendifferenzierung ist also der Versuch, Unterrichtsinhalte so anzulegen, dass deren erhoffte Wirkung alle Schüler einer Lerngruppe anspricht/erreicht, indem möglichst unterschiedliche und vielfältige Methoden und Formen individueller Aneignung bereitgestellt werden.

Prinzipiell kann man drei Grundformen innerer Differenzierung unterscheiden. Erstens: Differenzierung nach Leistung. Zweitens: Differenzierung nach Motivation, Interesse, Neigung, Wahlfach. Drittens: Differenzierung nach Methoden, Medien, Arbeitstechniken, Sozial- und Handlungsformen. Die drei Grundformen können/müssen miteinander gekoppelt werden. Sie orientieren sich an den Lernvoraussetzungen der Schüler.

Die *Differenzierung nach Leistung*, d. h. die didaktische Differenzierung kann sowohl nach qualitativen Gesichtspunkten erfolgen (z. B. nach Schwierigkeitsgrad oder nach Lernhilfen), als auch nach quantitativen Aspekten (Umfang, Lernzeit), temporären Merkmalen (Reihenfolge und Zeitpunkt der Bearbeitung) oder inhaltlichen Gesichtspunkten (lernzielgleich, lernzieldifferent).

Eine *Differenzierung nach Motivation, Interesse und Neigung* kann mit Hilfe folgender Unterrichtsformen durchgeführt werden: Tagesplan, Wochenplan, Freiarbeit, Stationen lernen, Projektunterricht, Wahlunterricht, Schülerexperten, Montessori-Pädagogik oder Freinet-Pädagogik.

Die *Differenzierung nach Methoden, Medien, Sozial- und Arbeitsformen* bezieht sich entweder auf unterschiedliche methodische Zugangsweisen (induktive, deduktive Methoden), auf mehr selbständiges oder mehr gelenktes Arbeiten, auf mehr anschaulich oder abstrakt organisiertes Vorgehen und auf eine mehr theoretisch oder mehr praktisch angelegte Lernform. Als Aneignungsformen (Sozial- und Arbeitsformen) kommen in Frage: Unterrichtsgespräch, Stillarbeit, Einzelarbeit, Partnerarbeit, Kleingruppenarbeit, Spiel/Rollenspiel, Experiment, Lehrervortrag, Lernstationen, Lehrgänge und Übungen.

Die Berücksichtigung des dialektischen Verhältnisses von Gleichheit und Differenz im integrativen Unterricht stellt eine schwierige Herausforderung dar, die auf der Grundlage lernprozessdiagnostischer Erkenntnisse für jede Klasse und jedes Kind immer wieder neu und anders entschieden werden muss. Will man dabei Über- und Unterforderung vermeiden, wird es notwendig sein, im Sinne der konstruktivistischen Lerntheorie mit einzelnen Kindern zusammen immer wieder Möglichkeiten und Grenzen ihrer Lern- und

Leistungsfähigkeit durch Beobachtung und Gespräche erfahrbar zu machen (EBERWEIN 2003 a, 194 ff.). Zu den Voraussetzungen für das Gelingen von gemeinsamem Lernen zählen neben offenen Lernformen und Binnendifferenzierung eine verbale Beurteilung, also Lernentwicklungsberichte, eine Begrenzung der Klassenfrequenzen auf 20 Schüler, eine gezielte Unterstützung individuell und sozial benachteiligter Schüler, ein Zwei-Lehrer-System (Teamteaching), eine integrationspädagogische Lehrerausbildung sowie eine Supervision der Lehrkräfte (zu den letzten drei Voraussetzungen vgl. EBERWEIN/KNAUER 2002, 404–455).

3.4 Zur Lehrerrolle im integrativen Unterricht

Eine integrative Schule muss nicht nur ein neues Verständnis von „Behinderung" und Lernen entwickeln sowie die Lehr-/Lernorganisation verändern, auch andere strukturelle Bedingungen der Unterrichtsorganisation müssen erfüllt sein, damit die Funktionsfähigkeit einer Schule ohne Aussonderung gewährleistet werden kann. In integrativen Klassen arbeitet zumeist ein weiterer Grund- oder ein Sonderschullehrer mit. So können die individuelle Förderung von Kindern, differenziertes Lernen und die Arbeit in Gruppen besser realisiert werden. Im Alltag integrativ arbeitender Schulen existieren je nach Modell und Bundesland unterschiedliche Kooperationskonzepte. Neben der Doppelbesetzung mit zwei Grundschullehrerinnen gibt es solche mit Grundschullehrerin und Sozialpädagoge (Erzieherin), Grundschullehrerin und Sonderschullehrer, aber auch die zeitweise Besetzung mit Vertretern aller drei genannten Berufsgruppen. Wichtig ist in diesem Zusammenhang, dass das vorhandene Personal, je nach schulpolitischen Gegebenheiten, organisatorischen Möglichkeiten und pädagogischen Notwendigkeiten sowie situativen und individuellen Bedürfnislagen flexibel eingesetzt wird. Eine starre und vor allem formale Festlegung widerspräche den Erfordernissen der Integrationspraxis.

Die verschiedenen Konstellationen beinhalten neben neuen Wegen der Lernorganisation auch spezifische Schwierigkeiten. Den meisten Lehrerinnen und Lehrern, die bisher alleinverantwortlich unterrichtet haben, fällt es schwer, zu kooperieren. Gründe hierfür liegen darin, dass sie nicht gelernt haben, in einem Unterrichtsteam zu arbeiten, aber auch in der Tatsache, dass sie auf unterschiedliche Institutionen bezogene Ausbildungsgänge absolviert, spezifische Handlungskompetenzen erworben und unterschiedliche Erwartungshaltungen internalisiert haben. Dies gilt in besonderer Weise für die Zusam-

menarbeit von Grund- und Sonderschullehrern. Der Einsatz von Sonderpädagogen ist in mehrfacher Hinsicht Problem beladen. Ihre Rolle erfährt gegenüber dem bisherigen Handlungsverständnis die stärksten Veränderungen (ZIELKE 2002, 412 ff.).
Der Sonderpädagoge hat im inklusiven Unterricht in der Regel keine eigene Klasse mehr. Er ist außerdem nur stundenweise anwesend, so dass ihm wichtige Unterrichtsabläufe, Vorhaben oder Lernprobleme nicht aus eigener Anschauung bekannt sind. Dennoch soll er Grundschullehrerinnen, Erzieherinnen und Eltern beraten sowie in der Klasse mitarbeiten, Lernschwierigkeiten diagnostizieren und Kinder mit spezifischen Bedürfnissen individuell fördern. Sonderschullehrer sehen sich aber von ihrer Ausbildung her nur bedingt in der Lage, diesen an sie gerichteten Ansprüchen zu genügen. Die zu hohen Erwartungen an die Fachkompetenz von Sonderpädagogen führen außerdem zu der bedauerlichen Konsequenz, dass Grundschullehrerinnen und Erzieherinnen vielfach dazu neigen, ihre Verantwortung und Zuständigkeit für Kinder mit Beeinträchtigungen an Sonderschullehrer abzutreten, statt sich selber dieser Aufgabe zu stellen und sich dadurch zusätzliche pädagogische Kompetenzen anzueignen (Hilfestellungen dazu vgl. EBERWEIN/KNAUER 2003 b).
Unabhängig davon ist es dringend notwendig, dass während der Ausbildung aller Lehrkräfte schon in der ersten Phase der Lehrerbildung Grundwissen über das gemeinsame Lernen und für den Umgang mit heterogenen Gruppen vermittelt wird. Auch die im Rahmen der bisherigen sonderpädagogischen Fachrichtungen „Lernbehinderten"- und „Verhaltensgestörten"-Pädagogik gesammelten Wissensbestände sollten zum Basiswissen aller Lehrerinnen und Lehrer an allgemeinen Schulen gehören (vgl. hierzu EBERWEIN/KNAUER 2002, 32). Alle anderen, in der bisherigen Sonderpädagogik angebotenen Studienschwerpunkte, z. B. für nicht sehende oder nicht hörende Kinder, müssten als reguläres Wahlfach im Rahmen des allgemeinen Lehrerstudiums studiert werden können. Nur auf diese Weise kann gewährleistet werden, dass alle Lehrer die erforderlichen Ausbildungsvoraussetzungen mitbringen, um der schwierigen Aufgabe des gemeinsamen Lernens in Regelschulen gerecht zu werden (EBERWEIN/KNAUER 2003 b). Wenn diese gelingt, werden Sonderschulen überflüssig und Ausgrenzung, Stigmatisierung sowie Diskriminierung können dadurch überwunden werden.
Die Kooperation von Pädagogen mit unterschiedlichen Ausbildungsschwerpunkten bedarf im Hinblick auf die Förderung aller Kinder besonders klarer Rollenabsprachen und wechselseitiger Kompetenztransfers sowie der Bereitschaft zur gemeinsamen Reflexion der Kooperationsprozesse. Teil des Selbstverständnisses von Lehrern in Integrations- bzw. Gemeinschaftsschu-

len muss es deshalb sein, die jeweiligen fachspezifischen Schwerpunkte, die Vorlieben und Interessen für bestimmten Unterricht, aber auch die eigenen Stärken und Schwächen gegenseitig zu akzeptieren und zu tolerieren. Der Sonderpädagoge ist nicht *mehr* und nicht weniger „Spezialist" als jeder andere Lehrer auch. Insofern sollte er in einem funktionierenden Team gleichermaßen die Rolle eines Klassenlehrers oder Fachlehrers (im Wechsel) übernehmen bzw. die Aufgaben sollten gemeinsam und kooperativ bewältigt werden (OBOLENSKI 2006). Die genannten Prozesse sind oftmals mit Vorbehalten, Unsicherheiten, Ängsten und Antipathie verknüpft. Wenn aber die konkreten Erfahrungen, Beziehungen und Schwierigkeiten in Supervisionsgruppen auf der Ebene der Selbsterfahrung bearbeitet werden, liegt darin eine Chance zur persönlichen und beruflichen Weiterentwicklung aller beteiligten Lehrpersonen (vgl. EBERWEIN/KNAUER 2002, 422 ff.; ZIEBARTH 2002, 433 ff.).

3.5 Zusammenfassende Bemerkungen

Integrative Prozesse spielen sich sowohl auf der innerpsychischen und interaktionalen, als auch auf der didaktischen, institutionellen und gesellschaftlichen Ebene ab. Die Anerkennung der Andersheit des Anderen verlangt eine ethisch-moralische Verpflichtung nicht nur zur Überwindung rechtlicher Ungleichheit, sondern auch zu einer kritischen Reflexion sozialer Normen wie Leistungsfähigkeit, Attraktivität, Unversehrtheit. Die Überhöhung dieser Ideale führt zu Behinderungszuschreibung, Diskriminierung und Ausgrenzung. Insofern beschreibt der Begriff „behindert" keine natürliche Gegebenheit, keine vorgängige ontologische Realität, sondern behindert *sein* bedeutet immer auch behindert *werden*, weil die Gesellschaft, auch die Pädagogik, durch vergleichende Beurteilungen, Interventionen und Sanktionen Normabweichungen produziert und so „Behinderung" konstituiert.
Allein durch die Berufung auf die Art. 1, 2 und 3 des Grundgesetzes, wonach die Würde des Menschen unantastbar ist und die freie Entfaltung der Persönlichkeit garantiert wird sowie die Grundsätze der Gleichbehandlung und Gleichberechtigung zu beachten sind, aber auch durch das Antidiskriminierungs- bzw. Gleichstellungsgesetz lässt sich gemeinsames Lernen ethisch und gesellschaftspolitisch begründen und durchsetzen. Dazu bedarf es allerdings eines stärkeren Engagements der im Bereich von Integration/Inklusion tätigen Pädagogen und einer stärkeren Politisierung sowohl ihrer Arbeit als auch der Integrationspädagogik allgemein. Nur auf diesem Wege können die genannten Grund- und Menschenrechte auch für Kinder mit individuellen und

sozialen Benachteiligungen durchgesetzt werden (vgl. dazu EBER-
WEIN/FEUSER 2007; EBERWEIN 2008).
Die mangelnde Bedeutung und Geringschätzung des gemeinsamen Lernens
fußt vielfach auf einem falschen Verständnis von Integration, nämlich im
Sinne eines additiven Modells aus Regelunterricht und sonderpädagogischer
Förderung. Tatsächlich aber handelt es sich um grundlegend unterschiedliche
pädagogische Ansätze und Vorgehensweisen: Integration/Inklusion meint
Nicht-Aussonderung. Sie steht für gemeinsames Lernen *aller* Kinder und
lehnt Ausgrenzung ab. Sonderschule setzt demgegenüber Aussonderung
voraus. Sie bezieht ihre Existenzberechtigung aus den Selektionsstrukturen
unseres viergliedrigen Schulsystems und rückt die "Behinderung" als pädagogische Kategorie in den Mittelpunkt; demzufolge ist sie Defizit und Defekt
orientiert. Die Kinder werden allein über dieses Etikett definiert, dadurch
stigmatisiert und ausgesondert. Integrationspädagogik hingegen geht davon
aus, dass es normal ist, verschieden zu sein. Sie stellt die individuellen Lernvoraussetzungen ins Zentrum ihrer pädagogischen Bemühungen und setzt an
den Fähigkeiten, Interessen und Stärken der Schüler an.
Im Zusammenhang mit den PISA-Untersuchungen seit dem Jahre 2000 geriet
das skandinavische Schulwesen, insbesondere Finnland, in den Blickpunkt
der Öffentlichkeit. Dort existiert eine Gemeinschaftsschule bis zur 13.
Klasse. Deutsche Bildungspolitiker blieben davon nicht unbeeindruckt. So
setzt sich auch in der Bundesrepublik immer mehr die Erkenntnis durch, dass
die Gemeinschaftsschule ein Modell darstellt, das viele Nachteile des viergliedrigen Schulsystems überwinden kann, vor allem Benachteiligungen
durch die soziale Herkunft, negative Selektion und Sonderschuleinweisung.
Die Gemeinschaftsschule wird deshalb auch von der Integrations- bzw. Inklusionspädagogik als zukunftsweisendes Konzept schulischen Lernens und
Lebens betrachtet.

Literatur

BACH, H.: Grundbegriffe der Behindertenpädagogik. In: BLEIDICK, U. (Hrsg.): Theorie der
 Behindertenpädagogik. Handbuch der Sonderpädagogik, Bd. 1. Berlin 1985, 3 – 24
BLEIDICK, U.: Pädagogik der Behinderten. Grundzüge einer Theorie behinderter Kinder und
 Jugendlicher. Berlin 1978
BLEIDICK, U.: Wissenschaftssystematik der Behindertenpädagogik. In: BLEIDICK, U. (Hrsg.):
 Theorie der Behindertenpädagogik. Handbuch der Sonderpädagogik, Bd. 1. Berlin 1985, 48–
 86
BLEIDICK, U: Heilpädagogik, Ökologie, System. Rezension zu: Speck, O.: System Heilpädago-
 gik. Eine ökologisch-reflexive Grundlegung. In: Zeitschrift für Heilpädagogik 39 (1988 a)
 827 – 840.

BLEIDICK, U: Behinderung als pädagogisches Problem. Deutsches Institut für Fernstudien. Tübingen 1988 b
BLESS, G: Zur Wirksamkeit der Integration. Bern 1995
BLOEMERS, W.: Placeboformel „Förderschule"? Zur Kritik an einem neuen Begriff. In: Pädagogische Rundschau 47 (1993) 439 – 466
BRUMLIK, M.: Advokatorische Ethik. Zur Legitimation pädagogischer Eingriffe. Bielefeld 1992
EBERWEIN, H.(Hrsg.): Handbuch Lernen und Lern-Behinderungen. Lernkonzepte, Lernprobleme, neue Lernformen. Weinheim 1996
EBERWEIN, H.: Verzicht auf Kategoriensysteme in der Integrationspädagogik. In: ALBRECHT, F. u. a. (Hrsg.): Perspektiven der Sonderpädagogik. Disziplin- und professionsbezogene Standortbestimmungen. Neuwied 2000
EBERWEIN, H.: Integrationspolitik als notwendiger Ansatz zur Weiterentwicklung integrationspädagogischen Denkens und Handelns. In: Gemeinsam leben 16 (2008) 68–76
EBERWEIN, H./KNAUER, S. (Hrsg.): Integrationspädagogik. Kinder mit und ohne Beeinträchtigung lernen gemeinsam. Ein Handbuch. Weinheim ^{6} 2002
EBERWEIN, H./KNAUER, S. (Hrsg.): Lernprozesse verstehen Wege einer neuen (sonder-)pädagogischen Diagnostik. Ein Handbuch. Weinheim^2 2003 a
EBERWEIN, H./KNAUER, S. (Hrsg.): Behinderungen und Lernprobleme überwinden. Basiswissen und integrationspädagogische Arbeitshilfen für den Unterricht. Stuttgart 2003 b
EBERWEIN, H./FEUSER, G.: Manifest zur Gründung einer Initiative für integrative Pädagogik und Politik. In: Behindertenpädagogik 46 (2007) 80–83
ELLGER-RÜTTGARDT, S.: Historiographie der Behindertenpädagogik. In: BLEIDICK, U. (Hrsg.): Theorie der Behindertenpädagogik. Handbuch der Sonderpädagogik, Bd. 1. Berlin 1985, 87 – 125
HILDESCHMIDT, A./SANDER, A: Zur Effizienz der Beschulung so genannter Lernbehinderter in Sonderschulen. In: EBERWEIN, H. (Hrsg.): Handbuch Lernen und Lern-Behinderungen. Lernkonzepte, Lernprobleme, neue Lernformen. Weinheim 1996, 115 – 134
HILDESCHMIDT, A./SANDER, A: Der ökosystemische Ansatz als Grundlage für Einzelintegration. In: EBERWEIN, H./KNAUER, S. (Hrsg.): Integrationspädagogik. Kinder mit und ohne Beeinträchtigung lernen gemeinsam. Ein Handbuch. Weinheim^6 2002, 304 – 312
KAMPER. D./WULF, C.: (Hrsg.): Anthropologie nach dem Tode des Menschen. Frankfurt a. M. 1994
KLAFKI, W.: „Recht auf Gleichheit – Recht auf Differenz" in bildungspolitischer Perspektive. In: Neue Sammlung 34 (1994) 579 – 594
KOBI, E. E.: Stabilität und Wandel in der Geschichte des Behindertenwesens. In: Heilpädagogische Forschung 16 (1990) 112 – 117
LINDMEYER, CH. : Behinderung – Phänomen oder Faktum? Bad Heilbrunn 1993
MÖCKEL, A.: Sonderpädagogik und allgemeine Pädagogik. Zu: Ulrich Bleidicks Pädagogik der Behinderten. In: Zeitschrift für Pädagogik 19 (1973) 1013 – 1018
OBOLENSKI, A.: Kooperation von Pädagoginnen und Pädagogen als Bestandteil professionellen Handelns. In: Spies, A./Tredop, D. (Hrsg.): „Risikobiografien". Wiesbaden 2006, 267 – 280
SPECK, O.: System Heilpädagogik. Eine ökologisch-reflexive Grundlegung. München 1991
ZIEBARTH, F.: Supervision und ihre Bedeutung im Praxisfeld einer Integrationsschule. In: EBERWEIN, H./KNAUER, S. (Hrsg.): Integrationspädagogik. Kinder mit und ohne Beeinträchtigung lernen gemeinsam. Ein Handbuch. Weinheim^6 2002, 433 – 447

ZIELKE, G.: Zur Arbeit von Sonderpädagoginnen und Sonderpädagogen im gemeinsamen Unterricht. In: EBERWEIN, H./KNAUER, S.(Hrsg.): Integrationspädagogik. Kinder mit und ohne Beeinträchtigung lernen gemeinsam. Ein Handbuch. Weinheim⁶ 2002, 412–421

Douglas Ross

4 Was Eltern wollen

Als mein Sohn etwa zwölf war und gerade entdeckt hatte, dass er tippen konnte – obgleich er nicht sprechen kann, schrieb er den Satz: „Ich möchte lernen, kann ich bitte in die Schule." Dies ist ein Satz, den alle Lehrer und alle Eltern hören möchten. Da er nicht reden kann, da er für die Umgebung oft unverständliche Sachen macht, und da er nicht immer auf Aufforderungen in der erwarteten Art und Weise reagiert, kam er natürlich nicht „in die Schule". Er kam in eine Tagesstätte; zwar fand auch hier Schulunterricht statt, aber es war eben nicht „Schule". Die Erzieher und Lehrer, unter denen er den Tag verbrachte, waren warmherzige Menschen, die ihn mochten. Und die anderen Kinder in seiner Tagesstätte: sie hatten alle die gleichen „Sachen", konnten auch nicht viel oder nicht immer gut sprechen, machten auch unverständliche Bewegungen und Handlungen, reagierten nicht in der erwarteten Form auf Ansprache und Anrede durch die Erwachsenen. Aber auch sie mochten sich, manchmal mehr, manchmal weniger, auch wenn sie sich gegenseitig wegen ihrer Beeinträchtigungen auf die Nerven gingen.
Was hat der Sohn aber mit „Schule" gemeint? Er hat uns das später erklärt: Schule ist, wenn es „wie Schule aussieht", sich „wie Schule anfühlt". Es sind nicht nur sieben oder acht andere Kinder, die jeden Tag zusammen sind und nicht mit anderen Kindern zusammen kommen. Es findet nicht in einer Art Wohnung statt, wo alle in Hausschuhen herumlaufen. In einer Schule sind gewöhnlicher Weise mehrere Hundert Kinder zusammen, sehr unterschiedliche Kinder. Sie bilden Gruppen, meist selbst gewählt, sie reden miteinander, mögen sich oder mögen sich nicht. Die Kleidung, die sie tragen, drückt oft Status und ausgeprägte persönliche Vorlieben aus. Wenn morgens die Schule anfängt, bimmelt es, die Kinder strömen in den Unterricht, mit ihren dicken Schultaschen, die Lernmaterialien enthalten. All das bedeutet natürlich nicht, dass alle Kinder damit glücklich und zufrieden sind; aber sie sind an einem Ort und machen Sachen, die eben wie „Schule" aussehen. Und ein Tag in

einer Tagesstätte mit sieben anderen Kindern mit gleicher schwer wiegenden Beeinträchtigung war für unseren Sohn schlicht nicht „Schule".

Wenn Eltern wollen, dass ihr beeinträchtigtes Kind in die Kita, in die Schule der Nachbarschaft geht, dass es später einen Beruf erlernt, einer Arbeit nachgeht und in der Mitte der Gemeinde wohnen kann, dann bekommen sie oft Einwände zu hören:

- „Kinder mit schwer wiegenden Beeinträchtigungen brauchen Experten, wenn sie sich entwickeln sollen."
- „Es ist besser, Kinder mit gleichen oder ähnlichen Beeinträchtigungen an einem Ort zu versammeln, denn dann ist der Grad und die Qualität des Spezialwissens höher, die diese Kinder brauchen - gleich, ob dieser „Ort" eine kleine abgeschiedene Tagesstätte oder eine große besondere Schule ist."
- „Ein Schulsystem, das wie in der Bundesrepublik über 85% der Schüler mit schweren Beeinträchtigungen in besondere Schulen schickt, und nicht in die „Schule in der Nachbarschaft" mit allen anderen Kindern, kann nicht ungeeignet sein, da es dieses System seit vielen Jahren gibt, da große Ressourcen an Personen und Kosten in diese besonderen Schulen fließen, und da es der Auftrag und die Funktion dieser besonderen Schulen ist, durch die besondere Förderung die Kinder auf das wirkliche Leben vorzubereiten."
- „Kinder ohne Beeinträchtigung haben keine Lust, zusammen mit Kindern mit schweren Beeinträchtigungen in die gleiche Schule oder gar die gleiche Klasse zu gehen; diese Unlust nimmt mit zunehmendem Alter zu."
- „Eltern verkennen sehr häufig die Schwere der Beeinträchtigung ihres Kindes und machen sich falsche Hoffnungen und ein falsches Bild des Lebens, das ihr Kind in der Zukunft – in der Schule und im Erwachsenenleben – wird führen können."

4.1 Verkennen Eltern die Schwere der Beeinträchtigungen ihrer Kinder?

Es ist ein Naturinstinkt, Hoffnungen in die Zukunft und das zukünftige Werden der eigenen Kinder zu stecken. Alle Eltern tun das, es ist keine Spezialität von Eltern von Kindern mit schweren Beeinträchtigungen. Was aus einem Kind wird, ist kaum abhängig von der vermeintlichen „Irrsicht" (nicht wahrhaben wollen) der Eltern, sondern hängt vielmehr von den Bedingungen ab, unter denen ein Kind weiter wächst, und der Umwelt, die ein Kind zu erwarten hat.

Die Frage ist trotzdem recht kompliziert: Es ist natürlich von großer Tragweite, wie Professionals eine unter Umständen offensichtliche Behinderung eines Kindes den Eltern gegenüber beschreiben. Wenn ein Arzt zu einer Mutter kurz nach der Geburt eines Kindes mit Trisomie 21 sagt, „Sie haben ein wunderbares gesundes Kind zur Welt gebracht; und wir wissen heute so viel über Kinder mit Trisomie 21, dass wir sagen können, Sie und Ihr Kind werden glücklich sein können, ist es ein guter Anfang für das Kind. Anders ist es, wenn eine Psychologin einer Familie mit einem Verwirren stiftendem Kind mit Autismus vor nicht einmal 30 Jahren hier in Deutschland treuherzig beteuert, der Junge sei ein Beispiel für „endogenen Autismus. Diese Beschreibung ist im Grunde ohne Sinn, aber gemeint war eine alte Klamotte, der Glaubenssatz, dass Autismus durch Liebesentzug durch die Mutter hervorgerufen wird. Schon damals war diese Irrlehre nicht Stand des Wissens, sie weiterzugeben war und ist beispiellos unprofessionell. Wer sich informieren kann, wusste schon damals, dass Autismus biologische Ursachen hat, die sich in Neuropathologien unbekannter Genese ausdrücken.
Also soll es für Professionals lauten: lieber nichts sagen? Keineswegs. Mütter und Väter verspüren immer kleine und große „Regelwidrigkeiten" (so spricht die Krankenkasse) bei ihren Kindern. Sie können hierdurch massiv verunsichert werden, auch wenn sie rational viel über ihr Kind wissen und diese Sachen sehen und spüren. Und Professionals haben oft eine humane Scheu davor, über Probleme und Erscheinungen bei einem Kind zu reden, da sie verunsichernde Auswirkungen ihrer Beschreibungen sehen können.
Es helfen nur zwei Sachen: erstens, gut informiert sein, wissen, was nicht gesichertes Wissen ist, mit Eltern – und später mit den betroffenen Menschen mit Beeinträchtigungen selber – offen auf der Basis des gegenwärtigen Standes des Wissens reden. Und zweitens, zusammen mit den Eltern und dem Kind, später mit dem Menschen mit Beeinträchtigung, weit in die Zukunft reichende Strategien und Planungen formulieren, die die Autonomie des Kindes/des heranwachsenden Menschen mit Beeinträchtigung zum Ziel haben.
Das Leben, das ein Mensch mit schweren Beeinträchtigungen wird führen können, wird *gemacht, wird von uns allen gestaltet*, und es kann gut sein oder schlecht sein. Wenn Eltern die oben zitierten „falschen Hoffnungen" bezüglich des zukünftigen Lebens ihres Kindes haben, dann ist das *vielfach* Ausdruck ihrer Bereitschaft, am Gestalten des Lebens ihres Kindes mitzumachen und kein Zeichen für gedankenlose Naivität. „It's their kid, stupid! Not yours!"

4.2 Gibt es ein Akzeptanzproblem für Menschen mit Behinderungen?

Die Gefahr, dass man die Schule zusammen mit Kindern und Heranwachsenden mit Beeinträchtigungen besuchen muss, ist – ehrlich gesagt – in Deutschland nicht sehr groß. Deutschlandweit gehen weniger als 15% der Kinder mit Beeinträchtigung in eine integrative Schule; in den höheren Klassenstufen sind es noch weniger. Im Arbeitsleben haben arbeitende Menschen fast keine Chance, mit Menschen mit schweren Beeinträchtigungen zusammenzuarbeiten, außer als Erzieher, Lehrer, Anleiter usw. Und die Chance für jemanden, der in einer Werkstätte für behinderte Menschen arbeitet, außerhalb der Werkstätte *oder außerhalb eines von der Werkstätte abhängigen Kontextes* einen Arbeitsplatz zu bekommen, liegt bei unter 1%.

Tatsächlich erfahren Menschen mit Behinderung in Deutschland Ablehnung. Sie werden angestarrt. Touristen fühlen sich in ihren Urlaubsfreuden durch die Anwesenheit von Menschen mit Behinderungen gelegentlich so sehr beeinträchtigt, dass sie vor Gericht einen Preisnachlass erstreiten. Und Nachbarn fürchten um den Wert ihrer Immobilie, wenn „Behinderte" in die Gegend ziehen. Behinderung ist ein häufiger Grund ein Ungeborenes abzutreiben. Menschen mit Behinderung werden beschimpft, bedroht und manchmal auch angegriffen.

Dass es Ablehnung und Hass gegen Menschen mit Beeinträchtigungen gibt, oder einfach nur gegen Menschen, die anders sind, kann man allerdings nur schwer als Argument für Sondereinrichtungen verstehen. Denn: Wie sollen die Intoleranten jemals Toleranz lernen, wenn sie die, auf die sich ihr Hass richtet, nicht kennen lernen? Wo sollen Kinder lernen, mit besonderen Menschen auf eine gute Art und Weise umzugehen, wenn nicht in der Kita, in der Schule, in den Berufsbildungsinstitutionen?

Wir wissen: Soziale Inklusion ist nicht unbedingt etwas, was automatisch entsteht, wenn Kinder mit und ohne Behinderung gemeinsam lernen. Kinder mit Behinderungen sind durchaus in Gefahr in Außenseiterpositionen zu geraten, in Integrationsschulen und übrigens auch in Sonderschulen. Es ist deshalb sehr wichtig, dass Erzieherinnen und Erzieher, Lehrerinnen und Lehrer die Entwicklung des Gruppenklimas beobachten, dass sie problematische Konstellationen frühzeitig erkennen und gezielt eingreifen können. Denn, wenn Kinder von anderen Kindern ausgeschlossen werden, dann ist dies nicht ein individuelles Problem des Ausgeschlossenen. Sondern es ist ein Gruppenproblem.

4.3 Was erwarten Eltern wirklich?

Auch wenn komplexe Diskussionen über die verschiedenen Nuancen der Wörter Teilhabe, Inklusion, Nichtaussonderung und Integration geführt werden, für Eltern von Kindern mit Behinderung lugt immer eine Bedeutung aus allen solchen Prozessbeschreibungen hervor: die „Anderen" wollen unsere Kinder nicht haben, nicht sehen, nicht um sich haben.

Teilhabe: ein schlichtes Wort, für etwas, was alle für sich beanspruchen würden (nur nicht für unsere Kinder....), es bedeutet eigentlich nicht mehr, als dass man aktives Mitglied einer komplexen Gruppe ist, mit Möglichkeiten der Mitgestaltung. Aber dass die Regierung sich veranlasst sieht, die Möglichkeit der *Teilhabe* für Menschen mit Behinderung besonders fördern zu sollen, auch durch so genannte „Teilhabekonferenzen" und anderes Mehr, zeigt eines auf, dass solche Teilhabe, solches *Teilhaben*, eben nicht oder nur unzureichend gegeben ist.

Von Inklusion kann man Ähnliches sagen: „Liebe Familien, liebe Menschen mit Behinderung, wir wollen Euch natürlich in unsere Gesellschaft hineinbringen, aber es bedarf – weil ihr eine Behinderung habt – besonderer Formen des Prozesses, es ist kein natürlich gegebener Zustand, dass ihr Teil von uns seid ... Wir werden selbstverständlich alles unternehmen, dass sich das ändert, aber die Ausgangssituation ist nun einmal so, dass ihr erst durch *Inklusionsmaßnahmen* zu uns kommen dürft.

Nichtaussonderung ist ein schwierigeres, ein härteres Wort: von den historischen Bezügen in Deutschland ganz abgesehen („Aussonderung" ist vom Wortsinn her nicht weit entfernt von Selektion, vom Töten von Menschen mit Behinderung) bedeutet *Nicht*aussonderung, dass man sich konkret vornimmt, Menschen mit Behinderung eben nicht aktiv vom gesellschaftlichen Leben fernzuhalten. „Aussonderung" ist kein zufälliger Prozess, sondern bewusstes zielgesteuertes Handeln. Dass Familien mit Kindern mit Behinderung, zusammen mit ihren Freundeskreisen und UnterstützerInnen, zu Nichtaussonderung aufrufen, spiegelt ihre Wahrnehmung dieser gesellschaftlichen Wirklichkeit – des bewussten Ausschlusses – wider.

Und Integration? „Ihr seid zwar draußen, aber wir wollen sehen, wie wir Euch zu uns hineinbringen können....aber ihr müsst ja erst integriert werden, Im Grunde seid ihr draußen, aber wir werden uns bemühen. Wir haben humane Ziele und achten die Menschenwürde."

Diese vier Begriffe, diese vier Wörter, werden oft unterschiedslos gebraucht, und unterliegen einer gewissen Modeverbundenheit. Man muss nicht zu viel aus den Unterschieden machen; alle spiegeln jedoch die eine Grundhaltung wider, dass es vermeintlich Menschen mit Behinderung und Menschen ohne Behinderung gibt, und dass dies zwei getrennte Gruppen sind, die voneinander anders sind: eine binomiale Zuordnung eben. Und alle vier Wörter stärken die Wahrnehmung von Menschen mit Behinderung, dass die Menschen ohne Behinderung, die sich als die Mehrheitsgesellschaft wähnen, die Welt eben so sehen.

Natürlich ist eine solche „binomiale" Aufteilung im Grunde genommen grober Unfug: unsere Gesellschaft teilt sich in unzählige Gruppen und Grüppchen auf, jeder Mensch nimmt sich zu verschiedenen Zeiten im Leben anders wahr. Und im Laufe seines Lebens hat jeder siebte Bürger eine schwere Behinderung, manchmal auf Dauer, manchmal auf Zeit, und fast jeder Mensch erlebt schwere Beeinträchtigungen – gesundheitliche, berufliche, persönliche. Diese führen jedoch nicht zu Aussonderung.

Aussonderung ist nicht allein Ausdruck einer gesellschaftlichen Haltung, sondern in Deutschland wird sie durch institutionelle Strukturen machtvoll und umfassend durchgesetzt. Das so genannte dreigliedrige Schulsystem, das in den meisten Bundesländern die Norm darstellt, „sortiert" die Schulkinder in Schulformen, die aus der Ständegesellschaft des neunzehnten Jahrhunderts stammen. Diese Aufteilung gilt als das Normale, das es aufrechtzuerhalten gilt. Familien mit Kindern mit Behinderung fallen in diesem Zusammenhang zwei Sachen auf: sie kommen in diesem System meistens nicht einmal vor – sie werden „ins vierte Glied" verwiesen, also in das Sonderschulwesen, und: sie erfahren, dass ein solches gegliederte Schulsystem für die meisten europäischen Länder und für einen Großteil der Industrienationen eher untypisch ist.

Dass das „dreigliedrige" Schulsystem, oder, wie es präziser heißen sollte, das viergliedrige Schulsystem (Hauptschule, Realschule, Gymnasium und Sonderschule), nicht besser als „eine Schule für Alle" ist, erfahren Eltern schnell. Eltern merken auch schnell, dass die behaupteten „behinderungsspezifischen" Vorzüge von Sonderschulformen die Versprechen, die sie durch ihre Namensgebung abgeben (Förderschule Lernen, Förderschule soziale und emotionale Entwicklung usw.) nicht einlösen. Mit diesem Wissen versuchen Eltern andere Erklärungen für das feste Gefüge des gegliederten Schulsystems einschließlich der Sonderschulen zu finden. In Ermangelung von empirischer Evidenz bietet sich nur die Erklärung an, dass gegliederte Schulformen allein dem Zwecke dienen, gesellschaftliche Aufteilungen auszudrücken und zu festigen – eben die Funktion der Aussonderung.

Familien von Kindern mit Behinderung, und auch erwachsene Menschen mit Behinderung – denn die Aussonderung wird auch im Arbeitsleben fortgeführt

– empfinden diesen Prozess als Marginalisierung, als „an den Rand drücken", als Ausdruck eines unwichtigen Status. Sogar bei der PISA-Studie (Programme for International Student Assessment der OECD) aus dem Jahre 2000 wurde dieser Status unterstrichen: die deutschen Länder, denen die Hoheit über die Bildung obliegt, nahmen die Sonderschulen und die Bildung von Kindern mit Behinderung nur in verschwindend geringem Maße in die Untersuchung auf (Dies hat übrigens zur Aufbesserung der Ergebnisse für das deutsche Schulwesen im internationalen Vergleich nicht getaugt – eine diesbezügliche Intention wird hier nicht unterstellt, aber die Ergebnisse waren für Deutschland bekannter Weise sehr ernüchternd.).

4.4 Sind Experten notwendig?

Warum wollen Eltern die Wahlmöglichkeit haben, dass ihre Kinder auf integrative Schulen gehen? Die meisten Familien mit Kindern mit Behinderung haben gesehen und miterlebt, wie ihre Kinder mit Kindern ohne Behinderung gut auskommen, dass sie miteinander und voneinander lernen können, und dass dies ihnen Spaß macht. Sie haben auch erlebt, wie wohl gesonnene und professionell arbeitende Lehrkräfte oder KitaerzieherInnen auch im integrativen Kontext ihre Kinder unterrichten und fördern, ohne den Rahmen der Sondererziehung. Und sie informieren sich über die Möglichkeiten der integrativen Erziehung in wissenschaftlichen Berichten und Studien. Nur wenige Eltern von Kindern mit Behinderung geben ihre Kinder unreflektiert an der Schulpforte ab, eher begleiten sie den Fortgang der Beschulung mit Wissenszuwachs und Akribie, auf eine Art und Weise, wie sie bei Familien mit Kindern ohne Behinderung nicht ständig beobachtet werden kann. Diese Art der engen Begleitung und Bindung bei Familien von Kindern mit Behinderung kann nervig sein, aber die Auseinandersetzung damit gehört für Professionelle eben zur Professionalität.

Es ist eine ständig wiederholte Mantra in der unterrichtenden, pädagogischen, sozialen und erzieherischen Arbeit für und mit Kindern mit Behinderung, dass „das Kind im Mittelpunkt zu stehen hat." Das wäre zum Beispiel ein Maßstab für professionelles Handeln. Aber geschieht das auf zuverlässige Art und Weise? Es gibt eine große Bandbreite der Möglichkeiten, nicht das Kind, sondern eigene Agenda und eigene Ziele und Haltungen in den Vordergrund zu stellen. Manchmal geschieht das unreflektiert, sozusagen naiv, aber manchmal auch sehr bewusst und mit Überzeugung, mit einer Eigeninterpretation des Vorsatzes, das Kind müsse im Mittelpunkt stehen.

Einmal, mit circa 8 Jahren, schuf unser Junge bei einem Töpferkurs eine hinreißend schöne kleine Igelfigur aus Ton, die er dann blau anmalte. Eine Bürgersfrau schaute uns dann mit liebevoll glänzenden Augen an und beteuerte, der Igel sei sicher ein Ausdruck dafür, wie unser nicht sprechender Sohn die Welt empfindet (etwa: Angst auslösendes Feindesland, dem man nur mit Stacheln bewehrt entgegentreten kann ...). Wir waren der Bürgersfrau nicht gram, denn sie hat das alles mit Wohlwollen geäußert. Nur: der Igel war eine Vorgabe der Kursleiterin, es gab dafür ein Foto, das man zur Gestaltung der Figur sich anschauen konnte, und es gab nur blau als Farbe zur Auswahl. Das änderte nichts daran, dass die Figur schön wurde und dementsprechend gewürdigt werden konnte, aber die Bürgersfrau hat sich eine Übertragung ihrer eigenen Vorstellung von Behinderung-Haben geleistet, ohne eine Spur von Evidenz oder Wissen. Natürlich ist es schwierig, zu wissen, was los ist, wenn ein Kind nicht sprechen kann, aber dann muss man einfach zurückhaltend sein und sich eingestehen, dass man nicht weiß, was los ist. Die Autonomie eines anderen Menschen respektieren heißt auch, diesem Menschen die eigenen Vorstellungen nicht aufzustülpen.

Die Episode mit dem Igel und der Bürgersfrau hat weder den Sohn noch seine Eltern beeinträchtigt. Anders ist es, wenn Professionelle, die eine strukturierende Funktion im Leben eines Menschen mit Behinderung haben, alternativlos ihre eigenen Vorstellungen durchsetzen wollen, ohne die Fähigkeit zur Reflexion und zur Neuausrichtung des eigenen Handelns zu besitzen. Da solche Professionelle vielfach innerhalb von versorgenden Institutionen tätig sind, seien es Schulen, Tagesstätten, Werkstätten oder Wohnstätten, oder auch frei praktizierende Therapeuten sind, hat ihr Handeln ein anderes Gewicht, und die Messlatte für Professionalität liegt höher.

Ein paar Beispiele, hier bezogen auf „autism spectrum disorder" (Autismusspektrum): Eltern wird oft aufgegeben, sicherzustellen, dass das Kind mit Autismus eine stabile, strukturierte Umgebung braucht. So weit so gut, so was tut vielen Kindern mit und ohne Behinderung gut. Aber gemeint ist leider oft nicht „stabil" sondern „unveränderlich". Man kann vielfach bei Kindern mit Autismus beobachten, dass sie Handlungen immer wieder wiederholen, als ob Automatismen im Spiel sind. In sprachlicher Form nennt man sie manchmal „Echolalie", als Handlungsabfolge spricht man von „stereopraktischem Verhalten". Die Hintergründe und Ursachen für diese Handlungen sind unklar. Aber bei dem Bemühen, eine „strukturierte Umgebung" zu schaffen, kommt man als Eltern (und übrigens auch als Professionelle) in eine Zwickmühle: die „strukturierte Umgebung" kann das „stereopraktische Verhalten" mehren. Entweder ist dieses Verhalten unerwünscht, auch wenn man nicht recht im Klaren ist, wozu es dient, und ist nach Möglichkeit zu unterbinden, oder das Verhalten ist einfach zu akzeptieren und als Teil der „stabilen Umgebung" einzuordnen. Wohlgemerkt, ohne dass man die Ursachen für diese Handlungen kennt. Bei beiden Alternativen, das Akzeptieren und das Nicht-Akzeptieren, liegen Annahmen über Ursachen des Verhaltens aber vor, die in der Folge zu - konträren - programmatischen Vorgaben für die Interaktion mit dem Kind führen.

Es ist natürlich in Ordnung, wenn man viele unterschiedliche Sachen ausprobieren will, wenn man eine Behinderung nicht versteht. Aber das ist nur dann professionell, wenn man bereit ist, sich auf Prozesse der Anpassung, der Reflexion, der Neuausrichtung des eigenen Handelns einzulassen. Nur dann steht das Kind „im Mittelpunkt", als Motor der Interaktion.

Zur Professionalität gehören auch weitere Dinge. Den „Stand des Wissens" über eine Beeinträchtigung zu kennen, ist selbstverständlich, aber auch: die Fähigkeit und die Bereitschaft, die Evidenzbasis dieses Wissens im Licht der eigenen Erfahrung bewerten zu können und vor allem bei Fragen, die einem selber weniger geläufig sind, sehr zurückhaltend zu sein.

Ein Beispiel: die oben erwähnten „stereopraktischen Handlungen" werden oft als Ausdruck eines obsessiv-kompulsiven Zustandes eingeordnet. Jedoch sind dies zwei sehr verschiedene Dinge: stereopraktische Handlungen sind nicht selten auf irgendeine Weise lustbetont, obsessiv-kompulsives Verhalten nie, da es sich um einen Angstzustand handelt. Die Interaktionen zwischen dem diese unterschiedlichen Verhaltensweisen zeigenden Menschen und einem Erzieher/einer Therapeuten/einer Unterstützerin müssen dann auch unterschiedlich sein. Es ist sinnvoll und möglich, eine Verhandlung mit einem Menschen mit Autismus über stereopraktische Handlungen zu führen, nach dem Muster: „Ich kann in bestimmten Situationen auf diese Handlung verzichten ... ich kann auf diese andere Handlung auf keinen Fall verzichten ... ich ordne die Machbarkeit meiner Entscheidung auf einer Skala 1 – 10 ein, danach können wir uns richten, es wären dann meine Entscheidungen." Bei Menschen, die obsessiv-kompulsive Verhaltensweisen zeigen, sind andere Wege der Unterstützung gefragt. Ein Fazit dieses Beispiels: Experten sollten medizinische Begriffe und Urteile als Nicht-Mediziner oder Nicht-Neurologe nicht anwenden, es ist zu leicht, falsche Annahmen zur Grundlage eigener Interaktionsformen zu machen.

Oder: Nicht jeder, der mit Menschen mit schweren Beeinträchtigungen zusammen ist oder sie zu unterstützen hat, hat eine einschlägige Hochschulausbildung – das trifft auch für Eltern zu. Die vorzufindenden Handlungshilfen und Beschreibungen für bestimmte Beeinträchtigungen sind dann willkommene Handreichungen, die auch schön griffige Merkmale enthalten. Ein prägnantes Merkmal aus dem Bereich der Beschreibungen des Autismus-Spektrums ist der so genannte „fehlender Blickkontakt", das auch in „Checklisten für Autismus" auftaucht. Nun ist es wirklich so, dass viele Menschen mit Autismus Schwierigkeiten haben, andere direkt anzuschauen. Warum das so ist, ist weiterhin unklar und Gegenstand von unzähligen Theorien. Was tun, wenn ein solcher Mensch, ein solches Kind, vor einem steht und man therapeutische Anwandlungen verspürt? Eine gängige Antwort ist der erzwungene Blickkontakt (bis hin zu: Kopf des Kindes durch Zwang vor dem eigenen Gesicht halten). Hinter solchen Herangehensweisen verstecken sich Annahmen über die Ursachen und Auslösungsfaktoren für den fehlenden direkten Blickkontakt, für die es keine Evidenzbasis gibt und keine Nachweise für nachhaltige Veränderungen im Leben des Kindes. Ein weiteres Beispiel für solche aufgezwungenen Versuche der Verhaltensänderung ist das inzwischen diskreditierte „forced holding", die so genannte Festhaltetherapie, die durch lang anhaltenden Zwang – über viele Stunden hinweg – das offensichtliche Unvermögen vieler Menschen mit Autismus überwinden sollte, körperliche Nähe zu akzeptieren. Dieser „Methode", die an Körperverletzung grenzt, liegt eine Deutungsvorstellung des Autismus als psychodynamischer Erkrankung zugrunde, die sich vor vielen Jahren als falsch erwiesen hat. Darf man denn nichts tun, wenn man keine Evidenzbasis hat? Schon, wenn man den „Stand des Wissens" umfassend erkundet hat und selbst initiierte Interaktionen als im Licht der eigenen Erfahrung veränderbar ansieht und die Autonomie des Kindes in den Mittelpunkt gestellt hat. Keine Aufpropfungen der eigenen Vorstellungen, keine Übertragungen der eigenen Bedürfnisse.

Menschen mit schwerer Behinderung, und ihre Familien, wissen, dass wir in einer realen Welt mit realen Menschen leben: „Nobody's perfect!" Trotz Autonomiebestreben wissen Menschen mit Behinderung und ihre Familien, dass sie auf Unterstützung durch Professionelle angewiesen sind, und das sogar gerne. Zu einer verabredeten Arbeitsteilung gehört der Respekt vor der Arbeit von Dienst leistenden Professionellen. Und es ist allen klar und unkontrovers, dass Dienstleisterinnen und Dienstleister anständig bezahlt werden müssen, denn sonst könnten sie ihre Dienste nicht anbieten und würden in ein anderes Marktsegment abwandern.

Aber: Die Anteile aller an einem Verabredungsprozess Beteiligten müssen definierbar und transparent sein. Auf die Frage an eine Therapeutin, was sie so tun wolle (ihr wurden ca. 60 Therapiestunden in Aussicht gestellt, also eine erkleckliche Summe Geld), antwortete sie mit der Frage: „Könnt ihr mir nicht vertrauen?" Die Familie wollte keinen Fachvortrag, und nicht einmal eine operationalisierte Zielbeschreibung (was soll das Kind am Ende können, und was passiert in der Therapiestunde), sondern eine verständliche Darstellung der beabsichtigten Vorgehensweise. Für die Familie war die Antwort („Vertraut mir nur...") erschreckend, denn sie deutete entweder auf den Hochmut der professionellen Betriebsgeheimnisse oder auf Unfähigkeit. Eltern sind keine Therapeuten, wollen es auch nicht sein oder werden, sie respektieren professionelle Fähigkeiten, aber sie erwarten, dass man ihnen Sachen erklären kann, denn am Ende müssen sie zur Kenntnis geben, dass sie mit der geleisteten Arbeit einverstanden waren. Auch im schulischen Kontext erhebt sich manchmal das garstig Haupt der Angst, wenn Eltern von LehrerInnen und anderen im Schulbetrieb tätigen Experten wissen wollen, was mit und für ihre Kinder mit Behinderung gemacht wird. Für bestimmte Unterrichtsteile haben LehrerInnen oft eine strukturierte „Methode" (zum Beispiel für Lesen-Lernen). Eltern nehmen dann an, dass die Lehrerin gute Gründe hat, eine bestimmte Vorgehensweise zu wählen; sie nehmen auch an, dass die Lehrerin diese Gründe sachlich vortragen kann und will. Aber auf eine solche Nachfrage bekommen Familien zu oft die „Vertrauensfrage" zu hören. Warum muss dass so sein? Wissen und Transparenz schaffen Vertrauen, man kann es nicht blind fordern.

In der realen Welt passieren aber gelegentlich Dinge, die Vertrauen zerstören. Es kommt leider auch vor, dass Professionelle ihre Funktion und ihre Machtposition ausnutzen, bis hin zu kriminellen Handlungen. Es gibt professionelle Fertigkeitsprofile, auf die Menschen mit bestimmten Behinderungen dringend angewiesen sind, die jedoch nicht überall „qualitätsgesichert" auf dem Markt zu haben sind. Ein solches Fertigkeitsprofil wäre zum Beispiel Expertise in der Kommunikationsförderung für nicht sprechende Menschen. In Deutschland ist solches Expertenwissen eher Mangelware; es wird angeboten von einzelnen Individuen, von kleinen als Verein organisierten Gruppen, oder von Selbsthilfegruppen. Fast immer erfüllen diese Experten die oben genannten Kriterien des evidenzbasierten Wissens und der Transparenz. Es gibt aber vereinzelt Menschen, denen das eigene wirtschaftliche Überleben offenkundig das einzige Ziel ihrer Arbeit ist, und sie leisten sich Abrechnungsbetrug, nicht nachprüfbare Verlaufsberichte bis hin zu Unwahrheiten. Man lebt ja in der realen Welt. Familien haben dann ein Problem: sie erkennen die Notwendigkeit eines erforderlichen Arbeitsprofils, verlieren sie aber jegliches Vertrauen in eine bestimmte Person; sie haben dann jedoch keine Alternative zur Hand. Eltern haben ein starkes Bedürfnis, den Menschen, denen sie ihre Kinder mit Behinderung Hilfe suchend anvertrauen, Vertrauen zu schenken (und ein Geschenk ist ein hohes, ein bedeutendes Gut!); werden sie enttäuscht, wirkt sich das entstehende Misstrauen auf ihre Haltung zu anderen Professionellen aus. Wer ist für wen da?

Ein Professioneller, der im persönlichen Handeln unaufrichtig ist, kann nicht für sich in Anspruch nehmen, dass er wegen seiner Arbeit akzeptiert werden soll. „Arbeit" und „Mensch" sind nicht teilbar, wem man als Person nicht trauen kann, dessen Arbeit kann man auch kein Vertrauen entgegenbringen.

Man kann die Frage der Prioritäten auch auf andere Weise beschreiben: Wer definiert die Ziele? Wer begreift sich in einem Prozess (etwa beteiligt: ein Mensch mit einer Behinderung, die Familie, ein Dienst leistender Professioneller, möglicherweise eine Amtsstelle oder institutionelle Einrichtung, wie z. B. Schule) *als der dominante Teil*? Die Frage ist nicht theoretisch, sie ist für Familien mit Kindern mit Behinderung und für erwachsene Menschen mit Behinderung Alltag; aber dennoch komplex.

Professionalität bedeutet die Fähigkeit und den Willen, Vertrauenswürdigkeit darzubieten. Für Eltern kann das bedeuten, dass sie ihre Kinder für wesentliche Belange des Lebens anderen – meistens eben „Professionellen" überlassen. Für erwachsene Menschen mit Beeinträchtigungen bedeutet dies, dass sie sich Professionellen anvertrauen, sei es für Dienstleistungen, sei es für Ratschläge.

Es ist eine Bringschuld für Professionelle, dass sie sich, ihre Dienstleistungen sowie die Institutionen und Strukturen, die sie vertreten, als vertrauenswürdig darstellen können. Hört sich wie eine Selbstverständlichkeit an, aber es klappt nicht von alleine. Und es gibt tragische Beweise. Uns sind Familien bekannt, in denen der Vater/die Mutter ihr Kind mit schwerer Behinderung getötet haben – und anschließend sich selber zu töten versuchten – mit der nachträglich bekannt gewordenen Begründung, sie „verzweifelten wegen der Perspektive, ihr Kind, ihr erwachsener Angehöriger mit Behinderung müsste ohne die Unterstützung der Eltern leben ..."

Natürlich wissen Eltern, dass sie nicht immer da sein werden, das wissen auch ihre Kinder und Angehörigen mit Behinderung.

Es muss möglich sein, eine Vertrauenswürdigkeit darzustellen, als Ausdruck der eigenen Professionalität. Familien müssen nicht verzweifeln. Sie müssen aber sicher sein können, dass für ihre Angehörigen ein selbst bestimmtes Leben möglich ist.

Es ist oben von Autonomie die Rede. Diese Redewendung findet sich in vielen Texten, die die Ziele von Institutionen und Berufszweigen beschreiben, die eine bedeutende und oft bestimmende Rolle im Leben von Menschen mit schweren Beeinträchtigungen haben, sowohl in der Kindszeit wie auch im – viel längeren – Erwachsenenleben. Jeder weiß, dass die Möglichkeit, das eigene Leben zu planen und zu steuern, eigene Perspektiven entwickeln, als eine Art „natürliches Recht" beansprucht wird. Es ist sogar wissenschaftlich erwiesen, dass diese Freiheit ein bestimmendes Element im Erleben von Glück ist, auch wenn man die Wissenschaft nicht bemühen muss, um dies zu wissen. Jeder weiß auch, wie sich das Gegenteil von diesem „natürlichen Recht" auswirkt – das Gefühl des Ausgeliefertseins, der Instrumentalisierung, der Hilflosigkeit, mit den Folgeerscheinungen von Erkrankung und Handlungsunfähigkeit.

Kann die Arbeit von Professionellen zu dieser Autonomie beitragen? Die Mantras sagen: selbstverständlich, und immer, und sowieso. Aber Menschen mit Behinderungen erleben jeden Tag, dass unterstützende Personen die Dominanz ihrer Institution – oder gar ihrer eigenen Persönlichkeit – durchsetzen wollen. Wenn jemand in einer „Werkstatt für behinderte Menschen" eine Beschäftigungsposition hat, wird er definiert durch die Eigenwerte dieser Werkstätte. Wenn jemand in einer Wohnstätte für Menschen mit Behinderung lebt, geschieht das gleiche. Wenn jemand mit Behinderung die eigene Familie verlässt, und sich in die „Obhut" von solchen Institutionen begibt, erlebt er die Definition dieser Institution, die davon ausgeht, dass sie weiter als Institution existiert und nur schwer veränderungsfähig ist, geschweige denn, sich aufgeben sollte.

Es sind hier zwei Merkmale: Institutionen, wie oben benannt, wollen weiter existieren, auch wenn die Eigenwerte mit denen anderer Institutionen kollidieren. Und sie sind nicht in der Lage, es ist nicht ihre selbst gegebene Aufgabe, jemandem mit einer schweren Behinderung zu einer lebenslangen langfristigen autonomen Planung des eigenen Lebens zu verhelfen.

Gibt es diese Art der Unterstützung in Deutschland? Wird sie gewollt? Wird deren Bedarf verstanden? Eher nicht. Aber drei Beispiele von Unterstützungswegen mögen verdeutlichen, dass diese Wege möglich sind. Es ist ein Ziel von Eltern, dass ihre Kinder „das eigene Leben in die Hand nehmen".

In Deutschland existiert der Verein „Mensch zuerst – Netzwerk People First Deutschland e.V.", der von Menschen mit Lernschwierigkeiten gegründet wurde und das Ziel des selbst bestimmten Lebens von Menschen mit Lernschwierigkeiten oder mehrfachen schweren Behinderungen vertritt. Die (ordentlichen) Mitglieder haben schwere Behinderung, auch die Mitglieder des Vorstandes (www.peoplefirst.de).

In Neuseeland gibt es seit vielen Jahren eine Stiftung, den „Personal Advocacy Foundation Trust", deren Aufgabe es ist, eine Art vertragsgebundener Assistenz für erwachsene Menschen mit Behinderung anzubieten, wenn die

Eltern nicht mehr da sind, als „Advokat", als „Für-Sprecher", ausschließlich im Dienste und im Auftrag des Menschen mit schwerer Behinderung, nicht im Auftrag der Fürsorge, nicht im Auftrage des Versorgungssystems, sondern ausschließlich, um die Belange des „Klienten" zu vertreten, wie ein Anwalt das eben macht. Die Stiftung akzeptiert keine staatliche Unterstützung und bietet keine anderen Dienstleistungen (wie etwa Wohnen, Arbeiten usw.) neben dieser „Advokatenfunktion" an, um unabhängig und auftragstreu ohne Interessenkonflikte zu bleiben. Das Arbeitsprofil dieser Stiftung ist nicht mit dem der „gesetzlichen Betreuung" in Deutschland, die es auch in Neuseeland gibt (legal guardianship) vergleichbar. Der Auftrag lautet immer: Unterstützung der Autonomie und der Selbstbestimmung für den Menschen mit schwerer Behinderung, in dessen Dienst man steht (patrust@paradise.net.nz).
In Schweden gibt es ein System der „Persönlichen Assistenz" für Menschen mit hohem Unterstützungsbedarf, das durch ein seit einigen Jahren existierendes Leistungsgesetz („LASS") „persönliche Assistenz" nach Erfordernis (und in der Höhe nur durch diese Erfordernis begrenzt) ermöglicht. Es wäre mit „Einzelfallhilfe als Leistungsgesetz" in Deutschland vergleichbar (nur, dass es dieses Leistungsgesetz in Deutschland nicht gibt). Das Recht auf Unterstützung durch dieses Gesetz ist nicht vergleichbar mit dem hier gültigen Recht auf „Persönliches Budget" bei Transferleistungen. Die Persönliche Assistenz in Schweden wird an dieser Stelle erwähnt, weil sie auch von Initiativen angeboten wird, die von Menschen mit schwerer Behinderung, auch mit Lernschwierigkeiten, gegründet worden sind und verwaltet werden. Ein Beispiel ist die Initiative JAG in Stockholm (www.jag.se): Hier bieten Menschen mit schweren Behinderungen Assistenzdienstleistungen an.
Who's the boss? Wer definiert, wer die Arbeit macht? Wer definiert die tägliche Arbeit und die langfristigen Ziele im Leben der Assistenznehmerinnen und Assistenznehmer? Hier sind es in der Tat die Menschen mit schwerer Behinderung selber. Und dies ist die Verwirklichung des Wunsches der autonomen Lebensgestaltung und der Unterstützung der persönlichen Integrität.
Wie sieht *Professionalität* demnach aus? In der Unterstützung solcher Systeme. Dadurch, dass man sich kundig macht, dass man die eigene berufliche Identität im Zeichen solcher Systeme der Autonomie sieht und den Widerspruch zu dem wüsten Reigen vorhandener Dienstleistungsangebote sieht, die die persönliche Integrität von Menschen mit Behinderungen beeinträchtigen.

4.5 Resümee

Was Eltern wollen? Eltern von Kindern mit Behinderungen wollen das, was alle Eltern wollen. Sie wollen, dass ihr Kind in die Kita, in die Schule der Nachbarschaft gehen kann. Sie wollen, dass es einen Beruf erlernt, aktiv am Arbeitsleben teilnimmt und später in der Mitte der Gemeinde leben kann, als akzeptiertes, geachtetes und geschätztes Mitglied der Gemeinschaft. Eltern mit Behinderungen wollen keine Sondereinrichtungen, in denen sich der Kontakt mit anderen ausschließlich auf andere Gleichaltrige mit Behinderungen beschränkt. Sie wollen die volle Teilhabe für ihre Kinder. Nicht, weil sie nicht wahrhaben wollen, dass ihre Kinder behindert sind, sondern weil sie wissen, dass die Teilhabe gut für ihr Kind ist.
Eltern mit Behinderungen wollen keine Spezialisten, die ihre Professionalität ausschließlich darin verstehen, am Beginn ihrer Laufbahn eine besondere Ausbildung absolviert zu haben. Und sie wollen keine Spezialisten, die es sich in ihren Sondereinrichtungen so angenehm eingerichtet haben, dass sie etwas anderes überhaupt nicht mehr wahrnehmen wollen. Sie wollen Experten, die sich kundig machen über die Probleme der Menschen, mit denen sie arbeiten, sie wollen Experten, die sich wirklich auskennen, die Eltern erklären, was sie wissen und was sie nicht wissen und vor dem Hintergrund ihres Wissens über mögliche Entwicklungsverläufe und sinnvolle Fördermethoden wirklich das auswählen, was sinnvoll für diesen einen besonderen Menschen ist. Und: Eltern wollen seriöse, vorbehaltlose Forschung. Warum gibt es in Deutschland z. B. keine Professur, die sich mit Autismus beschäftigt? Warum wissen wir so wenig über die Lese- und Rechtschreibentwicklung z. B. von Migrantenkindern? Welche Fördermethoden eignen sich für den Umgang mit welchen Verhaltensproblemen? Es gibt so viele Dinge, über die wir zu wenig wissen und so wichtige Probleme, die unbedingt gelöst werden sollten. Hier erwarten Eltern wirklich professionelle Hilfen

Anette Hausotter

5 Integration und Inklusion in Europa

Die Integration und Inklusion behinderter und benachteiligter Kinder ist ein Bildungsauftrag aller europäischen Länder. Sonderpädagogische Förderung findet zunehmend im Regelschulsystem der allgemeinen Schule statt.
Die Integration und Inklusion von Kindern mit und ohne Behinderung bedeutet, dass sich die Schulen und Schulsysteme strukturell so verändern, dass ein gemeinsamer Unterricht aller Kinder und Jugendlicher möglich wird. Dieser wird in unterschiedlichsten Organisationsformen umgesetzt wie z.B. Sonderklassen in Regelschulen, Kooperation zwischen Sonderschule und Regelschule, gemeinsamer Unterricht in Regelschulen, in der Lerngruppe, in Kleingruppen bis hin zur individuellen Förderung. Verschiedenste methodische Vorgehensweisen und Rahmenbedingungen können diesen Prozess förderlich beeinflussen. Wichtig ist, dass sich der Unterricht an den individuellen Voraussetzungen und Bedürfnissen eines jeden Schülers orientieren sollte. Folgt man den internationalen und europäischen Deklarationen, sollen alle Menschen ein Recht auf Bildung und auf gleiche Bildungschancen haben, d. h. es muss eine allgemeine Bildung ermöglicht werden – also nicht separiert oder in getrennten Einrichtungen. Die Aussage, dass die allgemeine Schule den besonderen Bedürfnissen nicht gerecht werden könnte oder Kinder ohne Behinderung in ihrer Lernentwicklung gestört werden könnten, wurde wissenschaftlich schon mehrfach widerlegt (NORDAL 1999; NACKEN u. a. 2003; HINZ in diesem Buch). Laut den Empfehlungen der Vereinten Nationen sind allgemeine Bildungssysteme grundsätzlich für die Bildung jedes einzelnen Schülers verantwortlich. Für ein positive Entwicklung müssen Veränderungen aus dem System heraus entstehen. Nur so kann sich eine Schule für alle entwickeln – eine inklusive Schule – die alle Schülerinnen und Schüler willkommen heißt und niemanden aussondert. Denn: Je mehr Vielfalt in den Klassenzimmern herrscht, desto weniger fällt Andersartigkeit auf!

5.1 Historische Entwicklung

Aus dem Bestreben, allen Kindern zu ihrem Recht auf Bildung zu verhelfen, entstand im Laufe des 19. Jahrhunderts die Sonderpädagogik. In zwölf Staaten der Europäischen Union wurden eigene Schulen für „Behinderte" eingerichtet, um auch Kindern mit, wie es im heutigen Sprachgebrauch heißt, besonderem pädagogischen Förderbedarf die Teilnahme an der allgemeinen Schulbildung zu ermöglichen. In der Folge wurden unterschiedliche sonderpädagogische Bildungsansätze erprobt.

Bereits 1974 wurde mit der Gründung des Europäischen Sozialfonds ein Meilenstein gesetzt, um die Belange der Menschen mit Behinderung und Benachteiligung auf europäischer Ebene durch vielfältige Programme zu unterstützen.

1971 wurden in Italien bereits alle Sonderschulen per Gesetz abgeschafft. Das italienische Schulsystem setzte konsequent auf eine gemeinsame Unterrichtung von Kindern und Jugendlichen mit und ohne Behinderung. Im gleichen Zeitraum haben die skandinavischen Länder ihr Bildungssystem auf eine gemeinsame 9- bzw. 10-jährige Gemeinschaftsschule umgestellt.

Norwegen hat das Recht auf Integration von Schüler/innen mit und ohne Behinderung im Jahre 1975 gesetzlich verankert, auch unter Berücksichtigung der besonderen Förderung von Migrantenkindern. In diesem Zusammenhang sollten verschiedene Reformen dazu beitragen, Angebote der unterschiedlichen Stufen des Bildungssystems unter einem ganzheitlichen Aspekt besser aufeinander abzustimmen. Hierzu gehörte u. a. die gemeinsame Bildung einschließlich der 3-jährigen weiterführenden Schulbildung, die mit einer Berufsqualifikation abschließen sollte oder zu einem Besuch einer Hochschule berechtigte. In der Konsequenz wurde 1987 ein gemeinsames Rahmencurriculum für alle Schüler/innen, einschließlich derer mit besonderem Bedarf entwickelt, bestehend aus Richtlinien, Ratschlägen und Anregungen für Arbeitsformen, Hilfsmittel u. ä. Jede Schule sollte anhand dieser Richtlinien ihr eigenes Curriculum entwickeln, dessen Lehrinhalte die Bedürfnisse des einzelnen und das jeweilige Umfeld der Schule mit einbeziehen. Eine Umstrukturierung der staatlichen Sonderschulen in Fach- und Kompetenzzentren sollte fortan die Regelschulen durch Diagnose, Beratung, Fortbildung und Entwicklungsarbeit unterstützen und das sonderpädagogische Fachwissen vertiefen. 1991 wurden per Gesetz alle staatlichen Einrichtungen für geistigbehinderte Menschen aufgelöst. Die Verantwortung wurde den Kommunen übertragen mit dem Ziel der Normalisierung, Dezentralisierung und Integration in die Gesellschaft. Mit dieser langen Tradition hat es

Norwegen schon früh geschafft, ein verändertes Bewusstsein in der Gesellschaft zu entwickeln: Als normal gilt, dass alle Kinder ihre Schulzeit gemeinsam verbringen und nicht in wechselnden Schulen wegen einer Behinderung. Ähnlich frühe Integrationsentwicklungen haben in England stattgefunden.
1993 wurde auf Beschluss des Europäischen Rates das Programm HELIOS II ins Leben gerufen (Handicapped People in the European Community living independantly in an open Society). Dieses Programm setzte sich für die Chancengleichheit von Menschen mit Behinderung ein. Die sonderpädagogische Förderung im Sinne einer integrativen Bildung erhielt somit erstmalig einen europäischen Stellenwert. „Die schulische Integration von Schülerinnen und Schülern mit Behinderungen stellt eine gesellschaftliche Verpflichtung dar: Sie ist eine Chance für alle Beteiligten. Es handelt sich dabei nicht um eine vorübergehende Modeerscheinung, sondern um eine Bereicherung für die ganze Gesellschaft" (HELIOS 1995, 89). Ein wichtiges Ergebnis ist der Leitfaden für europäische Praktiken. Er zeigt Rahmenbedingungen und Schlüsselkonzepte empfehlenswerter integrativer Maßnahmen auf und beschreibt die Unterstützungsmöglichkeiten zur Verbesserung einer integrativen Praxis im sozialen, schulischen und beruflichen Lebensbereich.
Parallel dazu, im Jahre 1994, haben die Vereinten Nationen mit ihren Richtlinien zur Eingliederung von Kindern und Jugendlichen mit Behinderung in allgemeine Bildungssysteme einen weiteren Eckpfeiler in Richtung Integration gesetzt.
1996 wurde von den Ministerien der Länder unter Federführung Dänemarks die European Agency for Development in Special Needs Education (EA) ins Leben gerufen. Sie ist eine unabhängige, sich selbst verwaltende Einrichtung und wird von der Europäischen Kommission unterstützt. Ihr Anliegen ist die Bereitstellung einer Plattform für die Zusammenarbeit im Bereich der sonderpädagogischen Förderung für die einzelnen Mitgliedsstaaten. Die wesentlichen Ziele gelten der Optimierung bildungspolitischer Strategien, der Qualitätsverbesserung im Bereich sonderpädagogischer Förderung und langfristig der Schaffung eines Rahmens für eine intensive europäische Zusammenarbeit. Dies geschieht unter anderem, indem das Wissen und Know-how aus den unterschiedlichen europäischen Ländern verfügbar gemacht wird, damit jedes Land auf seine Weise daraus seinen Nutzen ziehen kann. Beispiele guter Praxis und daraus resultierende Empfehlungen bieten eine Grundlage für die jeweiligen nationalen Entwicklungen in der Bildungspolitik, der Praxis und des Angebots für Lernende mit besonderen Bedürfnissen und für ihre Familien. Priorität haben Themen wie Chancengleichheit, Barrierefreiheit, integrative/inklusive Bildung und die Verbesserung der Bildungsqualität. Die EA ist mittlerweile auf 27 Mitgliedsländer angewachsen,

wobei die Slowakei und Bulgarien noch den Status als Beobachter haben (Länderinformationen, Fallberichte, Links und Informationsquellen unter www.european-agency.org).

Im Jahre 2000 entwickelte die Weltgesundheitsorganisation (WHO) die Internationale Klassifikation der Funktionsfähigkeit, der Behinderung und Gesundheit (ICF). Auch die ICF kann als wichtiges Dokument für die Integrationsdebatte verstanden werden. Denn mit der ICF wird eine Abkehr von der defizitorientierten Sicht der alten Klassifikationsmodelle vollzogen. An die Stelle von Begriffen wie Schädigung, Beeinträchtigung und Benachteiligung treten die Begriffe: Körperfunktionen, Aktivitäten und Partizipation. Es zeichnete sich zusehends ab, dass perspektivische Entwicklungen im Rahmen der Integration und der Eingliederung weniger von der Platzierung der Schüler abhängen, sondern vielmehr von den Konzepten pädagogischer Reformen. Wie dieses Recht aller Schüler für die Teilnahme am Unterricht einer allgemeinen Schule verwirklicht wird, hängt von den Rahmenbedingungen des jeweiligen Landes ab. Weitere wichtige Dokumente sind:

- die Salamanca-Erklärung: "Sonderpädagogische Förderung kann ihren Vorteil nicht in der Isolation haben, sondern sie muss ein Teil einer allgemeingültigen Erziehungsstrategie sein." Ziel ist „eine Schule für alle Kinder, unabhängig von ihren psychischen, intellektuellen, sozialen, emotionalen, sprachlichen oder anderen Fähigkeiten - einschließlich behinderter und begabter Kinder" (UNESCO 1994, III f.)
- die UN-Standardregeln: „Alle Bildungsmaßnahmen für behinderte Menschen sollten fester Bestandteil des allgemeinen Bildungssystems sein" (Europäische Kommission 1995, Regel 6.1)
- die Charta von Luxemburg: „Die Schule für alle und jeden muss eine qualitativ hochwertige Ausbildung gewährleisten und allen zugänglich sein, das ganze Leben hindurch" (HELIOS 1995, 32)
- die UN-Konventionen über die Rechte des Kindes: Sie gelten "unabhängig von ihrer Hautfarbe, ihrem Geschlecht, ihrer Sprache ... einer Behinderung oder irgendeiner anderen Lebensbedingung" (DEUTSCHER KINDERSCHUTZBUND 1997, Artikel 1, 2)
- die European Social Charta: „Das Recht für Menschen mit Behinderung auf persönliche und soziale Integration, auf individuelle Unabhängigkeit und Teilhabe am gesellschaftlichen Leben" (COUNCIL OF EUROPE 1998) sowie
- die Deklaration von Madrid: „Behinderte Menschen wollen Chancengleichheit, nicht Wohltätigkeit" (HAUSOTTER 2004, 192 f.).

Deutliche Akzente wurden durch das europäische Jahr der Menschen mit Behinderungen im Jahr 2003 gesetzt. Die zentralen Botschaften lauteten: Gleichstellung durchsetzen, Selbstbestimmung ermöglichen und Teilhabe verwirklichen – Botschaften, die nicht nur bestimmte Bereiche oder Institutionen ansprechen, sondern einen gesellschaftlichen Diskurs erforderlich machen.

5.2 Stand der Integrationsentwicklung in Europa

Ein Paradigmenwechsel hat in allen europäischen Ländern stattgefunden: Fähigkeitsorientierung statt Defizitorientierung, Partizipation, gesellschaftliche und soziale Teilhabe statt Benachteiligung, Special Educational Needs, besonderer pädagogischer Förderbedarf bzw. sonderpädagogischer Förderbedarf statt Sonderschulbedürftigkeit oder spezifische Schädigung. Die Bildungsexperten und Expertinnen der Mitgliedsländer der EA betonen ihr Bestreben, die jeweilige Bildungspolitik und -praxis für Lernende mit besonderen Bedürfnissen zu verbessern, damit Chancengleichheit, Zugang für alle, integrative Beschulung statt Ausgrenzung und die Förderung der Bildungsqualität gewährleistet werden können (vgl. u. a. EUROPEAN AGENCY 2003). Hierbei muss berücksichtigt werden, dass das Verständnis und die Definition von Integration, Inklusion oder sonderpädagogischem Förderbedarf in den Ländern unterschiedlich ist. So wird in Frankreich die Sonderklasse in der allgemeinen Schule überwiegend als Integration und Inklusion verstanden, Portugal versteht unter Inklusion die Einbeziehung aller Kinder in die allgemeine Schule, Norwegen hat Projekte entwickelt, die das gesamte Umfeld mit in die Verantwortung nehmen, um sich zu einer inkludierenden Schule zu entwickeln (www.european-agency.org/iecp/downloads/case_studies/Norway.doc [1.8.2007]).

Alle beschreiben die Inklusion als Ziel, aber die Wege und das eigene Selbstverständnis sind verschieden, die Realisierung abhängig von Kultur, Historie, Politik oder ethischen Grundwerten des jeweiligen Landes. Aus diesen Gründen macht es auch keinen Sinn, ein System nahtlos auf ein anderes zu übertragen, ohne die jeweiligen Rahmenbedingungen zu berücksichtigen.

Die Struktur der Bildungssysteme: Eine Primar- und Sekundarstufe auf unterschiedlichen Niveaustufen existiert nur in Deutschland, den Niederlanden, Luxemburg und Österreich. Fast alle Länder haben integrative Strukturen im Sekundarstufenbereich. Die Schulen strukturieren sich überwiegend als 9–10-jährige Gemeinschaftsschulen.

Sonderpädagogische Förderung in Europa ist immer weniger die Aufgabe von Sonderschulen. Einige Länder verfügen gar nicht oder nicht mehr über ein externes Sonderschulsystem. Ihre Umsetzung erfolgt europaweit zunehmend in allgemeinbildenden Schulen. Sonderschulen werden in die Umsetzung mit einbezogen. Portugal hat sein Netz privater Sonderschulen reorganisiert. Als Ressourcenzentren unterstützen sie die allgemeinen Schulen. Diese bilden Koordinationsteams, um den integrativen Unterricht in den Schulen zu organisieren. In Island oder Norwegen haben sich aus einigen Sonderschulen Kompetenzzentren entwickelt, die Fortbildung sowie Unterstützung für Lehrkräfte anbieten, aber auch Training und Kurse für Kinder mit speziellen Beeinträchtigungen oder Behinderungen.

Die Regelschulen haben unterschiedliche Modelle förderlicher Maßnahmen entwickelt. Irland fördert z.B. die soziale Integration von Integrationskindern mit einem besonderen System: Jedem Kind mit einem zusätzlichen Förderbedarf wird ein Buddy an die Seite gestellt. Dies ist in der Regel ein Klassenkamerad oder -kameradin, der/die das Kind unterstützt und es in die Pause begleitet. Auf diese Weise sollen auch Kinder lernen, Verantwortung füreinander zu übernehmen.

In den meisten europäischen Ländern gehen die Kinder und Jugendlichen mindestens sechs, meist aber acht, neun oder 10 Jahre gemeinsam in die Schule. In Deutschland und Österreich ist die gemeinsame Schulzeit am kürzesten. Einflussfaktoren für förderliche Bedingungen in Bezug auf Integration oder Inklusion liegen in den einzelnen Strukturen der Bildungssysteme, viele sind als Gesamtschule organisiert.

Insgesamt werden in allen Ländern Europas nur ca. 2 % aller Schülerinnen und Schüler in Sondereinrichtungen oder Sonderklassen unterrichtet. In Ländern Mitteleuropas fallen dabei die Sonderschulquoten eher hoch aus (2–6 % Deutschland, Schweiz, Belgien, Frankreich), während in den südlichen Ländern und Skandinavien weniger als 2 % in segregierten Settings beschult werden. Diese Verteilung kann nicht ausschließlich auf bildungspolitische Faktoren zurückzuführen sein, sondern scheint auch eine demografische Ursache zu haben. Eine ältere Studie der European Agency hat einen Zusammenhang zwischen Integrationsquote und Bevölkerungsdichte ermittelt: Je höher die Bevölkerungsdichte, desto eher findet eine segregative Förderung statt, also in Sonderschulen (MEIJER 1998, 163 f.). Auch die Anzahl der Kinder, die einen besonderen Förderbedarf haben, differiert in den Ländern sehr. Einige Länder nennen weniger als 2% (Italien, Griechenland) aller Schüler, andere mehr als 10% (Dänemark, Großbritannien, Finnland, Estland). Diese Kontraste verweisen vor allem auf die Unterschiedlichkeit der

Rahmenbedingungen. Gesetzgebung, Beurteilungs- und Diagnoseverfahren (Assessment) und die Definitionen von sonderpädagogischer Förderung bzw. Förderbedarf unterscheiden sich z. T. erheblich. Aber auch das Verständnis und die Definition sonderpädagogischen Förderbedarfs oder besonderen Förderbedarfs weichen in vielen Ländern Europas von dem unsrigen ab, wie nachfolgende Beispiele zeigen:
In Norwegen haben Schülerinnen und Schüler einen besonderen Unterstützungsbedarf, die nicht in der Lage sind, dem Stoff der allgemeinen Schule zu folgen. Auch in Dänemark wird nicht nach Behinderungsarten kategorisiert. Man müsste über 285 unterschiedliche Kategorien von Problemen unterscheiden (psychische, seelische, körperliche, intellektuelle, krankheitsbedingte u.a.). Deshalb wird von einem besonderen Förderbedarf ausgegangen, wenn die allgemeine persönliche Entwicklung weder zeitweise noch dauerhaft ausreichend gewährleistet ist bzw. wenn ein Kind Lernschwierigkeiten hat, die besondere Maßnahmen erfordern. In Island sollen alle Kinder die Schule ihres Einzugsbereiches besuchen. Es wird nur festgestellt, ob ein Kind zusätzliche Förderung benötigt, die ihm dann per Gesetz gewährt werden muss. In Griechenland erhalten die Schülerinnen und Schüler zusätzliche Unterstützung, die spezielle Probleme im Lernen oder bei der Anpassung in eine Regelschule haben. Hier haben weniger als 1% aller Schüler im Pflichtschulalter sonderpädagogischen Förderbedarf. Der größte Teil wird im Rahmen integrativer Maßnahmen in der allgemeinen Schule unterrichtet, ein geringerer Teil in segregierenden Maßnahmen.
Finnland unterscheidet zwar neun grundlegende Kategorien eines Förderbedarfs wie leichte und mittlere Lernstörungen, Hörbehinderung, Sehbehinderung, körperliche und andere Behinderungsarten, soziale- und Verhaltensstörungen, besondere Lernschwierigkeiten, schwere geistige Behinderung sowie sonstige Probleme, die anderen Kategorien nicht zugeordnet werden können (u. a. Epilepsie, Diabetes).

Tabelle 1 : Sonderpädagogische Förderung und Integration in Europa

Länder	SPF Anteil	Integriert beschult	Segregiert beschult
Österreich	3,5 %	54 %	46 %
Belgien (flämisch)	5,6 %	9 %	91 %
Zypern	3,5 %	92 %	8 %
Dänemark	2,7 %		
Tschechische Republik	9,2 %	51 %	49 %
Finnland	7,7 %	42 %	58 %
Frankreich	2,6 %	30 %	70 %
Deutschland	5,5 %	13 %	87 %
Griechenland	1,7 %	77 %	23 %
Island	20,0 %	84 %	16 %
Italien	2,1 %	99 %	1 %
Litauen	11,0 %	91 %	9 %
Malta	3,7 %	94 %	6 %
Niederlande	3,1 %	29 %	71 %
Norwegen	5,6 %	94 %	6 %
Polen	3,1 %	49 %	51 %
Portugal	4,4 %	91 %	9 %
Slovakei	6,7 %	32 %	68 %
Spanien	2,7 %	76 %	24 %
Schweden	1,5 %	96 %	4 %
Schweiz	6,2 %	**	100%
Großbritannien	2,7 % (14%)***	7 %	93 %

* in Dänemark werden nur die Kinder mir schweren Mehrfachbehinderungen in integrativem Unterricht statistisch erfasst
** Schweiz: statistische Daten zur Integration werden nicht erhoben
*** Großbritannien: 2,7 % mit sonderpädagogischem Gutachten, 14% ohne Gutachten
(Quelle:European Agency 2006)

Aber Kinder mit Behinderungen werden durch die Gesetzgebung nicht kategorisiert. Finnische Schüler erhalten zusätzliche Förderung, wenn sie auf Grund von intellektuellen oder physischen Beeinträchtigungen, Lernschwierigkeiten oder anderen Gründen nicht in der Lage sind, den Instruktionen der Regelschule zu folgen.

In Irland gelten *die* Kinder als sonderpädagogisch förderungsbedürftig, deren Beeinträchtigungen und/oder Umstände sie davon abhalten oder daran hindern, von dem Unterricht, der den Schülern dieser Altersgruppe normalerweise angeboten wird, zu profitieren (HAUSOTTER 2003, www.europeanagency.org/site/national_pages/index.html [1.8.2007]).

Fast alle Länder Europas haben keine gesonderten Lehrpläne für die unterschiedlichen Schulstufen oder Förderbedarfe. Fast alle Länder haben integrative Strukturen im Sekundarstufenbereich. In aller Regel wurde ein gemeinsames Curriculum für die allgemeine Bildung entwickelt, das je nach Bedarf verändert und an bestehende Voraussetzungen angepasst wird. Die meisten Länder haben einen Lehrplan für alle Schüler.

Ein interessantes Beispiel bietet der Kunnskapens Träd – Baum der Erkenntnis - aus Schweden. Er stellt die Ziele für Kinder und Jugendliche im Alter von 1–16 Jahren in Form eines Baumes dar und dient gleichzeitig als Instrument, die Entwicklung von Schülern – und für sie – zu dokumentieren und zu reflektieren. Die Wurzeln des Baumes beschreiben die Entwicklung des Kindes aus fünf verschiedenen Perspektiven: sozial, gefühlsmäßig, intellektuell, motorisch und sprachlich. In der Krone findet man sämtliche Ziele der schwedischen Grundschule. Sie umfasst die Klassen 1–9 und ist obligatorisch für alle Schüler. Bis zur 8. Klasse gibt es keine Zensuren, stattdessen regelmäßige Entwicklungsgespräche mit Eltern und Kindern.

Der individuelle Förder- oder Lernplan ist ein Instrument, mit dessen Hilfe der Lernstoff dem jeweiligen Kind oder Jugendlichen angepasst wird. In Schweden und Norwegen werden für jedes Kind ein individueller Lernplan und ein Unterrichtsplan erstellt. Jeder Schüler beschreibt in seinem persönlichen Logbuch den individuellen Wochenplan, seine Einschätzung über das Gelingen, seine offenen Fragen und das, was er sich vornimmt. Eltern und Lehrkräfte haben die Möglichkeit des Kommentierens. Die wöchentlichen Aufgabenpläne werden in das jeweilige virtuelle Schulnetz gestellt. Dies soll zur Transparenz für alle am schulischen Prozess Beteiligten beitragen, den Schülern als Rückmeldung dienen, aber auch das individuelle und selbständige Lernen der Schüler fördern. In England entwickeln die Schulen für jedes Kind ein individuelles Berichtsheft, das sie durch die Schulzeit begleitet. In diesem werden die erreichten Kompetenzstufen beschrieben.

In Dänemark erhalten die Schüler erst ab Klasse 8 Noten in der Skala 1–13. Es gibt es kein Sitzenbleiben, nur etwa 0, 7 % der Schüler/innen wiederholen in Ausnahmefällen eine Klasse (in Deutschland über 14 %). Ausschlaggebend für die Beurteilung eines Schülers/einer Schülerin ist nicht überwiegend die Leistung, sondern der Gesamteindruck, inwieweit die Reife für das folgende Schuljahr vorhanden ist. Die Lehrkräfte arbeiten nach einem Jahresarbeitszeitmodell, ein Zeitkontingent, in das die genauen Anteile für Korrektur, Pausenaufsicht, Wandertage, Fortbildung u. a. aufgeführt und als Arbeitszeit vergütet werden. Das Schulgesetz von 1995 verpflichtet alle öffentlichen Schulen dazu, Angebote für Kinder mit sonderpädagogischem Förderbedarf zu machen – in allen Schulstufen und Schularten, einschließlich der Berufsschulen.

Kinder mit einer besonderen Begabung fallen auch unter die Definition special educational needs (SEN). Spanien unterteilt sonderpädagogischen Förderbedarf in acht Kategorien mit den Schwerpunkten: Intellektuell, Sehen, Hören, Bewegung, Hochbegabung, Mehrfachbehinderung und schwere persönliche Beeinträchtigung bzw. Autismus. Schüler haben sonderpädagogischen Förderbedarf, wenn sie während oder im Laufe ihrer Schulzeit besondere Angebote sonderpädagogischer Unterstützung erhalten, die aufgrund einer physischen, intellektuellen oder sensorischen Beeinträchtigung, schweren Verhaltensproblemen oder benachteiligenden sozialen und kulturellen Bedingungen erforderlich werden. Ca. 2,7% aller Schüler im Pflichtschulalter haben festgestellten sonderpädagogischen Förderbedarf. 77% aller Kinder mit SPF werden in Regelschulen gefördert.

In Portugal wird die Integration durch Koordinationsteams, eine Kombination aus gemeinsamem Unterricht und speziellen Angeboten innerhalb der Schule organisiert. Eine Agentur „Integrative und inklusive Unterrichtspraxis" soll dazu beitragen, die Qualität integrativer Bildung in der weiterführenden Schule zu verbessern. Großbritannien hat eine politische Initiative im „Every Child Matters – Change for Children" gestartet (www.every childmatters.gov.uk). Damit soll eine größere Kohärenz zwischen den verschiedenen Diensten für Lernende und ihre Familien geschaffen werden, damit diese nicht unnötige Verwaltungsverfahren durchlaufen müssen, um die notwendige Unterstützung zu erhalten.

Gesetzliche Grundlagen und Finanzierung: Alle Länder der Europäischen Union haben eine Gesetzgebung, die schulische Integration von Kindern mit sonderpädagogischem Förderbedarf innerhalb der allgemeinen Bildung vorsieht (MEIJER/SORIANO/WATKINS 2003, 19). So muss in Portugal per Gesetz die sonderpädagogische Förderung durch Integration in der Regelschule stattfinden. Das spanische Schulgesetz (1995) verpflichtet alle öffentlichen

Schulen dazu, Angebote für Kinder mit sonderpädagogischem Förderbedarf zu machen – in allen Schulstufen und Schularten, einschließlich der Berufsschulen. In Norwegen legt das aktuelle Bildungsgesetz fest, dass die Schule im Umfeld eine Schule für alle wird. In den Jahren 2000–2006 wurde ein Programm zur Qualitätsentwicklung mit dem Ziel „inkludierende Schule" konzipiert. Damit wird deutlich, dass Integration und Inklusion nicht in allen Ländern ausschließlich als schulisches Konzept gesehen werden, sondern auch als ein Sozialkonzept, das den Arbeits-, Lebens- und Wohnbereich mit einschließt – so auch den Umgang der Gesellschaft mit Minoritäten (Island: Lebenslanges Lernen, Norwegen: Integration aller Menschen mit einer geistigen Behinderung in das soziale System – Auflösung der Sondereinrichtungen, in der Konsequenz Auflösung von staatlichen Sonderschulen wie Dänemark, Norwegen, Island, Schweden, Italien, Portugal). Einige Länder sind dabei, ihr Finanzierungssystem zu verändern, um eine inklusivere Bildung zu erreichen. Als ein förderliches Finanzierungskonzept wird die Dezentralisierung angesehen, da es kosteneffizienter scheint und besser auf den lokalen Bedarf abgestimmt werden kann.

Sonderpädagogische Unterstützung durch Fachzentren: Die Rolle der Sonderschulen befindet sich zunehmend in einem Prozess der Reformierung. Die Überlegungen gehen in Richtung einer Umfunktionierung als unterstützendes Angebot für die Regelschulen. In den skandinavischen und einigen südeuropäischen Ländern sind Sonderschulen als Ressourcen-, Kompetenz-, Förder- oder Fachzentren umgewandelt worden. In Norwegen wurden sie abgeschafft oder in Fachzentren umgewidmet. Es gibt 13 landesweite Fachzentren (für Sehstörungen, Hörstörungen, Sprachstörungen und emotionale Störungen) und sieben regionale Fachzentren, die sich auf Mehrfachbehinderungen und geistige Behinderungen spezialisiert haben. In den skandinavischen Ländern sind die Pädagogisch-Psychologischen Dienste (PPT) fester Bestandteil unterstützender schulischer Arbeit.

Elternwahlrecht: Die Einbeziehung der Eltern als gleichberechtigte Partner in Prozesse der Bildung ihrer Kinder hat in den meisten Ländern einen hohen Stellenwert erhalten. Eltern bestimmen den Lernort ihres Kindes, werden bei der Erstellung eines individuellen Förder- oder Lernplanes einbezogen. In manchen Ländern werden Kinder und Eltern an der Schulgestaltung aktiv beteiligt, andere stellen die schulische Kultur in den Vordergrund oder beziehen das gesamte schulische und gesellschaftliche Umfeld mit ein (Norwegen, Dänemark, Schweden, Island). In diesen Ländern haben die Eltern sowohl ein Mitsprache- und Mitgestaltungsrecht als auch die Pflicht, an schulischen Entscheidungs- und Entwicklungsprozessen aktiv teilzunehmen. In Norwegen ist die Mitarbeit von Eltern ein wichtiges Kriterium für gelingende Inklusion. In den Niederlanden haben die Eltern ein Wahlrecht zwischen allgemeiner und Sonderschule, die allgemeine Schule darf einem Kind mit Behinderung die Aufnahme nicht verweigern, wenn dies Elternwunsch ist. Eine gesetzliche Verankerung des Elternwahlrechts besteht u. a. in Belgien, Schweden, Großbritannien. Ein Mitspracherecht bei der Leistungseinschätzung und Feststellung des sonderpädagogischen Förderbedarfes besteht u.a. in Griechenland, Spanien, Luxemburg, Österreich, Dänemark. In Großbritannien haben die Eltern einen Anspruch auf regelmäßige Information über die Lern- und Entwicklungsfortschritte ihres Kindes. Jede Schule nutzt das System der P-scales zur Beschreibung der Entwicklung eines Kindes und Qualitätssicherung der schulischen Arbeit. Ein Report-Book begleitet das Kind durch die Schulzeit (www.european-agency.org/site/themes/assessment/ docs/indexed_reports/uk.doc [1.82007]). In Italien darf ein Kind keiner sonderpädagogischen Überprüfung unterzogen werden, wenn die Eltern dies nicht wünschen. In Griechenland nehmen Eltern mit Migrationshintergrund häufig andere Namen an, aus Angst vor Stigmatisierung oder Benachteiligung. Sie müssen dies nicht der Schule mitteilen. In beiden Fällen müssen die Schulen dann – auch ohne zusätzliche Unterstützung – fördern, denn diese wird nur mit einem entsprechenden Gutachten durch die Schulbehörde gewährt. In den europäischen Ländern wird auf bildungspolitischer Ebene die Einbeziehung der Eltern als gleichberechtigte Partner in den Prozess der Bildung ihrer Kinder gefordert. Sie sollen mehr Möglichkeiten erhalten, sich zu informieren und unterschiedliche Bildungsangebote kennen zu lernen, um entsprechende Entscheidungen treffen zu können (European Agency 2003, 9; www. european-agency.org/site/info/publica tions/agency/ereports/06.html [1.8.2007]).

Ausbildung: Sonderpädagogische Förderung ist in vielen Ländern ein fester Bestandteil der Erstausbildung und erfolgt vorwiegend einphasig. Der Begriff der Sonderschullehrerausbildung existiert außer in Österreich und den Niederlanden in keinem der Mitgliedsländer der EA. Ausgebildet wird als Spezial-, Stütz- oder Förderlehrer bzw. -lehrerin oder als Lehrkraft mit sonderpädagogischer Qualifikation. Solche Lehrkräfte werden in den meisten europäischen Ländern als die Fachkräfte im Kontext von Erziehung und Unterricht von Schülerinnen und Schülern mit und ohne sonderpädagogischen Förderbedarf gesehen. Aus diesem Grunde wird eine sonderpädagogische Grundausbildung für alle Lehrkräfte favorisiert. Diese beinhaltet neben allgemeinen Informationen über Behinderungsarten auch Themen wie Differenzierung von Unterricht, Anpassen des Curriculums oder individuelle Förderung.

Eine Spezialisierung für die Arbeit in Spezialklassen, Sonderschulen, pädagogisch-psychologischen Diensten, Ressourcenzentren oder mit schwer mehrfachbehinderten Kindern erfolgt über ein Zusatz- oder Aufbaustudium. In Belgien, Frankreich, Spanien, Norwegen, Schweden oder Italien kann sich dieses Studium direkt an die allgemeine Lehrerausbildung anschließen. In anderen Ländern ist eine bestimmte Zeit an Praxiserfahrung in der allgemeinbildenden Schule Voraussetzung für ein Aufbaustudium. Dies variiert von Land zu Land, von einem Jahr (in Großbritannien) bis zu fünf Jahren (in Dänemark für spezielle Qualifikationen und in Griechenland). In Österreich, Dänemark, den Niederlanden und Deutschland sind beide Varianten möglich. In Finnland trat zum 1.8 2005 eine neue Bildungsreform in Kraft. Diese beinhaltet einen Lehrplan für alle Lehrkräfte und eine einheitliche Lehrerausbildung für alle Klassen. Sie basiert auf der Forderung, dass eine Lehrerin/ein Lehrer auch gleichzeitig Forscher sein sollte. Vor diesem Hintergrund ist die Ausbildung von Anfang an in einer Schulklasse angesiedelt, in der Lernforschung vor Ort betrieben, vermittelt und gelernt werden soll. Auf diese Weise sollen interaktive Fähigkeiten real gelernt und durch die Vermittlung theoretischer Aspekte unterstützt werden. Hier lernt die finnische Lehrkraft, dass Sonderpädagogik ein Teil von Pädagogik ist. Die Fachdidaktik soll zunehmend durch eine multidisziplinäre Didaktik abgelöst werden.

5.3 Merkmale gelingender Integration und Inklusion

Die Länder haben sich die Frage gestellt: Wie können sich Schulen und Schulsysteme strukturell so verändern, dass allen Kindern und Jugendlichen ein gemeinsames Lernen ermöglicht wird? Antworten bieten u. a. die einheitliche Pflichtschule, ein allgemeines Curriculum, die Einführung des individuellen Lern- und Förderplans oder das Logbuch zur individuellen Lerndokumentation der Schüler/innen.
Die EA hat sich in den letzten Jahren mit der Frage „Was ist guter integrativer Unterricht?" auseinander gesetzt, mit der Zielsetzung, Merkmale gelingender Praxis zu entwickeln. Europäische Experten aus der schulischen Praxis haben Rahmenbedingungen erarbeitet, die den Prozess integrativer schulischer Arbeit förderlich beeinflussen:
(1) Kooperativer Unterricht – Lehrkräfte brauchen Unterstützung und die Möglichkeit zur Zusammenarbeit mit internen und externen Fachkräften von Schule und dem schulischen Umfeld.
(2) Kooperatives Lernen – „Peer Tutoring" (Lernbegleitung durch Mitschüler) Schüler, die einander helfen, besonders innerhalb einer flexiblen und gut

durchdachten Schülergruppierung, profitieren vom gemeinsamen Lernen – kognitiv und sozial-emotional.

(3) Kooperative Problembewältigung - ein systematischer Ansatz für den Umgang mit unerwünschtem Verhalten als effektives Instrument bei der Integration von Schülern mit Verhaltensauffälligkeiten. Häufige und intensive Störungen während des Unterrichts können damit positiv beeinflusst werden. Klare Verhaltensnormen und Spielregeln, die mit allen Jugendlichen vereinbart werden, haben sich neben angemessenen Anreizen als effizient erwiesen.

(4) Heterogene Gruppenbildung und binnendifferenzierte Unterrichtsgestaltung, um Schülerinnen und Schülern mit unterschiedlichen individuellen Voraussetzungen und Bedürfnissen innerhalb einer Klasse gerecht zu werden.

(5) Wirksamer Unterricht – Die genannten Verfahren sollten im Gesamtrahmen eines Bildungskonzepts stehen, das sich auf Beurteilung, Evaluierung und hohe Erwartungen gründet. Alle Lernenden, einschließlich derjenigen, die sonderpädagogisch gefördert werden müssen, zeigen verbesserte Schulleistungen, wenn ihre Arbeit systematisch beobachtet, bewertet, geplant und evaluiert wird. Der Lehrplan kann entsprechend den individuellen Bedürfnissen angepasst und mit Hilfe eines individuellen Förderplans adäquat umgesetzt werden. Es sollte eine Passung zwischen dem individuellen Förderplan und dem allgemeinen Curriculum bestehen.

Das Bilden von Stammklassen wird in einigen Schulen als positive Veränderung der Unterrichtsorganisation gesehen: Der gesamte Unterricht findet in zwei oder drei eng beieinander liegenden Klassenräumen mit gemeinsamem Bereich statt. Ein kleines, überschaubares Team von Lehrkräften ist für alle Schülerinnen und Schüler eines Jahrganges zuständig.

Alternative Lernstrategien – Um die Integration/Inklusion von Lernendem mit sonderpädagogischem Förderbedarf zu unterstützen, wurden in den letzten Jahren verschiedene Programme entwickelt, die den Jugendlichen vermitteln, wie sie lernen und Probleme lösen können. Es trägt zum Erfolg der Integration im Sekundarschulbereich bei, wenn ihnen mehr Verantwortung für ihr eigenes Lernen übertragen wird.

Die Realisierung dieser Empfehlungen ist natürlich in einem engen Zusammenhang mit der jeweiligen Landespolitik zu sehen. Aus diesem Grund haben in der Folge europäische Experten aus der Bildungspolitik die Plattform der EA genutzt, um gemeinsam Grundprinzipien für bildungspolitische Maßnahmen zur Förderung der integrativen/inklusiven Bildung zu entwickeln.

Ein Ergebnis spiegelt sich beispielsweise in den folgenden rechtlichen und politischen Rahmenbedingungen wider:
- integrative/Inklusive Bildung als bildungspolitisches Ziel gesetzlich verankern
- Schaffung zentralisierter Finanzierungskonzepte, die auf den lokalen Bedarf abgestimmt werden können
- Flexibilität im Rahmen finanzieller Mittelzuweisung,
- Bereitstellung sonderpädagogischer Kompetenz als flexible Form der Unterstützung
- uneingeschränkter Zugang zu Bildungseinrichtungen
- Stärkung der Übergangssituationen wie Kindergarten-Schule, Schule-Beruf
effiziente Nutzung neuer Technologien
- Entwicklung systematischer Evaluierungsverfahren.

5.4 Zusammenfassung

In allen europäischen Ländern hat ein Paradigmenwechsel stattgefunden: weg vom medizinischen Modell hin zum pädagogischen Ansatz. Nicht die Defizite stehen im Mittelpunkt, sondern die pädagogische Arbeit geht von den Stärken des Kindes aus. Das Recht auf einen uneingeschränkten und gleichberechtigten Zugang zu allen Lebensbereichen wird als grundlegendes Menschenrecht betrachtet. Um diesem Anspruch gerecht zu werden, bedarf es Veränderungen in Bildungssystemen und Bildungsstrukturen, wie zum Beispiel
- die vollständige Umsetzung der inklusiven Bildung und Verbesserung der Ausbildungschancen für Lernende mit sonderpädagogischem Förderbedarf
- die Beseitigung von Zugangshindernissen zur Ausbildung durch die Entwicklung von unterstützenden Fachdiensten und durch die Förderung von Synergien innerhalb der Schulen sowie zwischen den Schulen und den externen Partnern
- der Ausbau der sonderpädagogischen und beruflichen Bildung für sämtliches pädagogisches Personal und nicht nur für Förderlehrer
- die Erschließung von Methoden zur Beobachtung und Überprüfung der Bildungsergebnisse.

Spätestens seit PISA gewinnt die Frage der Qualitätssicherung in der sonderpädagogischen Förderung in Europa an Gewicht. Der Fokus richtet sich auf Kernforderungen wie: Evaluation von innerschulischer Arbeit, mehr

Flexibilität in der Bildungspraxis, strukturelle Veränderungen des Systems Schule und Verknüpfung mit anderen außerschulischen Diensten, Umstrukturierung von Diensten, Schule und Gemeinschaft als Team, Gesetzesnovellierungen, Umschichtung von Ressourcen und natürlich einer Veränderung von Ausbildung.

In einer integrations- und inklusionsorientierten Gesetzgebung auf nationaler und regionaler Ebene trägt auch die Finanzierung maßgeblich zur Förderung der Integration bei. Der überwiegende Teil der europäischen Bildungsexperten, Eltern und Praktiker befürwortet die Inklusion aller Kinder. Sie sind sich jedoch auch darüber einig, dass ein Land, das inklusive Bildung befürwortet, dafür sorgen muss, dass die gesetzlichen und finanziellen Rahmenbedingungen auf dieses Ziel abgestimmt werden.

Aber auch andere Faktoren haben in den letzten Jahren in den europäischen Ländern an Bedeutung gewonnen, wenn es darum geht, gelingende Integration von behinderten, benachteiligten und nichtbehinderten Kindern und Jugendlichen zu realisieren. Hierzu gehört u. a. die Aus- und Fortbildung für Lehrkräfte, die Umwandlung von Sonderschulen in Förderzentren, die Bereitstellung von Förderlehrkräften, die Entwicklung und Verbreitung didaktischer und methodischer Maßnahmen, Materialien und Informationen über pädagogische Ansätze, die Erstellung individueller Bildungspläne, die aktive Einbeziehung der Eltern, Teamwork in multidisziplinären Teams, der Übergang von der Schule in Beschäftigungsprogramme bis hin zum lebenslangen Lernen.

Wenn es uns gelingt, sowohl aus den förderlichen als auch den hinderlichen Bedingungen für gelingende integrative Bildung zu lernen und diese für eigene integrative Konzepte zu nutzen, entwickelt sich vielleicht auch ein verändertes Bewusstsein in der Gesellschaft, wie es Norwegen zum Ausdruck bringt: Als normal gilt, dass alle Kinder und Jugendlichen die Schulzeit gemeinsam in der Schule verbringen und nicht wegen einer „Behinderung" die Schule wechseln müssen.

Literatur

EUROPEAN AGENCY: SEN Country Data. Middelfart (Dänemark) 2006
EUROPEAN AGENCY: Grundprinzipien für bildungspolitische Maßnahmen zur Förderung der integrativen/inklusiven Bildung. Middelfart 2003. Im Internet unter www.europeanagency.org/site/info/publications/agency/index.html [1. 8.2007]
HAUSOTTER, A.: Lehrerbildung im Kontext sonderpädagogischer Förderung – Was erwartet Europa von einer sonderpädagogischen Ausbildung? In: VERBAND DEUTSCHER SONDERSCHULEN, FACHVERBAND FÜR BEHINDERTENPÄDAGOGIK: Zukunftsperspektiven der Lehrerbildung 2003, Würzburg 2003, 5–12
HAUSOTTER, A: Aktuelle Entwicklungen im Rahmen der European Agency for Development in Special Needs Education In: SCHNELL, I./SANDER, A. (Hrg.): Inklusive Pädagogik. Bad Heilbrunn 2004, 187–194
HAUSOTTER, A.: Norwegen – eine Schule für alle. In: PLATTE, A./SEITZ, S./TERFLOTH, K.: Inklusive Bildungsprozesse. Bad Heilbrunn 2006, 144-148
HELIOS: Education – Annual Reports. Brüssel (EU-Commission, DGV) 1995
MEIJER, C.: Integration in Europe – Provision for Pupils with Special Needs Education. Middelfart 1998
MEIJER, C.: Provisions for Pupils with Special Educational Needs European Agency, Middelfart1998
MEIJER C. /SORIANO, V./WATKINS, A.: Special Needs Education in Europe. Thematic Publication. European Agency. Middelfart 2003
NACKEN, H./PJL, S. J./MAND, J.: Lernen im integrativen Unterricht. Eine Übersicht über die Auswirkungen von Integration auf die Schulleistungen von Schüler/innen mit Sinnesbehinderungen, Körperbehinderungen und/oder geistigen Behinderungen. In: Sonderpädagogik 33 (2003) 18–27
NORDAHL, T.: „En Skole for Alle i Norden", 100 års nordisk sammenarbejde omkring undervisning af elever med særlige behov. Kopenhagen 1999
ODIN: Informationen von Regierung und Ministerium. Zahlen und Fakten. Oslo 2004
SANDER, A.: Inklusive Pädagogik verwirklichen. In: SCHNELL, I./SANDER, A.: Inklusive Pädagogik. Bad Heilbrunn 2004, 11 – 22
TRONDHEIM KOMMUNE: Program for Kvalitetsutvikling i Trondhemsklolen. Inkluderende Skole 2003–2006

Johannes Mand und Marcel Veber

6 Diagnostische Aufgaben in integrativen Einrichtungen

Vor Entstehung der Integrationspädagogik waren die Verhältnisse in der deutschen Sonderpädagogik eindeutig. Annahmen des Medizinischen Modells waren weit verbreitet. Viele Pädagoginnen und Pädagogen dachten: „Behinderte" Kinder sind anders. Sie entwickeln sich anders als nicht behinderte Kinder. Sie benötigen deshalb eine besondere Pädagogik, eine Sonderpädagogik, die von ihren Defiziten ausgeht und auf dieser Basis passende Angebote entwickelt. Auch die sonderpädagogische Diagnostik hatte in dieser einfachen Welt einen klaren Auftrag. Es ging vor allem darum, festzustellen, welches Kind als behindert einzustufen ist, es ging darum feststellen, in welche sonderpädagogische Institution diese „behinderten" Kinder überwiesen werden sollten. Die Methode der Wahl für diese Art von Legitimations- bzw. Zuweisungsdiagnostik waren standardisierte Testverfahren. Denn die besonderen Bedingungen der Sonderinstitutionen, die kleineren Lerngruppen, die besser bezahlten Sonderpädagoginnen und Sonderpädagogen machten Sondereinrichtungen teuer. Und diese Mehrausgaben sollten möglichst objektiv und zuverlässig legitimiert werden.
Nun haben sich die Zeiten gewandelt: „Behinderte" Kinder werden nicht mehr nur in Sondereinrichtungen gefördert. Sondern sie können auch integrative oder inklusive Einrichtungen besuchen. Die didaktischen Modelle, die besondere Angebote für „behinderte" Kinder und Jugendliche mit Defizitlehren legitimierten, haben ihre Praxiswirksamkeit schon seit vielen Jahren verloren. Selbst einstige Vertreter dieser tradierten Auffassungen haben sich im Verlauf des so genannten Paradigmenwechsels öffentlich von ihren alten Modellen abgewendet. Und längst ist klar, dass selbst die pädagogische Arbeit in Sondereinrichtungen keinesfalls von den Defiziten ausgehen sollte (BLEIDICK 1996; SCHMETZ 1999, 134; BUNDSCHUH 2000, 32, VERNOOJ 2000 oder BENKMANN 2001, 90). Anders formuliert: Die pädagogische Wirklichkeit hat sich grundlegend gewandelt. Und deshalb muss sich auch die diagnostische Arbeit ändern.

In integrativen Einrichtungen haben standardisierte Testverfahren der traditionellen Diagnostik von Anfang an einen schweren Stand gehabt. Denn wer das gemeinsame Lernen in den Mittelpunkt der pädagogischen Arbeit stellt, für den ist es nicht hilfreich, Testverfahren zu verwenden, die vor allem darauf geeicht sind, Unterschiede zwischen Kindern mit und ohne Behinderungen festzustellen. Parallel zur Integrationspädagogik entsteht deshalb eine neue, explizit auf die Anforderungen dieser Pädagogik ausgerichtete diagnostische Schule. Förderdiagnostik ist der Begriff, der sich schließlich für diese diagnostische Arbeit durchsetzt.

Was sind die Essentials förderdiagnostischen Vorgehens? Integrationspädagogen/innen kritisieren, dass auf Basis von testdiagnostischen Methoden oft gegen den erklärten Willen der Eltern entschieden wird, Kinder in Sondereinrichtungen zu überweisen. Traditionelle Diagnostik wird als Selektionsdiagnostik kritisiert (INGENKAMP/LISSMANN 2005, 33 ff.). Erstes wesentliches Merkmal der Förderdiagnostik ist entsprechend, dass mit ihr keine Zuweisungsentscheidungen legitimiert werden sollen. Für die integrative Praxis werden vielmehr diagnostische Informationen benötigt, die helfen sollen, Anregungen für die individualisierte Förderung von Kindern mit und ohne Behinderungen zu gewinnen. Entsprechend muss die diagnostische Arbeit zweitens entwicklungsorientiert sein, also nicht Defizite und scheiternde Lernprozesse in den Mittelpunkt der Analyse stellen, sondern Ansätze positiver Entwicklungen erkennen und fördern (LUDER u. a. 2006, 293 f.). Aus der Entwicklungsorientierung folgt ein drittes Merkmal förderdiagnostischer Arbeit: Mag es bei Zuweisungsentscheidungen ausreichen, die diagnostischen Informationen einmalig (nämlich zum Zeitpunkt der Zuweisung zu Sonderinstitutionen) oder zumindest in größeren zeitlichen Abständen zu erheben (BUNDSCHUH 2003, 105), so erfordert förderdiagnostische Arbeit die regelmäßige Erhebung diagnostischer Daten (RITTMEYER 2005, 18). Denn Informationen über die Lernentwicklung sind nicht nur einmalig gefordert, sondern sie werden ständig benötigt. Anders formuliert: Testdiagnostik ist in aller Regel Querschnittsdiagnostik, Förderdiagnostik ist Längsschnittdiagnostik (EBERWEIN 2002, 313). Viertes bedeutsames Merkmal förderdiagnostischer Arbeit ist schließlich die Ausweitung der diagnostischen Arbeit von dem kindlichen Verhalten in pädagogischen Institutionen auf die Institution selbst und das Umfeld. Denn es ist besser, Institutionen integrationsfähig zu machen, als zwischen integrationsfähigen und nicht integrationsfähigen Menschen zu unterscheiden. Und das Verhalten von Kindern und Jugendlichen mit und ohne Behinderung ist bestimmt nicht nur von Einflüssen pädagogischer Einrichtungen selbst, sondern auch das Umfeld wird

in der pädagogischen Institution wirksam. Das System Familie, Freunde, außerschulische Institutionen, all dies kann einen Einfluss auf das Verhalten in pädagogischen Institutionen nehmen. Wer förderdiagnostisch arbeiten will, muss also das Umfeld der Kinder, Jugendlichen und Erwachsenen gezielt einbeziehen. Förderdiagnostik ist also immer auch Umfeld-Diagnostik (SANDER 2000).
Dies alles lässt sich nicht mehr mit dem gewohnten Instrumentarium der Testdiagnostik (KORNMANN 2006, 250) erheben. Denn wesentlich ist nicht, dass andere Gutachter beim Einsatz der gleichen Instrumente zu gleichen Ergebnissen kommen, bzw. dass die diagnostischen Informationen in gleicher Weise ausgewertet werden. Es geht also nicht um Standardisierung (BUNDSCHUH 2005, 113 ff.) und Objektivität (BÜHNER 2004, 28 f.). Sondern die diagnostischen Instrumente müssen flexibel handhabbar sein und sensibel auf auch nur geringfügige positive Entwicklungen reagieren. In der Förderdiagnostik geht es entsprechend darum, zu beobachten, wie Kinder und Jugendliche auf Förderangebote reagieren (teilnehmende Beobachtung, vgl. RITTMEYER 2005, 23 ff.), mit Kindern über Aufgabenverständnis und Lösungswege zu sprechen (Gespräche) oder die Lernergebnisse darauf hin zu analysieren, welche Lösungsstrategien in ihnen sichtbar werden (Fehleranalyse; vgl. STRASSBURG 2003). Förderdiagnostik arbeitet also mit anderen Erhebungsinstrumenten. Letztes bedeutendes Merkmal der förderdiagnostischen Arbeit ist schließlich die Dokumentation (MAND 2003 a, 43). Denn wenn nicht in Tagebüchern, in Bild-, Text- oder Ton-Dateien regelmäßig dokumentiert wird, wie die Entwicklung jedes einzelnen Kindes verläuft, dann verlieren Pädagoginnen und Pädagogen leicht den Überblick darüber, welches Kind bzw. welcher Jugendlicher oder welcher Erwachsene an welchem Punkt seiner Lernentwicklung steht, welche Reaktionen es auf Fördermethoden zeigt, wie es auf besondere Settings reagiert. Dokumentiert wird dabei alles, was ein plastisches Bild über die Lernentwicklung gibt: Gedächtnisprotokolle über Schlüsselsituationen, Arbeitsproben, Fotos usw. Auch Förderplanarbeit (RITTMEYER 2005, 126 ff.) kann man als wichtiges Element der förderdiagnostischen Arbeit verstehen. In einigen Bundesländern (z. B. NRW) ist derlei bereits rechtlich verpflichtend. Förderpläne können Klarheit für das eigene Handeln schaffen (KRETSCHMANN 2003, 377). Und sie sollten individuell als Tätigkeitspläne gestaltet sein, damit die Ergebnisse der Förderung sichtbar werden können (SCHOB/ JAINZ 2004, 292).
Ist also Förderdiagnostik integrative Diagnostik? Betrachtet man die Geschichte der Förderdiagnostik, betrachtet man das Selbstverständnis der Vertreter/innen der förderdiagnostischen Diskussion, so fällt die Antwort ver-

gleichsweise eindeutig aus. Förderdiagnostik ist die diagnostische Schule der Integrationsbefürworter und sie ist ausgerichtet auf die tägliche pädagogische Arbeit in integrativen Settings. Allerdings muss man wohl darauf aufmerksam machen, dass die meisten Pädagoginnen und Pädagogen in der Integration nicht nur Methoden der Förderdiagnostik verwenden. Entwicklungstests, Schulleistungstests oder gar Intelligenztests werden auch in integrativen Einrichtungen eingesetzt, z. B. um sicherzustellen, dass Mittel für die integrative Arbeit, insbesondere für die Finanzierung von Heilpädagogen oder Sonderpädagogen weiter fließen.

Tabelle 2: Aufgaben und Standards von Förder- und Testdiagnostik

	Förderdiagnostik	Testdiagnostik
Methoden	sensible, qualitative Erhebungsinstrumente, die auch geringfügige Veränderungen erheben können, flexibel eingesetzt werden und die pädagogische Arbeit begleiten (Längsschnitt)	standardisierte Testverfahren mit festgelegten Durchführungs- bzw. Auswertungsanweisungen, die für den gelegentlichen Einsatz konzipiert sind (Querschnitt)
Aufgaben	Informationen zusammentragen, die für die pädagogische Arbeit wichtig sind	Kinder, Jugendliche und Erwachsene und Institutionen vergleichbar machen
Mindeststandards	Die diagnostische Arbeit muss auf regelmäßiger Dokumentation basieren. Sie sollte vor allem darauf ausgerichtet sein, pädagogische Handlungsmöglichkeiten zu erschließen. Die Klienten müssen in unterschiedlichen Situationen beobachtet werden. Ein regelmäßiger (dokumentierter) Austausch mit anderen Beobachtern ist unverzichtbar.	Die Instrumente müssen geeicht sein (Eichstichproben mit zumindest mehr als 500 Teilnehmern). Die Eichung darf nicht zu alt sein (5 bis maximal 10 Jahre). Es müssen nicht nur Prozentränge, sondern zumindest auch T-Werte zur Verfügung gestellt werden. Das Instrument muss so genau messen, dass diagnostische Aussagen überhaupt möglich sind (kleiner Standardmessfehler).

Die diagnostische Arbeit in integrativen Zusammenhängen umfasst also offensichtlich zwei Bereiche: Sie besteht erstens aus der alltäglichen förderdiagnostischen Arbeit. Sie besteht aber zweitens nach wie vor auch aus einer Verteilungsdiagnostik, die unter anderem entscheiden helfen soll, welche Kinder, welche Jugendliche, welche Erwachsene in welchen Institutionen welchen Anteil an den für die Arbeit mit „behinderten" Menschen zur Verfügung gestellten Mitteln erhalten sollen. Weil hier für die Träger integrativer

Einrichtungen Informationen zusammenzutragen sind, die sich schnell auf mehrere hundert Menschen beziehen, liegen in diesem Bereich ganz offensichtlich Fragen vor, die quantitative Instrumente erfordern. Und weil Träger darauf bedacht sind, Verteilungsentscheidungen auf Basis objektiver Kriterien zu fällen, ist es wichtig, dass Informationen erhoben werden, die von Gutachtern/innen und Institutionen weitgehend unabhängig sind. Wer entscheiden muss, welches Kind, welcher Jugendliche, welche Kita, welche Schule, welche Berufsbildungsmaßnahme welchen Anteil an den für die Förderung „behinderter" Menschen zur Verfügung gestellten Mitteln erhalten soll, der kann sich der Forderung nach Verwendung testdiagnostischer Instrumente deshalb kaum entziehen.

Förderdiagnostische Methoden sind also nicht pauschal „besser" als Methoden der Testdiagnostik, sondern förderdiagnostische Methoden und testdiagnostische Methoden eignen sich für unterschiedliche Aufgaben. Die Stärke förderdiagnostischer Methoden besteht darin, dass sensible Erhebungsinstrumente zur Verfügung gestellt werden, die auch leichte Veränderungen der Lern- und Verhaltensentwicklung erkennen und zum Ausgangspunkt der pädagogischen Arbeit machen. Die Stärke testdiagnostischer Methoden besteht darin, dass Aufgabenkonstruktion, Durchführungs- und Auswertungsanweisungen darauf ausgerichtet sind, situative Einflüsse und Einflüsse des Gutachters zu minimieren. Mindeststandards der Förderdiagnostik sollen sicherstellen, dass methodische Probleme der qualitativen Arbeit (z. B. Einfluss der Diagnostiker im Feld, Beobachterfehler) durch Dokumentation, situative Variation und Austausch angegangen werden. Mindeststandards der Testdiagnostik garantieren, dass Instrumente ausreichender Qualität und Aktualität eingesetzt werden, um Kinder und Institutionen vergleichbar zu machen (Tabelle 2).

Weil eine umfassende Darstellung aller relevanten Instrumente auf wenigen Seiten nicht möglich ist, sollen bedeutsame Aspekte der diagnostischen Arbeit exemplarisch diskutiert werden. In vorschulischen Zusammenhängen spielt z. B. die Sprachentwicklungsdiagnostik eine wichtige Rolle. Deshalb ist dieser Bereich hier ausführlicher dargestellt. Die Diskussion der diagnostischen Arbeit in Schulen befasst sich exemplarisch mit der Diagnose von „Lernbehinderung" und bezieht sich damit auf die größte Gruppe der Schüler mit sogenanntem sonderpädagogischen Förderbedarf. Die diagnostische Arbeit im Bereich der beruflichen Bildung wird exemplarisch anhand der Persönlichen Zukunftsplanung dargestellt, um darauf aufbauend die Übertragungsmöglichkeiten auf die Bereiche Wohnen und Freizeit zu skizzieren.

6.1 Integrative Diagnostik in vorschulischen Einrichtungen

Förderdiagnostik ist entwicklungsorientiert. Wer sich in der Diskussion der diagnostischen Instrumente in vorschulischen Einrichtungen exemplarisch mit dem Bereich Sprache befasst, muss demnach die Essentials der Sprachentwicklung im Vorschulbereich beschreiben, also z. B darauf hinweisen, dass die Sprachentwicklung im Vorschulbereich einen ganz wesentlichen Einfluss auf die Entwicklung der späteren Lese- und Schreibkompetenzen in der Schule hat. Dabei ist zunächst von Bedeutung, welche Rolle Schriftliches in aller Form im Elternhaus spielt (Bücher, Zeitungen, das Schreiben von Briefen, die Nutzung digitaler Medien usw.). In empirischen Untersuchungen wird derlei in aller Regel über die Buchtitelliste, also über die Titel aller im Elternhaus vorhandenen Bücher erhoben (SCHWEINHARDT 2002). Das heißt zwar nicht, dass es zur Aufgabe von Erzieherinnen gehört, den Buchbestand in elterlichen Haushalten zu prüfen. Aber es ist nicht ganz unwichtig zu wissen, ob Kinder aus Familien kommen, in denen Lesen und Schreiben eine herausragende Bedeutung haben, oder ob in den jeweiligen Familien wenig gelesen oder geschrieben wird. Die förderdiagnostische Arbeit muss auch festhalten, wie Kinder auf Bilderbuchbetrachtung reagieren, welche Kinderbücher aus dem Kinderliteraturkanon bekannt sind, ob sie Geschichten erzählen können oder beim Geschichtenerzählen zuhören können bzw. unter welchen Bedingungen dies möglich wird.

Wichtig für die Sprachentwicklung sind weiter Kompetenzen im mündlichen Sprachgebrauch, grammatikalische Kompetenzen und pragmatische Kompetenzen. Die förderdiagnostische Arbeit muss also untersuchen, an welchen Gesprächen sich Kinder beteiligen, welche Alltagssituationen sie sprachlich meistern können. Auch die frühen Formen der Lese- und Schreibentwicklung sind bedeutsam, etwa die Frage, ob Kinder Wortbilder erlesen können (logographemisches Lesen, d. h.: das Erschließen der Wortbedeutung z. B. von in der Werbung verwendeten Wortbildern wie Mc Donalds, Kinderschokolade, Nesquick ohne Kenntnis der Laut-Buchstaben-Beziehungen), ob sie im Jahr vor der Einschulung erkennen, dass Buchstaben für Laute stehen.

Ein wichtiger Bestandteil der förderdiagnostischen Arbeit im Vorschulalter ist schließlich die phonologische Bewusstheit. Die phonologische Bewusstheit, also die Fähigkeit aus gesprochener Sprache Laute herauszuhören (eine Übersichtsarbeit bei WALTER 2002), gilt als wesentliche Voraussetzung der schulischen Lese- und Schreibentwicklung und entwickelt sich nachweislich deutlich vor der Einschulung. Hier muss die förderdiagnostische Arbeit z. B. festhalten, wie das Kind mit Aufgaben umgeht, die die phonologische Be-

wusstheit fördern sollen (Anlaut-Inlaut-Auslautübungen, Reimaufgaben, Wörter in Phoneme zergliedern, Phoneme weglassen, Silben und Wörter aus Phonemen zusammensetzen). Und letztlich sollten Pädagoginnen und Pädagogen auch festhalten, welche Phoneme bekannt sind und welche Phoneme noch Schwierigkeiten bereiten (ausführlicher bei MAND 2008 a, ein Training zum freien Download bei MAND 2008 b).
Wichtige Aufgabe der testdiagnostischen Arbeit im Elementarbereich ist dagegen die Identifikation von Risikokindern, etwa um zu entscheiden, welche Kita welchen Anteil an regionalen Sprachfördermitteln erhalten soll. Hier hat sich inzwischen eine Vielzahl von Screeninginstrumenten etabliert. FRIED (2004, 19 ff.) erkennt in ihrer Expertise allerdings bei der Mehrzahl der derzeit erhältlichen Instrumente gravierende methodische Mängel (eine Zusammenfassung bei MAND 2008 a, 110 ff.). In der Sprachentwicklungsdiagnostik ist es deshalb sinnvoll, sich auf einige Einzelbereiche zu konzentrieren, in denen gut eingeführte Instrumente vorgestellt wurden. Der Wortschatz kann beispielsweise mit dem Aktiven-Wortschatz-Test (AWST-R) erhoben werden. Die Neunormierung arbeitet zwar mit einer kleinen Stichprobe. Aber immerhin liegt die Eichuntersuchung nur wenige Jahre zurück. Auch zur Erfassung der phonologischen Bewusstheit stehen einige etablierte Screeninginstrumente zur Verfügung.

6.2 Integrative Diagnostik in Schulen

In der förderdiagnostischen Arbeit in Schulen geht es in aller Regel darum, die erreichte Entwicklungsstufe in schulisch relevanten Bereichen zu erkennen, Hypothesen darüber zu entwickeln, welche nächsten Schritte getan werden könnten (LUDER u. a. 2006, 294) und nach Methoden oder Settings zu suchen, die diesen nächsten Schritt erleichtern. Weil sogenannte Lernbehinderungen vor allem als Entwicklungsprobleme im Bereich Lesen/Schreiben und Mathematik verstanden werden müssen, sollte die förderdiagnostische Arbeit vor allem Situationen herstellen und dokumentieren, in denen Schüler wichtige Schritte der Lese-/Schreibentwicklung bzw. in der Entwicklung des mathematischen Denkens tun können.
Die Dokumentation sollte u. a. frei geschriebene Texte oder Mathe-Arbeitsblätter sowie Gedächtnisprotokolle von wichtigen Situationen oder Gesprächen enthalten. Es geht allerdings nicht darum, den Verlauf von Schulstunden zu dokumentieren oder gar Situationen des Scheiterns in den Mittelpunkt der Beobachtung zu stellen. Sondern wichtig sind Situationen, in denen Kinder etwas flüssiger als sonst lesen, Texte mit weniger Fehlern verfasst wer-

den oder in denen die Lösung eines mathematischen Problems erstmalig gelingt. Denn diese Situationen sind es, aus denen sich Anregungen für die weitere Arbeit gewinnen lassen. Die förderdiagnostische Arbeit fokussiert also auf den Lernerfolg und die situativen Variablen, die ihn bedingen.

In Sachen Verhaltensentwicklung geht es entsprechend nicht darum zu dokumentieren, was vorgefallen ist, festzuhalten, dass Kinder mit ihren Gefühlen nicht umgehen konnten, unangemessen reagiert haben. Sondern es ist wichtig zu untersuchen, in welchen Settings, unter welchen Bedingungen ein Kind weniger Verhaltensprobleme zeigt, sich also z. B. etwas länger als für gewöhnlich konzentrieren kann, weniger aggressiv reagiert oder Situationen zu beschreiben, in denen es Konflikte lösen kann. Denn nicht die immer gleichen Probleme, nicht die ständigen Auseinandersetzungen, sondern vor allem Situationen mit Ansätzen positiver Verhaltensentwicklung können zum Ausgangspunkt neuer Förderangebote werden.

Geht es dagegen darum, in schulischen Zusammenhängen Verteilungsentscheidungen zu rechtfertigen, eignen sich im Fall von „Lernbehinderungen" vor allem Schulleistungstests. Denn bei Kindern wird dann „sonderpädagogischer Förderbedarf im Bereich Lernen diagnostiziert" (MSJK NRW 2006), wenn sie in der Schule versagen. Entsprechend ist es sinnvoll, für Verteilungsentscheidungen die Entwicklung des Lesens/Schreibens und die Entwicklung des mathematischen Denkens zuverlässig zu erheben. Als hierzu geeignetes testdiagnostisches Instrument im Bereich Schreiben kann z. B. die Hamburger Schreibprobe eingestuft werden (HSP), im Bereich Mathematik empfiehlt sich u. a. der Deutsche Mathematiktest für erste/ zweite Klassen (DEMAT 1+/ DEMAT 2+).

Weitgehend ungeeignet für verteilungsdiagnostische Fragen sind dagegen Intelligenztests. Neuere Befunde verweisen z. B. auf geringe (d. h. statistisch nicht bedeutsame) Zusammenhänge von Intelligenz- und Rechtschreibentwicklung (eine Übersicht bei WEBER 2002, 102 ff.). Intelligenztests sind also z. B. nicht geeignet, zwischen lese-rechtschreibschwachen und lernbehinderten Kindern zu unterscheiden. Bedeutsam sind auch die in repräsentativen Studien von WOCKEN ermittelten erwartungswidrig geringen Unterschiede zwischen Förderschülern und Haupt- bzw. Realschülern aus Hamburg, Niedersachsen und Brandenburg. Zu erwarten wären Unterschiede im Bereich einer Standardabweichung (d. h.: 15 IQ-Punkte). WOCKEN findet aber nur (je nach Stichprobe) Abstände von 4 bis 6 IQ-Punkten (WOCKEN 2005, 25). Vor diesem Hintergrund ist es kaum sinnvoll, mit Intelligenztests zwischen „lernbehinderten" und „nicht lernbehinderten" Kindern unterscheiden zu wollen.

Ein besonderes Problem bei Verteilungsentscheidungen in Sachen sonderpädagogischer Förderung entsteht bei Kindern mit Migrationshintergrund (MAND 2008 a). Hier ist es zumindest im Bereich Sprache nicht zulässig, Normtabellen zu verwenden, die nicht zwischen Kindern deutscher und Kindern anderer Muttersprache unterscheiden. Das Problem: Es gibt kaum geeignete Alternativen, also Instrumente, deren Eichstichproben Kinder nicht deutscher Muttersprache systematisch einbeziehen. Damit bleibt eigentlich nur die Möglichkeit, Verteilungsentscheidungen auf Basis der Rohwerte und der örtlichen Migrantenquoten im Bereich sonderpädagogischer Förderung zu fällen.

Schwierig wird es auch, wenn Gutachter die Frage des Förderorts entscheiden sollen, also Empfehlungen aussprechen müssen, ob ein Kind in integrativen Settings oder in Sondereinrichtungen gefördert werden soll. Hier gibt es gleich zwei Probleme: Zunächst sollte man darauf hinweisen, dass die Unterscheidung zwischen integrierbaren und nicht integrierbaren „behinderten" Kindern seit vielen Jahren von Integrationsfürwortern und integrativer Didaktik heftig kritisiert wird. Diese eher ethisch/moralisch bzw. didaktisch motivierte Kritik wird darüber hinaus auch durch ein gravierendes empirisches Problem verstärkt: Empirische Untersuchungen, die eine Unterscheidung in integrationsfähige und nicht integrationsfähige Schüler legitimieren könnten, empirische Untersuchungen, die z. B. einigermaßen zuverlässige Aussagen über Merkmale von Schülern erlauben, die von integrativen Settings nur wenig profitieren, liegen bislang nicht vor. So ist es z. B. nicht angemessen, die kognitive Leistungsfähigkeit von Schülern in den Mittelpunkt von Förderortsentscheidungen zu stellen, also leistungsstarke Schüler in der Integration zu belassen und die schwachen Schüler eher in Sonderschulen zu überweisen. Denn der Nachweis, dass schwache Schüler in Sonderschulen besser aufgehoben sind, fehlt. Und es ist auch nicht angemessen, die bei als lernbehindert eingestuften Schülern verbreiteten Verhaltensprobleme zum Entscheidungskriterium zu machen. Denn Kinder mit Lern- und Verhaltensproblemen entwickeln sich auch in Förderschulen leicht zu Außenseitern (MAND 2007). Man kann also sagen: Weil nicht geklärt ist, welche Kinder eher von einem Sonderschulbesuch profitieren und welche in der Integration besser aufgehoben sind, lassen sich auch mit standardisierten Instrumenten keine angemessenen Empfehlungen legitimieren. Und dies gilt keineswegs nur für Kinder mit Lernproblemen, sondern für alle Kinder mit Behinderungen.

6.3 Integrative Diagnostik im Berufsbereich

Erwerbsarbeit ist ein zentraler Bestandteil der Teilhabe am Leben in der Gesellschaft (DOOSE in diesem Buch; JAHODA 1984). Gerade für Menschen mit Behinderungen kann dieser Bereich eine besondere Bedeutung erlangen (BERNHARD/ FASCHING 2006, 193). Und da dieser Bereich sehr vielfältig ist, sind auch unterschiedliche Phasen der Diagnostik zu berücksichtigen (u. a. LELGEMANN 2005, 111 f.). Die Ziele der diagnostischen Tätigkeit innerhalb der Unterstützten Beschäftigung (HOHMEIER 2001) unterscheiden sich allerdings nicht grundsätzlich von den Zielen der diagnostischen Arbeit in der Schule (LUDER u. a., 293 f.; RITTMEYER 2005, 18).
Nach Auffassung von HINZ/BOBAN (2001, 2 f.) gilt für die integrative diagnostische Arbeit in diesen Zusammenhängen: Es sollte eine Einigung über die unterschiedlichen Erfahrungen der beteiligten Personen erfolgen, wobei ein gemeinsamer Zugang zu finden und zu gestalten ist. Die Logik des Gegenübers ist zu verstehen. Außerdem müssen eine Einordnung des individuellen Unterstützungsbedarfs sowie die Planung von konkreten Aktivitäten erfolgen.
Die nicht standardisierten Instrumente für die diagnostische Arbeit im Berufsbereich sind zumeist vergleichbar mit den Verfahren aus anderen pädagogischen Arbeitsfeldern. Da die individuelle Berufsplanung und die damit einhergehende Diagnostik einerseits ein Prozess ist, an dem (meist) mehrere Institutionen und Personen beteiligt sind, und sich andererseits standardisierte Verfahren im Kontext der Entwicklung von beruflichen Perspektiven für Menschen mit Behinderungen als wenig adäquates Instrument erwiesen haben (DOOSE 2007, 123), wird im Folgenden auf die Persönliche Zukunftsplanung (u. a. DOOSE 2004, 9 ff.) eingegangen. In diesem Zusammenhang ist zu beachten, dass diese Form der Diagnostik selbstverständlich in weiteren integrationspädagogischen Handlungsfeldern, wie z. B. Freizeit und Wohnen angewendet werden kann.
Die Persönliche Zukunftsplanung (mit Unterstützerkreisen), wie sie u. a. von BOBAN/HINZ beschrieben wird (2005), ist eine Planungsform der Unterstützung für Menschen mit Behinderungen (DOOSE 2004, 10). Die Ziele einer Persönlichen Zukunftsplanung sind die Reflexion und die darauf aufbauende Verbesserung der Lebensqualität von Menschen im Sinne der Inklusion (BOBAN/HINZ 1999, 11). Hier wird eine individuelle Planung durchgeführt, wobei Abstand von der tradierten institutionellen und häufig defizitorientierten Hilfeplanung genommen wird (DOOSE 2004, 10 f.).

Der Unterstützerkreis, eine Gruppe verschiedener Beteiligter und Unterstützer, mit dem die Planung durchgeführt wird, setzt sich aus Menschen zusammen, die der betreffenden Person allgemein oder hinsichtlich einer speziellen Fragestellung nahe stehen (BOBAN 2003, 3). Die Person, für die die Planung durchgeführt wird, wählt die Teilnehmer aus. Die Gruppe sollte heterogen (auch mit Gleichaltrigen) zusammengesetzt sein, um stellvertretende Entscheidungen durch Professionelle, wie Integrationsberater und Eltern zu vermeiden (BOBAN/HINZ 2005, 138). Jedoch ist es notwendig, die Familie, den Partner und das soziale Umfeld in den Prozess zu integrieren (DOOSE 2007, 124)
Für die Durchführung einer Persönlichen Zukunftsplanung sind eine Vielzahl von Medien (Arbeitsblätter, Bilder usw.) erstellt worden, die es erleichtern, die individuellen Wünsche zu entdecken, Fähigkeiten und Fertigkeiten zu erkunden sowie materielle und personelle Ressourcen zu identifizieren, um die individuellen Ziele zu setzen. Eine kurze Methodenübersicht bieten u. a. BOBAN/HINZ (2005, 138 ff.). Ein direkt anwendbares Arbeitsbuch zur Persönlichen Zukunftsplanung wurde von DOOSE u. a. (2004) entwickelt.
Lässt sich diese diagnostische Methode nun auf andere pädagogische Handlungsfelder übertragen? Für das Arbeitsfeld Freizeit (MARKOWETZ in diesem Buch) wird die Relevanz der Persönlichen Zukunftsplanung deutlich: Da die Form der Freizeitgestaltung von Menschen mit Behinderung meist u. a. von den Ressourcen, Freizeitinteressen und Gewohnheiten der jeweiligen Bezugspersonen abhängig sind (MARKOWETZ 2003, 5 f.), müssen diese Bezugspersonen auch eingebunden werden. Diese Integration in die Organisation der Freizeitgestaltung lässt sich ebenfalls sehr gut mit Hilfe der Persönlichen Zukunftsplanung vollziehen.

6.4 Resümee

Die Situation von Menschen mit Behinderungen hat sich in den letzten Jahren in vielerlei Hinsicht verbessert. Integration und Inklusion erhöhen die Chancen auf eine aktive Teilhabe in vielen Bereichen des gesellschaftlichen Lebens. Diese Entwicklungen machen auch Veränderungen der diagnostischen Arbeit notwendig.
Waren Ende der 1970er Jahre noch vor allem Instrumente gefragt, die Unterschiede zwischen Kindern mit und ohne Behinderungen zuverlässig erhoben, werden heute förderdiagnostische Instrumente wichtig. An die Stelle der Zuweisungsdiagnostik tritt eine intensive Beschäftigung mit Lernmöglichkeiten und Lernhindernissen. Instrumente der Testdiagnostik bleiben aller-

dings vor allem in Systemen wichtig, in denen Ressourcen bedarfsabhängig verteilt werden. Denn sie erheben Informationen, die Kinder, Jugendliche und Erwachsene mit Behinderungen vergleichbar machen. Verzichtbar werden testdiagnostische Instrumente erst dann, wenn an die Stelle der bedarfsabhängigen Verteilung von Ressourcen Systeme getreten sind, die so gut ausgestattet sind, dass wirklich alle Menschen angemessen gefördert werden können.

Literatur

BENKMANN, R.: Sonderpädagogische Professionalität im Wandel unter besonderer Berücksichtigung des Förderschwerpunkts Lernen. In: Zeitschrift für Heilpädagogik 52 (2001) 90–98

BERNHARD, D./ FASCHING, H.: ‚Bewegt' berufliche Integration die Integrationspädagogik? In: PLATTE, A./ SEITZ, S./ TERFLOTH, K. (Hrsg.): Inklusive Bildungsprozesse. Bad Heilbrunn, 2006, 193–200

BLEIDICK, U.: Selbstreferenz, Krisengerede und selektives Zitieren. In: Zeitschrift für Heilpädagogik 47 (1996) 68–70

Boban, I.: Aktiv zuhören, was Menschen möchten – Unterstützerkreise und Persönliche Zukunftsplanung. 2003 Im Internet unter: http://bidok.uibk.ac.at/library/boban-orientierung.html [10.04.2007]

BOBAN, I./ HINZ, A.: Persönliche Zukunftskonferenzen – Unterstützung für individuelle Lebenswege. 1999. Im Internet unter: http://bidok.uibk.ac.at/library/beh4-99-konferenz.html [10.04.2007]

BOBAN, I./ HINZ, A.: Persönliche Zukunftsplanung mit Unerstützerkreisen – ein Ansatz auch für das Leben mit Unterstützung in der Arbeitswelt. In: BIEKER, R. (Hrsg.): Teilhabe am Arbeitsleben – Wege der beruflichen Integration von Menschen mit Behinderung. Stuttgart, 2005, 133–140

BÜHNER, M.: Einführung in die Test- und Fragebogenkonstruktion. München 2004

BUNDSCHUH, K.: Differenzierte Begutachtung und Kompetenzorientierung. Anforderungen an eine heilpädagogische Diagnostik im 21. Jahrhundert. In: Zeitschrift für Heilpädagogik 51 (2000), 321–326

BUNDSCHUH, K.: Zum Begriff und Problem der Lernprozessanalyse. In: EBERWEIN, H./ KNAUER, S. (Hrsg.): Lernprozesse verstehen – Wege einer neuen (sonder-) pädagogischen Diagnostik. Weinheim² 2003, 94–108

BUNDSCHUH, K.: Einführung in die sonderpädagogische Diagnostik. München⁶ 2005.

DOOSE, S.: „I want my dream!" Persönliche Zukunftsplanung – Neue Perspektiven und Methoden einer individuellen Hilfeplanung mit Menschen mit Behinderung. 2004. Im Internet unter http://bidok.uibk.ac.at/library/doose-zukunftsplanung.html [10.04.2007]

DOOSE, S..: Unterstützte Beschäftigung: Berufliche Integration auf lange Sicht. Marburg² 2007

DOOSE, S./ EMRICH, C./ GÖBEL, S.: Käpt'n Life und seine Crew. Ein Planungsbuch zur Persönlichen Zukunftsplanung. Zeichnungen von Tanay Oral. Kassel 2004

EBERWEIN, H.: 'Förderdiagnostik als lernprozessbegleitende verstehende Diagnostik. In: EBERWEIN, H./KNAUER, S. (Hrsg.): Integrationspädagogik. Kinder mit und ohne Beeiträchtigung lernen gemeinsam. Weinheim[6] 2003, 313–325

FRIED, L.: Expertise zu Sprachstandserhebungen für Kindergartenkinder und Schulanfänger. Eine kritische Betrachtung. München (Deutsches Jugendinstitut) 2004. Im Internet unter www.dji.de/bibs/271_2232_ExpertiseFried.pdf [3.3.2007]

HINZ, A./ BOBAN, I.: Integrative Berufsvorbereitung – Unterstütztes Arbeitstraining für Menschen mit Behinderung. Neuwied 2001

HOHMEIER, J.: Unterstützte Beschäftigung – ein neues Element im System der beruflichen Rehabilitation. In: BARLSEN, J./ HOHMEIER, J. (Hrsg.): Neue berufliche Chancen für Menschen mit Behinderung – Unterstützte Beschäftigung im System der beruflichen Rehabilitation. Düsseldorf 2001, 15–23

INGENKAMP, K./ LISSMANN, U.: Lehrbuch der Pädagogischen Diagnostik. Weinheim[5] 2005

JAHODA, M.: Braucht der Mensch Arbeit? In: NIESS, F. (Hrsg.): Leben wir, um zu arbeiten?: Die Arbeitswelt im Umbruch. Köln 1984, 11–17

KORNMANN, R.: Tests werden besser. In: Vierteljahresschrift für Heilpädagogik und ihre Nachbargebiete 75 (2006) 250–253

KRETSCHMANN, R.: Förderdiagnostik und Förderpläne. In: RICKEN, G./ FRITZ, A./ HOFMANN, C. (Hrsg.): Diagnose: Sonderpädagogischer Förderbedarf. Lengerich 2003, 369–385

LELGEMANN, R.: Vorbereitung auf die nachschulische Lebenssituation und das Arbeitsleben – eine komplexe Herausforderung für die Schule. In: BIEKER, R. (Hrsg.): Teilhabe am Arbeitsleben – Wege der beruflichen Integration von Menschen mit Behinderung. Stuttgart 2005, 100–116

LUDER, R./NIEDERMANN, A./BUHOLZER, A.: Förderdiagnostisches Arbeiten in Theorie und Praxis. Ergebnisse einer qualitativ-empirischen Studie. In: Vierteljahresschrift für Heilpädagogik und ihre Nachbargebiete 75 (2006) 293–304

MAND, J.: Lern- und Verhaltensprobleme in der Schule. Stuttgart 2003 a

MAND, J.: Förderdiagnostik als Lernprozessdiagnostik – Begründung, Methodenprobleme und diagnostischer Alltag. In: Eberwein, H./ Knauer, S. (Hrsg.): Lernprozesse verstehen – Wege einer neuen (sonder-)pädagogischen Diagnostik. Weinheim[2] 2003 b, 39–53

MAND, J.: Social position of special needs pupils in the classroom: a comparison between German special schools for pupils with learning difficulties and integrated primary school classes. In: European Journal of Special Needs Education 22 (2007), 7–14

MAND , J.: Lese- und Rechtschreibförderung in Kita, Schule und in der Therapie. Entwicklungsmodelle, diagnostische Methoden, Förderkonzepte. Stuttgart 2008 a

MAND, J.: Essener Training zur Förderung der Phonologischen Bewusstheit. Dortmund[2] 2008 b. Im Internet unter www.johannes-mand.de/training.htm [1.3.2008]

MARKOWETZ, R.: Freizeit ein Stück Lebensqualität – Freizeit im Leben von Menschen mit Behinderungen. In: Zusammen 23 (H. 5 /2003) 4–8

Ministerium für Schule, Jugend und Kinder des Landes Nordrhein-Westfalen (2006): Verordnung über die sonderpädagogische Förderung, den Hausunterricht und die Schule für Kranke (Ausbildungsordnung gemäß § 52 SchulG - AO-AF) vom 29. April 2005 zuletzt geändert durch Verordnung vom 5. Juli 2006. Im Internet unter: http://www.bildungsportal.nrw.de/ BP/Schulrecht/APOen/AO_SF.pdf [03.01.2007]

RITTMEYER, C.: Kompendium Förderdiagnostik – Prinzipien, Methoden und Einsatzbereiche. Horneburg/ Niederelbe 2005

SANDER, A.: Kind-Umfeld-Analyse: Diagnostik bei Schülern und Schülerinnen mit besonderem Förderbedarf. In: MUTZEK, W.: Förderdiagnostik bei Lern- und Verhaltensstörungen. Weinheim² 2000, 6–19

SCHMETZ, D.: Förderschwerpunkt Lernen. In: Zeitschrift für Heilpädagogik 50 (1999) 134–143

SCHOB, C./ JAINZ, A: Förderplan – Förderplanung. In: MUTZECK, W./ JOGSCHIE, P. (HRSG.): Neue Entwicklungen in der Förderdiagnostik – Grundlagen und praktische Umsetzungen. Weinheim 2004, 289–292

SCHWEINHART, L. J.: Recent Evidence on Preschool Programs. 2002. In: ERIC Clearinghouse on Elementary and Early Childhood Education Champaign IL. Im Internet unter www.ericdigests.org/2002-2/preschool.htm [1.3.2006]

STRASSBURG, K.: Die Fehleranalyse als diagnostische Methode im Prozess des Lernens. In: Eberwein, H./ Knauer, S. (Hrsg.): Lernprozesse verstehen – Wege einer neuen (sonder-) pädagogischen Diagnostik. Weinheim² 2003, 209–218

VERNOOIJ, M. A.: Gedanken zum Paradigmenwechsel in der Sonderpädagogik. In: Vierteljahresschrift für Heilpädagogik und ihre Nachbargebiete. Sonderpädagogik und Rehabilitation auf der Schwelle in ein neues Jahrhundert (Beiträge zur 36. Dozententagung, Berlin) 69 (2000) 249–253

WALTER, J.: Differenzielle Effekte des Trainings des phonologischen Wissens auf das Lesen- und Schreibenlernen: Ergebnisse der international angelegten Meta-Analyse von Ehri u. a. . In: Heilpädagogische Forschung 28 (2002) 38–49

WOCKEN, H. Andere Länder – andere Schüler. 2005 Im Internet unter: http://bidok.uibk.ac.at/ library/wocken-forschungsbericht.html [26.3.2006]

Sabine Herm

7 Konzepte integrativer Förderung im Elementarbereich

„Jedes Kind wird so, wie es ist, mit seinem eigenen Verhalten, mit seinen Fähigkeiten und Möglichkeiten, mit seinem Anders-Sein angenommen. Es wird in gemeinsame Situationen eingebunden. Aus pädagogischer Sicht können dann »in der Tat« die Begriffe der Behinderung oder der Nicht-Behinderung, ja sogar der Normalität, überflüssig sein. Denn gerade auch für die ganz praktische kinderpädagogische Arbeit (...) ist die Einsicht unvermeidbar, dass jede Verhaltensform nur in ihrem zwischenmenschlichen Kontext verstanden werden kann und dass damit die Begriffe von Normalität und Abnormalität ihren Sinn als Eigenschaften von Individuen verlieren" WATZLAWICK u. a. (1982, 48). Dies bedeutet: Kinder spielen, lernen und entwickeln sich gemeinsam ohne Ausgrenzung und Etikettierung in Kindergärten / Kindertagesstätten, gegebenenfalls mit den individuell notwendigen pädagogischen und therapeutischen Hilfen. „Keinem Kind darf auf Grund der Art und Schwere seiner Behinderung oder seines besonderen Förderbedarfs die Aufnahme in eine Tageseinrichtung verwehrt werden." (§ 6, Berliner Kindertagesförderungsgesetz vom 23. 6. 05). In dieser oder ähnlicher Weise ist die gemeinsame Erziehung und Bildung in den letzten Jahren in „Kita-Gesetzen" mehrerer Bundesländer verankert worden. Dies ist ein wichtiger Meilenstein auf dem langen und vielfach beschwerlichen Weg zu einem Kindergarten, in dem jedes Kind ohne Klassifizierung und ohne Anwendung von Attributen wie z.B. „gesund", „behindert", „nichtbehindert", „verhaltensauffällig" usw. am Leben und Lernen in der Kindergemeinschaft teilhaben kann. Integrative Pädagogik akzeptiert Unterschiede bezüglich des Entwicklungsstandes, der Fähigkeiten und Ressourcen als Selbstverständlichkeit und als individuelles kindliches Entwicklungsmerkmal. Allerdings ist dieser Ansatz Weg und Ziel zugleich. FEUSER (1996) definiert die integrative Pädagogik als eine basale, kindzentrierte und allgemeine Pädagogik, folglich verlangt sie nicht individuelle Curricula (z.B. gesonderte Lehrpläne für verschieden behinderte und nichtbehinderte Schüler).

D. h., die integrative Pädagogik muss integriert werden in die allgemeine Kindergartenpädagogik, in pädagogische Ansätze, die Grundlage oder (in Teilen) Orientierung für die Umsetzung der Erziehungs- und Bildungsarbeit einer Kindertagesstätte ist.

7.1 Bildungsverständnis und Bildungspläne

In der aktuellen Bildungsdebatte werden das „neue" Bild vom kompetenten und sich selbstbildenden Kind und die Haltung der Erzieherin, geprägt von Achtung und Respekt für den Entwicklungs- und Bildungsprozess kleiner Kinder, herausgearbeitet. Es ist das humanistische Verständnis, das auch Grundlage der integrativen Pädagogik ist. Allerdings sind diese notwendigen Forderungen nicht neu, bereits vor 100 Jahren hat MARIA MONTESSORI das Bild eines eigenaktiven und sich selbst entwickelnden und selbst bildenden Kindes (mit und ohne Behinderung) aufgezeigt. Auch die Rolle einer „neuen" Lehrerin/Erzieherin, i. S. einer Begleiterin der kindlichen Entwicklung hat MONTESSORI beschrieben. Andere Reformpädagogen wie z.B. FREINET, GAUDIG, KERSCHENSTEINER, OTTO, PETERSEN oder STEINER (etwa 1895 – 1933) hatten sich bereits mit Kindorientierung, Selbsttätigkeit, entdeckendem Lernen oder gemeinsamem Unterricht beschäftigt. Vor annähernd 50 Jahren hatte die sich entwickelnde Reggio-Pädagogik unseren Blick auf ihre kindorientierte, kreative Arbeit in einer Kita ohne Ausgrenzung gerichtet, ihre Projektarbeit wurde wegweisend für unsere heutige pädagogische Arbeit im Elementarbereich. Neuere Ansätze, wie Situationsansatz und „offener Kindergarten" sind Reaktionen auf eine einengende, bevormundende und ausgrenzende Pädagogik, wie sie in vielen Kindereinrichtungen in Deutschland (Ost und West) anzutreffen war. Diese Konzepte werden ausführlich beschrieben, damit die Fachleute in ihren Kindereinrichtungen herausfinden können, in welches Gesamtkonzept die integrative Erziehung und Bildung eingebunden werden kann.

Seit etwa 1990 debattieren Fachleute und Politiker in Europa und außereuropäischen Ländern über die Bedeutung der frühen Bildung und über unterschiedliche Bildungssysteme. Das Ergebnis, dass frühkindliche Bildung die Basis eines jeglichen (nationalen) Bildungssystem ist und daher eine hohe Bildungsqualität in Kindereinrichtungen unabdingbar ist, war nicht überraschend. Diese Erkenntnis und die Zurverfügungstellung der notwendigen Ressourcen, um eine hohe Bildungsqualität zu erreichen, sind allerdings zweierlei Dinge und von politischen Entscheidungen abhängig. Anfang dieses Jahrtausends begannen in Deutschland die einzelnen Bundesländer Bildungsprogramme für Kindertagesstätten in Auftrag zu geben, um einen verbindlichen Charakter für die Bildungs- und Erziehungsarbeit zu erreichen sowie die Qualität zu verbessern. Inzwischen besitzen alle 16 Bundesländer Bildungspläne, die den Bildungsauftrag der Tageseinrichtungen bis zum 6. Lebensjahr konkretisieren. In den Bildungsplänen lassen sich zahlreiche Unterschiede feststellen: „In Bezug auf die Bezeichnung, die implizit oder explizit zugrunde liegenden Annahmen bezüglich Bildung, die Lernfelder, Bildungsziele, den Geltungsbereich und ihre Verbindlichkeit." (PTHENALIS 2006, 78). Dennoch finden sich gemeinsame Grundsätze und Prinzipien, ganz allgemein wird das Bild von einem kompetenten Kind (Bildung beginnt bei der Geburt; SCHÄFER 2005) und von einer Vielzahl von (unterschiedlichen) Kindheiten ausgegangen, „denen die Bildungspläne mehr oder weniger gerecht werden" (80)

7.2 Verschiedene Ansätze und Konzeptionen in der Elementarpädagogik

Damit Erziehung und Bildung in einer Kindertagesstätte nicht beliebig und von aktuellen Sichtweisen einzelner Mitarbeiter oder aktuellen Einflüssen abhängig ist, damit der Grundgedanke ihrer Pädagogik für Eltern und Öffentlichkeit transparent wird und damit die Mitarbeiter/innen anhand eines „gemeinsamen Gegenstandes" diskutieren, handeln, die Arbeit auswerten und ggf. verbessern können, ist die schriftliche Niederlegung einer Konzeption notwendig. Als Grundlage stehen unterschiedliche traditionelle oder neuere Ansätze zur Verfügung. Selten werden diese pädagogischen Ansätze insgesamt handlungsleitend und zum Profil einer Kita, wie beispielsweise in Montessori- oder Waldorf-Kindergärten. Häufiger werden Grundgedanken oder didaktisch-methodische Prinzipien aufgegriffen, die handlungsleitend für die Erstellung der eigenen Konzeption sein sollen. Die Kita versteht ihr Konzept dann beispielsweise als „reggio-orientiert" oder „orientiert am Situationsansatz" oder übernimmt Grundgedanken und methodisch-didaktische Vorgaben aus der Montessori-Pädagogik oder dem „offenen Kindergarten" . Damit sind jene pädagogischen Ansätze benannt, die ausführlicher beschrieben werden. Die Intention hierbei ist, sich umfassender mit der dahinter stehenden Erziehungs- und Bildungsphilosophie, dem Bild vom Kind und der Rolle der Erzieherin auseinandersetzen zu können, um zu entscheiden, nach welcher Basiskonzeption die eigene Pädagogik ausgerichtet werden soll und wie auf dieser Basis einer „allgemeinen Pädagogik" (FEUSER) die integrative Pädagogik integriert werden kann/soll. Die Waldorf-Pädagogik wurde nicht berücksichtigt, obwohl Grundgedanken der integrativen Pädagogik hier auch verortet sind. Die Waldorf-Pädagogik basiert auf dem von RUDOLF STEINER entwickelten anthroposophischen Menschenbild mit dazugehörigen Aussagen über die Entwicklung von Kindern. Die Waldorf-Pädagogik ist daher ein geschlossenes Konzept und Pädagogen müssen sich zunächst mit dieser anthroposophischen Entwicklungsphilosophie auseinandersetzen.

Montessori-Pädagogik: Die von MARIA MONTESSORI im Jahre 1906 eingeführte Bildungsphilosophie für die Früherziehung hat bis heute fundamentale Bedeutung für die Praxis der Kleinkindpädagogik. Ihr zentrales Anliegen war gegenüber dem Kind eine neue Grundhaltung und Einstellung, geprägt durch Achtung, Wertschätzung und Respekt gegenüber dem Selbstbildungsprozess des Kindes, zu erreichen. MONTESSORI war zutiefst davon überzeugt, dass Kinder aus eigener Motivation lernen wollen, vor allem deshalb, weil es in ihrer Natur liegt und sie am Leben teilhaben wollen. „Während es heranwächst, absorbiert es seine Umwelt und entwickelt sich durch die schöpferischen Energien, die in ihm stecken" (MONTESSORI 1994, 45 f.). Das Kind verfügt demnach über die Fähigkeit, seine Persönlichkeit selbst aufzubauen. Es entfaltet sich entlang eines inneren, individuellen Entwicklungsplans, in einem Tempo, das es selbst und nicht der Erwachsene bestimmt.

Nach MONTESSORI durchläuft das Kind in seiner Entwicklung „sensible Perioden", in denen es in besonderer Weise empfänglich für Anreize aus der Umwelt ist, z.B. die sensiblen Perioden für Sprache oder für Bewegung. Eine wichtige Phase ist für Montessori die „sensible Periode zur Verfeinerung der Sinne" (etwa 2. – 4. Lebensjahr), denn sie gelangte durch die Beobachtung an Kindern zu der Erkenntnis, dass der Zugang zum kindlichen Denken (aller Kinder) grundsätzlich über die Sinne erfolgt, d. h. über das Greifen zum Begreifen. Das inzwischen von Montessori weiterentwickelte didaktische (Sinnes-) Material sollte dem Kind selbständig die Eigenkontrolle ermöglichen. Ein weiterer wichtiger Bestandteil der Montessori-Pädagogik ist die „vorbereitete Umgebung". Das Kind benötigt seine Umgebung, in der es die Materialien, Gegebenheiten und Bedingungen vorfindet, die seinem Lernen entgegenkommen. In ihrem ersten Kinderhaus (Casa de Bambini in dem Armenviertel San Lorenzo in Rom) hatte MONTESSORI erstmals Stühle und Tische in Kinderproportionen anfertigen lassen. Ein weiterer wichtiger Bestandteil der Montessori-Pädagogik ist die „neue" Lehrerin (Erzieherin), die vor den Entwicklungskräften des Kindes Respekt hat und weiß, dass das Entscheidende im Erziehungsprozess nicht von ihr, sondern von den Kindern kommt. Kinder sollten frei lernen, ohne Vorgaben und Kritik der Erwachsenen. Die Aufgabe der neuen Erzieherin besteht vor allem darin, die Kinder aufmerksam zu beobachten und ihnen bei Bedarf Hilfestellungen zu geben.

"Hilf mir es selbst zu tun!" kann als Leitmaxime der Pädagogik Montessoris gelten. In der heutigen Auseinandersetzung mit der Montessori-Pädagogik werden häufig der Übungscharakter mit den didaktischen Materialien, die Vernachlässigung des freien Spiels, der freien Bewegungsaktivitäten und der kindlichen Fantasie kritisiert. Diese Einwände sind aus heutiger Sicht berechtigt. Die Montessori-Pädagogik wird deshalb vielerorts an das heutige Bildungsverständnis angepasst. Vor hundert Jahren waren Montessoris Methoden und Sichtweisen revolutionär. Ihr „Bild vom eigenaktiven Kind", die Haltung der „neuen" Erzieherin, die Bedeutung von Wahrnehmung und Bewegung, sowie eine den kindlichen Bedürfnissen angepasste (wenn notwendig auch stark strukturierte) Umgebung entsprechen den Grundgedanken einer integrativen Pädagogik.

Reggio-Pädagogik: Die Anfänge der Reggio-Pädagogik reichen zurück in die Zeit nach dem 2. Weltkrieg, als Männer und Frauen eines Dorfes nahe der norditalienischen Stadt Reggio-Emilia einen „Volkskindergarten" gründeten. In den 60er und 70er Jahren des vergangenen Jahrhunderts entwickelte sich in den kommunalen Krippen und Kindergärten der Stadt die Kleinkindpädagogik, so wie sie heute weltweit als „Reggio-Pädagogik" bekannt ist. Bis heute ist das Prinzip der Gemeinschaftlichkeit und gesellschaftspolitischen Orientierung in den kommunalen Kindereinrichtungen von Reggio erhalten geblieben. Ein Schlüsselwort der Reggio-Pädagogik ist „insieme", was mit „zusammen" oder „gemeinsam" übersetzt werden kann. Die Erziehungs- und Bildungsarbeit, in kooperativer Form von Erwachsenen und Kindern gestaltet, soll ebenfalls die gemeinschaftlichen Strukturen in der Gesellschaft stärken. Der Pädagoge und Psychologe LORIS MALAGUZZI (1920–1994) war langjähriger Leiter des Koordinationsbüros der kommunalen Kitas in Reggio und gilt als Inspirator und Begleiter der Reggio-Pädagogik. Das Reggio-Konzept präsentiert sich keineswegs als fertiges Konzept, sondern verändert sich im Wechselspiel zwischen praktischen Erfahrungen und theoretischer Reflexion weiter. Dies entspricht auch der Forderung von Malaguzzi, welcher forderte, dass pädagogische Theorien sich dort entwickeln sollen, wo pädagogisch gearbeitet wird. Reggio-Erzieherinnen beschreiben daher ihre Arbeit als eine „Pädagogik des Werdens" (DREIER 1993, 57). Auch wenn die Konzeption jedes Jahr neu erstellt, verändert und verbessert wird, bestehen unverrückbare Grundsätze. Im Wesentlichen sind dies erstens: Das Bild vom Kind als kompetentes, aktives und kreatives Wesen, mit einem angeborenen Forscherdrang. Zweitens: Ein ganzheitliches Verständnis von Entwicklung. Drittens: Die Rolle der Erzieherin im Sinne einer Begleitung der Kinder auf ihrem Weg des Forschens und Lernens. Zuhören und Beobachten stehen bei dieser Begleitung im Vordergrund, damit die „100 Sprachen" der Kinder wahrgenommen, entschlüsselt werden können und somit ein Dialog entsteht. Viertens: Die partnerschaftliche Einbeziehung der Eltern. Eltern werden als Experten ihrer Kinder verstanden. Fünftens: Die Arbeit in den Krippen und Kindergärten als Teil des sozialen und kulturellen Lebens des Gemeinwesens (vgl. DREIER 1993, 130). Zentrale Elemente des pädagogischen Konzepts sind die Projektarbeit, die Dokumentation und der Raum als „dritter Erzieher". Projekte entwickeln sich vorwiegend aus Spielhandlungen, Gesprächen oder aus Beobachtungen der Kinder. Sie werden zwar von den Erwachsenen durch Impulse erweitert oder akzentuiert, jedoch nicht gesteuert. Daher sind zeitlicher Umfang und Anzahl der teilnehmenden Kinder primär von der Interessenbindung der Kinder abhängig. In der Reggio-Pädagogik werden keine speziellen Lernerfahrungen im Sinne fertiger Produkte oder an einer Norm orientierte Entwicklung erwartet, sondern im Mittelpunkt stehen die individuellen Entwicklungsschritte, die Erfahrungen, die die Kinder in der Kita-Gemeinschaft sammeln. Diese Handlungsprozesse und Kompetenzzuwächse aller Kinder werden auf vielfältige Weise dokumentiert. Die Dokumentationsform der „sprechenden Wände", mit Kinderarbeiten, Fotos, Kinderäußerungen und Kurzkommentaren der Erzieherinnen, hat inzwischen auch hierzulande Eingang in Kitas gefunden. Sie vermittelt den Kindern Wertschätzung, fördert das Selbst-Bewusstsein und bietet Anlässe zum Dialog mit Kindern in der jeweils möglichen Ausdrucksweise. Für Erzieherinnen und Eltern sind sie eine wichtige Quelle, um die Qualität der eigenen Arbeit zu reflektieren und um Fähigkeiten sowie Denken und Fühlen der Kinder zu erfassen. Der Raum als „dritter Erzieher" soll Geborgenheit und eine Atmosphäre des Wohlfühlens vermitteln, aber auch zum Aktiv-Werden initiieren. Charakteristisch sind die vielen Spiegel, Verkleidezonen, Schattentheater, Projektoren und Leuchttische sowie Werkstätten und Ateliers, in denen Kinder selbsttätig aktiv werden. In Reggio leben und lernen Kinder mit ihren Verschiedenheiten zusammen in einer Kindergemeinschaft, die von engagierten Erzieherinnen begleitet wird. „Ein Kind hat hundert Sprachen, hundert Hände, hundert Gedanken, hundert Weisen zu denken, zu spielen, zu sprechen, immer hundert Weisen zuzuhören, zu staunen und zu lieben, hundert Weisen zu singen und zu verstehen" (MALAGUZZI zit. nach DREIER 1993, 15). Dies können Leitgedanken für die Weiterentwicklung der integrativen Pädagogik sein.

Der Situationsansatz: Der Situationsansatz entwickelte sich in der Bundesrepublik in den frühen 70er Jahren des vergangenen Jahrhunderts, als die Bildungsreform den vorschulischen Bereich erreicht hatte. Damit sollte den

leistungsbezogenen und eher defizitorientierten Förderansätzen ein neues Konzept gegenübergestellt werden. Als wichtigste Ziele wurden benannt: die Orientierung des Lernens an Lebenssituationen von Kindern, die Verbindung von sozialem und sachbezogenem Lernen, die Einrichtung altersgemischter Gruppen, die pädagogische Mitwirkung von Eltern und anderen Erwachsenen, ein dialogisches Verhältnis von Lehrenden und Lernenden, die gemeinwesenorientierte Arbeit und die offene Planung und die Ausgestaltung des Kindergartens als Lebensraum (vgl. ZIMMER 1985). Ins Zentrum der pädagogischen Arbeit nach dem Situationsansatz rückte die Projektarbeit, d. h. das „Lernen in Zusammenhängen" und der Begriff „Schlüsselsituation". Schlüsselsituationen sind Situationen aus der Erlebnis- und Erfahrungswelt der Kinder, die für diese Kinder bedeutsam sind. Projektthemen sollen, auf Schlüsselsituationen gründend, gemeinsam mit den Kindern ausgesucht und geplant werden. Als zentraler Bezugspunkt des Lernens bekommt im Situationsansatz das „soziale Lernen", der Erwerb sozialer Kompetenzen, besondere Bedeutung. Damit will sich der Situationsansatz gegen instrumentelles und von sozialen Bezügen isoliertes Lernen abgrenzen. Der Situationsansatz hat seit Anbeginn seiner Entstehung viel Zustimmung, jedoch auch einige kritische Diskussionen hervorgerufen. SCHÄFER (2004) kritisiert beispielsweise das Verständnis von der Lebenswirklichkeit der Kinder im Situationsansatz. Seiner Meinung nach kommen die Schlüsselthemen für die Lebenswirklichkeit von Kindern nicht wirklich aus Nachfragen und Beobachtungen bei den einzelnen Kindern, sondern eher aus Expertenaussagen über „heutige Kindheit" – also aus Erwachsenensicht – zustande. Die kritische Diskussion hat fruchtbar zur Weiterentwicklung des Situationsansatzes beigetragen und er ist heute Grundlage von Bildungsprogrammen in einigen Bundesländern.
Der offene Kindergarten – offene Arbeit: Mit dem Begriff „offene Arbeit" wird ein pädagogisches Konzept umschrieben, das sich Anfang der 80er Jahre des vergangenen Jahrhunderts aus der Kindergartenpraxis heraus entwickelt hat, um den veränderten Lebensumständen und Entwicklungsbedürfnissen von Kindern Rechnung zu tragen. In der erziehungswissenschaftlichen Debatte blieb dieses Praxiskonzept bisher eher unbeachtet, da noch keine empirischen Untersuchungen über seine Effektivität vorhanden sind. Die aktuelle Fachliteratur bezieht sich vor allem auf Darstellungen und Erfahrungsberichte aus der Praxis. Das Konzept des „offenen Kindergartens" kritisiert herkömmliche, geschlossene, einengende und ausgrenzende Strukturen, die in vielen Kindereinrichtungen zu finden sind und plädiert für eine Öffnung nach innen und außen (REGEL/KÜHN 2007). Die Öffnung nach „innen" bedeutet eine Öffnung der Kindergruppen zueinander, damit Kinder

mehr Wahlmöglichkeiten für Spielpartner (altersübergreifend) erhalten und ihre Aktivitäten an eigenen Wünschen, Fähigkeiten und Interessen ausrichten können. Auch hier gilt als Leitsatz: „Das Kind ist der Akteur seiner Entwicklung". Anregende Bewegungsräume im Innen- und Außenbereich werden gestaltet, damit Kinder auf vielfältige Weise ihr Bewegungsbedürfnis ausleben können. Für die Erzieherinnen bedeutet diese Öffnung eine (selbst-) kritische und reflektionsbereite Auseinandersetzung mit der bisherigen Arbeit und das Sich-Einlassen auf neue Sichtweisen und pädagogische Ansätze. Auch nach außen, hin zum Gemeinwesen soll sich die Kita öffnen. Kinder erobern ihr Umfeld, um dort in ihrer Vielfältigkeit präsent zu sein und lebensnahe Erfahrungen zu sammeln. In der konzeptionellen Umsetzung der offenen Arbeit gibt es eine breite Vielfalt auf dem Wege zum „Offenen Kindergarten" (REGEL/KÜHN). Angefangen von der Öffnung der Tür zur Nachbargruppe, um Spielmöglichkeiten für alle Kinder zu erweitern und um gleichzeitig auch die eigene pädagogische Praxis für andere Kolleginnen sichtbar und offen zu machen, über das gruppenübergreifende Arbeiten mit gemeinsamer pädagogischer Planung bis hin zur vollständigen offenen Arbeit im ganzen Kindergarten.

Die offene Arbeit erhält viel Zustimmung, wird aber auch kontrovers diskutiert. Kritisiert werden u. a. das Fehlen fester Bezugspersonen und damit die Nichtberücksichtigung von Erkenntnissen der Bindungsforschung.

7.3 Bausteine für die pädagogische Arbeit und Konzeptentwicklung

Im Folgenden werden einige Aspekte oder „Bausteine" beschrieben, die handlungsleitend bei der Einbeziehung der integrativen Pädagogik sein können. Sie entsprechen ebenso den Vorgaben vieler Bildungsprogramme und fließen somit, unabhängig von der Orientierung an einem (z.B. oben beschriebenen) allgemeinen pädagogischen Konzept, in die Beschreibung der konkreten pädagogischen Arbeit ein. Konzeptentwicklung ist Team-Entwicklung, daher sind ausführliche, offene und kontrovers geführte Diskussionen wichtig, um eine gemeinsame Haltung und Positionierung zu finden. Auch die Auseinandersetzung um den Integrationsgedanken ist ein langer Prozess, wenn Integration nicht nur bedeuten soll: „Wir nehmen auch behinderte Kinder auf und stellen Förderangebote für sie zur Verfügung". Integrative Pädagogik beginnt im Team, dazu gehören die Fragen: "Wie offen und selbstverständlich gehen wir mit unseren eigenen Verschiedenheiten um?" „Inwieweit betrachten wir unterschiedliche Fähigkeiten und Lebensbiografien von Kollegen/innen als Bereicherung in Diskussionen und pädagogi-

sches Handeln?" „Können wir diese Fragestellung auch im Hinblick auf einen Umgang mit der Verschiedenheit unserer Eltern beantworten?"
Beziehung und Kommunikation – Basis für kindliche Entwicklung: Wir wissen, wie notwendig ein Kind das Gefühl von Geborgenheit, Angenommensein und uneingeschränktem Vertrauen in die Beziehung zu den Eltern oder anderen Bezugspersonen hat. Ihre eigene Wertschätzung, ihr Körpererleben, ihre Kommunikations- und Beziehungsfähigkeit und jegliche Lernprozesse basieren auf dieser sicheren Bindung (HERM 2003). Um dem psychophysischen Grundbedürfnis nach Bindung und Sicherheit beim Übergang in eine öffentliche Kindereinrichtung nachzukommen, hat sich die strukturierte Eingewöhnungszeit (LAEWEN 2000) bewährt. Ein guter Kontakt entsteht ebenfalls zu den Eltern eines behinderten Kindes, da viel Zeit und Gelegenheit vorhanden ist, um wichtige Informationen über besondere Pflegemaßnahmen, Handlings, Ernährungsgewohnheiten, Kommunikationsmöglichkeiten, die emotionale Empfänglichkeit u. a. m. mitteilen und zeigen zu können, falls es für ihr Kind notwendig ist. Die Qualität von Beziehung und Interaktion in der Kita-Zeit ist für jedes Kind ausschlaggebend dafür, wie die Entwicklung voranschreitet. "Bindungs- und Explorationsverhalten stehen in einer reziproken Beziehung: Bei aktiviertem Bindungsverhalten (z.B. bei Angst, Sicherungsbedürfnis) wird das Explorationsverhalten blockiert, dadurch besteht eine enge Beziehung zwischen emotionaler und kognitiver Entwicklung" (SCHLACK 2007). Mitunter verläuft der Beziehungsaufbau zu einem Kind mit einer Behinderung oder Entwicklungsauffälligkeit anders als es Erzieher/innen gewohnt sind, darauf machen AHRBECK/RAUH (1992) aufmerksam. Einige Kinder verfügen über weniger Selbstkorrektur-Mechanismen und können ein (mögliches) Fehlverhalten der Bezugsperson weniger gut ausgleichen. Wenn sich diese Kinder nicht wirklich „gesehen" und angenommen fühlen, besteht die Gefahr, dass sie zu glauben beginnen, nichts Wert zu sein. In der integrativen Pädagogik ist daher die Fähigkeit „in Beziehung zu treten", „sich zu begegnen" und dabei die Sprache des Kindes zu finden unabdingbar, damit das Kind mit Gewissheit spürt: Ich bin so in Ordnung, wie ich bin.
Beobachtung als eine Grundlage für pädagogisches Handeln: Wesentliche Ziele der Beobachtung sind, die individuellen Fähigkeiten und die Vielfalt ihrer Handlungen, Vorstellungen, Ideen, Problemlösungen oder sozialen Interaktionen wahrzunehmen, zu verstehen und in das pädagogische Handeln einzubeziehen (HERM 2006, 48). Eine Vielzahl von Beobachtungsverfahren wird derzeit angeboten. Einige Verfahren fokussieren mit „gerichteter" Aufmerksamkeit anhand vorgegebener Kriterien und Fragebögen auf den Ent-

wicklungsstand des Kindes. Eine andere Form ist die Beobachtung mit „ungerichteter" Aufmerksamkeit, die Schäfer auch „wahrnehmendes, entdeckendes Beobachten" nennt. Es bedeutet, „in das Geschehen mit einzutauchen und empathisch mit dabei zu sein" (SCHÄFER 2003, 169). Diese Form der Beobachtung (vgl. auch LEU u. a. 2007) vertieft die Sensibilisierung für kindliches Handeln, für das Erkennen von Ressourcen und Fähigkeiten und für Interaktionsprozesse unter Kindern ebenso wie zwischen Erwachsenen und Kindern. Bei der gezielten Beobachtung anhand von genormten „Entwicklungstabellen" besteht die Gefahr, dass der Beobachter mit eingeschränktem Blickwinkel nur auf die Defizite (das Unvermögen) eines Kindes schaut und seine Gesamtpersönlichkeit nicht erfassen kann. Mit dem Bewusstsein dieser Problematik, kann allerdings auch diese Beobachtungsform im Sinne eines „Frühwarnsystems" in Einzelfällen sinnvoll eingesetzt werden. Grundsätzlich ist bei der Beobachtung ein Paradigmenwechsel vom defizitorientierten zum wertschätzenden Beobachten notwendig. Anschaulich zusammengefasst lautet diese neue Sichtweise bei EISENBARTH u. a. (2007) „Schatzsuche statt Fehlerfahndung". Entwicklungsunterstützende Angebote, die sich aus den Beobachtungen ergeben, setzen bei den Fähigkeiten, Stärken und Interessen eines behinderten wie nichtbehinderten Kindes an. Grundsätzlich muss die Erzieherin analysieren: "Biete ich dem Kind genügend Chancen, damit es seine „Schätze", seine Fähigkeiten zur Entfaltung bringen kann? – Wo behindere ich oder wo behindern die Rahmenbedingungen des Kindergartens seine Entwicklung?"

Planung und Gestaltung von Projekten: In der integrativen Pädagogik ist die Projektarbeit (FEUSER 1996, spricht von spielen, lernen und arbeiten an einem gemeinsamen Gegenstand) eine hervorragende Methode, bei der sich Kinder an einem gemeinsamen Thema orientieren und nach ihren individuellen Fähigkeiten, dem jeweiligen Entwicklungsniveau und Lerntempo miteinander aktiv werden können. Die Themenfindung für ein Projekt ergibt sich aus der Lebenssituation der Kinder, aus ihren Interessen, Fragestellungen und konkreten Anlässen, die für sie von Bedeutung sind (vgl. Reggio-Pädagogik). Die Erzieherin schafft mit ihrer Projekt-Planung und Vorbereitung zwar einen Rahmen, der Verlauf bleibt jedoch offen für spontane Ideen der Kinder, für weitere Überlegungen der Pädagogen oder Anregungen durch Eltern. Ein wichtiges pädagogisches Prinzip der Projektarbeit ist die Binnendifferenzierung, d. h. in Kleingruppen können sich Kinder nach aktuellem Interesse oder Entwicklungsniveau Teilbereichen des Projektes zuwenden und Unterstützung durch die Erzieher/innen erfahren. Bei der Projektplanung werden besondere Materialien, Werkzeuge oder mögliche Hilfestellungen der Erzieher/innen zur Unterstützung einzelner Kinder mit einer Behinderung eingeplant. Projektarbeit ermöglicht auch Therapeuten eine sinnvolle Mitarbeit und Unterstützung der Kinder im Rahmen des Kita-Alltags. Die Dokumentation des Projektverlaufes wird so gestaltet, dass Akzeptanz und Wertschätzung für die Entwicklungsschritte aller Kinder sichtbar werden (vgl. Reggio-Pädagogik).

Fördern in der integrativen Pädagogik: Der Begriff „Fördern" stammt ursprünglich aus dem Bergbau und meint damit: „etwas Wertvolles ans Tageslicht bringen". Bis vor wenigen Jahren wurde unter „Fördern" vor allem verstanden, Defizite zu beseitigen oder zu mindern. „Die Aufgabe der Entwicklungsförderung war bisher hauptsächlich die Unterstützung von Menschen, insbesondere Kindern, die aus irgendeinem Grund nicht mit ihrer Altersgruppe Schritt halten konnten. Die Hauptbezugspunkte sind immer Entwicklungstheorien verschiedener Reichweite und Provenienz." (SEEWALD 2006, 4). In der integrativen Arbeit ändert sich dieser defizitorientierte Blickwinkel, die Förderung fokussiert auf die Vielfalt menschlicher (kindlicher) Lebensbiografien und orientiert sich stärker an einer systemisch-ökologischen Perspektive. Beobachtung, Verstehen, Aufgreifen und Ausgestalten des kindlichen Spiels, geben Auskunft über das Handlungsrepertoire und die kindlichen Interessen. Die Eigenaktivität, die Fähigkeiten und Ressourcen des Kindes als Motor für Entwicklung bekommen Bedeutung und sind Ausgangspunkt für individuelle Förderungsmaßnahmen. Diese Entwicklungsunterstützung ist eingebettet in den Alltag der Kinder, in gemeinsame Aktivitäten. Die Kinder werden nicht be-sondert, um eine individuell notwendige Hilfe zu erhalten (dies gilt ebenfalls für Förderung durch externe Therapeuten). Die verantwortlichen Gruppenerzieherinnen sowie zusätzliche Heilpädagogen, Facherzieherinnen für Integration oder Therapeuten gestalten die Rahmenbedingungen in der Kita und entwickeln gemeinsam ihre Angebote so, dass die Kinder am alltäglichen Leben in der Kindergemeinschaft teilhaben können (vgl. z.B. Projektarbeit). Entwicklung und Bildung lassen sich ohnehin nicht durch Fördermaßnamen von außen an das Kind heranführen, sie sind immer Selbst-Entwicklung und Selbst-Bildung. Selbst ein schwer behindertes Kind entscheidet selber, wohin es seine Aufmerksamkeit mit seinen Sinnen richtet und welches weitere Angebot es annehmen möchte. Förderung beinhaltet auch Herausforderungen herzustellen, die am aktuellen Entwicklungsniveau und den Interessen des Kindes ansetzen. Die Herausforderungen, die „Zone der nächsten Entwicklung" (VYGOTSKI 2002, 333), für ein Kind zu erfassen, gelingen nicht immer sofort. Oft sind viele verschiedene Wege zu erproben, die Kinder zeigen jedoch mit ihrem Verhalten an, ob sie einverstanden sind. „Jedes behinderte Kind hat ein feines Gespür dafür, ob mit Therapie und Förderung seine eigenen Bedürfnisse oder die der Erwachsenen bedient werden. Das wirkt sich auf seine Kooperation und Motivation aus" (SCHALK 2007).

Bewegung als Motor von Bildungsprozessen: Das Grundbedürfnis nach Bewegung ist für alle Kinder gleich. Bewegungen können bei einem Kind mit einer Behinderung zwar qualitativ und quantitativ anders sein bei einem Kind ohne Behinderung, Sinnesfunktionen können eingeschränkt oder gestört sein, dennoch haben Bewegungs- und Wahrnehmungsaktivitäten für behinderte Kinder die gleiche fundamentale Bedeutung für Lebensfreude und Wohlbefinden jedes andere Kind (HERM 2006). Je jünger ein Kind ist oder je eingeschränkter seine Handlungsmöglichkeiten (noch) sind, umso intensiver erfolgen die Entwicklungs- und Lernprozesse, das „Begreifen" der Welt, über seine körperlichen und sinnlichen Aktivitäten (MARIA MONTESSORI). Bewegung ist auch eine der „100 Sprachen", die dem Kind zur Verfügung stehen, z.B. wenn über die Körpersprache, über Mimik, Gestik oder Körperspannung kommuniziert wird. Aufgabe für Eltern und Pädagogen ist es, die individuellen Fähigkeiten des Kindes zur Wahrnehmung, Bewegung und Kommunikation zu entdecken und die notwendigen Hilfestellungen bei der Entwicklung von größtmöglicher Bewegungsautonomie und Eigenaktivität zu finden. Jedes Erfolgserlebnis gibt Selbstvertrauen und macht Mut für die Bewältigung neuer Herausforderungen. Insbesondere die Psychomotorik, als Konzept einer ganzheitlichen Entwicklungsunterstützung, bietet dazu vielfältige Möglichkeiten. Die gemeinsamen Bewegungsaktivitäten fördern das kooperative Miteinander, Kinder lernen die eigenen Fähigkeiten einzuschätzen, ebenso wie jene der anderen Spielgefährten. Sie treffen Absprachen im Spiel, begreifen Regeln, streiten miteinander und finden Lösungen für Konflikte und erweitern somit ihre sozialen Kompetenzen. Aufgabe der Erwachsenen ist es hierbei, einerseits den Prozess der Autonomieentwicklung nicht zu unterbinden, jedoch andererseits, in schwierigen Situationen Kinder hilfreich zu unterstützen. Neben den Bewegungsspielen in der ganzen Kindergemeinschaft, bieten Angebote in Kleingruppen zusätzliche Möglichkeiten, solche Erfahrungen zu sammeln.

Partnerschaftliche Zusammenarbeit mit Eltern: Ziel der partnerschaftlichen Zusammenarbeit ist es, einen gemeinsamen Weg zu finden, in dem Eltern und Erzieherinnen in ihren jeweiligen Kompetenzen kooperieren, sich mit Achtung begegnen und zum Wohle der Kinder zusammenwirken. Die Väter und Mütter von Kindern mit einer Behinderung sind selbstverständlich Teil dieser Elterngemeinschaft. Allerdings befinden sich viele (zumindest zeitweise) in einer sehr schwierigen Lebenssituation, die u. a. geprägt ist von Trauer, Schuldgefühlen, gesellschaftlicher Isolation und Überlastung. Zudem sind sie, oft von Geburt des Kindes an, konfrontiert mit unterschiedlichen „Experten" für die Versorgung und Entwicklung ihres Kindes, die sie oft an eigenen Kompetenzen zweifeln lassen. Feinfühligkeit, Verständnis, Geduld und kontinuierliche Reflexion des eigenen Handelns der Pädagogen sind notwendig. Auch neigen Erzieherinnen (und andere Fachleute) häufig im Blick auf die Familien vorrangig dazu, das Problematische, das Defizitäre oder Nichtbewältigte zu sehen und anzusprechen und nicht die alltäglichen gelungenen Versuche der Familie, sich an das Leben mit einem behinderten Kind anzupassen und einen neuen Lebensentwurf zu entwickeln. Wenn die Pädagogen ein Kind, „so wie es ist" annehmen und akzeptieren können, unterstützen sie auch die Familie in ihrem Bemühen um Annahme und Bewältigung ihrer Lebenssituation.

7.4 Ausblick

Die Erarbeitung und Umsetzung einer integrativen (inklusiven) Pädagogik ist, wie schon erwähnt, Weg und Ziel zugleich. Gelungene Ansätze von engagierten Eltern, Pädagogen und anderen Fachleuten sind vorhanden. Aber ein grundsätzliches Verständnis, ein Umdenken in der Gesellschaft und Politik bedeutet einen langen Weg zu gehen, um am Ende auch allen Kindern die notwendigen personellen wie materiellen Ressourcen zur Verfügung stellen zu können, die sie für ihre Entwicklung, für ihre Lern- und Bildungsaktivitäten benötigen.

Literatur

AHRBECK, B./RAUH, B.: Behinderung zwischen Autonomie und Angewiesensein, Stuttgart 2004
ANDERLIK, L.: Ein Weg für alle! – Leben mit Montessori. Dortmund 1999
BECKER-TEXTOR, I./ TEXTOR, M.: Der offene Kindergarten, Vielfalt der Formen, Freiburg 1998
BOOTH, T. u. a.: Index für Inklusion (Tageseinrichtungen für Kinder). Deutschsprachige Ausgabe. Frankfurt a. M. (GEW) 2006
DORNES, M.: Der kompetente Säugling. Frankfurt a. M. 1993
DREIER, A.: Was tut der Wind, wenn er nicht weht? – Begegnung mit der Kleinkindpädagogik in Reggio Emilia, Berlin, Düsseldorf, Mannheim 2006
EBERWEIN, H. : Integrationspädagogik. Kinder mit und ohne Beeinträchtigung lernen gemeinsam. Ein Handbuch. Weinheim, Basel 2003
EISENBARTH, I. u. a. : Schatzsuche im Kindergarten – Stärken von Kindern, Erzieherinnen und Eltern im Fokus. 2006. Im Internet unter:
www.schatzsuche.uni-bayreuth.de/Haltung und Bewegung.pdf [2. 12. 2007]

FEUSER, G. : Behinderte Kinder und Jugendliche – Zwischen Integration und Aussonderung. Darmstadt 1995

FEUSER, G. : Thesen zu: „Gemeinsame Erziehung, Bildung und Unterrichtung behinderter und nichtbehinderter Kinder und Jugendlicher in Kindergarten und Schule (Integration)" 1996. Im Internet unter http://bidok.uibk.ac.at/library/feuser-thesen.html [31. 10. 2007]

FTHENAKIS, W.: Bildungsplan. In: Pousset, R. (Hrsg.): Handwörterbuch für Erzieherinnen und Erzieher. Berlin 2006, 77 – 80

HERM, S.: Gemeinsam leben und wachsen – Gedanken zur integrativen Arbeit mit behinderten und nichtbehinderten Kindern. In: Kindergarten heute 25 (H. 6 / 1995), 14 – 17

HERM, S.: Psychomotorik als heilpädagogisches Konzept. In: Gemeinsam leben 5 (H. 6 / 1998), 18 – 23

HERM S.: Mit »schwierigen« Kindern umgehen – ein Handbuch für die pädagogische Praxis. Freiburg 2003

HERM, S.: Gemeinsam spielen, lernen und wachsen – Entwicklungsbegleitung von Kindern mit und ohne Behinderung, Berlin, Düsseldorf, Mannheim 2007

HERM, S./JUST, H.: Zeiten für Trauer – Zeiten für Träume. Begleitung von Eltern behinderter Kinder in der Kindertagesstätte. Berlin (Sozialpädagogische Fortbildungsstätte Haus am Rupenhorn) 2002

JESPER, J.: Das kompetente Kind, Reinbek 2003

KRAMER, R.: Maria Montessori. Leben und Werk einer großen Frau, Frankfurt a. M. 1989

LAEWEN, H. u. a.: Ohne Eltern geht es nicht. Neuwied 2000

LEU, H. R. u. a.: Bildungs- und Lerngeschichten. Weimar 2007

MILANI COMPARETTI, A.: Von der Behandlung der Krankheit zur Sorge um Gesundheit – Konzept einer am Kind orientierten Gesundheitsförderung. Frankfurt a. M. (Paritätisches Bildungswerk) 1986

MONTESSORI, M.: Die Entdeckung des Kindes. Freiburg 1994

PIAGET, J.: Das Erwachen der Intelligenz beim Kind. Stuttgart 1969

PREISSING, CH. (Hrsg.): Qualität im Situationsansatz. Berlin, Düsseldorf 2003

PIKLER, E.: Lasst mir Zeit. München 2001

REGEL, G./KÜHNE, T: Pädagogische Arbeit im Offenen Kindergarten – Profile für Kitas und Kindergärten. Freiburg 2007

SCHÄFER, G.: Bildung beginnt mit der Geburt. Mannheim, Basel, Berlin 2005

SCHÄFER, G.: Der Situationsansatz. Im Internet unter: www.uni-koeln.de/ew-fak/paedagogik/frü hekindheit/texte/einfuehrung05.html [22.12. 2007]

SCHLACK, H.-G.: Mehr Familie statt mehr Therapie – eine andere Sicht der Förderung behinderter Kinder. Vortrag am 3. 12.2007 im FEZ Berlin

Senatsverwaltung für Bildung, Jugend und Sport (Hrsg.): Das Berliner Bildungsprogramm. Berlin, Weimar 2004

Senatsverwaltung für Jugend und Familie, Berlin (Hrsg.): Hundert Sprachen hat das Kind. Berliner Beiträge zur Kita Erziehung. Berlin 1991

SEEWALD, J.: Individuelle Förderung im GanzTag – Expertise für das BLK Projekt „Lernen für den ganzen Tag". Philipps Universität, Marburg 2006

WATZLAWICK, P./ BEAUVIN, J. H. / JACKSON, D. D.: Menschliche Kommunikation. Bern 1982

VYGOTSKIJ, L. S.: Denken und Sprechen. Weinheim, Basel 2002

ZIMMER, J.: Das kleine Handbuch zum Situationsansatz. Berlin, Düsseldorf, Mannheim 2006

Georg Feuser

8 Didaktik integrativen Unterrichts.
Eine Problemskizze

Mit der Frage der Didaktik im Zusammenhang mit integrativem Unterricht öffnen sich zwei Bereiche:
Zum einen geht es um die Frage einer auf den Ideen und Arbeiten von WOLFGANG RATKE (1571–1635) und JOHANN AMOS COMENIUS (1592–1670) gründenden neuzeitlichen Didaktik, die sich im 20. Jhd. sehr eng mit der Bildungstheorie der geisteswissenschaftlichen Pädagogik verknüpft bzw. zu deren Kernbestand und zum zentralen wissenschaftlichen Werkzeug erziehungswissenschaftlichen und pädagogischen Denkens wird. Dies bis hin zu Anleitungen für die Unterrichtsplanung auf den Ebenen der Ziele des Unterrichts und der Inhalte, Methoden und Medien, die geeignet sind, die reflektiert und überprüft aufgeworfenen Zielsetzungen des Unterrichts zu erreichen. Diese sind selbstverständlich nur in Referenz zu den person- und sozialisationsbezogenen Voraussetzungen, Erfahrungen und Interessen der Schüler zu bestimmen, denen sie durch die 'Lehre' im Unterricht ein ihre Entwicklung induzierendes Lernen ermöglichen sollen. Damit wäre schon die Kernfrage einer wissenschaftlichen Pädagogik tangiert, die eine sehr komplexe ist und in der hier skizzierten Form zwar entfaltet, aber selbst im Fachdiskurs noch keine Selbstverständlichkeit ist.

Zum anderen geht es um die Ansprüche, die eine Pädagogik einzulösen hat, wenn sie (a) auf die Ausgrenzung von Schülern verzichten will, die aufgrund ihrer spezifischen Lern-, Kommunikations- und Handlungsweisen bzw. einer vorliegenden Behinderung bis dato als für ein bestimmtes Unterrichtsangebot für ungeeignet gehalten wurden, was (b) in Folge bedingt, durch Unterricht ein Lernen zu organisieren, an dem *alle* Schüler einer Lerngemeinschaft trotz der vorgenannten Unterschiede partizipieren und erfolgreich lernen können – also ohne sozialen Ausschluss. Das skizziert die Kernfrage der Integration im Feld der Pädagogik in der gesamten Spanne von der frühen Bildung bis hin zur Erwachsenenbildung – und diese Kernfrage ist mitnichten die danach, ob Kinder oder Jugendliche behindert oder nichtbehindert sind oder einen Migrationshintergrund aufzuweisen haben, sondern eine Frage der Didaktik. Auch diese Problematik ist im Diskurs um die Integration selbst im vierten Jahrzehnt ihrer Entwicklung in Theorie und Praxis im deutschsprachigen Raum keineswegs eine Selbstverständlichkeit, sondern weit eher eine relativ stark vernachlässigte bis gemiedene Sache. Dies dadurch, dass weitgehend verkannt wird, dass Fragen der Organisation des Unterrichts, der zu praktizierenden Unterrichtsformen und Methoden oder die einzusetzenden Lehr- und Lernmittel, um nur einige Momente zu nennen, immer nur adäquat beantwortet und realisiert werden können, wenn eine didaktische Reflexion des intendierten Unterrichts stattgefunden hat. Diese ist ihrerseits im Sinne der Auswertung des darauf basierenden Unterrichts zu evaluieren, zu revidieren und fortzuschreiben.

Es dürfte deutlich geworden sein, dass eine nicht mehr selektierende, ausgrenzende und segregierende Pädagogik, also eine (wirklich) „Allgemeine Pädagogik", weitgehend neue didaktische Fragen aufwirft. Eine solche Pädagogik hat es von Anfang einer arbeitsteiligen und professionalisierten Erziehungs- und Bildungspraxis an bis heute nicht gegeben; auch nicht im Bereich der Reformpädagogik des Übergangs vom 19. in das 20. Jhd und der 1920er Jahre. Sowohl die Heil- und Sonderpädagogik wie die »allgemeine« Pädagogik (ich benenne sie als „Regelpädagogik", damit man durch die Attribuierung mit »allgemein« ihre total selektierenden und ausgrenzenden Funktionsprinzipien nicht verkennt) halten diesbezüglich keine Lösungen vor. Diese sind aber zu schaffen, wenn man nicht etwas, das auf der Hinterbühne Selektion, Ausgrenzung und Segregierung praktiziert und auf der Vorderbühne des Spektakels verschleiert wird, in missbräuchlicher Weise mit „Integration" bezeichnen will. In konsequenter Analyse der aktuellen Lage ist dies noch heute für die Mehrzahl aller so genannten integrativen Praxen der Fall.

Der Schlüssel zur Revision dieses eingeschlagenen Pfades in der Entwicklung der Integration liegt nicht darin, diese Praxen nun im Sinne einer Begriffsrevision durch die Bezeichnung „Inklusion" neu zu etikettieren und die bestehende Problematik weiterhin unsichtbar zu halten (Feuser 2006). Was unter dem Oberbegriff »Inklusion« geschieht, wird in gleicher Weise wie die unter »Integration« firmierende Unterrichtspraxis das Grundproblem des Unterrichts in nicht mehr ausgrenzenden, sehr heterogenen Klassen nicht lösen, wenn nicht angemessene didaktische Konzeptionen zum Tragen kommen. Auf diesem Hintergrund wären die dafür vorliegenden human- und erziehungswissenschaftlichen Grundlagen anzusprechen und entsprechende Schlussfolgerungen für die Frage der Didaktik integrativen Unterrichts zu skizzieren.

8.1 Allgemeine Pädagogik

Verorten wir das Anliegen der Integration im Fluss der Geschichte der Pädagogik, so kann sie, ausgehend von einem selektierenden, ausgrenzenden und segregierenden Erziehungs-, Bildungs- und Unterrichtssystem, als ein Prozess der Transformation eines auf *gleichberechtigte und gleichwertige Teilhabe aller an Bildung für alle* orientierten erziehungswissenschaftlichen Erkenntnisstandes in die pädagogische Praxis einer „Allgemeinen Pädagogik" verstanden werden, die nur mittels einer „entwicklungslogischen Didaktik" zu realisieren ist. Hintergrund eines solchen Verständnisses sind im Bereich der Heil- und Sonderpädagogik ab den 1970er Jahren die von Wolfgang Jantzen begründete und von uns getragene Entwicklung einer „Behindertenpädagogik" (FEUSER 1995; JANTZEN 1987, 1990) und die ab den 1950er Jahren in der Regelpädagogik von Wolfgang Klafki entworfene und später über die „kritisch-konstruktive Didaktik" in eine „Allgemeinbildungskonzeption" mündende Theorie der „kategorialen Bildung" (Klafki 1963, 1996). Beide Entwicklungen ermöglichen heute ein subjektwissenschaftlich fundiertes, dialektisches erziehungswissenschaftliches Denken, das ermöglicht, die historisch parallel verlaufende »Heil- und Sonderpädagogik« und die sogenannte »allgemeine (Regel-) Pädagogik« zur Synthese zu bringen. Dahinter steht unter Aspekten eines hoch differenzierten Feldes verschiedenster Humanwissenschaften die Anerkenntnis, dass der Mensch das erkennende Subjekt ist und die Erkenntnis in der internen Rekonstruktion der erfahrenen Welt liegt und nicht draußen in dieser, sie also von ihm oder ihr hervorgebracht wird, gleichwohl aber nicht ausschließlich aus ihm oder ihr heraus entstanden ist. Gemessen an diesem sich an der Selbstorganisations- und Systemtheorie und an einem kritischen Konstruktivismus orientierten Erkenntnisstandes verhalten wir uns in der Pädagogik in extremer Weise anachronistisch. Wir tun so, als läge das Wesen des Unterrichtens und Lernens auf der sachstrukturellen Seite. Die Leistungen beurteilen wir weiterhin nach der Vollständigkeit der Rezeption der Unterrichtsinhalte i. S. des Wissensstandes und nicht am Erkenntnisprozess und -gewinn, d.h. nicht danach, unter welchen Bedingungen und in welcher Qualität der Lernende sie in seinem Inneren durch handelnde Auseinandersetzung mit den Menschen und der Welt hervorgebracht und in Form eines ständig ablaufenden Verstehens-

und Interpretationsprozesses als Wissen repräsentiert hat, so, als gäbe es die Funktionen und Bedeutungen der Dinge für den Menschen an sich und nicht ausschließlich nur durch ihn selbst. Entsprechend kann traditionelles Lehren und Lernen hinsichtlich seiner didaktischen Grundlegung im Sinne einer eindimensionalen Didaktik, die weitgehend nur der *Sachstrukturanalyse* der Lerngegenstände verpflichtet ist, gekennzeichnet werden. Formen zielgleichen Lernens, bei dem die unterschiedlichsten Entwicklungsniveaus, Lernmöglichkeiten und Sozialisationsbedingungen der Schüler praktisch keine Berücksichtigung finden und deren Zusammenfassung in Jahrgangsklassen nach den normwertorientierten Homogenitätskriterien sind dabei die Regel.

Im Sinne einer programmatischen Analyse der Funktionszusammenhänge im selektierenden und segregierenden Erziehungs-, Bildungs- und Unterrichtssystem kann exemplarisch aufgezeigt werden, dass (1) die Selektion der Kinder und Schüler nach normwertorientierten Leistungskriterien zum Ausschluss aus den regulären Lernfeldern (oft auch aus den regulären Lebensfeldern) und (2) zur Segregierung in Sonderinstitutionen führt, wenn ein „sonderpädagogischer Förderbedarf" festgestellt wird. Dies erfolgt in der Wahrnehmung von Behinderung als individuelle Kategorie in defekt- und abweichungsbezogener Weise. Dadurch werden die Kinder und Jugendlichen in Reduktion auf ihre vermeintlichen Defizite und Auffälligkeiten (3) atomisiert und (4) entsprechend in homogenen Gruppen, die der diagnostizierten Art ihrer Behinderung entsprechen, zusammengefasst, was sich im Sonderschulwesen in den verschiedensten Sonderschultypen wie im Regelschulwesen in der Hierarchisierung der Schulformen ausdrückt. Diese sind zu Stein gewordene Formen (5) äußerer Differenzierung, wie ich bildlich sage. Entsprechend werden den Schülern, unseren Annahmen folgend, was zu lernen sie in der Lage wären und was von individuellem wie gesellschaftlichen Nutzen sein könnte, (6) entsprechend verengte und parzellierte Bildungsangebote gemacht, also ein pädagogischer Reduktionismus praktiziert, der in Kombination mit der im Bildungssystem Struktur gewordenen äußeren Differenzierung und ihrer unterrichtsimmanenten Praxis einen sich selbst generierenden Zirkel der Produktion und Reproduktion von Ungleichheit und Be-Hinderung einleiten.

Wenn nun diese Momente für die Reproduktion eines selektierenden, ausgrenzenden und segregierenden Unterrichtssystems kodieren, müsste gegen jedes ein »Gegenmoment« gesetzt werden, um eine Allgemeinen Pädagogik grundlegen zu können, die Integration im Unterricht ermöglicht. Ordnen wir die sechs aufgezeigten Momente mit Bezug auf das Menschenbild, die Sozialform und die didaktischen Aspekte einer Allgemeinen Pädagogik neu an, wäre entsprechend auf der Ebene des zu Grunde liegenden Menschenbildes gegen die defekt- und abweichungsbezogene Atomisierung der als behindert geltenden bzw. sozial diskreditierten Menschen ein Verständnis des Menschen als (3) integrierte Einheit seiner biologischen, psychischen und sozialen Systeme und Wirklichkeit zu entfalten. Bezogen auf die Sozialform wäre (4) größt mögliche Heterogenität der Lerngruppen gegen das zum Dogma geronnene Verständnis zu setzen, dass in homogenen Gruppen besser und leichter gelernt und gelehrt werden könnte. Gegen die Selektion nach Leistungskriterien und deren Beantwortung mit reduzierten und parzellierten Bildungsangeboten wäre (1) die Kooperation aller miteinander (6) an einem Gemeinsamen Gegenstand in entsprechend organisierten Lernfeldern und Unterrichtsformen (Projekte, offene Lernformen) zu setzen und gegen die der Segregierung immanente äußere Differenzierung anhand individueller Curricula (5) eine innere Differenzierung (in interkulturellen, jahrgangsübergreifenden Zusammenhängen) durch (2) eine entwicklungsniveaubezogene Individualisierung (gemeinsamer Bildungsinhalte, die aus dem Gemeinsamen Gegenstand resultieren). Bleibt in integrativen Ansätzen nur eines der Momente übrig, das seiner Funktion nach den Kreislauf des sich selbst reproduzierenden segregierenden Systems unterstützt (z.B. Defektorientierung, Atomisierung, äußere Differenzierung, individuelle Curricula, parzellierte und reduzierte Bildungsinhalte) zwingt es, wie das in der Praxis immer wieder beobachtbar ist, das ganze System in die alten Pfade.

Es dürfte deutlich geworden sein, dass mit dem Begriff „Allgemeine Pädagogik" in Theoriebildung und Praxis eine pädagogische Konzeption gefasst wird, die es ermöglicht, das bestehende, nach unterschiedlichen personbezogenen Merkmalen, sozialem Status, Schicht-, Kultur- und Sprachraumzugehörigkeit, selektierende und segregierende Erziehungs-, Bildungs- und Unterrichtssystem zu überwinden und ein integratives zu schaffen, das in seiner Zielsetzung einen Kindergarten und eine Schule für *alle* intendiert. Sie hat erziehungswissenschaftlich ihren Hintergrund in den schon erwähnten Einflüssen subjektorientierter Humanwissenschaften auf die Erziehungswissenschaft. Verbunden mit der Intention der *Humanisierung* und *Demokratisierung* der Pädagogik, kann sie unter diesen sie qualifizierenden Aspekten als *Reformpädagogik* bezeichnet werden.

8.2 Entwicklungslogische Didaktik

Wir haben bereits herausgearbeitet: Die „Kooperation am Gemeinsamen Gegenstand" und eine „innere Differenzierung durch entwicklungsniveaubezogene Individualisierung konstituieren das didaktische Fundamentum einer „Allgemeinen Pädagogik", die sich auf der Basis einer „entwicklungslogischen Didaktik" (FEUSER 1989; 1995) realisiert. Eine solche didaktische Konzeption erlaubt es im Feld der Integration, dass *alle* Kinder und Schüler *alles* lernen dürfen, jede und jeder auf ihre bzw. seine Weise lernen darf und alle die sächlichen und persönlichen Hilfen erhalten, derer sie bedürfen. Es gibt keine integrationsfähigen oder nicht integrationsfähigen Schüler, wohl aber, wie ich sie nenne,»Integrationspädagogiken«, die vor allem auf Grund ihrer didaktischen und unterrichtsorganisatorischen Defizite und ihrer Orientierung an einem traditionell orientierten Menschen- und Behinderungsbild, Integration nicht zu leisten vermögen. Das wiederum korrespondiert mit Vorstellungen über Lernen und Entwicklung, die von einem heute vorliegenden humanwissenschaftlichen Erkenntnisstand weit entfernt sind.

Grundlegend für die Konzeption einer „entwicklungslogischen Didaktik" ist eine tätigkeitstheoretische, in der „Kulturhistorischen Schule" (Vygotskij, Leont'ev, Lurija, Gal'perin u.a.) gründende und mit der schon erwähnten kritischen und materialistischen Behindertenpädagogik spezifisch weiterentwickelte Persönlichkeitstheorie und Theorie der „Be-Hinderung" (menschlicher Persönlichkeitsentwicklung). Unter Aspekten postrelativistischen Denkens einer naturphilosophischen Betrachtungsweise beschreiben, begründen und erklären die erwähnten Erkenntnistheorien (Selbstorganisations- und Systemtheorie) sowie weitere Erklärungsmodelle dieser Ansätze, die Logik evolvierender lebender Systeme. Diese zusammenfassend kann gesagt werden: Was wir an Menschen als „Behinderung" wahrnehmen, ist ein entwicklungslogisches Produkt der Integration interner und externer System-Störungen in das System mit den Mitteln des Systems, die sich nach Maßgabe der Ausgangs- und Randbedingungen der Systemevolution in der Biographie akkumulativ vermitteln und der Entwicklungslinie eine bestimmte Drift geben. Vor allem Bedingungen interner und/oder externer (sozialer) Isolation (erstmals von René Spitz auch filmisch dokumentiert) führen in gattungsspezifisch definierte Grenzbereiche, in der die Aufrechterhaltung der Kohärenz des Systems und seiner zentral nervalen und psychischen Regulationen extrem bedroht sind (SPITZ 1963, MANTELL 1991). Was in Folge als Produkte einer dem Selbsterhalt geschuldeten autokompensatorischen und gegenregulatorischen Tätigkeit sichtbar und in der Diagnostik traditionell als »pathologisch« bewertet wird, ist Ausdruck der Kompetenz eines Menschen, unter seinen spezifischen Ausgangs- und Randbedingungen ein menschliches Leben zu führen. Mithin ist jede Art und Weise menschlicher Verfasstheit ein Resultat der aus kooperativen Phänomenen resultierenden synergetischen

Effekte (auch die Bedingung 'Isolation' definiert einen sozialen Raum) und hinsichtlich ihrer beobachtbaren bio-psycho-sozialen Erscheinungen (in der Perspektive des 'inneren Beobachters') „entwicklungslogisch" (siehe FEUSER 1995, 84–132; FEUSER 2004). Das der entwicklungslogischen Didaktik zu Grunde liegende Verständnis von Entwicklung kann wie folgt definiert werden: Entwicklung ist (für den einen wie für den anderen Menschen) primär abhängig vom Komplexitätsgrad des jeweils anderen und erst in zweiter Linie von den Mitteln und Fähigkeiten des eigenen Systems und primär geht es dabei um das, was aus einem Menschen (durch vorgenannte Zusammenhänge) seiner Möglichkeit nach werden kann und wiederum erst in zweiter Linie um das, was und wie sie/er im Moment gerade ist. MARTIN BUBER drückt diese Sachverhalte auf sozial-psychologischer Ebene schon 1932 in dem Satz aus: „Der Mensch wird am Du zum Ich" (BUBER 1965, 32), der, pädagogisch weitreichend, die Leseweise impliziert, dass er zu dem Ich wird, dessen Du wir ihm sind! Damit wird auch der Begriff der „Behinderung" als individuelle Kategorie obsolet. Das bedeutet, Behinderung im wahrsten Sinne des Wortes als sozialen Sachverhalt der »Be-Hinderung« eines Menschen in seiner Lebenstätigkeit, in seinem Lernen und in seiner Entwicklung zu verstehen und zu begreifen, dass der behinderte Mensch unter den Ausgangs- und Randbedingungen seiner Lebensgeschichte ein kompetent handelndes Subjekt ist, auch wenn seine Handlungen uns große pädagogische und therapeutische Probleme aufwerfen. Be-Hinderung menschlichen Lernens und menschlicher Entwicklung wird auch seitens der traditionellen Heil- und Sonderpädagogik praktiziert, wenn Beeinträchtigungen der Wahrnehmung, Bewegung und Sprache, des Verhaltens, Denkens und Lernens mit einer der vermeintlichen Behinderungsart entsprechenden Segregation der Betroffenen und der Reduzierung der Komplexität ihrer Kooperations- und Lernfelder beantwortet werden. Im Sinne normwertorientierter wissenschaftlich-diagnostischer Entscheidungen wird die „Pathologie" eines Phänomens konstruiert und entsprechend normativer Bewertungen individuellen Vermögens in Relation zu gesellschaftlicher Verwertbarkeit, als Kosten-Nutzen-Verhältnis, letztlich auch der „Lebenswert" bestimmt – und im Rückgriff auf die vermeintliche Pathologie wiederum wissenschaftlich alibisiert.

In gleicher Weise konstitutiv für eine entwicklungslogische Didaktik ist die auf der kategorialen Bildungstheorie der geisteswissenschaftlichen Pädagogik aufbauende „Allgemeinbildungskonzeption" KLAFKIS. Mit ihr geht es um „Bildung für alle im Medium des Allgemeinen" (KLAFKI 1996, 53), die in ihrer Zielperspektive die „Befähigung aller Lernenden zu Selbstbestimmung, Mitbestimmung und Solidaritätsfähigkeit" (a.a.O., 52) anstrebt, was durch eine curriculare Orientierung an „epochaltypischen Schlüsselproblemen" erfolgen soll, die „von gesamtgesellschaftlicher, meistens sogar übernationaler bzw. weltumspannender Bedeutung" sind, „gleichwohl jeden einzelnen zentral betreffen" (a.a.O., 56). Es wird deutlich, dass es um die Schaffung von „Mündigkeit" geht, die »Aufklärung« zur Grundlage hat und »Denken lernen« zum Ziel.

Auch hier leuchtet die Notwendigkeit der Abkehr vom klassischen Lehrplan zu Gunsten umfassender Projektarbeit auf, damit ein Lernen realisiert werden kann, das Entwicklung induziert und primär auf Erkenntnisgewinn und nicht auf die additive Wissensvermittlung angelegt ist, darauf also, das Lernen zu lernen. Lernen durch Kooperation am Gemeinsamen Gegenstand kann hier, um es nur kurz zu erwähnen, beschrieben werden als Handeln, das über die Wahrnehmungstätigkeit und interne Konstruktion von Information Handlungen verändert, d. h. durch *Sinnbildung* und *Bedeutungskonstitution* Wissen generiert und Erfahrung gedächtnismäßig deponiert.

Eine Didaktik, die sich der dominierenden pädagogischen Tradition folgend, auf die Analyse und Aufbereitung des zu lernenden Stoffes begrenzt, haben wir als eindimensionale gekennzeichnet. Sie vermag dem Anspruch einer Allgemeinen Pädagogik und entwicklungslogischen Didaktik nicht zu entsprechen, denn der Stoff des Unterrichts hat keinen Wert an sich, sondern nur dadurch, dass er für die Schüler durch deren Auseinandersetzung mit ihm entwicklungsfördernd wird. Das aber kann die gleiche Sache zum gleichen Zeitpunkt für unterschiedliche Schüler nie sein. Damit ist im Grunde für Integration ein zielgleiches Lernen nach Maßgabe der vermeintlichen Sachlogik eines Faches im Stundentakt des fächerorientierten Unterricht obsolet. Vielmehr lenken die aufgezeigten Sachverhalte den Blick auf die *Tätigkeitsstruktur* des Menschen. Durch sie gewinnt Didaktik eine zweite, ihre entwicklungslogische Dimension. Ihr muss die führende Rolle zugestanden werden. Unter Beachtung von neuro-, lern- und entwicklungspsychologischen Sachverhalten, diese wiederum der ihnen zugrunde liegenden erklärungstüchtigen Entwicklungstheorien wegen besonders orientiert an den Arbeiten von PIAGET (1969), SPITZ (1972), LEONT'EV (1973, 1982) und VYGOTSKIJ (1987), kann die Erkenntnis von Welt nur durch eine für den Lernenden sinnstiftende und bedeutungstragende Tätigkeit konstituiert werden. In Bezug auf diese findet Lernen stets in der „nächsten Zone der Entwicklung" (VYGOTSKIJ 1987) statt, während die Kooperations-, Kommunikations- und Interaktionsprozesse gegenstandsbezogen, auf der Basis der momentanen Wahrnehmungs-, Denk- und Handlungskompetenz – eingedenk blockierter Zonen der Entwicklung – zugänglich sein müssen. Das orientiert auf eine weitere didaktische Dimension, die zwischen der den Menschen grundsätzlich auf die Welt orientierenden Tätigkeit und deren realen Wirklichkeit vermittelt – die *Handlung*. Sie ist durch bedürfnisrelevante Motive initiiert, Zielen unterworfen und auf die objektive Seite des Gegenstandes bezogen. Eine entwicklungslogische Didaktik hätte im Sinne der *Handlungsstrukturanalyse* mit Bezug auf die *Tätigkeitsstrukturanalyse* die Frage zu beantworten, welche inhaltlichen Momente sich ein Kind in der handelnden Auseinandersetzung mit diesen sinnbildend aneignen und im Sinne der Ausdifferenzierung interner Repräsentationen ein qualitativ neues und höheres Wahrnehmungs-, Denk- und Handlungsniveau anbahnen und absichern kann. Damit dienen die Sachverhalte, Inhalte und Gegenstände der Auseinandersetzung in Umkehrung der bestehenden Verhältnisse der Persönlichkeitsentwicklung, der fortschreitenden Realitätskontrolle und sozial verantwortungsbewussten Emanzipation der Lernenden. Es geht, wie schon betont, über alle Lebensalters- und Entwicklungsstufen hinweg, um das Primat des Erkenntnisgewinns vor der Kenntnisvermittlung – einfachst gesagt – um das Lernen des Lernens – hier schwerpunktmäßig in Orientierung an der Interiorisationstheorie GAL'PERINS (FERRARI/KURPIERS 2001; GALPERIN 1980; JANTZEN 2004).

Diese dreidimensionale didaktische Struktur einer entwicklungslogischen Didaktik ermöglicht in ihrer Umsetzung, dass Schüler unterschiedlichster Biographie, Entwicklungsniveaus und Lernmöglichkeiten an verschiedenen Dimensionen, die von einem „Gemeinsamer Gegenstand" ausgehend zu entfalten sind, in Kooperation miteinander zieldifferent lernen und arbeiten können. Ich verdeutliche dieses »didaktische Feld« im Konzept eines Baum-Modells: Der *Stamm* stellt dabei die äußere thematische Struktur eines Projektes dar, an der alle Schüler – möglichst jahrgangsübergreifend – arbeiten. Die *Wurzeln* kennzeichnen den jeweils möglichen wissenschaftlichen Erkenntnisstand zu den einzelnen Sachgebieten und, darin eingeschlossen, die subjektive Erkenntnismöglichkeit der Welt. Die *Äste* und *Zweige* entsprechen *nicht* den traditionellen Unterrichtsfächern (!), sondern der Vielfalt der Handlungsmöglichkeiten mit dem Gemeinsamen Gegenstand, mittels deren die Inhalte des Projekts – entwicklungspsychologisch gesehen – (am Astansatz) sinnlich konkret bis hin zu einer abstrakt-logisch symbolisierten internen Rekonstruktion z.B. in Form von Sprache, Schrift, Formeln und Theorien (Astspitze) für alle Schüler entsprechend ihrem Wahrnehmungs-, Denk- und Handlungsniveau – subjektiv erfahrbar und fassbar werden. Das *Innere des*

Stammes kennzeichnet den Gemeinsamen Gegenstand in seiner ontologischen Substanz, die nur dialektisch zu erschließen ist.

In der bildungstheoretischen Didaktik der geisteswissenschaftlichen Pädagogik wird mit den Begriffen des „Fundamentalen" und „Elementaren" das doppelseitig Erschließende von Welt und Mensch, mithin dialektisch das Bildende beschrieben (KLAFKI 1963). Aber erst durch die subjektwissenschaftlich-tätigkeitstheoretische Erweiterung dieser pädagogischen Begriffe kann aufgezeigt werden, dass es im individuell-erkenntnisbildenden Prozess durch die kooperativ-handelnde, aneignende Tätigkeit einerseits um deren *Sinn* stiftende und andererseits um deren *Bedeutung* konstituierende Seite geht. Beide Prozesse sind dialektisch vermittelt und, in ein Bild gebracht, zwei Seiten einer Medaille. Sie sind (a) in jedem Ast und (b) auf diesem in jedem menschlicher Erkenntnistätigkeit zugänglichen Komplexitätsgrad repräsentiert; im Sinne Piagets vom „elementar-sensorischen Anpassungsverhalten" bis hin zum „formal-logischen Denken". Entsprechend muss kein Schüler in allen Handlungsfeldern (auf allen Ästen) tätig werden, um sich im Sinne der hier beschriebenen Begriffes bilden zu können. Die Arbeit in einem solchen didaktischen Feld entlang der didaktischen Struktur der drei aufgezeigten Analysefelder einer entwicklungslogischen Didaktik ermöglicht jedem Kind und Schüler das Lernen in Kooperation mit jedem anderen – selbst in Anbetracht schwerer entwicklungsmäßiger Beeinträchtigungen oder so genannter Hochbegabung (diese sind Bedingungen menschlicher Lebens- und Lerntätigkeit und nicht diese selbst).

Beziehen wir das auf die für das menschliche Lernen unabdingbaren Bedingungen der Sinn- und Bedeutungshaftigkeit desselben, wäre zusammenfassend festzuhalten: Der persönliche Sinn *erschließt* die Welt hinsichtlich der auf ihn bezogenen Bedeutungen, die *er ihr verleiht,* wie die Welt, *wo sie* durch andere Menschen *kooperativ erschlossen* worden ist, *sich* dem Menschen *bedeutungsmäßig erschließen kann,* wenn sie sozusagen in *Gestalt der persönlichen Sinnbildungsprozesse bestätigenden Bedeutungen* in Erscheinung tritt. Man könnte auch sagen: Der Mensch erschließt sich die Dinge durch den Menschen und sich den Menschen über die Dinge. Die Studien zum Aufbau der primären und sekundären Intersubjektivität belegen die Bedeutung dieser Zusammenhänge bis in die früheste embryonale Entwicklung hinein (AITKEN/TREVARTHEN 1997; TREVARTHEN 2001).

Das „Elementare" und „Fundamentale", das in der traditionellen geisteswissenschaftlichen Pädagogik, wie es KLAFKI (1964) von PESTALOZZI ausgehend bis in die Theorie der Kategorialen Bildung hinein fortschreibt, noch der Sache – dem Lehrstoff – innewohnend verstanden wird, können im

Kontext tätigkeitstheoretischer Betrachtungen als subjektwissenschaftliche Begriffe beschrieben und – in der Perspektive der Biographie des Subjekts – auf jedem Entwicklungsniveau als kategoriale Produkte der Bedeutungskonstitution auf der Basis des persönlichen Sinns verstanden werden. Dies, vereinfacht ausgedrückt, als erfahrungsbedingte Hypothesen des Subjekts über die objektive Realität. Die integrale Einheit (im Individuellen wie im Sozialen) des mit der menschlichen Existenz immanent bestehenden Bedürfnisses nach der Spiegelung seiner selbst im anderen Menschen und in dem von der Gattung geschaffenen kulturellen Erbe ist die reziprok-kooperative Tätigkeit im Kollektiv. Bezogen auf die zwischen Subjekt(en) und Objekt(en) im Sinne der „doppelseitigen Erschließung vermittelnde Tätigkeit wäre intrapsychisch das „Elementare" als die im Subjekt *Bedeutung* konstituierende und das „Fundamentale" als die *Sinn* stiftende Seite dieses Prozesse zu begreifen. Die oben gemachte Aussage, dass der Mensch sich die Dinge durch den Menschen und sich den Menschen über die Dinge erschließt, deklariert die interpsychische Seite des Lernens am Gemeinsamen Gegenstand, das, wie deutlich geworden sein dürfte, jenseits aller individuellen Merkmale von Menschen, die klassifiziert werden könnten, primär eine Frage der Didaktik ist, deren Lösung im aufgezeigten Sinne im Feld der Pädagogik „Integration" ermöglicht. Dass sich hier noch ein umfangreicher Forschungsbedarf auftut, wie dieser z.B. bei SIEBERT (2006) oder SEITZ (2005) aufscheint, dürfte nicht erstaunen.

8.3 Didaktik – ein Transformationsprozess von Bildungs- und Gesellschaftsfragen

Wir sind tief in die didaktische Fragestellung integrativen Unterrichts eingedrungen. Nur auf einem solchen Hintergrund ist die Aussage, dass es im Feld integrativer Erziehung und Bildung darum geht, was die Schüler in einem komplexen Projekt lernen möchten, didaktisch auf ihr Entwicklungsniveau hin abzubilden, nicht als ein trivialer Sachverhalt zu verstehen. Bezogen auf die Integration meint Allgemeine Pädagogik, dass alle Kinder und Schüler in Kooperation miteinander, auf ihrem jeweiligen Entwicklungsniveau, nach Maßgabe ihrer momentanen Wahrnehmungs-, Denk- und Handlungskompetenzen, in Orientierung auf die 'nächste Zone der Entwicklung' an und mit einem Gemeinsamen Gegenstand spielen, lernen und arbeiten. Derart wird Integration beschreibbar als die kooperative Tätigkeit der Subjekte im Kollektiv gleichwertig und gleichberechtigt miteinander lernender Schüler und Lehrer (!). Im Sinne des Verhältnisses von Erziehung und Bildung scheint

Erziehung auf als die Ausbildung des Bedürfnisses des Menschen nach dem Menschen und auf dieser Basis als die Strukturierung der Tätigkeit des Menschen mit dem Ziel größter Realitätskontrolle. Bildung meint das Gesamt der Wahrnehmungs-, Denk- und Handlungskompetenzen eines Menschen im Sinne seiner aktiven Selbstorganisation, verdichtet in seiner Biographie.
Die Funktion der Didaktik ist die eines erziehungswissenschaftlichen Operators, der die Transformation von Bildungs- und Gesellschaftsfragen in die konkrete Erziehungs- und Unterrichtspraxis und die Transformation der dort entstehenden empirischen Erfahrung in die erziehungswissenschaftliche Reflexion und Theoriebildung leistet. In Konsequenz der vorgenommenen Fokussierung der internen didaktischen und organisatorischen Seite der Integration verweisen die aufgezeigten Zusammenhänge in aller Deutlichkeit auch auf das Feld des Sozialen und Gesellschaftlichen. Die heute zu beklagende Stagnation der Entwicklung und weiteren Etablierung der Integration im Bildungssystem hat damit zu tun, dass sie unter Aspekten der Didaktik nicht gründlich genug gedacht worden ist. Aber auch damit, dass sie unter Aspekten des Gesellschaftlichen nicht gründlich genug umgesetzt wurde. Dass Integration Aufklärung zu betreiben hätte, in dem sie dazu beiträgt, dass das der Epoche der Aufklärung entstammende Humanitäts- und Demokratiegebot im Bildungswesen weiter etabliert und durch Umbau der Bildungsinstitutionen erst einmal ermöglicht werden muss, ist der Integrationsdebatte noch immer fern, vielleicht sogar anrüchig. Deshalb bleiben auch die aus dem segregierenden System in die Integration transferierten Widersprüche als solche unentdeckt, die die Integration von innen heraus marode werden lassen.
In Ermangelung der Zurkenntnisnahme des gesellschaftlichen Verhältnisses von Inklusion und Exklusion, haben sich die Arbeiten der Heil-, Sonder- und Regelpädagogik darauf kapriziert, die jeweiligen Gruppen (behindert/nichtbehindert) als solche zu identifizieren. Die Bemühungen richteten sich in der Spanne von der Statusdiagnostik über die Förderdiagnostik bis hin zur Feststellung eines „sonderpädagogischen Förderbedarfs" bis heute auf Maßnahmen technischer Bewältigung der Realität von Inklusion und Exklusion. Basaglia betont: „Verwahrung und Ausschluss sind keine Antwort auf Geisteskrankheit (Behinderung; G.F.); sie sind eine Antwort auf Forderungen der Gesellschaft, die das Problem dadurch »löst«, dass sie einen Ort schafft, an dem es unter Kontrolle gehalten wird" (BASAGLIA/BASAGLIA-ONGARO 1980, 14). Übereinstimmend damit schreibt CASTEL: „Bei den sichtbarsten Folgen einer sozialen Dysfunktion zu intervenieren scheint leichter und realistischer zu sein, als den Prozeß unter Kontrolle zu bringen, der sie aus-

löst; um die Folgen kann man sich nämlich in *technischer* Weise kümmern, während die Beherrschung des Prozesses eine *politische* Behandlung des Problems erfordert" (CASTEL 2000, 18). Ferner betont er: „Das Prinzip der Wirtschaftlichkeit, das dazu führt, die sektoriellen Interventionen zu bevorzugen, könnte sich daher letztlich als besonders kostspielig erweisen – kostspieliger als umfassendere und schwieriger durchzuführende politische Präventivmaßnahmen" (CASTEL 2000, 19). Das trifft in besonderer Weise auf die Gruppe der so genannten Schwerst-Mehrfachbehinderten zu, die in der Integrationsdebatte nur marginal aufscheinen und in der Integrationspraxis nahezu keine Rolle spielen. Sie erfahren die extremste Form der Exklusion und die nachhaltigste Inklusion in die gesellschaftlich fernsten Zonen deren äußersten Peripherie. Wenn nicht zügig erkannt wird, dass die Umsetzung der Integration endgültig zu einer alibihaften, modernistischen Passung des separierenden Bildungssystems verkommt, wenn schwer mehrfachbehinderte und tiefgreifend entwicklungs- und psychisch gestörte Kinder und Jugendliche ausgeschlossen bleiben, wird die Integrationsbewegung im Sinne ihres begrifflichen Geistes scheitern, weil sie nicht von denen her gedacht und praktiziert wird, durch die sie sich zu erweisen hat. Menschen mit schwersten Beeinträchtigungen haben schon immer erfahren müssen, was in der soziologischen Inklusions-Exklusions-Debatte heute erkannt und erfasst wird. In seiner Arbeit „Die im Dunkel sieht man doch" schreibt SCHROER: „Es bleibt zumeist nicht bei der Exklusion aus einem Funktionssystem, die verschmerzt oder durch die Inklusion in ein anderes Funktionssystem kompensiert werden könnte" (SCHROER 2001, 34). Der gesellschaftliche Exklusionstrend für die »Überflüssigen« geht aber dahin, nicht einmal mehr ausgebeutet, sondern funktional irrelevant zu werden, was noch schlimmer ist.
War der Personenkreis schwerst mehrfach Behinderter über Jahrhunderte in unterschiedlichster Form Gegenstand caritativen Bemühens, um sich der selbst gestellten Aufgabe eines Gutmenschen stellen oder sich durch die Arbeit mit ihnen das eigene Seelenheil zu erwerben, dürfte der fortschreitende Zerfall dieser Werte auch die Inklusion der betroffenen in die Gemeinschaft derer, die als Gegenstand der Befriedung unserer sozial-caritativen Bedürfnisse ausgebeutet wurden und eine Funktion hatten, in das Feld der Ignorierten exkludiert werden und dort, wie SCHROER herausstellt, von nahezu allen Kommunikationsbezügen abgekoppelt sein und nur noch als Körper wahrgenommen werden, für den es darum geht, den nächsten Tag zu überstehen (siehe SCHROER 2001, 34 f.). Als »Überflüssige« sind sie selbst aus der Gruppe der »Verlierer« in dieser Gesellschaft exkludiert. Wie sollte es unter solchen Prozessen anders sein, als dass man dann über die

Legalisierung ihrer Tötung nachdenkt und sie bei noch nicht Geborenen relativ ungehemmt betreibt? – die „Totalexklusion" (Castel 2000, 20 ff.). Baumann betont in einem ZEIT-Interview (Nr. 47, 17.11.2005): „Die Überflüssigen fallen aus dem Klassensystem, aus jeder gesellschaftlichen Kommunikation heraus und finden nicht wieder hinein. Das ist das Neuartige der Krise". Er nennt sie „Abfall", für die es keine Müllabladeplätze mehr gibt.

Integration hat vor allem den Auftrag, den Personenkreis, der mangels Aufklärung im gesellschaftlichen Dunkel gefangen gehalten wird, sichtbar zu machen und ihm – personale und advokatorische Assistenz gewährend – endlich, im vierten Jahrzehnt der Integrationsentwicklung, die volle Teilhabe am Bildungssystem zu ermöglichen. Das aber erfordert die intensive Befassung mit der Frage der Didaktik. Grenzen der Integration gibt es nur dann, wenn Gesellschaft und Politik sie ziehen oder die Bildungsinstitutionen sich nicht entsprechend qualifizieren und verändern. Sie liegen nicht in den als behindert oder nichtbehindert bezeichneten Kindern und Schülern. Comenius fordert schon 1657 in seiner didactica magna: „Einzurichten wären die Schulen so, dass die gesamte Jugend dort gebildet wird und allen alles zu lehren sei ... (COMENIUS 1992, 58), denn „ ... alle Menschen, so sehr sie sich auch in ihren geistigen Anlagen voneinander unterscheiden, haben doch die gleiche Natur ..." (COMENIUS 1992, 73). Bleibt die Frage, wo sind wir 2008 angekommen?

Literatur

AITKEN, K./TREVARTEN, C.: Self/other organization in human psychological development. In: Zeitschrift Development and Psychopathology 9 (1997) 653–677
BASAGLIA, F./BASAGLIA-ONGARO, F.: Befriedungsverbrechen. In: Basalglia, F. u. a. (Hrsg.): Befriedungsverbrechen. Über die Dienstbarkeit der Intellektuellen. Frankfurt a. M. 1980, 11–61
BAUMANN, Z. : Verworfenes Leben. Die Ausgegrenzten der Moderne. Hamburg 2005
BUBER, M.: Das dialogische Prinzip. Heidelberg 1965
CASTEL, R.: Die Fallstricke des Exklusionsbegriffs. In: Mittelweg 36 (H. 3, 2000) 11–25
CASTELLS, M.: Die zweigesteilte Stadt. In: Schabert, T. (Hrsg.): Die Welt der Stadt. München 1990, 199–216
COMENIUS, J. A.: Große Didaktik. Stuttgart 1992
FERRARI, D./KURPIERS, S.: P.J. Gal'perin – Auf der Suche nach dem Wesen des Psychischen. Butzbach-Griedel 2001
FEUSER, G.: Allgemeine integrative Pädagogik und entwicklungslogische Didaktik. In: Zeitschrift Behindertenpädagogik 28 (1989) 4–48
FEUSER, G.: Behinderte Kinder und Jugendliche – Zwischen Integration und Aussonderung. Darmstadt 1995

FEUSER, G.: Erkennen und Handeln. Integration – eine conditio sine qua non humaner menschlicher Existenz. In: Behindertenpädagogik 43 (2004) 115–135
FEUSER, G.: Was bringt uns der Inklusionsbegriff? Perspektiven einer inklusiven Pädagogik. In: Albrecht, F. u.a. (Hrsg.): Bildung, Lernen und Entwicklung. Bad Heilbrunn 2006, 25–43
GAL'PERIN, P.: Zu Grundfragen der Psychologie. Köln 1980
JANTZEN, W.: Allgemeine Behindertenpädagogik. Band 1 und 2. Weinheim/Basel 1987, 1990
JANTZEN, W. (Hrsg.): Die Schule Gal'perins. Berlin 2004
KLAFKI, W.: Studien zur Bildungstheorie und Didaktik. Weinheim^7 1963
Klafki, W.: Das pädagogische Problem des Elementaren und die Theorie der kategorialen Bildung. Weinheim 1964
KLAFKI, W.: Neue Studien zur Bildungstheorie und Didaktik. Weinheim, Basel^5 1996
LEONT'EV, A.: Probleme der Entwicklung des Psychischen. Frankfurt A. M. 1973
LEONT'EV, A.: Tätigkeit, Bewusstsein, Persönlichkeit. Köln 1982
LOMPSCHER, J.: Lernkultur Kompetenzentwicklung aus kulturhistorischer Sicht. Berlin 2005
LURIJA, A. R.: Sprache und Bewusstsein. Köln 1982
MANTELL, P.: Rene Spitz 1887–1974. Leben und Werk im Spiegel seiner Filme. Köln 1991
PIAGET, J.: Das Erwachen der Intelligenz beim Kinde. Stuttgart 1969
SCHROER, M.: Die im Dunkel sieht man doch. In: Mittelweg 36 (H 5. 2001) 33–46
SEITZ, S.: Zeit für inklusiven Sachunterricht. Reihe Basiswissen Grundschule. Hohengehren 2005
SEITZ, S.: Lehr-Lernforschung für inklusiven Sachunterricht: Wie verschiedene Kinder die Zeit sehen. Oldenburg 2005 a
SIEBERT, B.: Begriffliches Lernen und entwickelnder Unterricht. Grundzüge einer kulturhistorischen Didaktik für den integrativen Unterricht. Berlin 2006
SPITZ, R.: Vom Säugling zum Kleinkind. Stuttgart 1963
SPITZ R.: Eine genetische Feldtheorie der Ichbildung. Frankfurt a. M. 1972
TREVARTHEN, C./AITKEN, K.: Infant Intersubjectivity: Research, Theory, and Clinical Application. In: Journal of Child psychology and Psychiatry 42 (2001), 3–48
VYGOTSKIJ, L.: Ausgewählte Schriften Bd. 2. Köln 1987

Barbara Gasteiger-Klicpera und Christian Klicpera

9 Förderung der sozialen Inklusion

9.1 Einleitung

Von Anfang an hatte sich die Integrationsbewegung zum Ziel gesetzt, die soziale Integration der Schüler zu fördern. Eine gemeinsame Schule sollte die Basis für eine Gemeinschaft bilden, zu der alle gehören sollten, unabhängig von ihren Lern- oder sozialen Voraussetzungen. Diese Gemeinschaft sollte über die Schule hinausgehen und dazu führen, dass die Kinder Freundschaften knüpfen und längerfristig in soziale Kontakte eingebunden bleiben sollten.
Wieweit diese Zielvorstellungen auch erreicht wurden, wurde in verschiedenen empirischen Untersuchungen geprüft. So wurde beispielsweise die Entwicklung von Freundschaften zwischen Kindern mit und ohne Behinderung untersucht, wobei positive Erfahrungen z.B. von COLE/VANDERCOOK/RYNDERS (1988) berichtet wurden. Auch Untersuchungen zur sozialen Integration von lernbehinderten Schülern in Deutschland konnten von positiven Effekten auf die soziale Stellung der Kinder und auf die Beziehungen zu den Mitschülern berichten (PREUSS-LAUSITZ 1990). Im Rahmen der wissenschaftlichen Begleitung von Schulversuchen konnte ebenfalls ein positiver Einfluss des integrativen Unterrichts auf die soziale Integration der Schüler beobachtet werden, was auch in einer stärkeren Einbeziehung in außerschulische Aktivitäten deutlich wurde (u.a. MAIKOWSKI/PODLESCH 1988; WOCKEN 1987; HINZ/KATZENBACH/RAUER et al 1998). Allerdings wäre hier der Einwand möglich, dass es sich bei der Begleitung von Schulversuchen um einen Unterricht unter besonderen Rahmenbedingungen und nicht um die Evaluation von Unterricht unter repräsentativen Voraussetzungen handelte.
Zudem wurden von Beginn an Bedenken geäußert, dass soziale Integration schwieriger zu realisieren sei, als auf den ersten Blick scheinen würde. Diese Annahmen wurden gestützt durch Berichte, dass Kinder mit Lernbehinderungen in Integrationsklassen eher eine unbeachtete Randposition einnehmen würden, und auch in Selbsteinschätzungen negativere Ergebnisse zeigten. Ein Mangel an sozialer Integration führe bei diesen Kindern dazu, dass sie sich in

der Schule einsam fühlten und verstärke über die Jahre das Gefühl von depressiven Verstimmungen (MARGALIT 1994). Allerdings ergab sich die Gefahr sozialer Isolation vor allem dann, wenn die Kinder nach einem unterschiedlichen Lehrplan unterrichtet wurden und ihre Lernziele anders waren (DUMKE/SCHÄFER 1993; HAEBERLIN/BLESS/MOSER/ KLAGHOFER 1991; SCHNITZLER 1994). Neben einer Gefährdung der sozialen Beziehungen durch unterschiedliche Lernziele sind auch individuelle Merkmale der einzelnen Kinder zu berücksichtigen, durch die soziale Kontakte erschwert werden, z.B. eine Einschränkung der Kommunikationsfähigkeit der Kinder mit Behinderung. In diesem Fall kann soziale Integration nur gelingen, wenn von den Lehrern besondere Anstrengungen unternommen werden, um die Verständnisschwierigkeiten zwischen den Kindern zu beseitigen (HUNT/ALWELL/FARON-DAVIS et al 1996).

Das Bewusstsein dafür, dass sich soziale Inklusion nicht von selbst einstellt, wenn man die Kinder in einer gemeinsamen Klasse unterrichtet, ist aufgrund dieser Untersuchungen in den letzten Jahren gewachsen. Viele Lehrende haben erkannt, dass sich gemeinsame Interaktionen, Spiele oder sogar Freundschaften zwischen Kindern mit und ohne Behinderungen erst dann entwickeln, wenn den Kindern dafür spezielle Hilfen angeboten werden. Ein integrativer Unterricht stellt besondere Anforderungen an die sozialen und emotionalen Kompetenzen der Regel- und der integrierten Schüler: an Einfühlungsvermögen in andere Personen, die zunächst vielleicht fremd erscheinen, an Toleranz gegenüber anderen Verhaltensweisen, die unbekannt sind, an Geduld wegen eines langsameren Vorgehens, an Perspektivenübernahme und Empathie. Dies bedeutet nicht, dass man Kindern dies nicht zumuten kann, sondern dass besondere Konzepte und Ideen erforderlich sind, um diesen sozialen Lernprozess in der Klasse zu unterstützen und zu ermöglichen.

Im Folgenden soll zunächst anhand einer eigenen Untersuchung die Frage beantwortet werden, welche Aufgaben bewältigt werden müssen, damit soziale Integration gelingen kann und welche Schwierigkeiten dabei zu erwarten sind. Anschließend werden empirisch bewährte Konzepte und Ideen dargestellt. Es wird mit der Klärung der Rahmenbedingungen begonnen, um die Voraussetzungen zu beschreiben, die nötig sind, um soziale Integration zu ermöglichen. Anschließend sollen Konzepte und Methoden aufgezeigt werden, wie während des Unterrichts die sozialen Beziehungen zwischen Schülern gefördert werden können, aber auch wie die Freizeit, sowie gemeinsame Pausen und Unternehmungen, als Gelegenheit genützt werden können, um Kontakte zwischen Kindern mit und ohne Behinderung zu vertiefen. Schließlich soll noch ein Blick auf empirische Befunde zu den Effekten der verschiedenen Konzepte geworfen werden, um besser einschätzen zu können, welche davon sich gut bewährt haben und welche weniger hilfreich waren.

9.2 Schwierigkeiten der sozialen Integration, deren Ursachen und Bewältigungsmöglichkeiten

Um die Frage nach der Bewältigung der verschiedenen Aufgabenfelder sozialer Integration und deren kritischen Aspekte und Schwierigkeiten zu klären, wurde von unserer Forschungsgruppe eine Untersuchung durchgeführt, in die zehn Integrationsklassen der vierten Schulstufe mit 175 Schülern einbezogen wurden. 37 dieser Schüler waren "Integrationskinder" mit sonderpädagogischem Förderbedarf. Die restlichen 138 Schüler wurden regulär nach dem Lehrplan der Grundschule unterrichtet und erhielten keine sonderpädagogische Unterstützung. In die Untersuchung wurden sowohl die Angaben der Lehrer als auch jene der Eltern und der Schüler einbezogen. Die Befragungen fanden in schriftlicher Form am Ende des Schuljahres statt, wobei den Schülern die zu beantwortenden Fragen sowohl in Form eines Fragebogens vorgelegt, als auch vorgelesen wurden (nähere Angaben zur Methode bei KLICPERA/GASTEIGER KLICPERA 2003).

Insgesamt zeichnen die Ergebnisse dieser Untersuchung kein sehr positives Bild über die soziale Integration von Schülern mit sonderpädagogischem Förderbedarf:

– Schüler mit Lernbeeinträchtigungen berichteten im Vergleich zu den Schülern ohne SPF (sonderpädagogischen Förderbedarf) in Integrationsklassen von einer deutlich ungünstigeren sozialen Situation. Sie fühlten sich weniger akzeptiert, berichteten häufiger von Erfahrungen der Viktimisierung, wurden also häufiger zum Opfer aggressiver Handlungen und erlebten häufiger Gefühle von Einsamkeit. Sie hatten zwar fast alle Freunde in der Schule, deren Anzahl war aber deutlich geringer als jene von Schülern ohne SPF. Zu bedenken ist auch, dass sich die Integrationsklassen im sozialen Klima deutlich unterschieden, und dass das soziale Klassenklima natürlich die sozialen Erfahrungen der Schüler mit beeinflusste.

– Die Berichte der Schüler mit SPF über ihre eigenen Erfahrungen wurden im Wesentlichen sowohl von den Mitschülern als auch von den Eltern bestätigt. Insbesondere berichteten die Mitschüler, dass die Schüler mit SPF häufiger zurückgezogen waren und zu Opfern von Aggressionen seitens anderer Schüler in der Klasse wurden, ohne selbst in einem deutlich höheren Ausmaß aggressiv zu sein. Den Eltern auf der anderen Seite fiel die Isolation ihrer Kinder auf. Wenn sie trotzdem von positiven Erfahrungen in den Integrationsklassen berichteten, dann bezog sich dies vor allem auf die Betreuung durch die Lehrer und die Förderung der Lernmotivation.

Anhand dieser Ergebnisse stellt sich natürlich die Frage: Entspricht das Bild, das wir aus den Angaben der Schüler entnommen haben, wirklich deren Erfahrungen, ist es repräsentativ, ist es valide? Weicht es von dem Bild, das wir aus früheren Untersuchungen über die soziale Situation von Integrationskindern erhalten haben, stärker ab? Zunächst wäre hier vor allem darauf hinzuweisen, dass das Bild in sich stimmig ist. Die Kinder mit SPF, die sich selbst als ausgegrenzt und viktimisiert bezeichnen, berichten gleichzeitig davon, dass sie sich häufiger einsam fühlen und depressiv sind. Schließlich haben wir auch schon berichtet, dass die Selbsteinschätzungen der Schüler durch Angaben der Mitschüler und der Eltern bestätigt werden. Man wird also von der Validität der Selbsteinschätzung ausgehen müssen.

Die Frage, wieweit die Ergebnisse von jenen früherer Untersuchungen abweichen, ist so einfach nicht zu beantworten, da nur wenige frühere Untersuchungen die sozialen Erfahrungen in denselben Bereichen betrachtet haben. Dies gilt insbesondere für die Viktimisierungserfahrungen und das Erleben von Einsamkeit. Hierzu liegen kaum Berichte über die Erfahrungen von Schülern in Integrationsklassen vor. Was bereits mehrfach untersucht wurde, ist die Frage nach der sozialen Akzeptanz und die Kontakte bzw. Freundschaften der Schüler mit SPF zu ihren Mitschülern. Hier wurde wiederholt von einer geringeren sozialen Akzeptanz und der Tendenz zur Einnahme einer Außenseiterposition berichtet, allerdings gelangten einige Untersuchungen auch zu einer deutlich positiveren Einschätzung. Hier ist in Betracht zu ziehen, dass viele Kinder mit sogenannter Lernbehinderung von früh an (also noch vor dem Schuleintritt) ungünstigere soziale Erfahrungen machen und mit der intellektuellen „Behinderung" eine geringere soziale Kompetenz verbunden ist (GASTEIGER KLICPERA/KLICPERA/HIPPLER 2001). „Lernbehinderte" Schüler stellen also sicher eine Risikogruppe für eine ungünstige soziale Entwicklung in der Schule dar und es erscheint nicht unplausibel, dass diese Kinder in besonderer Gefahr sind, in eine Außenseiterposition zu geraten, wenn nicht präventive Maßnahmen gegen diese Entwicklung ergriffen werden.

Um präventive Maßnahmen diskutieren und gezielt einsetzen zu können, wäre zunächst die Beantwortung der Frage nach den Ursachen mangelnder sozialer Integration notwendig: Welche Ursachen könnten in den Integrationsklassen für die ungünstige soziale Situation der Schüler mit SPF verantwortlich sein? Gibt es besondere Merkmale in den untersuchten Klassen, die zu den ungünstigen sozialen Erfahrungen dieser Kinder beitragen könnten? Wichtig wäre aber auch zu wissen, wieweit die Ergebnisse nur für einzelne

Schüler und Klassen gültig sind oder ob sie generalisiert werden können? Hier zeigen die dargestellten Ergebnisse der Lehrerbefragungen:
- Der Unterricht, der durch zwei Lehrpersonen gestaltet wird, erfolgt sehr oft getrennt nach dem Lehrplan der Schüler, und diese Trennung kann täglich beobachtet werden.
- Zwar wird häufig noch am gleichen Unterrichtsgegenstand gearbeitet, aber nur selten unter Heranziehung kooperativer Arbeitsformen. So sind die Lernwege nicht mehr durch die gemeinsame Erfahrung in der Gruppenarbeit zusammengehalten.
- Dabei stellt sich natürlich die Frage, wieweit die Lehrer in ihrer Ausbildung in die speziellen Methoden des kooperativen Unterrichts eingeführt wurden und Erfahrungen damit sammeln konnten. Da jedoch die Lehrer nur relativ wenig Zeit aufwenden, um die Schüler in die Methoden der Gruppenarbeit einzuweisen, liegt eher die Vermutung nahe, dass sie selbst keine entsprechende Ausbildung erhalten haben. Ähnliches gilt auch für die Methoden des Mitschüler-assistierten Lernens. Auch hier berichteten zwar alle Lehrer, dass sie Mitschüler als Tutoren einsetzten, aber dies erfolgte wenig systematisch und mit zu wenig Unterstützung durch den Lehrer, um entscheidend zu einem positiven Klassenklima beitragen zu können.
- Zur Förderung gegenseitigen Verständnisses in der Klasse ist zu beobachten, dass den Lehrern diese Aufgabe zwar bewusst ist, und dass auch Aktivitäten in diese Richtung unternommen werden. Allerdings sind diese Aktivitäten meist wenig vorbereitet und werden kaum umfassend und konsequent genug umgesetzt, um positive Auswirkungen zu zeigen. Das Thema der Förderung von Verständnis für die Behinderungen und Beeinträchtigungen der Schüler mit SPF ist den Lehrern zwar ein Anliegen. Es besteht jedoch große Unsicherheit in der Frage, wieweit diese Themen im Unterricht behandelt werden sollten. Selbst wenn dieses Thema angesprochen wird, fehlt es häufig an passendem Material, wie z.B. an Geschichten oder Erzählungen, mit deren Hilfe die Schüler ein vertieftes Verständnis erwerben könnten.
- Auch die Gestaltung von Hilfen für die Schüler mit SPF und spezielle Maßnahmen zur Förderung von Kontakten zwischen Schülern mit und ohne SPF werden eher spontan und wenig systematisch eingesetzt. Auch hier herrscht hohes Problembewusstsein, die Lehrer sehen die Notwendigkeit besonderer Hilfestellungen für Schüler mit SPF und nutzen die Möglichkeit auch aus, solche Hilfen an Mitschüler zu delegieren, aber nur in einer Klasse gab es einen systematischen Ansatz zur Rekrutierung solcher Hilfen. Diese Hilfen wurden also nicht systematisch ein-

gesetzt, um die Beziehungen zwischen den Schülern mit und ohne SPF zu verbessern, selbst wenn dies ein Anliegen mancher Lehrer war.
- Für Maßnahmen zur Verbesserung des Kontakts zwischen den Kindern gilt Ähnliches: Es bleibt – wenn überhaupt – bei gelegentlichen Aufforderungen zum gemeinsamen Spielen und dem gemeinsamen Verbringen der Pause.

Lehrer unternehmen somit zwar manches, um das Verständnis der Schüler füreinander zu fördern und die Zusammenarbeit zwischen den Schülern zu unterstützen. Insgesamt muss man jedoch den Schluss ziehen, dass die Bemühungen zu wenig systematisch erfolgen, um deutliche Effekte zu zeigen und im schulischen Alltag häufig hinter die curricularen Notwendigkeiten zurücktreten müssen und eine Randstellung einnehmen.

9.3 Voraussetzungen für soziale Integration

Soziale Integration kann sich nicht von einem Tag auf den anderen einstellen. Soziale Beziehungen brauchen Zeit und gute Bedingungen, um wachsen und sich entwickeln zu können. Diese förderlichen Bedingungen müssen zuallererst geschaffen werden. Dazu gab es schon vor 20 Jahren Überlegungen, die MADDEN/SLAVIN (1983) zusammengefasst haben. Als allgemeine Voraussetzungen für soziale Integration haben sie 1983 drei Aspekte festgelegt:
- Es sollen regelmäßig umfangreiche Gelegenheiten für intensive kooperative Kontakte zwischen den Schülern gegeben sein, d. h. im Unterricht sollen überwiegend kooperative Lernformen eingesetzt werden.
- In der Unterrichtsorganisation soll der Wettbewerb zwischen den Schülern keine überragende Stellung einnehmen.
- Keine Gruppe von Schülern soll von den anderen abgehoben werden, oder als eine besondere Gruppe dargestellt werden.

Diese drei Aspekte: regelmäßige Zusammenarbeit, wenig Wettbewerbsorientierung und Gleichbehandlung aller Schüler können den Weg zur sozialen Integration ebnen. Wichtig ist, dass die Unterstützung sozialer Beziehungen zu einem durchgängigen Unterrichtsprinzip wird, dass im Alltag immer wieder darauf Bezug genommen und darauf geachtet wird. Konkrete Erfahrungen von Lehrern beschreiben, wie dies im Alltag möglich und realisierbar ist. SALISBURY/GALLUCCI/PALOMBARO/PECK (1995) haben diese Erfahrungen von Lehrern erhoben und zu fünf wesentlichen Themenbereichen zusammengefasst:

Erstens: Aktive Erleichterung sozialer Interaktionen: Die Kinder sollen so oft als möglich in Gruppen zusammenarbeiten, gemeinsames Problemlösen

wird ermöglicht und gemeinsame Unterstützung wie Peertutoring etc. wird gefördert.
Zweitens: Die Kinder werden in diese Bemühungen einbezogen. Es wird ihnen dabei aber auch genügend Raum gelassen, um eigene Ideen einzubringen und zu erproben.
Drittens: Förderung einer positiven Klassengemeinschaft: gegenseitige Unterstützung, sich füreinander verantwortlich fühlen, sich umeinander kümmern als selbstverständliche Form des Umgangs miteinander.
Viertens: Lehrperson als Vorbild im Umgang mit behinderten Schülern: Dies betrifft deren Umgangston, deren Akzeptanz und Respekt für jeden einzelnen Schüler, d. h. es ist Voraussetzung, dass die Lehrperson die Kinder akzeptiert, wie sie sind und wertschätzend mit ihnen umgeht.
Fünftens: Schulische Rahmenbedingungen verändern, die Zusammenarbeit auf Schulebene fördern, klassenübergreifende Zusammenarbeit und Formen der Unterstützung über Klassenstufen hinweg initiieren und durchführen.
Als Beispiel soll die konkrete Möglichkeit angedacht werden, durch Informationen und Gespräche Verständnis für die Situation von Mitschülern mit Behinderungen zu wecken. Nach unseren eigenen Untersuchungen (s. o.) sind Lehrer in Integrationsklassen in dieser Frage eher zurückhaltend, obwohl jüngere Untersuchungen aus dem anglo-amerikanischen Raum positive Effekte auf die Einstellungen und die sozialen Beziehungen zwischen Schülern mit und ohne Behinderungen in Integrationsklassen nachgewiesen haben. Das Einbringen dieser Themen soll nicht nur der Vermittlung von Wissen über verschiedene Behinderungsformen und den damit verbundenen Einschränkungen dienen, sondern soll vor allem die Auseinandersetzung mit den persönlichen Erfahrungen der davon Betroffenen anregen und ermöglichen. Dazu muss die Erfahrungswelt der Schüler einbezogen werden, etwa in Bezug auf Kommunikationsschwierigkeiten, Selbstständigkeit, oder Außenseiter in einer Gruppe. Beispiele und Anregungen, in welchen Fächern und zu welchen speziellen Themen dies möglich ist, sind in der Literatur zu finden. HAMRE-NIETUPSKI/AYRES/NIETUPSKI et al (1989) berichten von einem Unterricht über Vorurteile, im Rahmen dessen eine Übung durchgeführt wurde, in der ein Teil der Schüler selbst die Erfahrung machen sollte, dass sie von positiven Erfahrungen und den Gruppenaktivitäten in der Klasse ausgeschlossen wurden. Damit dies für die Schüler gewinnbringend und keine negative Erfahrung ist, ist jedoch eine gründliche Vor- und Nachbereitung notwendig, die Übung sollte also nicht isoliert stehen, sondern in ein Themengebiet eingeordnet werden. Voraussetzung ist auch ein behutsamer und respektvoller Umgang der Schüler miteinander.
Andere Bestandteile dieser Auseinandersetzung waren Berichte von Menschen mit Behinderungen in der Klasse über ihr Leben und ihre Erfahrungen,

oder Exkursionen über physische Barrieren, wobei die Schüler selbst im Rollstuhl saßen. Nicht nur bei älteren Kindern, auch im Vorschul- und frühen Grundschulalter kann die gemeinsame Auseinandersetzung mit der Lebenssituation von Kindern mit Behinderungen und das Herstellen eines Bezugs zu den eigenen Erfahrungen einen wesentlichen Beitrag zur Erhöhung des Verständnisses für Schüler mit Behinderungen und den Abbau von Vorurteilen leisten (FAVAZZA/PHILLIPSEN/KUMAR 2000).

Um die Lehrer bei der Bewältigung dieser schwierigen Aufgabe der Förderung von Verständnis für Behinderungen bei nichtbehinderten Kindern zu unterstützen, wäre auch eine stärkere Thematisierung im Rahmen von Lehreraus- und -fortbildung nötig, sowie die Einführung in unterstützende Materialien.

9.4 Methoden der sozialen Inklusion

Etablierung eines kooperativen Netzwerks in der Klasse: Eine Methode, um soziale Inklusion im Alltag zu fördern, stellt der Aufbau von verschiedenen kooperativen Netzwerken in der Klasse dar. In einem kooperativen Netzwerk können die Schüler füreinander Verantwortung übernehmen: Dies müssen nicht immer leistungsstärkere Schüler für schwächere sein, sondern kann auch umgekehrt sein. Außerdem soll die Hilfe für einen schwächeren Mitschüler nicht Aufgabe eines einzelnen Schülers sein, sondern von dem Netzwerk gemeinsam getragen werden, so dass die Verantwortung für die Hilfe aufgeteilt und der einzelne entlastet werden kann, um der Gefahr zu entgehen, dass die Unterstützung einzelne Schüler überfordert. Von diesem Netzwerk können dann verschiedene Aufgaben übernommen werden: die Erklärung von Aufgaben, die Korrektur von Fehlern, ja sämtliche Aufgaben der Vorbereitung, Durchführung und Evaluation des Unterrichts können in einem gemeinsamen Netzwerk organisiert werden.
Durch dieses Netzwerk kann nicht nur die Zusammenarbeit zwischen den Schülern gestärkt werden, diese können auch vermehrt in die Gestaltung des Unterrichts einbezogen werden. Allerdings muss die Lehrperson diesen Prozess durch geeignete Methoden unterstützen, supervidieren und bei einzelnen Schülern beratend eingreifen, wenn es Probleme gibt. Selbstverständlich bedeutet die Einbeziehung der Schüler in die Gestaltung des Unterrichts nicht, dass der Lehrer seine Führungsrolle abgibt, im Gegenteil, nur wenn die Lehrperson sehr konkrete Zielvorstellungen über die Gestaltung des Unterrichts hat, kann sie manche Schritte, z.B. die Erklärung von Aufgaben, oder die Evaluation von Leistungsergebnissen, an die Kinder abgeben. Dies muss dann auch in der Unterrichtsvorbereitung entsprechend berücksichtigt werden.

Peer-Tutoring: Das Konzept des Peer-Tutoring mag vielleicht einfach klingen. Eigentlich geht es um die regelmäßige Zusammenarbeit von Schülern, und dabei soll der eine vom anderen lernen. In dieser Form wird es auch gelegentlich im Unterricht praktiziert. Aufgrund der Komplexität der Interaktionen, die sich zwischen den Lernpartnern entwickeln, enthält Peer-unterstütztes Lernen jedoch ein deutlich größeres Gefahrenpotential als eine klassische Instruktion und die stärkere Individualisierung des Vorgehens erfordert eine weit größere Vorbereitungsarbeit. Um nachhaltige Effekte zu erzielen, ist eine sehr sorgfältige und umsichtige Planung notwendig, eine laufende Begleitung, und Supervision der Schüler, ein ständiges Monitoring, das bei Problemen korrigierend eingreift. Dieses Eingreifen muss jedoch in subtiler Weise geschehen, damit der Lernprozess der Schüler nicht unterbrochen wird, sondern diese ihren Lernweg weitergehen können.

Ein wesentliches Kriterium für das Gelingen des Peertutoring stellt die Vorbereitung und Einarbeitung der Schüler dar. Da dies eine ganz neue Form des Lernens darstellt, müssen die einzelnen kritischen Bausteine mit den Schülern detailliert besprochen und eingeübt werden. TOPPING (2001) fasst die wichtigsten Aspekte, die bei der Planung berücksichtigt werden sollten, in 12 Themenbereichen zusammen.

- Der Kontext: um eine angemessene Vorbereitung sicherzustellen, ist es nötig, sich bereits im Vorfeld damit auseinanderzusetzen, welche Ressourcen und Möglichkeiten zur Verfügung stehen, wo mögliche Probleme liegen könnten und wer in welcher Weise unterstützend oder hilfreich sein könnte.
- Die Ziele müssen konkret, operationalisierbar und beobachtbar sein, auf einen bestimmten Bereich des Curriculums bezogen, spezifisch für die Tutoren und die Tutees.
- Das Curriculum: Welcher Bereich des Curriculums wird angesprochen, wie kann die Methode mit anderen Lehrmethoden zusammenpassen, wo gibt es konfligierende Punkte?
- Auswahl und Zusammensetzung der Teilnehmer: Dies ist eine weitere komplizierte Frage, an der das Programm scheitern kann. Zunächst müssen strukturelle Faktoren berücksichtigt werden. Wird das Programm innerhalb oder zwischen Klassen durchgeführt, werden die Gruppen freiwillig gebildet oder vom Lehrer zugeordnet? Wie groß sollen die Gruppen sein, was spricht für kleinere oder größere Gruppen? Dann müssen die individuellen Charakteristika der Kinder bedacht werden, ihr Sozialverhalten, ihre emotionalen Probleme, sollen die Gruppen altershomogen oder –heterogen sein, leistungshomogen oder – heterogen, etc.

- Methoden der Unterstützung: Modellernen, Monitoring, Prüfung oder peer- Tutoring, fixe Rollen oder wechselseitiger Rollentausch. Wie kann Lob gegeben und wie kann Kritik vermieden werden? Geht es um Übung und Vertiefung bereits erworbener Fertigkeiten oder geht es um die Entwicklung und den Erwerb neuer Konzepte?
- Kontakt: die Häufigkeit des Kontaktes, der Zeitplan der Zusammenarbeit und die Materialien, die benötigt werden.
- Das Training und die Vorbereitung der Teilnehmer; die Frage, wie die Instruktion gegeben wird, d. h. verbal oder schriftlich; erfolgt eine Demonstration oder nicht; wie kann sicher gestellt werden, dass alle verstanden haben, worin ihre Aufgabe besteht, etc.
- Das Monitoring des Prozesses: ständige Beobachtung und Begleitung der Schüler. Selbst bei einer umsichtigen Vorbereitung kann es vorkommen, dass manche Schüler die Instruktion nicht genau verstehen, dass sie Probleme miteinander oder mit einem Teil der Aufgabe haben. Die Lehrperson muss sämtliche Gruppen ständig im Auge haben, um zu sehen, ob sie gut mit ihrer Aufgabe zurechtkommen und in ihrem Lernprozess Fortschritte machen, und um bei Problemen rasch und hilfreich eingreifen zu können.
- Formative Leistungsbewertung: Beobachtung und Einschätzung des Leistungsfortschritts durch die Lehrperson.
- Summative Evaluation des Programmes, und schließlich die Rückmeldung an die teilnehmenden Schüler.

Die Sorgfalt der Planung wird schon bei der Einführung der Schüler deutlich. So wird beispielsweise genau mit den Schülern besprochen, wie die Vorgangsweise bei Fehlern sein soll. Fehler haben häufig den Nachteil, dass sich bei Korrekturen sowohl der Lehrende als auch der Lernende beschämt fühlen und dies untergräbt die Motivation des Lernenden. Andererseits muss durch die Korrektur gesichert werden, dass der Lernprozess weitergehen kann und der Lernende keine unnötigen Irrwege zurücklegt. Es wird also eine genaue Prozedur für Korrekturen vereinbart, die kurz, sachlich und effektiv ist. Auch wird genau beschrieben, wie die Schüler sich gegenseitig helfen können, um keine Abhängigkeit entstehen zu lassen, sondern einen langfristigen Lernerfolg zu ermöglichen, damit in Zukunft weitere Fehler nicht mehr passieren. In ähnlicher Weise wird das Vorgehen beim Loben genau besprochen.

Als konkretes Beispiel für den Einsatz von Peer-Tutoring im Unterricht sei das gepaarte Lesen unter Mitschülern (TOPPING/EHLI 1998) genannt. Dabei werden die Schüler paarweise einander zugeordnet, und arbeiten in dieser Paarung über einen längeren Zeitraum miteinander. Wichtig ist dabei einmal die Art der Zuordnung der Schüler zueinander und zum anderen die Konzentration auf den Inhalt des Lesens, d. h. beiden Schülern soll das Lesen Spaß machen. Das Ziel besteht also darin, dass beide Schüler gemeinsam Spaß an einer spannenden Geschichte haben. Dies dient dazu, dass auch schwächere Leser die Freude am Lesen entdecken können und das Lesen nicht nur als mühsame und langweilige Tätigkeit erleben.

Die erste Aufgabe des Klassenlehrers besteht darin, bessere und schwächere Leser einander als Partner zuzuordnen. Um die Abstände zwischen den Schülern nicht zu groß werden zu lassen, werden die Schüler der Klasse nach ihren Leseleistungen in zwei Gruppen (die bessere und schwächere Hälfte) geteilt. Der beste Schüler der guten und der beste der schwächeren Hälfte werden zu einem Paar zusammengefasst etc.

Die in dieser Weise einander zugeordneten Paare sollen über wenigstens acht Wochen drei Mal in der Woche jeweils für eine halbe Stunde miteinander ein Buch lesen, wobei der schwächere Leser vom besseren unterstützt wird. Dies geschieht dadurch, dass der Text des Buches abwechselnd von den Schülern laut vorgelesen wird, während der andere mitliest, d. h. beide Schüler wechseln sich im lauten Lesen ab, wobei der jeweils andere leise mitliest. Während des Lesens kann der Schwächere sein Vorlesen jederzeit ankündigen und dies solange machen, bis er Fehler macht, oder es ihm zu schwierig wird. Wichtig ist, dass für die Korrektur von Lesefehlern eine bestimmte Prozedur vereinbart und eingeübt wird. Der Tutor soll dem Tutee wenigstens vier Sekunden Zeit lassen, um sich selbst zu korrigieren und dann einfach das richtige Wort sagen, das der Tutee wiederholen soll. Dies soll die Genauigkeit des Lesens unterstützen, sowie das inhaltliche Verständnis ermöglichen, ohne dass die Geschwindigkeit zu sehr leidet, und damit das Lesen langweilig wird.

Das gemeinsame Lesen soll beiden Schülern Spaß machen, die Schüler werden darauf hingewiesen, dass die Bücher sehr interessant und schön zu lesen sind, dass es aber darauf ankommt, die Vorzüge der Bücher zu entdecken, und dass die Paare daher auch über die Bücher sprechen sollen. Durch diese Anregung erhofft man sich, dass die Aufmerksamkeit stärker auf den Inhalt gelegt wird, und das Üben des Lesens wie „nebenbei" geschieht. Jeder der Schüler soll am Ende Fragen zum Inhalt des Buches beantworten, wodurch auch das Leseverständnis gefördert wird.

Wichtig ist auch, dass die Schüler während des Lesens laufend durch den Klassenlehrer supervidiert werden, damit dieser Fehlentwicklungen rechtzeitig erkennt und korrigierend eingreifen kann.

Kooperatives Lernen: Um den Unterschied zwischen Kooperativem Lernen und einfachen Gruppenarbeiten zu verdeutlichen, haben JOHNSON/JOHNSON (1975) mehrere Kriterien formuliert:
- Positive Interdependenz: D. h. gegenseitige Abhängigkeit der Schüler. Dies bedeutet, dass jedes Gruppenmitglied von den anderen abhängig ist. Um das Lernziel zu erreichen, muss jeder einzelne aus der Gruppe einen Beitrag leisten. Keiner kann sich ausschließlich auf die anderen verlassen, keiner ist weniger wichtig. Daher müssen sich auch lernschwache Schüler einbringen, ansonsten kann keine gemeinsame Arbeit entstehen.
- Eine Bewertung des gemeinsam erreichten Lernerfolges: Das von der Gruppe erreichte Lernergebnis wird in irgendeiner Form den anderen Mitschülern der Klasse präsentiert und die Arbeit der Gruppe wird bewertet. Da jeder Einzelne seinen individuellen Beitrag leistet, haben alle ein gemeinsames Interesse daran, dass die Arbeit besonders gut wird.
- Einsatz kooperativer Beurteilungsformen statt wettbewerbsorientierter Beurteilung: Zur Beurteilung des Lernergebnisses sollten kooperative Beurteilungsformen statt wettbewerbsorientierter Beurteilung, durch die die Konkurrenz zwischen den Schülern gefördert wird, eingesetzt werden.

Auch hier ist es nötig, grundlegende Voraussetzungen zu schaffen, sowie geeignete Methoden zu verwenden. Besonders geeignet sind Methoden wie ein Gruppenpuzzle oder eine strukturierte Kontroverse. Um den Schülern Zeit zu lassen, sich an kooperative Lernformen zu gewöhnen, sollte mit einfacheren Formen begonnen werden. Möglich wäre etwa die gemeinsame Beantwortung von Fragen, die vom Lehrer gestellt werden, Methoden der 3-Stufen-Interviews, assoziierte Dialoge etc. Erst wenn diese gut gelingen, können auch komplexere Methoden eingesetzt werden, wie beispielsweise Gruppenpuzzle (JOHNSON/JOHNSON/HOLUBEC 1993; HUBER 1999; KONRAD/ TRAUB 2001), teamunterstützter Unterricht (SLAVIN/MADDEN/LEAVEY 1984) oder kooperatives integriertes Lesen und Schreiben (SLAVIN/STEVENS/MADDEN 1988), bei dem sich instruktionale und kooperative Phasen abwechseln. Eine weitere wichtige Voraussetzung ist auch hier die Qualität der sozialen Interaktionen, gegenseitiger Respekt und Wertschätzung. Kooperatives Lernen ist nur möglich, wenn jeder bereit ist, mit jedem zusammenzuarbeiten, ansonsten kann es nicht gelingen.
Neben diesen Methoden, bei denen die Rollen in der Gruppe ständig wechseln, können auch andere Formen eingesetzt werden, bei denen es eine stabile Rollenverteilung gibt, und die Schüler auf ihre Rolle in besonderer Weise vorbereitet werden (SALEND 2001). Dies bietet die Gelegenheit, besondere soziale Kompetenzen mit den Kindern zu üben, wie etwa darauf zu achten,

dass jeder seinen Beitrag leistet, gemeinsam Konflikte lösen, mit Kritik umgehen etc.

Spezielle Programme zur Förderung von Freundschaften zwischen Schülern: Integrativer Unterricht stellt vor allem für jene Kinder eine Chance dar, die in der Klasse sozial wenig akzeptiert sind bzw. die sich sozial nicht sehr kompetent zeigen. SASSO/RUDE (1988) haben in Integrationsklassen der Grundschule nicht-behinderte Schüler mit einer hohen bzw. niedrigen sozialen Akzeptanz bei den Mitschülern ausgewählt. Diese konnten dann als Partner bei der Initiierung gemeinsamen Spiels von Schülern mit Behinderungen fungieren. Sie erhielten eine Einführung, um Verständnis für die Situation von Schülern mit besonderen Bedürfnissen zu gewinnen, aber auch um jene sozialen Verhaltensweisen zu lernen, die eine gute Anregung zum Mitspielen darstellen konnten. In den folgenden zwei Monaten sollten sie während der großen Pausen täglich mit den behinderten Kindern spielen (und waren dabei im Blickfeld ihrer Mitschüler). Es zeigte sich, dass die soziale Akzeptanz – vor allem der nicht-behinderten Kinder mit anfangs geringer sozialer Akzeptanz – deutlich zunahm.

Neben diesen Ansätzen sind auch eher therapeutisch orientiere Programme zur Förderung von Freundschaften bekannt, wie jenes von Selman (SELMAN/WATTS/SCHULTZ 1997). Einzelne Bausteine davon sind sicherlich auch im allgemeinen Unterricht einsetzbar und könnten Anregungen für die Förderung von Freundschaften zwischen ganz unterschiedlichen Kindern bieten.

9.5 Effekte und Evaluationsstudien

Zum peer-unterstützten Lernen liegt nicht nur eine Reihe an empirischen Studien vor, mehrere Metaanalysen belegen auch, dass dieses vor allem bei Kindern mit Behinderungen positive Auswirkungen hat (TOPPING 2001). Es liegt breite Evidenz dafür vor, dass sowohl der Tutor als auch der Tutee in sehr verschiedenen Bereichen, sowohl im akademischen als auch im sozialen Bereich, von dem Tutoring profitiert. Dies betrifft zum einen den Selbstwert der Kinder, aber auch ihre Einstellung dem Fach gegenüber, und schließlich profitieren die sozialen Beziehungen zwischen den beiden Lernpartnern. Eine neuere Studie wurde von SPENCER/SCRUGGS/MASTROPIERI (2003) mit Schülern mit sozialem und emotionalem Förderbedarf durchgeführt. Sowohl der Lernerfolg als auch das Lernverhalten der Schüler konnte mit Hilfe eines Peer-Tutoring-Programms deutlich verbessert werden. Im Gegensatz zu traditioneller Instruktion erlebten die Schüler das Peer-Tutoring als wesentlich unterhaltsamer und meinten, sie würden auch in anderen Fächern gern auf diese Weise lernen.

Auch Kinder mit Lernschwierigkeiten profitieren sowohl im Lesen als auch in Mathematik von einem Peer-unterstützten Unterricht. Um die Effekte von explizitem Unterricht und Peer-Tutoring vergleichen zu können, nahmen Kinder mit Lernschwierigkeiten und schwache Leser über 16 Wochen entweder an einem expliziten Unterricht oder an einer Kombination aus Instruktion und Peer-Tutoring teil. Das Verhalten der Kinder wurde beobachtet und ihre Lesefähigkeiten wurden vor und nach der Intervention getestet. Es zeigte sich, dass jene Schüler am besten abschnitten, bei denen sowohl expliziter Unterricht als auch Peer-Tutoring gemeinsam praktiziert wurden. Dies führte zur höchsten Zunahme an Leseflüssigkeit und an Leseverständnis (SIMMONS/FUCHS/FUCHS/MATHES/HODGES 1995).

In einer aufwändigen Metaanalyse konnten ROHRBECK/GINSBURG-BLOCK/ FANTUZZO/MILLER (2003) deutliche Effekte des Peer-unterstützten Lernens nachweisen. Der Lernzuwachs der Kinder im Peertutoring erwies sich als wesentlich höher als in einem traditionellen Unterricht. Die gewichtete mittlere Effektstärke des Lernzuwachses betrug 0.33. Die höchsten Effektstärken konnten mit jüngeren Kindern erzielt werden, bei Kindern aus städtischem, sozial schwachem Einzugsgebiet, bei Kindern aus sozioökonomisch schwächeren Familien und bei ethnischen Minderheiten. Als wesentliche Einflussfaktoren erwiesen sich auch hier Belohnung, Unterstützung von Autonomie und Selbständigkeit sowohl während der Arbeit als auch in der wechselseitigen Kontrolle und eine Evaluation der Ergebnisse.

Ähnliche Befunde liegen für kooperative Lernformen vor. Auch hier gibt es eine Reihe an empirischen Studien, die die Effektivität kooperativer Unterrichtsformen belegen. Allerdings ist auch hier notwendig, dass der Unterricht akribisch geplant wird und kooperative Lernformen über längere Zeit durchgeführt werden, um positive Ergebnisse zu erzielen (MADDEN/ SLAVIN 1983; SLAVIN/MADDEN 1989).

9.6 Zusammenfassung und Schlussfolgerungen

Fassen wir zusammen, so kann auf die ermutigenden Ergebnisse von Schulversuchen verwiesen werden, die zeigen, dass soziale Integration ein mögliches und erreichbares Ziel darstellt. Allerdings kann man als Lehrender nicht davon ausgehen, dass schon allein durch einen gemeinsamen Unterricht in einer Schulklasse die sozialen Beziehungen zwischen den Schülern soweit gefördert werden, dass Freundschaften entstehen und längerfristige Kontakte zwischen Kindern mit und ohne Behinderung bestehen bleiben. Wenn ein gemeinsamer Unterricht von behinderten und nicht behinderten Kindern zu einer Stärkung von Freundschaften und zu einer tatsächlichen Gemeinschaft führen soll, so sind dafür vielfältige Bemühungen notwendig. Einige Ideen dazu wurden in diesem Kapitel aufgezeigt.

Ermutigend ist, dass den Lehrpersonen viele verschiedene Methoden zur Verfügung stehen, mit deren Hilfe die sozialen Beziehungen zwischen den Schülern gefördert werden können. Viele dieser Methoden sind im Rahmen des Unterrichts gut realisierbar und unterstützen das kognitive Lernen, es ist also nicht nötig, sich zwischen einer Förderung des Lernens auf der einen Seite und einer Unterstützung der sozialen Beziehungen auf der anderen Seite zu entscheiden. Damit jedoch beide Aspekte, sowohl die Förderung des Lernens als auch die Förderung sozialer Beziehungen möglich sind, ist es notwendig, den Unterricht auf die besondere Situation dieser besonderen heterogenen Gruppe einzustellen. Dies erfordert ein wesentlich höheres Ausmaß an Vorbereitung und beinhaltet auch ein höheres Gefahrenpotential, da die Schüler füreinander auch als Lehrende fungieren. Damit dies zu einem guten Lernergebnis führt, müssen die unterschiedlichen Methoden akribisch geplant und schrittweise mit den Schülern erarbeitet und eingeübt werden. Dabei müssen alle Eventualitäten bedacht und der Unterricht so gestaltet werden, dass er sowohl für die leistungsstärkeren als auch für die leistungsschwächeren Kinder interessant und anspornend ist. Wenn dies jedoch gelingt, so sind die zu erwartenden Ergebnisse sowohl in Bezug auf den kognitiven Lernzuwachs als auch in Bezug auf eine Verbesserung der sozialen Beziehungen deutlich positiver als bei einem traditionellen Unterricht. Die Mühe der aufwändigeren Vorbereitung würde sich lohnen.

Allerdings wird in der Lehreraus- und Fortbildung dem Einsatz kooperativer Lernformen, der Etablierung von Netzwerken in der Klasse, der Förderung von Freundschaften zwischen Kindern, und dem Peer-Tutoring noch zu wenig Aufmerksamkeit geschenkt. Hier wäre eine Veränderung der Fortbildungsinhalte und eine stärkere Betonung von Methoden kooperativen Lernens in der Ausbildung der Lehrer unbedingt wünschenswert.

Literatur

COLE, D. A./VANDERCOOK, T./RYNDERS, J.: Comparison of two peer interaction programs: Children with and without severe disabilities. American Educational Research Journal 25 (1988) 415 – 439

DUMKE, D/SCHÄFER, G.: Entwicklung behinderter und nichtbehinderter Kinder in Integrationsklassen. Weinheim 1993

FAVAZZA, P.C./PHILLIPSEN, L./KUMAR, P.: Measuring and promoting acceptance of young children with disabilities. Exceptional Children 66 (2000), 491 – 508

GASTEIGER KLICPERA, B./KLICPERA, C./HIPPLER, K.: Soziale Anpassungsschwierigkeiten bei lernbehinderten Schülern und Schülern mit speziellen Lernbeeinträchtigungen. Eine Literaturübersicht: I. Der Beitrag sozial-kognitiver und kommunikativer Kompetenzen. Heilpädagogische Forschung 27 (2001), 72 – 87

HAEBERLIN, U./BLESS, G./MOSER, U./KLAGHOFER, R.: Die Integration von Lernbehinderten: Versuche, Theorien, Forschungen, Enttäuschungen, Hoffnungen. Bern[2] 1991

HAMRE-NIETUPSKI, S./AYRES, B./NIETUPSKI, J./SAVAGE, M./MITCHELL, B./BRAMMAN, H.: Enhancing integration of students with severe disabilities through curricular infusion: A general/special educator partnership. Education and Training in Mental Retardation 24 (1989), 78 – 88

HINZ, A./KATZENBACH, D.,/RAUER, W./SCHUCK, K. D./WOCKEN, H./WUDTKE, H.: Die Entwicklung der Kinder in der integrativen Grundschule. Lebenswelten und Behinderung. Band 9. Hamburg 1998

HUBER, A. A.: Ein Rahmenmodell zum kooperativen Lernen. Gruppendynamik 30 (1999) 261 – 269

HUNT, P./ALWELL, M./FARRON-DAVIS, F./GOETZ, L.: Creating socially supportive environments for fully included students who experience multiple disabilities. Journal of the Association for Persons with Severe Handicaps 21 (1996) 53 – 71

JOHNSON, D.W./JOHNSON, R.: Learning together and alone. Englewood Cliffs, New Jersey Prentice-Hall 1975

JOHNSON, D.W. /JOHNSON, R./HOLUBEC, E.: Cooperation in the classroom. Edina 1993

KLICPERA, C./GASTEIGER KLICPERA, B.: Soziale Erfahrungen von Grundschülern mit sonderpädagogischem Förderbedarf in Integrationsklassen – betrachtet im Kontext der Maßnahmen zur Förderung sozialer Integration. Heilpädagogische Forschung 29 (2003), 61 – 71

KONRAD, K./TRAUB, S.: Kooperatives Lernen in Schule, Hochschule und Erwachsenenbildung. Baltmannsweiler 2001

MADDEN, N. A./SLAVIN, R.E.: Mainstreaming students with mild handicaps: Academic and social outcomes. Review of Educational Research 52 (1983), 519 – 569

MAIKOWSKI, R./PODLESCH, W.: Zur Sozialentwicklung behinderter und nichtbehinderter Kinder. In: Projektgruppe Integrationsversuch (Hrsg.) Das Fläming-Modell. Gemeinsamer Unterricht für behinderte und nichtbehinderte Kinder an der Grundschule. Weinheim 1988, 232 – 250

MARGALIT, M.: Loneliness among children with special needs: Theory, research, coping, and intervention. New York 1994

PREUSS-LAUSITZ, U.: Soziale Beziehungen in Schule und Wohnumfeld. In: HEYER, P./PREUSS-LAUSITZ, U. ZIELKE, G. (Hrsg.): Wohnortnahe Integration. Gemeinsame Erziehung behinderter und nicht-behinderter Kinder in der Uckermark-Grundschule in Berlin. Weinheim 1990, 95 – 128

ROHRBECK, C. A./GINSBURG-BLOCK, M. D./FANTUZZO, J. W./ MILLER, T. R..: Peer-assisted learning interventions with elementary school students: A meta-analytic review. Journal of Educational Psychology 95 (2003) 240 – 257

SALEND, S. J.: Creating inclusive classrooms: Effective and reflective practices 4th Edition. Upper Saddle River, New Jersey 2001

Salisbury, C. L./Gallucci, C./Palombaro, M. M./Peck, D. A.: Strategies that promote social relations among elementary students with and without severe disabilities in inclusive schools. Exceptional Children 62 (1995) 125 – 137

SASSO, G. M./RUDE, H. A.: The social effect of integration on nonhandicapped children. Education and Training of Mental Retardation 23 (1988) 18 – 23.

SCHNITZLER, P.: Soziale Integration behinderter SchülerInnen zu Beginn der Sekundarstufe I - Eine soziometrische Erhebung im Schuljahr 1991/92. In: SANDER, A./HILDESCHMIDT,

A./JUNG-SION, J./RAIDT-PETRICK, M./SCHNITZLER, P. (Hrsg.): Schulreform Integration. Entwicklungen der gemeinsamen Erziehung behinderter und nichtbehinderter Kinder und Jugendlicher im Saarland 1990–1993/4. Saarbrücker Beiträge zur Integrationspädagogik. Bd. 8. St. Ingbert 1994, 133 – 149

SELMAN, R. L./WATTS, C. L./SCHULTZ, L. H. (Hrsg.): Fostering friendship. Pair therapy for treatment and prevention. New York 1997

SIMMONS, D. C./FUCHS, L. S./FUCHS. D./MATHES, P./HODGE,. J. P.: Effects of explicit teaching and peer tutoring on the reading-achievement of learning-disabled and low-performing stundents in regular classrooms. Elementary School Journal 95 (1995) 387 – 408

SLAVIN, R.E./MADDEN, N.A.: Effective classroom programs for students at risk. In SLAVIN, R. E./ KARWEIT, N.L/MADDEN, M.A. (Hrsg.): Effective programs for students at risk. Boston 1989, 23 – 51

SLAVIN, R. E./STEVENS, R. J./MADDEN, N.A.: Accommodating student diversity in reading and writing instruction: A cooperative learning approach. Remedial and Special Education 9 (1988) 60 – 66

SPENCER, V.G./SCRUGGS, T. E./MASTROPIERI, M.A.: Content area learning in middle school social studies classrooms and students with emotional or behavioral disorders: A comparison of strategies. Behavioral Disorders 28 (2003) 77 – 93

TOPPING, K./EHLY, S. (Hrsg.): Peer-assisted learning. Mahwah, New Jersey1998

TOPPING, K.: Peer Assisted Learning: A Practical Guide for Teachers. Newton, M. A. 2001

WOCKEN, H.: Soziale Integration behinderter Kinder. In: WOCKEN, H./ ANTOR, G. (Hrsg.): Integrationsklassen in Hamburg: Erfahrungen – Untersuchungen – Anregungen. Solms-Oberbiel 1987, 203 – 276

Jutta Schöler

10 Integrative Förderung von Menschen mit schweren Behinderungen

Liebe Leserin, lieber Leser: Ich wende mich mit diesem Beitrag direkt an Sie. Gehören Sie zu denen, die bei dem Thema des gemeinsamen Unterrichts von Kindern mit und ohne Behinderung an die „Grenzen der Integration", an schwerste Behinderungen des einzelnen Kindes denken? Oder denken Sie dabei an die „schwierigen Verhältnisse", die in den Schulen bestehen? Manche können sich gemeinsames Lernen im Kindergarten oder in der Grundschule vorstellen – aber danach? In einigen Bundesländern wird die „Grenze" gesetzt, indem „zielgleiches Lernen" vorausgesetzt wird. In keinem Bundesland der Bundesrepublik Deutschland haben Eltern einen einklagbaren Rechtsanspruch auf das gemeinsame Lernen. In vielen anderen Ländern gibt es keine Sonderschulen mehr oder es gilt eine Gesetzgebung, nach der kein Kind gegen der Willen der Eltern in eine Sonderschule oder Sonderklasse überwiesen werden darf (HANS/GINNOLD 2000).
Wenn ich mich mit diesem Beitrag mit der Notwendigkeit des gemeinsamen Lernens gerade für die schwer beeinträchtigten Kinder an Sie wende, dann wünsche ich mir, wenn Sie während Ihrer Berufstätigkeit es nicht mehr erleben müssen, dass Kinder bereits wegen Lernbeeinträchtigungen oder Verhaltensproblemen an „besondere" Schulen ausgesondert werden. Zahlenmäßig und als pädagogische Herausforderung sind diese Kinder in der Schule das größere Problem als die wenigen schwer körperlich und/oder intellektuell beeinträchtigten Kinder (eine aufschlussreiche Studie zur Situation von Schülerinnen und Schülern der Förderschule bei WOCKEN 2005).
Meine Zielsetzung ist: Alle die Mütter und Väter, die sich heute nach der Geburt eines Kindes um dessen Wohlergehen Sorgen machen (z.B. wegen einer Früh- oder Mehrlingsgeburt), müssen die Sicherheit haben, dass nach der Phase der Sorge um das Überleben und nach allen Bemühungen der frühkindlichen Therapien die zuständige Grundschule am Wohnort die Rahmenbedingungen schafft, die dieses Kind für seine optimale Förderung benötigt. Der richtige Lernort ist demnach für diese Kinder derselbe Lernort, den ihre

Geschwisterkinder besuchen. Aufgrund genauer Diagnostik und Frühförderung können für jedes Kind im Regelkindergarten und in der Regelschule des Wohnortes die notwendigen personellen, organisatorischen und räumlichen Bedingungen geschaffen werden. Dass integrative Schulen nicht teurer als das deutsche Sonderschulsystem sind, ist hinreichend bewiesen (Preuss-Lausitz 1998)

Die schwer wiegenden Behinderungen liegen nicht in der Person des Menschen, der von einer schweren körperlichen Schädigung, einer fortschreitenden Erkrankung oder einer psychischen Störung betroffen ist. Die am schwersten wirkende Behinderung besteht in dem Denken der Mehrheit der Bevölkerung, dass es Grenzen gäbe, die rechtfertigen, einen anderen Menschen aus der Gesellschaft der „Normalität" auszuschließen.

Dieses selektierende Denken beginnt mit Schwangerschaftsvorsorgeuntersuchungen, welche allein das Ziel haben, die Geburt eines Menschen mit einer Behinderung auszuschließen. Eine erwartungsvolle, freudige Beziehung zu dem heranwachsenden Menschen beginnen viele werdende Mütter und Väter erst dann, wenn ein Mediziner die scheinbare Gewissheit gegeben hat: „Dieses Kind ist normal." Mit Behinderungen wird nicht gerechnet. Das Kind soll schon vor seiner Geburt den hohen Erwartungen dieser Gesellschaft entsprechen. Wie groß sind dann oft die Verzweiflung und die Enttäuschung, wenn bereits unmittelbar nach der Geburt oder in den ersten Lebenswochen Anzeichen für eine von der Normalität abweichende Entwicklung festgestellt werden. So lange die Hoffnung besteht, dass mit Therapien und aufmerksamer Frühförderung eine normale kindliche Entwicklung zu erreichen ist, besteht eine positive Zukunftsorientierung für dieses Kind. Wenn ein Kind durch einen Unfall, eine schwere Erkrankung oder als Folge einer falschen medizinischen Behandlung in seiner Entwicklung behindert wird, richtet sich zunächst alle Aufmerksamkeit auf das Bangen um das Überleben und die Gesundung.

Was aber geschieht, wenn offensichtlich wird, dass dieses Kind längerfristig oder irreversibel in seinen Bewegungs-, Wahrnehmungs- und Kommunikationsmöglichkeiten so eingeschränkt ist, dass die Umwelt sich darauf einstellen muss, diesem Menschen mit besonderer Aufmerksamkeit zu begegnen?

Dann erleben Eltern an den meisten Orten in Deutschland für ihr Kind und sich selbst die Barrieren, die ihnen den Weg in eine gemeinsame Zukunft verstellen. Das aussondernde Denken sehr vieler professioneller Mediziner, Therapeuten, Pädagogen sowie Entscheidungsträger in Sozial- und Schulverwaltung stellt die schwer wiegende Barriere für das Leben schwer behin-

derter Menschen dar. Es ist ein Denken, das zumeist ohne eigene Zweifel davon ausgeht, es gäbe Grenzen der „Integrierbarkeit". Nach diesen Grenzen wird gesucht; und sie werden gefunden:
- Notwendige Therapien könnten im Regelkindergarten, in der Regelschule nicht angeboten werden.
- Pflegebedarf könne nicht genügend berücksichtigt werden.
- Bauliche Barrieren verhindern den Zugang.
- Andere Kinder könnten gestört werden.
- Das Kind selbst benötige einen ruhigen Schonraum.

Am Schluss derartiger Argumentationen werden häufig Zweifel formuliert, ob das Kind überhaupt „aktiv" am Lernen teilnehmen könne oder ob sich „der große Aufwand lohne"?

Diese und ähnliche Bedenken werden oft vorgeschoben; häufig wird nicht einmal begonnen, über Lösungsmöglichkeiten am Ort nachzudenken. Jedes besondere Bedürfnis dieses besonderen Menschen wird für die Entscheidungsträger zum Auslöser, in eine andere Richtung zu denken: Welche Sonderinstitution wäre für dieses Kind geeignet? Die Kosten dafür spielen dann oft keine Rolle.

Ist es die Förderschule für Körperbehinderte oder die Schule für Geistigbehinderte? Gibt es in jenen Schulen Klassen für schwer mehrfach Behinderte? Wie werden die notwendigen Fahrdienste organisiert? Was für Fahrzeiten werden den Kindern dabei oft zugemutet! Oft muss das Kind wochenweise oder während der gesamten Schulzeit in eine Einrichtung, die es von der Familie trennt.

Andererseits: Es gibt nach jahrzehntelangen Auseinandersetzungen um die gemeinsame Erziehung im Kindergarten und den gemeinsamen Unterricht von behinderten und nicht behinderten Kindern auch in Deutschland, in Österreich oder der Schweiz Wohnorte, in denen inklusives, nicht aussonderndes Denken der Regelfall geworden ist. Welch ein Glück für die Eltern und für das von einer schweren Behinderung betroffene Kind, wenn sie auf professionelle Beraterinnen und Berater treffen, die ihnen die Gewissheit geben: Dieses Kind hat das Recht, dieselbe Schule und zuvor denselben Kindergarten zu besuchen wie gleichaltrige Kinder am selben Wohnort. Gemeinsam wird darüber nachgedacht und dann entschieden:
- Welche individuellen Bedürfnisse hat dieses Kind?
- Wie können die notwendigen Therapien am günstigsten zum Kind kommen?
- Welche sonderpädagogische Kompetenz muss beratend oder ständig begleitend hinzugezogen werden?

- Welcher Raum kann geschaffen werden, um Zusammensein mit der Gruppe und notwendige Ruhe und Rückzugsmöglichkeiten zu bieten?
- Welches sind die speziellen Ziele dieses Kindes, welche es gemeinsam mit den anderen Kindern in einer heterogenen, anregungsreichen Umgebung erreichen kann?
- Welche Rollen und Verantwortungen übernehmen Mitschülerinnen und Mitschüler, Betreuerinnen und Betreuer, Lehrerinnen und Lehrer?

Erst dann, wenn sicher ist, dass diejenigen Menschen, die ein schwer behindertes Kind im Kindergarten und in der Schule professionell begleiten, nicht mehr nach den Grenzen suchen, welche sie veranlassen, einen Ausschluss vorzubereiten, erst dann kann die wahre Integration beginnen. Dann wird auch das Wort „Integration" unsinnig (zur Begriffsdiskussion vgl. Hinz 2002; zur inklusiven Qualitätsentwicklung vgl. Wilhelm u.a. 2006). Dabei wird den Beteiligten bewusst, wie wichtig die Anwesenheit gerade dieses Kindes für ein anderes Kind sein kann, das großen Kummer z.B. wegen des Verlustes eines nahen Angehörigen hat oder für ein anderes Kind, das von seinem Elternhaus nicht die notwendige emotionale Sicherheit bekommt.

Drei prinzipielle Voraussetzungen müssen vorhanden sein:
Erstens: Es gibt keine Grenzen der „Integrationsfähigkeit"
Zweitens: Kooperationsbereitschaft bei allen beteiligten Erwachsenen
Drittens: Akzeptierende Bewusstseinsposition

Zu erstens: Wenn das einzelne körperlich stark eingeschränkte Kind durch seine Mimik und Gestik, durch Muskelanspannung und Augenkontakt deutlich macht, dass es sich in der Nähe der anderen Kinder wohl fühlt, dann ist dies die hinreichende Voraussetzung dafür, dass alles getan werden muss, um diesem Kind ein möglichst normales Lebensumfeld zu schaffen. Auch dann, wenn bei ersten Begegnungen der Eindruck besteht, das Kind weiche einem Kontakt aus oder wenn seine Kommunikationsformen schwer verständlich sind oder als Angst interpretiert werden, ist es notwendig, behutsam nach Annäherung zu suchen. Dies gilt z.B. für Kinder mit der Diagnose Autismus (EMPT 2001) oder mit dem Tourette Syndrom (SCHOLZ/ROTHENBERGER 2001).

Je schwerer die Behinderung ist, umso notwendiger sind die vielfältigen Anregungen der nicht behinderten Kinder,
- deren Bewegungen es mit den Augen verfolgen kann,
- deren Geräusche es wahrnimmt,
- deren Gerüche es unterscheiden lernt,
- deren Berührungen es spürt.

Je schwerer ein Kind behindert ist, umso notwendiger braucht dessen Familie die Entlastung und die Unterstützung durch die Gesellschaft. Die Eltern, welche oft jahrelang um die Gesundheit des Kindes gebangt haben, wollen es nicht an eine Institution „abgeben", zu der der tägliche Kontakt nicht mehr möglich ist. Sondern die Mütter, Väter, Großeltern und Geschwister wollen mit dem behinderten Kind die Gemeinsamkeiten am Wohnort erleben: Bei Schulfesten und Elternabenden. Dass in diesen Schulen dann häufig die eventuell notwendige sonderpädagogische Kompetenz für Sehschädigung oder Hörschädigung nicht vertreten ist, wird selten beachtet, auf dem täglichen Schulweg. Damit das Kind als Teil dieser Gesellschaft wahrgenommen und beachtet wird, ist es notwendig, dass zwischen den Kindern am Vormittag zuverlässige Begegnungen stattfinden. Dort bieten sich die Gelegenheiten, um sich für den Nachmittag und das Wochenende zu verabreden.

Zu zweitens: In Bezug auf diese Voraussetzung für gemeinsames Lernen hat sich an vielen Schulen in Deutschland, in Österreich und der Schweiz in den vergangenen Jahren einiges geändert: Zunehmend mehr werden Lehrerinnen und Lehrer von Sozialpädagogen, Schulhelferinnen, Horterzieherinnen in ihrer täglichen Arbeit mit den Kindern unterstützt. Der Lehrerberuf als ausschließliche Tätigkeit von „Einzelkämpfern" scheint langsam der Vergangenheit anzugehören. Ich kenne viele Lehrerinnen und Lehrer, die froh sind, wenn sie nicht alleine in der täglichen Verantwortung im Klassenzimmer stehen. In den Situationen, in denen ein schwer behindertes Kind im gemeinsamen Unterricht ist, wird die Kooperation von mindestens zwei Erwachsenen unabdingbar. Häufig müssen sich Regel- und Sonderpädagogin, Therapeutinnen und Einzelfallhelfer, evtl. die Verantwortlichen für Fahrdienste und die Eltern des Kindes regelmäßig genau miteinander abstimmen. Auf derartige Absprachen müssen sich alle Beteiligten verlassen können; sie sind oft in schriftlicher Form notwendig, vor allem dann, wenn das Kind selbst nicht über ausreichende sprachliche Verständigungsmöglichkeiten verfügt. Die Kooperationsbereitschaft aller Erwachsenen und die Offenheit, sich auf verschiedene professionelle und persönliche Sichtweisen einzulassen, ist eine notwendige Voraussetzung für die gelingende Integration eines Kindes mit schwerer Behinderung (SCHÖLER 1997). Oft wird es notwendig, Konflikte unter den Erwachsenen durch verständnisvolle und klare Absprachen unter Beteiligung der Schulleitung zu klären oder evtl. auch durch eine begleitende Supervision zu unterstützen (SCHÖLER 1999). Wer den Ursachen für unzulängliche oder gar abgebrochene Integrationsmaßnahmen nachforscht, wird häufig erkennen, dass die gescheiterte Kooperation unter den Erwachsenen das eigentliche Problem darstellte.

Zu drittens: „Eine wichtige Voraussetzung für integrativen Unterricht ist die Bereitschaft der Lehrer, Schüler mit Behinderung in ihrem allgemeinen Unterricht zu fördern. Damit ist die entsprechende Bewusstseinsdisposition der Lehrer gemeint, deren Offenheit für Behinderte, für ihren besonderen Lebensvollzug und ihre erschwerten Lebensbedingungen. Diese Bewusstseinsdisposition ist zumindest ebenso wichtig wie die spezielle sonderpädagogische Qualifikation, die in einem sonderpädagogischen Studium erworben wird." (MUTH 1982, 19).

Wenn eine solche, das gemeinsame Lernen prinzipiell bejahende Bewusstseinsdisposition auf Seiten der Regelschullehrer nicht vorhanden ist, werden diese immer wieder nach den Grenzen suchen, die es ihnen leicht machen, die Verantwortung für diese Schülerin/diesen Schüler nicht zu übernehmen; sich emotional von diesem Kind zu trennen. Ich habe es oft erlebt, dass schwer behinderte Kinder von den Klassen- oder Fachlehrern nicht berührt und nicht angeschaut wurden; dem Blickkontakt wurde ausgewichen; die Kommunikation erfolgte über die Sonderpädagogen oder vermittelt über die Einzelfallhelfer (zur Tätigkeit von Einzelfallhelfern im integrativen Unterricht vgl. SCHÖLER 2002).

Wenn eine solche bejahende Bewusstseinsposition auf Seiten der Sonderpädagogen nicht vorhanden ist, besteht die Gefahr, dass sie – zumeist mit dem „Schonraumargument" – das Kind von den Mitschülerinnen und Mitschülern trennen, an Stelle des Kindes auf direkte Ansprachen reagieren und schließlich sich selbst mit dem Kind gemeinsam auf „Sonderbänke" im Klassenzimmer, immer häufiger in „Sonderräume" in der Schule und schließlich in die Sonderschule zurückziehen. In solchen Fällen habe ich mich häufig gefragt: Wer brauchte den Schonraum? – Das Kind mit der schweren Behinderung oder die begleitende Sonderschullehrerin? Zu groß ist immer noch die Angst, dass Kinder mit Behinderungen die Lernleistungen der nicht behinderten Kinder beeinträchtigen könnten. Es liegen zwar inzwischen zahlreiche empirische Untersuchungen vor, die belegen, dass im Leistungsbereich die nicht behinderten Mitschülerinnen und Mitschüler aus Integrationsklassen gleich gute Leistungen aufweisen wie in Parallelklassen ohne Integration. (FEYFERER/PRAMMER 2000). Die einzelne Lehrerin/der einzelne Lehrer muss diese Erfahrungen aber auch selbst machen können.

Im folgenden Text gehe ich davon aus, dass die drei oben beschriebenen wesentlichen Voraussetzungen gegeben sind. Trotzdem gilt es, vieles zu bedenken, damit das gemeinsame Leben und Lernen eines schwer behinderten Kindes gemeinsam mit nicht behinderten für alle Beteiligten förderlich ist.

Ich will mich an dieser Stelle nicht damit aufhalten, zu definieren, welche individuelle Schädigung oder Leistungsminderung als schwere Behinderung bezeichnet wird. (vgl. HINZ 2007). Meine Erfahrungen haben mir gezeigt, dass jeder individuelle Fall sehr speziell zu betrachten ist, nur drei Beispiele: Ein Mädchen im Grundschulalter ist aufgrund der Diagnose „Spina bifida" körperlich so eingeschränkt, dass sie ständig auf einen Rollstuhl angewiesen ist und von einer Fachkraft mindestens einmal im Laufe eines Schultages katheterisiert werden muss. Sie schreibt, spricht, rechnet, zeichnet flink und geschickt; das Schulgebäude ist rollstuhlgerecht. Die pflegerischen Aufgaben werden von einer Sozialstation zuverlässig übernommen. Keine „schwere Behinderung"! Allerdings: Das Mädchen kann während der Woche nicht in seiner Familie leben, sie wohnt in einem Wohnheim, gemeinsam mit schwerer behinderten Jugendlichen und Erwachsenen. Sie ist die einzige Heimbewohnerin, die eine Regelschule besucht. Diese Tatsache stellt sich als die eigentliche schwere Behinderung des schulischen Integrationsprozesses heraus. Die wechselnden Erzieher im Heim schaffen es nicht, den zuverlässigen Kontakt zur Schule zu halten. Mal fehlen die Hausaufgaben, mal die Turnsachen. Heimerzieher und Lehrer entscheiden nach zwei Jahren gemeinsam, es sei „das Beste für dieses Kind", wenn es in eine Sonderschule für Körperbehinderte wechselt. Der allein erziehende Vater kann sich gegen diese Entscheidung nicht wehren.

Ein anderes Mädchen kann bei der Einschulung nicht sprechen, sich nicht alleine von einer Seite zur anderen bewegen, den Kopf nur ganz langsam drehen und nicht heben. Für alle Grundbedürfnisse (Essen, Ankleiden, Lageveränderungen) benötigt sie Hilfe durch einen Erwachsenen. Die Eltern sagen über sie: „Ein reiner Pflegefall." Die Tatsachen, dass sie aufmerksamere Mimik in der Nähe von Kindern zeigt und, dass die Mutter als Lehrerin an der benachbarten Schule arbeitet, sind die Voraussetzungen, dass der gemeinsame Unterricht gewünscht wurde. „Schwere Behinderung"? Die Lehrerinnen, Mitschülerinnen und Mitschüler waren nicht dieser Meinung. Dieses Kind hatte eine beruhigende Wirkung auf die Klasse; alle Kinder beteiligten sich an der Suche nach Anregungen, mit denen sie die Aufmerksamkeit dieses Kindes gewinnen konnten und freuten sich über die kleinen Fortschritte (z.B. gezieltes Drehen des Kopfes). Dieses Kind blieb in der Regelschule.

An den Fähigkeiten müssen wir uns orientieren – nicht an den Defiziten, das galt auch für Benni. Seine Betreuerin, die ihn während sechs Jahren in der Grundschule begleitete schrieb:

Benjamin ist ein Schüler, der zu Beginn des dritten Schuljahres

- einen Gegenstand oder eine Person anschaut,
- Dingen und Personen nachschaut, die sich bewegen,
- bestimmte Personen wieder erkennt,
- willentlich zu greifen beginnt,
- differenziert auf weich/rau/kühl/warm reagiert,
- sich gerne anfassen, drücken, kitzeln und küssen lässt,
- auf Geräusche reagiert,
- aufmerksam zuhört, wenn mit ihm gesprochen wird,
- vor allem kehlige Laute von sich gibt,
- einen verhauchten bis kehligen Laut für »ja« äußert,
- lächelt, wenn es ihm gut geht, und den Mund verzieht, wenn ihm etwas nicht gefällt,
- versucht, durch Blicke Kontakt aufzunehmen,
- eine große Vielfalt in der Sprache seiner Augen hat,
- Ängstlichkeit zeigt, weint, sich aber leicht beruhigen lässt,
- mit Unterstützung sitzen kann, aber häufigen Positionswechsel benötigt,
- durch Fixieren der Bezugsperson und eines Gegenstandes auf einen Handlungszusammenhang aufmerksam macht,
- durch unruhiges Verhalten auf Bedürfnisse hinweist.

Die Integrationsklasse mit insgesamt zwanzig Schülerinnen und Schülern arbeitet überwiegend mit Formen des Offenen Unterrichts. Für Benni wurde eine sehr spezielle Unterrichtsorganisation festgelegt und von den drei Erwachsenen, die am meisten in der Klasse sind, mit den übrigen Kindern besprochen: Reihum arbeitet täglich ein anderes Kind mit ihm, und zwar mit ähnlichen, aber abgewandelten Materialien aus den Bereichen Deutsch, Mathematik und Sachkunde, an denen auch die anderen Kinder arbeiten. Wenn z.B. die Rechtschreibung mit »ie« an den Beispielen Sieb und Grieß geübt wird, bekommt Benni diese Gegenstände zum Anfassen. Daneben erhält er spezielle Lernangebote. Außerhalb des Klassenraums nimmt er mit seiner Klasse am Sport- und Musikunterricht und einmal wöchentlich am Unterricht in der öffentlichen Schwimmhalle teil. Daneben trainiert er im Einzelunterricht in einem Nebenraum die Bedienung einer Tastatur; später soll er lernen, damit gezielt zu kommunizieren. Zusätzlich nimmt er an einer klassenübergreifenden Fördergruppe zum Erstlesen und Schreiben teil. Der Pflege- und Versorgungsbereich ist in den Unterricht einbezogen. Benni muss gewickelt werden, Nahrung bekommt er während des Schultages flüssig (Flasche) oder als Brei (mit dem Löffel).

Benni liegt während des Unterrichts auf einem großen Kasten, der seinen Bedürfnissen entsprechend gut gepolstert ist und mit Rollen leicht im Klassenraum umher bewegt werden kann. Aus seiner seitlichen Liegeposition, etwa 10 cm über Tischhöhe, kann er die anderen Kinder gut beobachten. Benni ist bei seinen Mitschülerinnen und Mitschülern beliebt. Sie gehen gern zu ihm. Er hat auch eine spezielle Freundin.

Nach der 6. Klasse an einer Integrationsschule in Berlin war keine weiterführende Schule bereit, ihn zu fördern. Er wurde einer Schule für Geistigbehinderte zugewiesen. Die Mutter entschied sich, in ein anderes europäisches Land auszuwandern, wo er die Schule des Wohnortes besuchen konnte.

In Deutschland ist es für viele Lehrerinnen und Lehrer sicherlich deswegen schwierig, sich den gemeinsamen Unterricht vorzustellen, weil sie aus ihrer eigenen Schulzeit oder zumeist auch aus dem privaten Umfeld keine Erfahrungen haben, wie mit den alltäglichen Problemen umgegangen werden könnte. Es gibt zumeist keine beratende Institution, von der aus die möglichen Konflikte begleitet werden; Aus- und Fortbildungen sind bisher selten (zur Qualifikation für den Unterricht mit schwer behinderten Kindern vgl. Hömberg 2003). Es wäre notwendig, dass Lehrerinnen und Eltern gestützt werden, damit sie die langsamen Fortschritte, die täglich oft nicht wahrgenommen werden, würdigen können. Bei fortschreitenden Erkrankungen oder wenn aufgrund veränderter äußerer Rahmenbedingungen ein Integrationsprozess abgebrochen werden muss, ist einfühlsame psychologische Begleitung notwendig. Ich bin oft gefragt worden, ob es für die betroffenen Familien nicht besser sei, mit der Integration nicht zu beginnen, wenn die Fortführung nach der Kindergarten- oder Grundschulzeit unsicher sei. Die beteiligten Eltern haben mir in solchen Fällen immer gesagt, dass sie die gemeinsame Zeit nicht vermissen wollen.

Häufig lähmt am Beginn eines Weges für den gemeinsamen Unterricht die Angst vor der Ungewissheit jegliches pädagogische, praktische Handeln. Die Beteiligten bleiben in der theoretischen Abwägung dessen, was passieren könnte, stecken. Aber die Wege in die Gemeinsamkeit entwickeln sich beim Gehen. Der erste Schritt muss getan werden.

Literatur

CUOMO, N: „Schwere Behinderungen" in der Schule, Bad Heilbrunn 1988

EMPT, A.: Autismustherapie und Förderung – wo sie schadet, wie sie nützt. In: Behindertenpädagogik 40 (2000) 82–92

FEYERER, E. / PRAMMER, W.: Gemeinsamer Unterricht in der Sekundarstufe I – Anregungen für eine integrative Praxis. Weinheim 2003

HANS, M./GINNOLD, A. (Hrsg.): Integration von Menschen mit Behinderungen – Entwicklungen in Europa. Neuwied 2000

HINZ, A. (Hrsg.): Schwere Mehrfachbehinderung und Integration – Herausforderungen, Erfahrungen, Perspektiven. Marburg 2007

HINZ, A.: Von der Integration zur Inklusion– terminologisches Spiel oder konzeptionelle Weiterentwicklung? In: Zeitschrift für Heilpädagogik 53, 2002, 354–361. Im Internet unter http://bidok.uibk.ac.at/library/hinz-inklusion.html. [06.04.2008]

HÖMBERG, N.: Aspekte beruflicher Qualifikation bei Pädagogen/innen, die Schülerinnen und Schüler mit schwersten Beeinträchtigungen in integrativen Klassen unterrichten. In: vds-NRW (Hrsg.): Körperbehindertenpädagogik. Praxis und Perspektiven. Unterricht und Erziehung mit Schülern und für Schüler mit Körperbehinderungen. Meckenheim 2003, 177–191. Im Internet unter http://bidok.uibk.ac.at/library/hoemberg-kompetenz.html [06.03.2008]

MUTH, J. u. a.: Behinderte in allgemeinen Schulen. Essen 1982

PREUSS-LAUSITZ, U. : Integration Behinderter zwischen Humanität und Ökonomie. Zu finanziellen Aspekten sonderpädagogischer Unterrichtung. In: erziehung heute, Sonderheft: Weissbuch Integration, Heft 3, 1998 / betrifft:integration, Sondernr. 3a 1998, S. 32–40. Hrsg: Tiroler Bildungspolitische Arbeitsgemeinschaft, Studien Verlag Innsbruck 1998. Im Internet unter http://bidok.uibk.ac.at/library/preuss_lausitz-weissbuch_oekonomie.html [06.03.2008]

SCHÖLER, J.: Leitfaden zur Kooperation von Lehrerinnen und Lehrern – nicht nur in Integrationsklassen. Heinsberg 1997

SCHÖLER, J.: Die Aufgaben der Schulleitung bei der gemeinsamen Erziehung behinderter und nichtbehinderter Kinder. In: Gemeinsam leben – Zeitschrift für integrative Erziehung 9 (1999). Im Internet unter http://bidok.uibk.ac.at/library/gl3-99-schulleitung.html [06.03.2008]

SCHÖLER, J.: "Neben ihr sitzt immer ein Erwachsener" – die Tätigkeiten von pädagogischen Hilfskräften im gemeinsamen Unterricht von behinderten und nichtbehinderten Kindern. In: Gemeinsam leben 10 (2002) 161 – 165. Im Internet unter http://bidok.uibk.ac.at/library/gl4-02-erwachsener.html [06.03.2008]

SCHOLZ, A/ROTHENBERGER, A.: Mein Kind hat Tics und Zwänge. Erkennen, verstehen und helfen beim Tourette-Syndrom. Göttingen 2001

WILHELM, M./EGGERTSDÓTTIR, R./MARINÓSSON, G. L. (Hrsg.): Inklusive Schulentwicklung. Planungs- und Arbeitshilfen zur neuen Schulkultur. Weinheim 2006

WOCKEN, H.: Andere Länder, andere Schüler? Vergleichende Untersuchungen von Förderschülern in den Bundesländern Brandenburg, Hamburg und Niedersachsen. Potsdam 2005. Im Internet unter http://bidok.uibk.ac.at/Download/wocken-forschungsbericht.pdf [06.03.2008]

Gudrun Doll-Tepper

11 Integrationspädagogik, Bewegung und Sport

Die integrative Arbeit hat sich in den Bereichen von Bewegung und Sport in den letzten Jahren in sehr vielfältiger Weise entwickelt. Blick- bzw. Perspektivwechsel kennzeichnen die theoretische Auseinandersetzung und die praktische Umsetzung. Eine besondere Rolle kommt dabei der Entstehung und den Aktivitäten von entsprechenden Netzwerken, vor allem auf europäischer Ebene, zu, wobei schulische und außerschulische Handlungsfelder Berücksichtigung finden. Dieser Beitrag verfolgt unterschiedliche Entwicklungslinien, wie sie sich in verschiedenen Fachdisziplinen aufzeigen lassen, und versucht, neue Verknüpfungen vorzunehmen. Dabei werden auch Themenfelder identifiziert, die stärker als bisher einer mehrperspektivischen Betrachtung und Auseinandersetzung bedürfen.

11.1 Bewegung als wichtige Dimension des Lernens und Lebens

In vielen wissenschaftlichen Arbeiten und Untersuchungen ist die Bedeutung der Bewegung bzw. der Motorik für Menschen mit einer Behinderung herausgearbeitet worden (vgl. IRMISCHER/FISCHER 1990; FEDIUK 1992a; FEDIUK 1992b; SCHEID 1995; RIEDER/HUBER/WERLE 1996; EUGSTER/BÜSCH 2003; DOLL-TEPPER/NIEWERTH 2003; HARTMANN/BÖS 2006). Interessant ist dabei, dass von den Autoren und Autorinnen unterschiedliche Begriffe und Definitionen verwendet werden. So werden teilweise die Termini Bewegung und Motorik bevorzugt, andere wählen den Begriff des Sports, wobei sie ein sehr breites Verständnis zugrunde legen, sich also keineswegs nur auf die Elemente des Wettkampfes und des Konkurrenzverhaltens beziehen. In den letzten Jahren richtet sich der Blick vor allem auf Menschen mit Behinderungen in den verschiedenen Altersphasen, eine Schwerpunktsetzung auf Kinder und Jugendliche wird abgelöst durch eine „Lebensspannen-Perspektive". Die Bedeutung von Bewegung für die Lebensqualität, im Englischen wird hier der Begriff „Physical Activity" verwendet, wird besonders auch in den neuen Konzepten und Strategiepapieren der WHO hervorgehoben. So verbindet die „Global Strategy on Diet, Physical Activity, and Health" der WHO (2004) Elemente der Ernährung und Bewegung im Kontext von Gesundheit. Auch bei der "International Classification of Functioning, Disability and Health (ICF)" (2001) wird Bewegung als ein zentraler Bestandteil von Gesundheit betont, wobei dies mit anderen wichtigen Komponenten wie soziale Teilhabe von Menschen mit einer Behinderung verbunden wird. Zweifellos beeinflussen die Sichtweise und Aktionen der WHO auch die Diskussionen hierzulande; allerdings bleibt festzuhalten, dass bereits seit vielen Jahren auf europäischer und internationaler Ebene sich eine fachliche Entwicklung vollzogen hat und sich gegenwärtig auch weiter verbreitet, die für ihr interdisziplinäres Fachgebiet als Oberbegriff den Terminus „Adapted Physical Activity" gewählt hat und auf das in Kapitel 4 detaillierter eingegangen wird.

11.2 Bewegung als Ausdruck von Kreativität und Kompetenz

Bei der Beschäftigung mit Bewegung und Bewegungserziehung ist immer auch der Aspekt der individuellen Kreativität in den Blick zu nehmen (vgl. NAVILLE 2003). Kreatives Potenzial zu wecken, war und ist das Anliegen von Pädagogen und Pädagoginnen, die die unterschiedlichen Ausdrucksformen des sich bewegenden Menschen in den Mittelpunkt ihrer Arbeit stellen. Auf der Basis einer Bewegungslehre des ungarischen Tänzers und Tanzpädagogen RUDOLF VON LABAN (1879–1958) entwickelten sich neue Ansätze einer Bewegungserziehung, die schließlich Eingang in die Ausbildung von Tanzpädagogen und -therapeuten fand bzw. neue Schulen begründete, z.B. die der Tänzerin und Choreografin TRUDI SCHOOP (1974). FRIEDMANN (1989) beschreibt in ihren Essays die Arbeit von LABAN, ALEXANDER und FELDENKRAIS, die sie als Pioniere bewusster Wahrnehmung durch Bewegungserfahrung bezeichnet. In ihrer eigenen Arbeit mit entwicklungsverzögerten und behinderten Kindern und Jugendlichen greift sie deren Konzepte auf, wobei Akzente auf die Körpererfahrung und -beherrschung sowie auf das Körperbewusstsein gesetzt werden, um so zu einer inneren Harmonie, einer Einheit von Körper, Geist und Seele zu gelangen. Sie betont: „Labans Theorien halfen mir auch, neue Möglichkeiten zu finden, um kulturell benachteiligten und retardierten Kindern zu helfen [...] Diese Kinder leiden unter einem negativen Körper-Selbstbild. Ihnen fehlt das Konzept des Raumes. Sie haben eine sehr schlechte Zeitorientierung und kein Verständnis für Form, Schwerkraft und Fluß" (FRIEDMANN 1989, 33). Sie führt dann aus:

„Das Erfolgserlebnis im Bereich der Bewegung und des Sports ist die Quelle zur Stärkung des Selbstwertgefühls, des positiven Körperbildes und des Selbstkonzeptes" (FRIEDMANN 1989, 33). Das besondere und übergreifende Prinzip dieser Ansätze liegt vor allem darin, dass es keinen Menschen ausschließt. Die individuellen Gestaltungsideen und -möglichkeiten jedes Einzelnen finden Beachtung und heben Begrenzungen auf. Hier liegen gegenwärtig bisher noch ungenutzte Potenziale einer Bewegungsförderung und -erziehung, die über die therapeutische Arbeit, z.b. in der Bewegungs- und Tanztherapie hinausgehen.

Mit den kreativen Möglichkeiten des Körpers und der Bewegung haben sich in den letzten Jahrzehnten auch die Vertreter der Psychomotorik (KIPHARD 1966; KIPHARD 1979; EGGERT 1975; KIPHARD 1983a; KIPHARD 1983 b; HÖLTER 1988; HUBER/RIEDER/NEUHÄUSER 1990; IRMISCHER/FISCHER 1990; ZIMMER/CICURS 1993; RIEDER/HUBER/WERLE 1996; RIEDER 1996; FISCHER 2001) in einer Vielzahl von Arbeiten auseinandergesetzt und damit die Grundlage für die Entwicklung neuer Förderkonzepte gelegt. Es haben sich unter dem Begriff „Psychomotorik" eine Reihe von Verfahren mit therapeutischer und pädagogischer Orientierung entwickelt, „die das Ziel haben, Menschen im gesamten Altersspektrum in ihrer Entwicklung zu unterstützen" (LOOSCH/SEEWALD 2003, 436). Der kreative Umgang mit dem Körper und die Entwicklung von Ich-, Sach- und Sozialkompetenzen stellen zentrale Anliegen der Psychomotorik dar, die sich auf der Grundlage der Psychomotorischen Übungsbehandlung von KIPHARD (1966) entwickelt hat. Schon zu Beginn seiner Arbeit stellte er fest, wie wichtig das Erfinden eigener Bewegungsformen sowie die Improvisation und Darstellung für die Entwicklung der Kinder sind. Darüber hinaus entwickelte er Bewegungsangebote, die die Kinder und Jugendlichen zu Zauberkünsten und Zirkusspielen (vgl. KIPHARD/PADE 1986) inspirieren sollten. Konzepte, wie sie heute in integrativen Zirkusprojekten realisiert werden, z.B. Beispiel der „Circus Sonnenstich" in Berlin, der artistisch-künstlerische Projekte für Jugendliche mit so genannter geistiger Behinderung anbietet (Sonnenuhr e.V. 2007).

Wenig bekannt ist bisher in Deutschland ein Ansatz, der unter dem Begriff „Physical Literacy" in England von WHITEHEAD (2001, 2004) entwickelt wurde. Sie betont die Bedeutung motorischer Kompetenz, die für die ganzheitliche Entwicklung des Menschen eine zentrale Rolle spielt. Dieser Ansatz hat inzwischen Eingang in die Bewegungs- und Sporterziehung in schulischen und außerschulischen Feldern gefunden und wird insbesondere im Kontext inklusiver Erziehung diskutiert. Im Zusammenhang mit Inklusion betont TALBOT (2007) „But it also brings with it enormous challenge for teachers, since there is such a range of backgrounds, abilities and interests among children in most school classes and groups. Since in most cases, physical education is delivered in multi-ability groups, and commonly in whole-class groupings, meeting this challenge will test the abilities and commitment of even the most talented teachers" (TALBOT 2007, 6–7)! Kreativität und Kompetenzen durch Körpererfahrungen und Bewegung zu entwickeln, ist für die pädagogische Arbeit von essentieller Bedeutung. Dies gilt es bei der Weiterentwicklung von Konzepten stärker als bisher zu berücksichtigen. In integrations- bzw. inklusionspädagogischen Arbeiten findet dieser Bereich häufig nur geringe Aufmerksamkeit, ebenso wie dies generell im pädagogischen Diskurs festzustellen ist. Nationale und internationale Vergleichsstudien beispielsweise untersuchen mathematische Kompetenzen und Lesekompetenzen, die „physical literacy", also die motorische Kompetenz, findet bisher keine Beachtung.

11.3 Adapted Physical Education/Activity und Integration

"Adapted Physical Activity" hat sich als ein Fachgebiet verschiedener Wissenschafts- und Praxisbereiche entwickelt (DOLL-TEPPER 2003) und lässt sich nach einer Definition von SHERRILL (1996) wie folgt beschreiben:
Adapted Physical Activity umfasst Theorie und Praxis, basierend auf verschiedenen Wissenschaftsdisziplinen und bezogen auf lebenslange Aktivität von Individuen, deren Einzigartigkeit in Funktion, Struktur oder Erscheinungsbild Fachwissen erfordert im Hinblick auf (a) die Überprüfung und Anpassung des Ökosystems (Mensch – Umwelt) und (b) das Ermöglichen gesellschaftlicher Veränderungen hinsichtlich gleichberechtigten Zuganges, Integration, lebenslangen Wohlbefindens, Bewegungserfolg und Ermutigung und Selbstverwirklichung" (SHERRILL 1996, 389; eigene Übersetzung).
In den USA fand bereits 1952 der Begriff „Adapted Physical Education" Verwendung und bezog sich auf Unterrichtsangebote für Schüler und Schülerinnen mit einer Behinderung, die nicht am regulären Sportunterricht teilnehmen konnten. Für sie waren Bewegungsangebote zu entwickeln, die an ihre jeweiligen individuellen Möglichkeiten und Bedürfnisse angepasst waren. Im Zuge verstärkter integrativer Beschulung fanden diese Konzepte von „Adapted Physical Education" Eingang in das Regelschulsystem in den USA und inzwischen auch in vielen anderen Ländern weltweit. Gleichzeitig erfolgte eine Erweiterung der fachlichen Auseinandersetzung durch die Einführung von Adapted Physical Activity, in dem Sinne wie Sherrill es beschrieb. Auf europäischer Ebene entstand seit Mitte der 80er Jahre eine Vielzahl von

Initiativen, die mit dem Ansatz von „Adapted Physical Activity" verbunden sind. Zum einen wurden seit 1991 Ausbildungsmöglichkeiten angeboten, an denen sich Universitäten und Hochschulen fast aller europäischer Länder beteiligten. Dieser „European Master's Degree in Adapted Physical Activity (EMDAPA)" wird seither von der KU Leuven, Belgien, koordiniert. Seit 2005 können auch Studierende aus außereuropäischen Ländern an diesem Studiengang teilnehmen, er wurde zum „ERASMUS MUNDUS Master in Adapted Physical Activity (EMMAPA)" erweitert. Seit 1997 gibt es ein weiteres Studienangebot, das „European University Diploma in Adapted Physical Activity (DEUPA)" koordiniert von der Université Paris X. Diese Initiativen zeigen deutlich, wie der Qualifizierungsauftrag von den Hochschulen wahrgenommen wurde und wird, wobei die Entwicklungen an den einzelnen Ausbildungsinstitutionen als sehr unterschiedlich einzuschätzen sind. An deutschen Hochschulen finden sich bisher nur vereinzelt Bemühungen um den Ausbau qualifizierender Angebote im jeweiligen Fach bzw. in einem Fächerverbund. Dennoch haben sich nach Bericht von VAN COPPENOLLE u. a. 2004 auch Kolleginnen und Kollegen aus Deutschland an der Netzwerkentwicklung im Bereich „Adapted Physical Activity" beteiligt, so insbesondere am ersten europäischen Netzwerk „Thematic Network Educational and Social Integration of Persons with a Disability through Adapted Physical Activity (THENAPA I)". Im Rahmen dieser Gemeinschaftsarbeit sind vielfältige Materialien entstanden, die als Grundlage für Lehrtätigkeit und Forschung dienen können (vgl. DE POTTER u. a. 2004). Hervorzuheben sind die Bemühungen der europäischen Arbeitsgruppe um die Schaffung eines europäischen Curriculums, das in verschiedenen Sprachen als CD-Rom vorliegt. Ende 2004 wurde eine weitere Initiative gestartet, die besonders Menschen mit einer Behinderung im höheren Lebensalter und die Bedeutung von Bewegung und Sport in den Blick nimmt. Im Rahmen des 2. europäischen Netzwerkes „Thematic Network Adapted Physical Activity – Ageing and Disability – a new crossing between physical activity, social inclusion and life-long well-being" sind ebenfalls in den einzelnen Ländern Entwicklungen und Konzepte analysiert worden, die dann in die Gemeinschaftsarbeit einbezogen wurden. Für Deutschland liegt eine Darstellung der aktuellen Situation von KOENEN/STURA (2006) vor, ebenso sind die Ergebnisse einer nationalen Tagung zu diesem Thema in einer Dokumentation veröffentlicht (vgl. Informationsstelle für den Sport behinderter Menschen 2007). Umfangreiche Materialien zu diesem Spezialthema, das bisher in der Fachwelt nur geringe Beachtung fand, wurden im Jahr 2007 fertig gestellt.

11.4 Integrative Ansätze im Sport

Eine Vielzahl von Projekten und Maßnahmen hat sich in den letzten Jahren mit den Möglichkeiten integrativer Praxis im Sport beschäftigt. Dabei fanden schulische und außerschulische Handlungsfelder gleichermaßen Berücksichtigung (DOLL-TEPPER 1996; 2002). Neben der Identifikation von Barrieren der Teilnahme, z.B. Einstellungen gegenüber Menschen mit einer Behinderung, geringen wohnortnahen Angeboten, unzureichenden Sportstätten, Zeit- und Transportproblemen (BECKMANN/OHLERT 2002) wurde und wird nach Wegen zu einem „Sport ohne Barrieren" gesucht. FEDIUK (1992 a) setzt sich seit längerem mit den Möglichkeiten eines Integrationssports auseinander. Er fordert „die Annahme eines jeden (ob behindert oder nicht) und die Schaffung von Voraussetzungen, damit jeder mit seinen Fähigkeiten, Voraussetzungen und Interessen und seinen sozialen Beziehungen in dieser Gesellschaft als gleichberechtigter Partner leben kann" (FEDIUK 1992 a, 19). Seit fast 30 Jahren existieren in Deutschland so genannte Integrationsprojekte im Sport (FEDIUK 1992a; FEDIUK 1999; SCHEID 1995), ohne dass allerdings bisher eine flächendeckende Umsetzung des „Sports für alle" gelungen ist. Interessant ist dabei festzustellen, dass es bei den ersten Integrationssportgruppen vor allem um das Sporttreiben der Familien mit behinderten Kindern ging, so bei den Projekten in Göttingen (MENTZ/MENTZ 1982), in Würzburg (KAPUSTIN 1991) und in Paderborn (RHEKER 1993). Ein erweiterter Personenkreis wurde bei den Integrationssportgruppen in Hamburg (LAURISCH 1988), den Projekten der Hessischen Sportjugend (Sportjugend Hessen 1990) und bei integrativen Sportangeboten des TSV GutsMuths 1861 e.V. Berlin (vgl. NICKEL/NICKEL 1999) angesprochen und einbezogen.

Auch im schulischen Bereich lassen sich Verbesserungen konstatieren, dennoch, so stellen BECKMANN/OHLERT (2002) fest, werden Schülerinnen und Schüler mit einer Behinderung immer noch häufig vom Schulsport befreit. Die Möglichkeiten der Integration im Schulsport sind von FEDIUK (1999) und MÜLLER (2001) herausgearbeitet worden und finden teilweise auch in den Konzepten der „Bewegten Schule" (vgl. Regensburger Projektgruppe 2001; Auberger 2000) Berücksichtigung. Dabei ist es das Ziel, „Bewegung sinnvoll in den Unterrichtsalltag der Schulen zu integrieren und sie zum integralen Bestandteil schulischen Lehrens und Lernens zu machen" (PÜHSE 2003, 81). WEICHERT (2000) diskutiert in seinem Beitrag „Differenzieren und integrieren" Möglichkeiten und Grenzen bisheriger Integrationsbemühungen im Schulsport und äußert Zweifel an der Einlösung des Integrationsanspruchs in der Schule, weist aber auch auf Wege zur Problemlösung. Für den Schulsport

schlägt er „Integrieren durch differenzierte Bewegungsbeziehungen" (WIECHERT 2000, 202) vor und gibt folgende Voraussetzungen für das Gelingen einer Bewegungsbeziehung an:
- "eine gemeinsame Handlungsplanung mit individuellen Spielräumen
- Kennen und Hineinversetzen in die Bedingungen des anderen
- Wechselbeziehung über Bewegung zwischen den Beteiligten
- Anforderungen für jeden an der Grenze seines Könnens
- die Möglichkeit der Kompensation von Defiziten, ohne strukturell die Attraktivität der Bewegung zu verringern
- ein Wechsel von Anspannung und Entspannung, von „Sport" und Spiel,
- Vertrauen in das Können, die Hilfsbereitschaft und die Toleranz des anderen und
- reflektierender Abstand zum Tun (WEICHERT 2000, 203)"

Er betont die Möglichkeiten im Umgang mit Heterogenität und unterscheidet „Äußere Differenzierung", „Äußerliche Integration" und „Integration als echte Gemeinsamkeit" und stellt resümierend fest: „Sport kann sowohl unter dem Anspruch der Individualisierung durch Differenzierung als auch unter dem der Integration betrieben werden. Der etablierte Wettkampfsport hat eine eindeutige Tendenz zur äußeren Differenzierung. Wenn in der Zukunft die im Sport liegenden autonomen Differenzierungs- und damit Integrationschancen genauso genutzt werden, dann wird Sport mehr Menschen erreichen. Sportunterricht sollte dazu beitragen! Über das „Wie?" gilt es noch vermehrt nachzudenken" (WEICHERT 2000, 209). Die schulische Förderung von Kindern und Jugendlichen mit einer Behinderung ist in den vergangenen Jahrzehnten auch mehrfach von der Kultusministerkonferenz thematisiert worden und es sind entsprechende Empfehlungen ausgesprochen worden. So hat die Kultusministerkonferenz 1994 allgemeine „Empfehlungen zur sonderpädagogischen Förderung in den Schulen der Bundesrepublik Deutschland" (KMK 1994) verabschiedet, in denen sich eine veränderte Sichtweise sonderpädagogischer Förderung feststellen lässt. Dazu heißt es, dass „die Erfüllung sonderpädagogischen Förderbedarfs nicht an Sonderschulen gebunden ist, ihm kann auch in allgemeinen Schulen, zu denen auch berufliche Schulen zählen, vermehrt entsprochen werden" (KMK 1994, 2). In den Jahren von 1996 bis zum Jahr 2000 sind auf der Grundlage der Empfehlungen von 1994 eine Reihe von Einzelempfehlungen verabschiedet worden, die alle Förderschwerpunkte umfassen. Eine sportwissenschaftliche und sportdidaktische Auseinandersetzung mit diesen Empfehlungen erfolgte bisher eher punktuell, ebenso wie die Integrationspädagogik- bzw. Inklusionsdiskussion, wie sie unter anderem von EBERWEIN/KNAUER (2003), SANDER (2003; 2004) und

HINZ (2002) geführt wird, noch unzureichend Eingang in den wissenschaftlichen Diskurs im Fach Sport gefunden hat, so bei Fachtagungen und wissenschaftlichen Studien. Die erste großangelegte Untersuchung zur Situation des Schulsports in Deutschland, die DSB-SPRINT-Studie (Deutscher Sportbund/Deutsche Sportjugend 2006) hat beispielsweise den Schulsport von Kindern und Jugendlichen mit einer Behinderung nicht berücksichtigt. Auch das 1981 vom Deutschen Sportbund und der Kultusministerkonferenz verabschiedete gemeinsame Programm „Sport mit behinderten Kindern und Jugendlichen" wird erst gegenwärtig überarbeitet (KMK/DSB 1981). Hervorzuheben ist jedoch, dass – bezogen auf die sonderpädagogischen Förderschwerpunkte – der Bewegungsbereich spezielle Erwähnung findet, so heißt es z.B. bei Förderschwerpunkten im Bereich der emotionalen und sozialen Entwicklung, des Erlebens und der Selbststeuerung, des Umgehen-Könnens mit Störungen des Erlebens und Verhaltens: „Musische, sportliche und technische Unterrichtsangebote, Projekte und gruppenpädagogische Verfahren eigenen sich in besonderer Weise für die Förderung dieser Schülerinnen und Schüler und sollten daher den entsprechenden Stellenwert im Rahmen der schulischen Arbeit erhalten" (KMK 2005, 125). Bei Förderschwerpunkten im Bereich der körperlichen und motorischen Entwicklung, des Umgehen-Könnens mit erheblichen Beeinträchtigungen im Bereich der Bewegung wird betont: „Psychomotorische Maßnahmen sind in die alltägliche Unterrichtsarbeit einzubeziehen" (KMK 2005, 126). Bei Förderschwerpunkten im Bereich des Sehens, der visuellen Wahrnehmung, des Umgehen-Könnens mit einer Sehschädigung heißt es: „Die Schülerinnen und Schüler erhalten vor allem durch Rhythmik, Sport und Tanz Sicherheit in der Bewegung, eine gute Körperbeherrschung und Körperhaltung" (KMK 2005, 127). Bezogen auf die jeweiligen Förderbereiche sind praxisorientierte Beiträge vorgelegt worden, z.B. von TIEMANN (2003), WURZEL (2003) u. a., wobei diese sich in einen größeren Zusammenhang einordnen lassen, der sich „auf dem Weg zur Inklusion" überschreiben ließe. So plädieren FEDIUK/HÖLTER (2003) für eine Sportpädagogik der Vielfalt und WEICHERT (2003) betont die Heterogenität als Chance, wie sie an anderer Stelle dieses Beitrages genauer beschrieben wird.

Im Jahr 2006 hat eine Arbeitsgruppe mit Vertreterinnen und Vertretern der Kultusministerien, des Deutschen Behindertensportverbandes/der Deutschen Behindertensportjugend sowie des Deutschen Olympischen Sportbundes/der Deutschen Sportjugend ein Programm entwickelt, das Kindern und Jugendlichen mit Behinderung die Teilnahme an den Bundesjugendspielen ermöglichen soll. Die Erprobungsphase ist für das Schuljahr 2007/08 vorgesehen, eine Evaluation dieser Phase eingeplant, und es wird eine Berücksichtigung im Regelprogramm der Bundesjugendspiele im Schuljahr 2008/09 in Aussicht gestellt.

Bezogen auf den Vereinssport ist festzustellen, dass deutliche Diskrepanzen bezüglich einer Mitgliedschaft im Sportverein zwischen Kindern und Jugendlichen mit und ohne eine Behinderung bestehen. SPEIKE-BARDORFF (1990) wies darauf hin, dass ca. 63 % aller Kinder und Jugendlichen im Alter von 7 bis 18 Jahren im Sportverein organisiert sind, allerdings nur ein sehr geringer Teil der Kinder und Jugendlichen mit einer Behinderung. Aktuelle Mitgliederstatistiken belegen, dass es hier bisher wenig Veränderungen gegeben hat. Im Jahr 2006 waren in dieser Altersgruppe knapp 62 % in Sportvereinen organisiert (DOSB 2006, 14). Zu diesen 62 % im Deutschen Olympischen Sportbund organisierten Kindern und Jugendlichen gehören die Mitglieder des Deutschen Behindertensportverbandes, die 0,226 % aller Kinder und Jugendlichen im Alter zwischen 7 und 18 Jahren repräsentieren (DBS 2007). Die Ursachen für die geringe Anzahl sporttreibender Kinder und Jugendlicher mit einer Behinderung in Vereinen sind vielfältig. Fediuk (1992a) führt vor allem gesellschaftliche Barrieren auf, die auch im System Sport existieren. Ein Mangel an wohnortnahen Sportangeboten und an ausgebildeten Übungsleitern und Trainern kann ebenfalls als Begründung herangezogen werden. Dennoch zeichnen sich positive Veränderungen ab, die sich insbesondere auf verbesserte Kooperationen zwischen Schule und Verein (FESSLER/RIEDER 1997; FESSLER/ZIROLI 1997; SCHEID/RIEDER 2000) beziehen und bis in den Bereich des Leistungssports zeichnen. So hat sich beispielsweise der Olympiastützpunkt Berlin seit 2000 für Sportler und Sportlerinnen mit einer Behinderung geöffnet und bietet damit diesem Personenkreis ein sportwissenschaftlich und sportmedizinisch fundiertes Angebot für Training und Wettkampf. An dieser Stelle soll auf die Teilnahme von Athleten und Athletinnen mit einer Behinderung im Leistungssport eingegangen werden. Scherney, eine österreichische Sportlerin mit einer Behinderung, setzt sich in ihrem Beitrag „Wettkampfsport – Das Recht der Menschen mit Behinderung, die Herausforderung anzunehmen! Ein Plädoyer für den Leistungssport" (SCHERNEY 2003) differenziert mit den Pro- und Contra-Argumenten auseinander. Als häufig geäußerte Vorwürfe führt sie an:
Leistungssport führt zu Sekundärschäden!
- Im Leistungssport fehlt es an Kontinuität und an bewusstem und fachgerechten Setzen von Zielen in Training und Wettkampf. Es dominiert das ungeduldige „je mehr, desto besser"!

- Im Leistungssport dominieren Emotionen das Geschehen und führe zu riskanten Belastungen!
- Leistungssport widerspricht den Zielen der Rehabilitation!
- Im Leistungssport wird die Behinderung, das eigene Schicksal kompensiert!
- Im Leistungssport lauern Gefahren (vgl. SCHERNEY 2003).

In ihrem Beitrag setzt sie sich ausführlich mit diesen Vorwürfen auseinander und widerlegt sie. Sie macht deutlich, dass es das Recht der Sportler und Sportlerinnen mit einer Behinderung ist, selbstbestimmt über ihr Leben und ihre Handlungsweisen zu entscheiden. Sie sieht „im Leistungssport behinderter Menschen einen wichtigen Beitrag, um im gesellschaftlichen Bewusstsein den Gedanken der umfassenden, gleichberechtigten Teilhabe behinderter Menschen an der Gesellschaft zu fördern" (SCHERNEY 2003, 81). Auch mit der Frage der Integration von behinderten und nichtbehinderten Sportlern und Sportlerinnen im Leistungssport setzt sie sich auseinander und hebt dabei die gemeinsamen Trainingsmöglichkeiten und integrative Sportfeste hervor, argumentiert aber für getrennte Wettkampfaktivitäten, z.B. bei nationalen und internationalen Meisterschaften und bei den Paralympics.

Im „Ersten Deutschen Kinder- und Jugendsportbericht (Schmidt/Hartmann-Tews/Brettschneider 2003) beschäftigt sich ein spezielles Kapitel mit dem Thema „Kinder und Jugendliche mit Behinderungen im Sport" (DOLL-TEPPER/NIEWERTH 2003, 339–359). Sowohl für den integrativen Schulsport als auch für den integrativen Freizeitsport wird der Forschungsstand als unzureichend bezeichnet. Daraus abgeleitet wird ein erheblicher Forschungsbedarf ermittelt und zwar in Bezug auf Untersuchungen

- „zur Identifikation spezifischer Freizeit- und Sportinteressen und zum Stellenwert des Sports in Schule und Freizeit
- zu den Langzeitwirkungen spezieller sportlicher Fördermaßnahmen
- zur Bedeutung integrativer Sportangebote für die schulische und außerschulische Integration
- zu den Bedingungsfaktoren, die Kindern und Jugendlichen mit Behinderungen den Weg zum Sport öffnen können
- zu behinderungsspezifischen physischen und psychischen Belastungsgrenzen und ihren Auswirkungen auf die Teilhabe am Sport in Schule und Freizeit
- zur Erforschung motorischer Lernprozesse unter den spezifischen Bedingungen körperlicher oder geistiger Behinderungen
- zur besonderen Motivlage von Kindern und Jugendlichen mit Behinderungen im Sport, ihren Vorbildern und Selbstkonzepten

– zum sozialen Umfeld (Eltern, Geschwister, Lehrer, Mediziner, Psychologen etc.) und seines Stellenwerts für die Einstellung der Kinder und Jugendlichen mit Behinderung zum Sport." (DOLL-TEPPER/NIEWERTH 2003, 359)
Ähnliche Forderungen werden auch international gestellt, so von Fitzgerald (2006) im Beitrag „Disability and physical education" in einem aktuellen „The Handbook of Physical Education" (KIRK/MACDONALD/O'SULLIVAN 2006), in dem sie abschließend feststellt: „I have attempted to straddle the discursive boundaries of sports pedagogy, sociology, special education, education, disability studies and adapted physical activity. It is a challenge all researchers interested in and committed to issues focusing on disability and physical education must also meet, otherwise any new understandings developed will not be shared or understood between this diverse research community" (FITZGERALD 2006, 762).
Die eigenen fachlichen Bezüge zu erweitern, stellt für Lehre und Forschung eine besondere Herausforderung dar. Positiv zu bewerten ist dabei, dass die Notwendigkeit dieser „Grenzüberschreitungen" und „Perspektivenwechsel" in Fachkreisen erkannt werden und nun umzusetzen sind.

11.5 Blickwechsel: Von „Behinderten" lernen

Auf ein besonders interessantes Beispiel aus der Praxis soll im Folgenden eingegangen werden. Mit ihrer Initiative „Behinderte helfen Nichtbehinderten" stellt REINHILD MÖLLER (2003) ein neues Konzept als Ergänzung zu den bisherigen Integrationsbemühungen vor. Sie plädiert für einen Blickwechsel, indem sie und andere Sportler und Sportlerinnen mit einer Behinderung auf Kinder und Jugendliche zugehen, mit ihnen sprechen und diskutieren und so versuchen, durch den Sport Grenzen zu überwinden. Ihre persönliche Erfahrung gab für dieses innovative Projekt den Anstoß:
„Als fußamputierte Behindertensportlerin und langjähriges Mitglied der Deutschen Behinderten-Nationalmannschaft in den Disziplinen Ski alpin und Leichtathletik habe ich in Gesprächen mit anderen behinderten und mit nichtbehinderten Menschen immer wieder erfahren, dass es oft gerade die vermeintlich Nichtbehinderten sind, die befangen bzw. „behindert" sind, wenn sie Menschen mit einer Behinderung begegnen. Dass ich diese Erfahrung in ein umfassendes Konzept einbringen konnte, dafür ist jedoch letztlich mein Außenblick auf die deutsche Gesellschaft von meinem zweiten Wohnsitz in den USA aus verantwortlich" (MÖLLER 2003, 15–16).

Ihrem Beispiel sind inzwischen viele Athleten und Athletinnen mit einer Behinderung gefolgt; sie gehen in Schulen und Vereine und ermöglichen dabei Einblicke in ihr Leben und geben Denkanstöße für neue Betrachtungsweisen auf das Thema Behinderung. Die Initiatorin selbst betont, dass ihre Idee nicht patentiert ist, vielmehr soll es möglichst viele Nachahmer geben, die ähnliche Aktionen überall in Deutschland starten. Wichtig ist allen Beteiligten, dass eine intensive Vor- und Nachbereitung in den Schulen und Vereinen stattfindet, dass es also nicht nur um eine einmalige Begegnung geht, sondern um den Anstoß für eine kontinuierliche Beschäftigung und Auseinandersetzung mit Menschen mit einer Behinderung. Im Rahmen einer Konferenz in Bad Boll wurden die eindrucksvollen Erfahrungen aus diesem Programm zusammengetragen; sie sind ein Beleg für die Überwindung von Barrieren. Gleichzeitig warnt Belitz (2003, 113): „So sehr Sport ein Mittel zur Selbsterfahrung für Menschen mit Behinderungen werden kann, so gefährlich ist seine Indienstnahme zur Erzeugung von ‚Vorzeigebehinderten'" und hebt dennoch die Rolle des Behindertensports hervor: „Er kann eine Brücke sein, über die die Forderungen der Behindertenbewegung in die Gesellschaft hineinwirken können."
Gegenwärtig ergreifen Menschen mit einer Behinderung stärker als bisher die Initiative, fordern zum gemeinsamen Handeln und Leben auf und verbinden diesen Appell mit ihrer eigenen Biografie. In seiner Publikation „Lieber Arm ab als arm dran. Was heißt hier eigentlich behindert?" beschreibt Rainer SCHMIDT (2004) seine Erfahrungen in der Kindheit, in der Schulzeit und im Berufsleben. Er kam ohne Unterarme und mit einem verkürzten rechten Oberschenkel zur Welt und ist inzwischen einer der erfolgreichsten deutschen Tischtennisspieler, der bei Welt- und Europameisterschaften sowie bei den Paralympics zahlreiche Medaillen gewann. Sehr differenziert setzt er sich mit dem Behindertsein auseinander, mit Erwartungen und Widersprüchen, vor allem aber mit den Chancen und Herausforderungen, die er erkennt und kommuniziert. Ähnlich wie MÖLLER, BELITZ und viele andere Sportler und Sportlerinnen mit einer Behinderung geht es ihm nicht nur um die persönliche Selbstverwirklichung, sondern vor allem auch um einen veränderten Umgang mit dem Behindertsein in unserer Gesellschaft. Und er nimmt zu den gebräuchlichen Begriffen Stellung:
"Ich bin begrenzt, sicher auch »außergewöhnlich begrenzt« – und ich bin lieber »außergewöhnlich« als »unnormal«. Ich habe in meinem Leben Handicaps. Auch dieses Wort klingt für mich nicht abwertend. Dagegen finde ich das ebenfalls im Englischen gebräuchliche »disabled« als schrecklich. Ich bin doch nicht generell unfähig. Die Bezeichnung als »differently able« gefällt

mir gut.»Anders begabt«, ja, das passt zu mir" (SCHMIDT 2004, 82). Inzwischen veröffentlichen immer mehr Sportler und Sportlerinnen mit einer Behinderung ihre Biografien, so auch MARIANNE BUGGENHAGEN, eine der erfolgreichsten deutschen Athletinnen bei den Paralympics. In ihrem Buch „Ich bin von Kopf bis Fuß auf Leben eingestellt" eröffnet sie Einblicke in ihr Leben, ihre Lebenseinstellung und ihre Erfahrungen als Frau mit einer Behinderung, die Spitzensportlerin ist. Sie resümiert: „Letztendlich, das kann man ganz wörtlich oder in übertragenem Sinne nehmen, hat mir der Sport das Leben gerettet. Ich habe ein neues Selbstbewusstsein gewonnen" (BUGGENHAGEN 2001, 173). In einem pädagogischen Kontext können unterschiedliche Formen der Auseinandersetzung mit dem Thema „Behinderung" gewählt werden. Persönliche Begegnungen und die Beschäftigung mit Biografien stellen in schulischen und außerschulischen Handlungsfeldern Möglichkeiten des Kennenlernens und einer vertieften Beschäftigung mit diesem Themenkomplex dar, auf dessen Grundlage sich veränderte Interaktionen und Einstellungen entwickeln können. Wie „Von Behinderten lernen" auch auf das Familienleben bezogen werden kann, haben GERDA und SIEGFRIED MENTZ mit ihrem Buch „Mit Andreas fing alles an" (MENTZ/MENTZ 1982) schon vor vielen Jahren gezeigt. Die Geburt ihres Sohnes mit Down-Syndrom veränderte nicht nur ihr Familienleben, sondern veranlasste sie nach neuen Wegen des Miteinanders zu suchen. Der Untertitel ihres Buches „Wie sich das Leben eines geistig behinderten Kindes durch Sport und Spiel verändern kann" weist in Richtung auf eine bis dahin kaum vorstellbare neue Initiative. „Für uns ist der 3. März 1977 ein historisches Datum. Es ist die erste gemeinsame Sportstunde für geistig behinderte und nicht behinderte Kinder und Jugendliche in einem ‚normalen' Turn- und Sportverein, der Turngemeinde Göttingen von 1846. Der älteste Turnverein Niedersachsens öffnet sich als erster für geistig behinderte Kinder." (MENTZ/MENTZ 1982). Diese Initiative, das so genannte „Göttinger Modell", die vor über 30 Jahren startete, war Wegbereiter auch für einen Blickwechsel auf das Sporttreiben.

11.6 Ausblick

Resümierend lässt sich feststellen: die fachliche Diskussion um Integration und Inklusion im und durch Bewegung und Sport hat in den letzten Jahren viele anregende Impulse erfahren. Es gilt diese Entwicklungen in der Fachwelt und darüber hinaus bekannt zu machen und damit Anstöße für Lehre, Forschung und Praxis zu geben. Nicht nur auf europäischer Ebene sind Netzwerkentwicklungen erfolgt, auch internationale Organisationen sind daran beteiligt, neue Verbindungen zwischen Integrationspädagogik, Bewegung und Sport herzustellen. So arbeiten Fachleute des Sports und der Sportwissenschaft mit ihren verschiedenen Teildisziplinen mit denen der UNESCO und der WHO zusammen. Der Weltrat für Sportwissenschaft und Leibes-/Körpererziehung hat enge Kontakte zum Internationalen Paralympischen Komitee, zu Special Olympics und zum Weltverband des Gehörlosensports/Deaflympics sowie zur „International Federation of Adapted Physical Activity" aufgebaut, um so die verschiedenen Wissenschaftsdisziplinen stärker in die Bearbeitung von Themen der Integration und Inklusion einzubeziehen. Die europäischen Entwicklungen im Hinblick auf Netzwerkbildung zeigen eine deutliche Dynamik, auch wenn in den einzelnen Mitgliedsländern mit unterschiedlichem Tempo in Lehre und Forschung im Bereich „Adapted Physical Activity" gearbeitet wird. Auf der nationalen Ebene sind Kultusministerien und Sportverbände gefordert, in ihren jeweiligen Wirkungskreisen die Bemühungen um Integration zu intensivieren; auch im Ausbildungsbereich besteht nach wie vor Nachholbedarf, um die entsprechenden Qualifizierungen zu ermöglichen. Bei der wissenschaftlichen Beschäftigung mit den angesprochenen Beschäftigung mit den angesprochenen Themen sind fächerübergreifende Kooperationen dringend erforderlich und schließlich ist die Forderung, die im Europäischen Jahr der Menschen mit einer Behinderung als Motto gewählt wurde „Nichts über uns ohne uns" in die Tat umzusetzen.

Literatur

AUBERGER, H. (Hrsg.): Bewegte Schule. Schulkinder in Bewegung. Schorndorf 2000
BECKMANN, J./OHLERT, H.: Sport ohne Barrieren – Ansätze zum integrativen Behindertensport. In: Ohlert, H, Beckmann, J. (Hrsg.): Sport ohne Barrieren. Schorndorf 2002, 7–14.
BELITZ, G.: Superman mit Handicap. In: Möller, R. (Hrsg.): Blickwechsel: Von Behinderten lernen. Hamburg 2003, 113–120.
BUGGENHAGEN, M.: Ich bin von Kopf bis Fuß auf Leben eingestellt. Berlin ^{2} 2001
DBS (Deutscher Behindertensportverband) (2007): Mitgliederbestandserhebung 2006. Im Internet unter: http://www.dbs-npc.de/ourfiles/datein/woelk/ Statistik/2.%20Mitgliederbe standserhebung%20-%20DBS%20gesamt.pdf [20.07.07]
DE POTTER, J.C., VAN COPPENOLLE, H., VAN PETEGHEM, A., DJOBOVA, S., WIJNS (Hrsg.): Vocational Training in Adapted Physical Activity. Leuven 2004
Deutscher Sportbund/Deutsche Sportjugend (Hrsg.): DSB-SPRINT-Studie. Eine Untersuchung zur Situation des Schulsports in Deutschland. Aachen 2006
DOLL-TEPPER, G.: Integrative Ansätze im Schul- und Freizeitsport von Menschen mit Behinderungen. In: Eberwein, H. (Hrsg.): Einführung in die Integrationspädagogik. Weinheim 1996, 193–207.

DOLL-TEPPER, G.: Integrativer Behindertensport. In: Ohlert, H., Beckmann, J. (Hrsg.): Sport ohne Barrieren. Schorndorf 2002, 15–26.
DOLL-TEPPER, G.: Adapted Physical Activity. In: Röthig, P., Prohl, R., Carl, K., Kayser, D., Krüger, M., Scheid, V. (Hrsg.): Sportwissenschaftliches Lexikon. Schorndorf [7] 2003, 16–18.
DOLL-TEPPER, G., NIEWERTH, T.: Kinder und Jugendliche mit Behinderungen im Sport. In: Schmidt, W., Hartmann-Tews, I., Brettschneider, W.-D. (Hrsg.): Erster Deutscher Kinder- und Jugendsportbericht. Schorndorf 2003, 339–359.
DOSB (Deutscher Olympischer Sportbund) (Hrsg.): Bestandserhebung 2006. Frankfurt a. M. 2006
EBERWEIN, H./KNAUER, S. (Hrsg.): Behinderungen und Lernprobleme überwinden. Stuttgart. 2003
EGGERT, D.: Psychomotorisches Training. Weinheim 1975
EUGSTER BÜSCH, F. : Integration von Menschen mit Behinderung im und durch Sport im Kontext von Identität, Lebensqualität und sozialer Wirklichkeit. Osnabrück 2003
FEDIUK, F.: Einführung in den Integrationssport. Teil 1. Kassel 1992 a
Fediuk, F.: Einführung in den Integrationssport. Teil 2. Kassel 1992 b
Fediuk, F.: Integrativer Schulsport. Kassel 1999
FEDIUK, F./HÖLTER, G. : Schüler mit Behinderung – Für eine Sportpädagogik der Vielfalt. In: Sportpädagogik 4 (2003) 22–25.
FESSLER, N., RIEDER, H. (Hrsg.): Kooperation von Schule und Verein. Schorndorf 1997
FESSLER, N., ZIROLI, S. (Hrsg.): Zusammenarbeit von Schule und Verein im Sport. Schorndorf 1997
FISCHER, K.: Einführung in die Psychomotorik. München 2001
FITZGERALD, H.: Disability and physical education. In: Kirk, D., Macdonald, D., O'Sullivan, M. (Eds.): The Handbook of Physical Education. London 2006, 752–766.
FRIEDMANN, E.: Laban – Alexander – Feldenkrais, Pioniere bewusster Wahrnehmung durch Bewegungserfahrung. Drei Essays. Paderborn 1989
Hamburger Sportjugend (Hrsg.): Integrationssportgruppen und -fahrten für behinderte und nichtbehinderte Kinder und Jugendliche in Hamburg. Hamburg[2] 1987.
HARTMANN, P./BÖS, K.: „200 Minuten Sportunterricht pro Woche". Der Nutzen von mehr Bewegung und Sport bei Förderschülerinnen und Förderschülern. In: Zeitschrift für Heilpädagogik 57 (2006) 227–235.
HINZ, A.: Von der Integration zur Inklusion – terminologisches Spiel oder konzeptionelle Weiterentwicklung. In: Zeitschrift für Heilpädagogik 53 (2002) 354–361.
HÖLTER, G. (Hrsg.): Bewegung und Therapie – interdisziplinär betrachtet. Dortmund 1988
Huber, G./Rieder, H./Neuhäuser, G. (Hrsg.): Psychomotorik in Therapie und Pädagogik. Dortmund 1990
Informationsstelle für den Sport behinderter Menschen: Menschen mit Behinderungen im höheren Lebensalter: Die Bedeutung von Bewegung und Sport. Dokumentation THENAPA II Konferenz. Berlin 2007
IRMISCHER, T./ FISCHER, K. (Red.): Psychomotorik in der Entwicklung. Schorndorf[3] 1990.
KAPUSTIN, P.: Familie und Sport. Aachen 1991
KIPHARD, E. J.: Bewegung heilt. Gütersloh 1966
KIPHARD, E. J.: Motopädagogik. Dortmund 1979
KIPHARD, E. J.: Mototherapie, Band I. Dortmund 1983 a
KIPHARD, E. J.: Mototherapie, Band II. Dortmund 1983 b
KIPHARD, E. J./PADE, H.J.: Der Clown in dir. Hildesheim 1986

KIRK, D./MACDONALD, D./O'SULLIVAN, M. (Hrsg): The Handbook of Physical Education. London 2006

KMK (Sekretariat der Ständigen Konferenz der Kultusminister der Länder in der Bundesrepublik Deutschland): Sonderpädagogische Förderung in Schulen 1994 bis 2003. Bonn 2005. Im Internet unter: http.//www.kmk.org/statist/Dok170.pdf [19.07.07]

KMK (Sekretariat der Ständigen Konferenz der Kultusminister der Länder in der Bundesrepublik Deutschland): Empfehlungen zur sonderpädagogischen Förderung in den Schulen der Bundesrepublik Deutschland. Beschlossen am 6. Mai 1994. Bonn. In: Zeitschrift für Heilpädagogik 45 (1994) 484–494.

KMK/DSB (Sekretariat der Ständigen Konferenz der Kultusminister der Länder in der Bundesrepublik Deutschland/Deutscher Sportbund): Gemeinsames Programm „Sport mit behinderten Kindern und Jugendlichen", Bonn 1981

KOENEN, K./STURA, C.: Menschen mit Behinderungen im höheren Lebensalter. Gesundheit und Lebensqualität durch Bewegung und Sport. 2006 Im Internet unter: http://www.info-behindertensport.de/aktuelles/Studie.html [02.07.2007]

LAURISCH, H.: Nicht-Aussonderung im Sport – der „Sport Omnibus City Nord" in Hamburg. In: ROSENBERGER, M. (Hrsg.): Ratgeber gegen Aussonderung. Heidelberg 1988, 248–252.

LOOSCH, E./SEEWALD, J.: Psychomotorik. In: Röthig, P., Prohl, R., Carl, K., Kayser, D., Krüger, M., Scheid, V. (Hrsg.): Sportwissenschaftliches Lexikon. Schorndorf [7] 2003, 435–436

MENTZ, G./MENTZ, S.: Mit Andreas fing alles an. Göttingen 1982

Müller, B.: Fangspiele. Dortmund[2] 2001

MÖLLER, R. (Hrsg.): Blickwechsel: Von Behinderten lernen. Hamburg 2003

NAVILLE, S.: Bewegung als Ausdruck der Kreativität in Kunst und Kultur. In: DINOLD, M./ GERBER, G./REINELT, T. (Hrsg.): „Aufeinander Zubewegen" – durch Bewegung, Spiel und Sport. Wien 2003, 101–108

NICKEL, M./NICKEL, O.: Ein Jahr integrativer Familiensport im TSV GutsMuths 1861 e.V. Berlin. In: Motorik 22 (1999), 133–134

OHLERT, H./BECKMANN, J. (Hrsg.): Sport ohne Barrieren. Schorndorf 2002

PÜHSE, U.: Bewegte Schule. In: RÖTHIG, P./PROHL, R./CARL, K./KAYSER, D./KRÜGER, M./SCHEID, V. (Hrsg.): Sportwissenschaftliches Lexikon. Schorndorf[7] 2003, 81–82

Regensburger Projektgruppe: Bewegte Schule – Anspruch und Wirklichkeit. Schorndorf 2001

RHEKER, U.: Spiel und Sport für alle. Aachen 1993

RIEDER, H.: Psychomotorik. In: RIEDER, H./HUBER, G./WERLE, J. (Hrsg.): Sport mit Sondergruppen – Ein Handbuch. Schorndorf 1996, 46–53

SANDER, A.: Von Integrationspädagogik zu Inklusionspädagogik. In: Sonderpädagogische Förderung 48 (2003) 313–329

SANDER, A.: Konzepte einer Inklusiven Pädagogik. In: Zeitschrift für Heilpädagogik 55 (2004) 240–244

SCHEID, V.: Chancen der Integration durch Sport. Aachen 1995

SCHEID, V./RIEDER, H. (Hrsg.): Behindertensport – Wege zur Leistung. Aachen 2000

SCHERNEY, A.: Wettkampfsport – Das Recht der Menschen mit Behinderung, die Herausforderung anzunehmen! Ein Plädoyer für den Leistungssport. In: DINOLD, M./GERBER, G./REINELT, T. (Hrsg.): „Aufeinander Zubewegen" – durch Bewegung, Spiel und Sport. Wien 2003, 78–86

SCHMIDT, R.: Lieber Arm ab als arm dran. Was heißt hier eigentlich behindert? Gütersloh[2] 2004

SCHMIDT, W./HARTMANN-TEWS, I./BRETTSCHNEIDER, W.-D. (Hrsg.): Erster Deutscher Kinder- und Jugendsportbericht. Schorndorf 2003

SCHOOP, T.: Won't you join the dance. New York 1974
SHERRILL, C.: Individual Differences, Adaptation, and Creative Theory: Applications and Perspectives. In: DOLL-TEPPER, G./BRETTSCHNEIDER, W.-D. (Hrsg.): Physical Education and Sport – Changes and Challenges. Aachen 1996, 384–397
Sonnenuhr e. V. (Hrsg): Circus Sonnenstich. 2007 Im Internet unter: http://www.theater-rambazamba.org/Werkstatt/zirkus.php [19.07.07]
SPEIKE-BARDORFF, S.: Integration durch Sport fördern. Sport in Hessen 1990
Sportjugend Hessen (Hrsg.): Bewegung Kunterbunt. Spiel und Sport für behinderte und nichtbehinderte Kinder. Frankfurt 1990
TALBOT, M.: Quality. In: Physical Education Matters, Vol. 2 (2) 2007, 6–8
TIEMANN, H.: Integration von Kindern und Jugendlichen mit dem Förderschwerpunkt körperliche und motorische Entwicklung. In: EBERWEIN, H./KNAUER, S. (Hrsg.): Behinderungen und Lernprobleme überwinden. Stuttgart 2003, 273–287
VAN COPPENOLLE, H./DE POTTER, J.-C./VAN PETEGHEM, A./DJOBOVA, S./WIJNS, K. (Hrsg.): Inclusion and Integration through Adapted Physical Activity. Leuven 2004
WEICHERT, W.: Differenzieren und integrieren. In: Wolters, P., Ehni, H., Kretschmer, J., Scherler, K., Weichert, W.: Didaktik des Schulsports. Schorndorf 2000, 187–211
WEICHERT, W.: Mit den Unterschieden spielen – Sportunterricht mit heterogenen Gruppen. In: Sportpädagogik 4 (2003), 26–31
WHITEHEAD, M.: The concept of Physical Literacy. The British Journal of Teaching Physical Education 32 (2001), 6–8
WHITEHEAD, M.: Physical Literacy – A Debate. In: KLISSOURAS, V./KELLIS, S./MOURATIDIS, I. (Hrsg.): 2004 Pre-Olympic Congress – Proceedings, Thessaloniki 2004, 117–118
WHO : International Classification of Functioning, Disability and Health (ICF), Geneva 2001
WHO: Global Strategy on Diet, Physical Activity and Health. Geneva 2004
WURZEL, B. : Was über ‚erstbeste Lösungen' hinausgeht. In: Sportpädagogik 4 (2003), 40–43.
ZIMMER, R.,/CICURS, H. : Psychomotorik. Schorndorf^3 1993

Max Kreuzer

12 Entwicklung und Rahmenbedingungen der integrationspädagogischen Arbeit im Elementarbereich

Im folgenden Beitrag wird versucht, in Termini der Qualitätsentwicklung gesprochen fast ausschließlich über die „Strukturqualität" der integrationspädagogischen Arbeit im Elementarbereich zu referieren. Selbstverständlich ist es nur sinnvoll, „Strukturqualität" zu behandeln, wenn sie eine durch gut begründete Leitideen zielstrebig umgesetzte pädagogische „Prozessqualität" zu sichern und weiter zu entwickeln anstrebt und dazu in der Lage ist. Deshalb wird hier ausdrücklich auf die vorausgehenden Beiträge, insbesondere von SABINE HERM in diesem Buch verwiesen, in denen diese Voraussetzungen diskutiert werden (vgl. auch KREUZER 2006, 132 ff.).
Wenn im folgenden Text von integrativen Entwicklungen in „Kindertageseinrichtungen" die Rede ist, sind in der Regel „Kindergärten" gemeint, da in den Krippen und Horten eine entsprechende Entwicklung, von einigen dokumentierten Berichten (u. a. SCHRÖDER 1985; DICK/DREYER 1988; KERSCHBAUMER 1994) abgesehen, erst in Ansätzen stattfindet (vgl. RIEDEL 2005, 179 ff.; HEIMLICH 2007, 132 ff.).

12.1 Aktueller Entwicklungsrahmen und Ausbaustand

Mit der Verabschiedung des TAG 2004 wurde mit Wirkung vom 1. 1. 2005 dem KJHG (SGB VIII) der § 22a „Förderung in Tageseinrichtungen" hinzugefügt. Darin heißt es im Absatz 4: „Kinder mit und ohne Behinderung sollen, sofern der Hilfebedarf dies zulässt, in Gruppen gemeinsam gefördert werden." Schon im SGB IX war gemeinsame Erziehung im § 4 als „Leistung zur Teilhabe" in Absatz 3 genannt worden: „Leistungen für behinderte und von Behinderung bedrohte Kinder werden so geplant und gestaltet, dass nach Möglichkeit Kinder nicht von ihrem sozialen Umfeld getrennt und gemeinsam mit nicht behinderten Kindern betreut werden."

Allerdings hat damit der Bundesgesetzgeber nur eine Entwicklung bestätigt, die schon längst zumindest in den Tageseinrichtungen für Kindergartenkinder in hohem Ausmaß Wirklichkeit ist und in die Kindergartengesetze aller Bundesländer schon Eingang gefunden hatte. Nach der Statistik der Kinder- und Jugendhilfe (Stand 31. 12. 2002) wurden von den insgesamt 40 000 in Kindergärten zur Verfügung stehenden Plätzen für Kinder mit einer Behinderung ca 34 000 Plätze in integrativen Kindergärten (85 %) und etwa 6 000 Plätze in Sonderkindergärten (15 %) angeboten. Etwa 20 % aller Plätze für Kindergartenkinder sind demnach in integrativen Einrichtungen angesiedelt. Die aktuelle Statistik der Kinder- und Jugendhilfe (Stand 15. 03. 2006), die die betreuten Kindern und nicht mehr das Platzangebot zugrunde legt, bestätigt diesen Entwicklungsstand. Damit hat bis zu einem Drittel aller Kinder im Kindergarten über Jahre hinweg regelmäßigen täglichen Kontakt zu mindestens einem Kind mit einer Behinderung und zugleich ist dadurch die Chance der gemeinsamen Erziehung für Kinder mit einer Behinderung hoch.

Noch deutlicher wird die Entwicklung, wenn man die Anteile der Beschäftigten nach Art der Einrichtung zugrunde legt. Danach waren in integrativen Einrichtungen zum Stichtag 31. 12. 2002 etwa 106 000 Personen und zum Stichtag 15. 03. 2006 knapp 117 000 Personen beschäftigt, während dies in Tageseinrichtungen für behinderte Kinder knapp 4200 bzw. 3700 Personen waren. Bezogen auf die Gesamtzahl der Beschäftigten ist damit mindestens ein Drittel von ihnen in integrativen Einrichtungen tätig und deshalb herausgefordert, gemeinsame Erziehung im pädagogischen Alltag umzusetzen.

Allerdings unterscheiden sich immer noch Platzangebot, Versorgungsgrad mit integrativen Plätzen und Rahmenbedingungen in den Bundesländern (vgl. BAGLJÄ 2001; DITTRICH 2002, 169 ff.; RIEDEL 2005, 177 ff.). „Generell ist wohl zu vermuten, dass in einigen Bundesländern Sondereinrichtungen zumindest im Vorschulbereich mehr und mehr zu einem „Auslaufmodell" werden, während in anderen weiterhin segregierende Formen der Bildung und Erziehung dominieren" (RIEDEL 2005, 172). Zu ersteren Bundesländern zählen alle östlichen Flächenstaaten und die Stadtstaaten Bremen und Berlin, zu letzteren zumindest ein Teil der westlichen Flächenstaaten mit Bayern, Baden-Württemberg und Rheinland-Pfalz mit den (Stand vom 31. 12. 2002) vergleichsweise niedrigsten Werten in der Platz-Kind-Relation bezogen auf integrative Plätze für behinderte Kinder (RIEDEL 2005, 174, 178f.). Auch KRON (2006) konstatiert: „Die gemeinsame Erziehung vor der Schule ist in den meisten Bundesländern Normalität geworden."

Um den aktuellen Entwicklungsstand der gemeinsamen Erziehung einschätzen zu können, ist es nötig, den Verlauf der Entwicklung zu skizzieren.

12.2 Entwicklungsstand bis Mitte der 80er Jahre

Zwei Hauptlinien in der Betreuung und Förderung von Kindern mit einer Behinderung müssen unterschieden werden.

Entwicklung und Ausbau von Sonderkindergärten: Mit dem „Gesetz über die Fürsorge von Körperbehinderten und von Körperbehinderung bedrohten Personen" von 1957 waren für diesen Personenkreis Rahmenbedingungen geschaffen worden, die rechtlich abgesicherte Möglichkeiten der Förderung schufen. Mit dem „Bundessozialhilfegesetz" (BSHG) 1962 traten allgemeine Anspruchsgrundlagen der Förderung auch für Personen mit einer geistigen und seelischen Behinderung in Kraft. Aber erst im 3. ÄndG zum BSHG wurde 1974 im § 40 Abs. 1 „Maßnahmen der Hilfe" explizit die Nr. 2 a hinzugefügt: „heilpädagogische Maßnahmen für Kinder, die noch nicht im schulpflichtigen Alter sind". Nach § 11 Satz 1 Eingl. VO sollte diese Hilfe unabhängig von einer voraussichtlichen schulischen Ausbildung bewilligt und gewährleistet werden. Damit war endgültig die Grundlage dafür geschaffen, neben der Frühförderung Einrichtungen der Eingliederungshilfe für alle Kinder mit einer Behinderung im Vorschulalter zu etablieren. Der organisatorische und fachliche Ausbau dieser Form der Eingliederungshilfe fand in erster Linie innerhalb des Systems der Sonderbetreuung als Zusatzangebot statt; eine Verbindung zum Regelkindergarten hatten 14 %, eine direkte Verbindung mit weiteren Institutionen der Behindertenbetreuung dagegen mindestens 50 % der Sonderkindergärten; aber nur ca. 30 % von ihnen hielten eine konsequente Spezialisierung nach Behinderungsarten entsprechend der „Muttereinrichtung" ein (vgl. HÖSSL 1986, 14 ff.). Für das Jahr 1981 wird eine Gesamtzahl von 648 Sonderkindergärten mit 17 181 Plätzen angegeben; damit reichte das Platzangebot für „etwa 25 % – 30 % der behinderten Kinder" aus (74); nicht einbezogen sind hierbei die Plätze in Sonderschulkindergärten.

Als organisatorische Minimalbedingungen des Sonderkindergartens setzten sich folgende Merkmale durch:
- Gruppengröße von durchschnittlich 8 Kindern
- gut überschaubare Einrichtungsgröße von durchschnittlich 25.7 Plätzen
- Betreuer-Kind-Relation von 1 : 3.8, ohne allerdings in der Regel bei den Fachkräften eine heilpädagogische Ausbildung vorauszusetzen
- Dauer der Betreuung 6 Stunden pro Tag

– möglichst weitgehende therapeutische Versorgung der Kinder mit eigenen oder externen Fachkräften im Wesentlichen der Krankengymnastik, Ergotherapie und Logopädie, später auch der Motopädie (vgl. HÖSSL 1986, 30 ff.)

Die Bundesvereinigung Lebenshilfe hatte mit ihren „Empfehlungen zur Organisation und Erziehungsarbeit im Sonderkindergarten für Geistigbehinderte" (1968) einen einflussreichen und viel beachteten Beitrag zur Entwicklung der Struktur- und Prozessqualität in diesem Bereich der Sonderbetreuung geleistet. Dass Praxiserfahrungen der Sondereinrichtungen einen wertvollen Fundus an Methoden und Einsatzformen der individuellen Förderung auch für die integrative Entwicklung erarbeiteten, zeigt sich schon darin, dass Ende der 80er Jahre ca 40 % von ihnen „gemeinsame Betreuungsformen" praktizierten oder „fest etablierte integrative Gruppen" hatten (77), d. h. nichtbehinderte Kinder in großer Anzahl von ihnen aufgenommen worden waren. Die Mitarbeiterinnen der Sondereinrichtungen, die sich für integrative Erziehung öffneten, nannten als Begründung „eine Verbesserung und Erweiterung der bisherigen sonderpädagogischen Konzeption durch die Verbindung von Rehabilitation und sozialer Integration"; sie bevorzugten damit zumindest zum damaligen Zeitpunkt insgesamt weiterhin ihre Zugehörigkeit zur Sonder- und Heilpädagogik und betonten ihre besondere Verantwortung für die Versorgung der Kinder mit Behinderungen (vgl. PELZER 1988, 56).

Behinderte Kinder in Regelkindergärten: Der geringen Betreuungsquote von Kindern mit einer Behinderung in Sonderkindergärten lagen zwei parallele Entwicklungen zugrunde: Mindestens die gleiche Anzahl behinderter Kinder wurde von ihren Eltern in Regel- und Nachbarschaftskindergärten angemeldet und dort betreut; die übrigen verblieben im häuslich-familiären Rahmen bis zum Eintritt der Schulpflicht. Mehrere Regionalstudien belegen die geteilte Verantwortung von Regel- und Sonderkindergärten für die Kinder mit Behinderung. Für das Jahr 1986 werden 20000 Kinder mit Behinderung in Regelkindergärten gegenüber 17000 Kindern in Sonderkindergärten ausgewiesen. (2. Bericht der Bundesregierung 1989). Bei den Regelkindergärten, die Kinder mit Behinderung aufnahmen, handelte es sich um normale Kindergärten, die je nach Region Gruppen von 20 bis 28 Kinder hatten; die Arbeitsbedingungen und Betreuungszeiten unterscheiden sich meist nicht von den üblichen Regelkindergärten (vgl. LIPSKI 1985 a, 262 f.; LIPSKI 1985 b, 186; KLEIN u. a 1985).

Die fachlichen Einschätzungen waren insgesamt ambivalent: der Vorteil der Wohnortnähe wird insbesondere in ländlichen Gegenden betont; einerseits vermutete man, bei den Kindern handle es sich in der Tendenz um eher

„leichter behinderte" Kinder, andererseits wurden aber auch nachweislich „schwer- und mehrfachbehinderte" Kinder aufgenommen. Ablehnungen der Aufnahme von Kindern mit Behinderung wurden eher mit mangelnden Rahmenbedingungen und fehlenden Erfahrungen als mit dem Grad der Behinderung begründet. Nicht nur von Eltern kamen Anfragen, auch von Ärzten und Therapeuten wurden entsprechende Empfehlungen ausgesprochen. Einerseits wurden Fälle von „bloßem Mitlaufen in der Gruppe" moniert, andererseits wird insbesondere von der engagierten Förderung durch ältere und erfahrene Erzieherinnen berichtet (vgl. HUNDERTMARCK 1981, 8 ff; HARTUNG 1981, 20 ff.; EISELE 1983, 17 ff.; KLEIN u. a 1985, 25 ff.; SPECK 1988, 345 ff.).
KNIEL/KNIEL (1984) kommen in ihrer Untersuchung Kasseler Regelkindergärten zu zwei Schlussfolgerungen: Es gab zum einen „schon immer eine Bereitschaft der Regelkindergärten, behinderte Kinder aufzunehmen, und diese (besteht) weiterhin" und zum anderen ist es „der ausdrückliche Wunsch vieler Eltern behinderter Kinder, ihre Kinder in einer so ‚normalen' Umgebung wie möglich aufwachsen zu lassen" (139 ff.). Beide Folgerungen zu würdigen, hätte zur Konsequenz, Wege zu finden, „die gegenwärtige Alles- oder-Nichts-Situation aufzuheben" (149).

12.3 Die Integrationsbewegung im Bereich der Kindergärten

Drei Aspekte der Organisationsentwicklung sollen hier in den Mittelpunkt gerückt werden.
Entwicklung und quantitativer Auf- und Ausbau: Ohne allerdings die bestehenden Ansätze der gemeinsamen Erziehung gezielt und in ihrer Breite aufzugreifen und mit adäquaten Mitteln und Ressourcen auszustatten, setzte sich eine von verschiedenen Seiten (Eltern, Fachkräfte, Wissenschaftler, Politik, Kirchen) getragene Bewegung durch, die „sich die gemeinsame Betreuung und Förderung behinderter und nichtbehinderter Kinder zur speziellen Aufgabe gemacht hat" und mit der „integrativen Gruppe" und dem „integrativen Kindergarten" als Markenzeichen einen „neuen Typ von Einrichtung" (LIPSKI 1985, 263) schuf, der bis heute in den Kategorien der Statistik der Kinder- und Jugendhilfe Bestand hat. Wesentlichen Einfluss hatten einzelne „Leuchtturmprojekte" u. a. in Berlin, München, Frankfurt und Bremen. In der Folge entstanden Modellversuche in verschiedenen Bundesländern, Regionen und (Groß-) Städten. Von 1980 bis 1990 begleitete und unterstützte das im Deutschen Jugend Institut (DJI) angesiedelte und vom Bundesminister für Bildung und Wissenschaft geförderte Projekt „Integration von Kindern mit besonderen Problemen" durch Publikationen, Praxisbera-

tung und eigene Untersuchungen die Implementation der integrativen Angebote im Elementarbereich.

1985 nahm die Konferenz der Jugendminister und -senatoren der Länder die dadurch angestoßene Entwicklung der „Integration behinderter und nichtbehinderter Kinder in Kindertagesstätten" zur Kenntnis und empfahl, „den differenzierten Ausbau integrativer Arbeitsformen je nach örtlichen Gegebenheiten gezielt fortzusetzen"; zudem wird die Kultusministerkonferenz gebeten, „gemeinsam Möglichkeiten des Übergangs von integrativen Arbeitsformen im Elementarbereich in die Grundschule einschließlich integrativer Lösungen zu erörtern". Im Beschluss der Jugendministerkonferenz von 2002 wurde die Einschätzung zur integrativen Erziehung ausdrücklich wiederholt und mit gesellschafts- und sozialpolitischen Argumenten angereichert; die Jugend- und Sozialhilfeträger werden aufgefordert, „für einen weiteren Ausbau Sorge zu tragen"; ein erneuter Appell an die Verantwortlichen im Schulbereich wurde jedoch unterlassen.

Die Entwicklung lässt sich gut an den Daten in den regelmäßig erscheinenden Berichten der Bundesregierung zur „Lage der Behinderten und die Entwicklung der Rehabilitation" verfolgen; die folgenden Daten beziehen sich jedoch nicht auf das Jahr der Erhebung, sondern auf das Erscheinungsjahr des Berichtes:

- 1984: 40 Modellversuche im Stadium der Durchführung
- 1989: 160 Kindergärten mit integrativen Gruppen, davon die Hälfte in Sonderkindergärten
- 1994: 413 Kindergärten mit 660 integrativen Gruppen, 780 Kindergärten mit Einzelintegration und 192 integrative Gruppen in 117 Sonderkindergärten (Basis: 11 Bundesländer)
- 1998: ca. 20 000 Kinder mit wesentlichen Behinderungen in Organisationsformen integrativer Kindergartenarbeit.

Erst Mitte der 90er Jahre war im Rahmen der Integrationsbewegung mit 20000 behinderten Kindern in der gemeinsamen Erziehung der Stand erreicht, der schon Anfang der 80er Jahre, wenn auch unter defizitären Bedingungen, bestanden hatte.

Jedoch standen nach dem Bericht von 1998 Mitte der 90er Jahre der Anzahl von 20000 Kindern mit Behinderung in gemeinsamer Erziehung noch ca. 27000 Kinder mit wesentlichen Behinderungen in Gruppen eines Sonderkindergartens bzw. in Vorschulgruppen einer Sonderschule gegenüber. In der bundesamtlichen Statistik hat mit Stichtag 31.12.1998 die Anzahl der Plätze in integrativen Kindergärten (30000) die Anzahl der Plätze in Sonderkindergärten (15 600) übertroffen.

Besonders bemerkenswert ist dabei, dass im Ost-West-Vergleich schon 1994 und erst recht 1998 die Integration in den ostdeutschen Ländern schon weiter fortgeschritten war als in den meisten westdeutschen Ländern (vgl. DITTRICH 2002, 170); bis zur Wende war in der DDR bis auf einen Beitrag (1990) in der Zeitschrift „Neue Erziehung im Kindergarten" Integration kein Thema in der Fachdiskussion gewesen (vgl. HEINZE 1993, 20 ff.).

Dies ist umso beachtlicher, als diese Entwicklung nicht nur als Reform, sondern als „Paradigmawechsel" (RIEDEL 2005, 169) und „Pionierarbeit" (PFLUGER-JAKOB 2001) eingeschätzt wird. Auch REISER (1990, 9) hatte schon in seiner Abschlusswertung der Integrationsmodelle in Kindertagesstätten vergleichbar festgestellt: „Gemeinsame Erziehung" erfordert „eine neue Denkweise, die sowohl auf die wissenschaftliche Ebene wie auch auf die Alltagsebene ausstrahlt." Bei der gemeinsamen Erziehung gehe es letztlich um „eine Neudefinition der Rahmenbedingungen und der Arbeitsorganisation für die Tätigkeit der Erzieherin" (30).

Die konsequente und zielstrebige Entwicklung der Integration im Bereich der Kindergärten ohne anhaltende und massive Paradigmakonkurrenz deutet vielmehr darauf hin, dass eine grundsätzliche sozialethisch begründete Bereitschaft zu gemeinsamer Erziehung als Voraussetzung dieser Entwicklung angenommen werden muss; die Integrationsbewegung hatte insofern das Ziel der Integration nicht als „neue Denkweise" zu etablieren, sondern zu verankern und zu entfalten.

Um Entwicklungschancen im Bereich der Kindergärten einzuschätzen, kann eine systemtheoretische Sicht hilfreich sein. Der Kindergarten stellt ein „einfaches soziales System" im Sinne von LUHMANN (1975, 21 ff.) dar: Er bietet einen relativ großen und wenig vorneweg und personunabhängig geregelten Spielraum für Interaktionen (vgl. TIETZE 1998, 227). Flexible Öffnungszeiten und variierende Anwesenheitszeiten der Kinder werden ermöglicht und sogar unterstützt. Den Elternbedürfnissen sind wesentliche Einwirkungsmöglichkeiten geschaffen worden. Die Bedingungen der Mitgliedschaft sind an den Kriterien „Alter" und „Elternwille" festgemacht. Schließlich wird dessen „Sinn" oder seine Leitidee unabhängig von gesetzlichen Festlegungen von den Eltern und Erzieherinnen übereinstimmend mit „Wohlfühlen der Kinder" und „Erkennung und Achtung des Kindes als Person" (HONIG u. a. 2004, 41 ff.) benannt. In einem in diesem Sinn „einfachen sozialen System" sind, so kann man mit Recht folgern, Entwicklungen prinzipiell eher möglich als in einem sozialen System, das differenziertere Eigenschaften und distinkte Bedingungen für sich definiert hat.

Fortschritte durch die Integrationsbewegung: Die Modellversuche und Praxisentwicklungen erbrachten im Wesentlichen auf den folgenden sechs Ebenen beachtliche Resultate:
(1) Insbesondere durch die wissenschaftlichen Begleitungen der Modellversuche wurde ein Fundus an sozialphilosophischen, sozial- und erziehungswissenschaftlichen und sozialrechtlichen Begründungen und Analysen erarbeitet, die mittlerweile zur fachlichen Grundlagenliteratur zählen (siehe u. a.: MIEDANER 1986; KLEIN, u. a. 1987; KRON 1988; Handbuch der integrativen Erziehung 1989; DICHANS 1990; ZILLER/SAUERBIER 1992; HEIMLICH 1995; FEUSER 1995; FEGERT/FRÜHAUF 1999).
(2) Das Recht auf Eingliederungshilfe (§ 39f. BSHG; § 53 SGB XII) für alle Kinder mit Behinderung in integrativen Settings mindestens genauso gut wie im System der Sonderbetreuung umgesetzt werden.
(3) Folgende Rahmenbedingungen der Integration erwiesen sich als notwendig und sinnvoll:
- Gruppengröße von 12 bis 18 Kinder
- höchstens 3 bis 5 Kinder mit Behinderung, ohne Konzentration auf einen Schweregrad und eine Behinderungsart
- 2 Fachkräfte pro Gruppe und bei Bedarf weitere Unterstützungskräfte;
- Bereitstellung und konzeptionelle Integration notwendiger therapeutischer Angebote
- Zusammenarbeit mit den Eltern
- Praxisberatung und gesicherte Reflexionszeiten für die Beschäftigten
- barrierefreie Ausstattung der Einrichtung, der Gebäude und Außenflächen
- sozialräumliche Vernetzung, insbesondere mit anderen Einrichtungen der Kinderbetreuung und mit Schulen

(4) Für die Umsetzung der pädagogischen Qualität bezogen auf den besonderen Förderbedarf haben sich unterschiedliche länderspezifische Organisationsformen durchgesetzt: u. a. besondere Qualifikation der Gruppenfachkräfte, z.B. „Stützpädagoge"; Qualifizierungsmaßnahmen und Verpflichtungen zur Fortbildung; „Praxishandbuch"; interdisziplinäre Teams; „Arbeitsstellen für Integrationspädagogik/Integrationshilfen (AfI)"; mobile Dienste; besondere Verfügungszeiten.
(5) In einzelnen Regionen hat sich „Einzelintegration" als bevorzugte Umsetzung entwickelt; in allen Bundesländern gilt sie mittlerweile als gleichberechtigtes oder ergänzendes Angebot. Dabei werden 1 bis 3 Kinder mit Behinderung in eine Regelgruppe aufgenommen. Um die qualifizierte Förderung zu ermöglichen, wird der Personalschlüssel für diese Gruppe

entsprechend angepasst. Die Einzelintegration kommt dem Wunsch nach Wohnortnähe entgegen.
(6) Die Finanzierungsmodalitäten sind ebenfalls nur länderspezifisch aufzuschlüsseln. „Sie reichen vom Ausschöpfen und Verknüpfen aller Finanzierungsansprüche aus der Jugendhilfe, der Sozialhilfe und Krankenkasse bis hin zum Verzicht auf Mittel" (BAGLJÄ 2001). Die dadurch entstehenden je besonderen Formen der Mischfinanzierung führen zu einer Vielfalt von Finanzierungsvarianten. Im Fall von Einzelintegration wird üblicherweise eine „Maßnahmenpauschale" je behindertes Kind gewährt, mit der die Zusatzkosten der Integration abgedeckt werden sollen. Obwohl Mischfinanzierungen als „schwierig" apostrophiert werden, haben sie sich als „tragfähig" erwiesen. Nicht zu überhören sind mittlerweile Einschätzungen, die davon ausgehen, dass „die reformerische pädagogische Idee vielfach als Gelegenheit zum kostengünstigen Ausbau des Betreuungssystems entdeckt [wurde], kostengünstig im Vergleich zur bisherigen Sonderbetreuung in heilpädagogischen Einrichtungen" (KRON 2006).
Eine Zusammenstellung der wesentlichen Rahmenbedingungen gemäß der gesetzlichen Vorgaben findet sich in den „KITA-Länderregelungen" (Gemeinsam Leben ab Heft 4/2003), eine Kurzfassung kann den Empfehlungen der BAGLJÄ (2001) und dem Bericht der Jugendministerkonferenz (2002) entnommen werden.
Die genannten Rahmenbedingungen waren bereits Ende der 80er Jahre herausgearbeitet und u. a. auch durch die neue Empfehlung der Bundesvereinigung Lebenshilfe „Gemeinsam Leben und Lernen im Kindergarten" (1990, vgl. FRÜHAUF 1990, 61 ff.) bestätigt worden. Allerdings wurden die Rahmenbedingungen der Integration erst von HEIMLICH/BEHR (2005) konsequent und detailliert in das Instrument der Qualitätsentwicklung aufgenommen (vgl. KREUZER 2002).
Die vorliegende Liste der für Integration günstigen Rahmenbedingungen zeigt auf, in welchen Dimensionen die Strukturqualität zum einen verbessert, aber zum anderen auch verringert oder abgebaut werden kann. Aktuelle Änderungen in den die Strukturqualität definierenden Rahmenbedingungen einzelner Bundesländer (Bremen, Bayern, Brandenburg) deuten auf einen Verlust der pädagogischen Qualität der gemeinsamen Erziehung hin.
Dilemmata in der Integrationsbewegung: Auf vier Themen und Diskussionsstränge sei hier hingewiesen.
Erstens: Integrative Gruppen können das für soziale Integration wesentliche Kriterium der Wohnortnähe und des Sozialraumbezuges für Kinder mit Behinderungen in der Regel nicht erfüllen. Diese Kinder haben zwar im Durch-

schnitt kürzere Anfahrtswege als in Sonderkindergärten; trotzdem leben viele von ihnen in anderen Wohngegenden als die übrigen Kinder der Gruppe. Einzelintegration wird zwar als eine Lösung gesehen, dabei muss allerdings nicht selten ein Verlust bei den Möglichkeiten der spezifischen Förderung und therapeutischen Versorgung in Kauf genommen werden.
Zweitens: Bis zum Jahr 1998 waren die Platzzahlen für Kinder mit Behinderung – den Sonderbereich und die kräftige Entwicklung der Integration zusammengenommen – trotz der allgemein sinkenden Kinderzahlen deutlich angestiegen. Eine wesentliche Begründung dafür kann darin gesehen werden, dass Eltern von Kindern mit einer Behinderung angesichts der Option „Integration" einem Kindergartenbesuch ihres Kindes positiver gegenüber standen. Diese wünschenswerte Erhöhung der Betreuungszahlen hatte allerdings zur Folge, dass im Rahmen der integrativen Bestrebungen mehr Kinder als „behindert" oder „von einer Behinderung bedroht" wahrgenommen und bei der Begutachtung entsprechend diagnostiziert und anerkannt wurden. Ob sich im Laufe der Integrationsbewegung die Diagnosegewohnheiten geändert haben, muss hier dahingestellt bleiben. Als sicher kann jedoch festgestellt werden, dass es eine bedenkenswerte Konsequenz des Trends zur Integration behinderter Kinder war, dass bei steigender Integrationsquote mehr Kinder mit der Hypothek „behindert" konfrontiert werden. Darüber, welche Auswirkungen das auf ihren Schulbesuch hat, soll an dieser Stelle nicht spekuliert werden. Allerdings stößt man beim Vergleich der Schulstatistik (KMK 2005) mit der Statistik der Kinder- und Jugendhilfe (Riedel 2005, 185) auf einen bemerkenswerten Tatbestand: Vier Bundesländer, die die höchste Anzahl von Plätzen in integrativen Kindergärten anbieten (Sachsen, Thüringen, Mecklenburg-Vorpommern und Sachsen-Anhalt), stehen zugleich mit Abstand ebenso an der Spitze der Bundesländer mit den höchsten „Sonderschulbesuchsquoten". Bremen bildet diesbezüglich eine eindeutige Ausnahme; es hat einen Spitzenplatz in bei der „Integrationsquote (Kindergarten)" und zusammen mit dem Saarland, Rheinland-Pfalz und Schleswig-Holstein zugleich die niedrigste „Sonderschulbesuchsquote". Welche Zusammenhänge hinter diesem Tatbestand stehen, kann hier nicht weiter verfolgt werden.
Drittens: Im Laufe der Etablierung der gemeinsamen Erziehung spielte sich als geläufige Formulierung die Unterscheidung „behinderte Kinder" und „nichtbehinderte Kinder" (später: „Kinder mit Behinderung" und „Kinder ohne Behinderung") als Code der Integration ein. Zwar ist die Diagnose „wesentlich behindert" bis heute die Voraussetzung zur Gewährung von Eingliederungshilfe und damit einer notwendigen Finanzierungsquelle, aber zugleich wurde damit eine pädagogisch nicht akzeptable Engführung der „Viel-

falt" vorgenommen, die andere Dimensionen wie Geschlecht, Alter, Temperament, Sprache, soziale Herkunft und kulturelle Prägung zwar nicht ausschloss, aber in den Hintergrund drängte. Eine Folgerung aus dieser Analyse muss sein, einen Paradigmawechsel von der „Integration" hin zur „Inklusion" voranzubringen. Im Konzept der Inklusion ist der Blick auf die Einrichtung gelenkt, während im Konzept der Integration der Blick auf das zu integrierende Kind gerichtet ist. Inklusion strebt an, Rahmenbedingungen für eine „gute" Pädagogik zu schaffen, die für alle Schüler von Vorteil ist. Im „Index für Inklusion [Tageseinrichtungen für Kinder]" (2006, 16) wird vorgeschlagen, die Argumentation, die mit dem Begriff „sonderpädagogischer Förderbedarf" operiert, zu ersetzen mit dem Konzept „Barrieren für Spiel, Lernen und Partizipation". „Die Idee, dass die Schwierigkeiten von Kindern dadurch gelöst werden können, dass man bei einigen von ihnen einen ‚sonderpädagogischen Förderbedarf' feststellt. kommt rasch an ihre Grenzen. Sie verleiht einigen Kindern und Jugendlichen ein Etikett, das zu niedrigeren Erwartungen führt. Es lenkt die Aufmerksamkeit nicht nur von den Schwierigkeiten von Kindern ohne dieses Etikett ab, sondern auch von den Ursachen der Probleme, die in den Beziehungen, Kulturen, den Inhalten der Aktivitäten und der Art der Ressourcen sowie in den Methoden der Mitarbeiter/innen bei der Förderung des Lernens und Spiels und auch bei der Leitung und Organisation der Einrichtungen zu finden sein können." Der Index enthält ausführliche Anregungen und Anleitung zur Entwicklung einer inklusiven Kindertageseinrichtung (vgl. auch HEIMLICH/BEHR 2005).

Viertens: In der allgemeinen Fachdiskussion zum „Kindergarten" und in den Veröffentlichungen zur „Geschichte des Kindergartens" taucht die Verantwortung für Kinder mit Behinderung und ihre geläufige Praxis in den Kindergärten sowohl vor als auch nach dem Beginn der Integrationsbewegung meines Wissens nach nur marginal auf. „Kinder mit Behinderung", aber auch die „Integration" und die „Integrationspädagogik" werden bis heute fast ausschließlich als Thema und Gegenstand der Heilpädagogik und ihrer Varianten aufgefasst. Integrative Einrichtungen erhalten und behalten damit einen „Sonderstatus". Tervooren (2001, 1 f.) hat für die pädagogische Ausbildung und Praxis die alte bis heute nicht eingelöste Forderung wiederholt: „Eine allgemeine Pädagogik müsste jedoch im Gegenteil Verschiedenheiten von Anfang an ihren festen Platz im Allgemeinen zugestehen, damit diese als integraler Teil des Allgemeinen ihre produktive Kraft entfalten können" (zit. nach www.kiwif.de [7.8.2007]).

Literatur

BERICHTE DER BUNDESREGIERUNG „Lage der Behinderten und Entwicklung der Rehabilitation". Bonn 1984; 1989; 1994; 1998; 2002

BOOTH, T./AINSCOW, M./KINGSTON, D.: Index für Inklusion (Tageseinrichtungen für Kinder). Lernen, Partizipation und Spiel in der inklusiven Kindertageseinrichtung entwickeln. Deutschsprachige Ausgabe. Gewerkschaft Erziehung und Wissenschaft (Hrsg.). Frankfurt a. M. 2006

BUNDESARBEITSGEMEINSCHAFT DER LANDESJUGENDÄMTER (BAGLJÄ): Gemeinsame Erziehung von Kindern mit und ohne Behinderung in Kindertageseinrichtungen. Empfehlungen zur Ausgestaltung. Bremen 2001

DICHANS, W.: Der Kindergarten als Lebensraum für behinderte und nichtbehinderte Kinder. Stuttgart 1990

DICK, P./DREYER, I.: Integration behinderter Kinder im Hort. Bremen (Amt für Soziale Dienste) 1988

DITTRICH, G.: Integration behinderter Kinder. In: Zahlenspiegel. Daten zu Tageseinrichtungen für Kinder. München (DJI) 2002, 163–174

EISELE, U.: Behinderte Kinder im Regelkindergarten. In: Diakonie. Theorien – Impulse – Erfahrungen. Zeitschrift des Diakonischen Werkes der Ev. Kirche in Deutschland und des Intern. Verbandes für innere Mission und Diakonie. Heft 1/1983, 17–22

FEGERT, J.M./FRÜHAUF, T.: Integration von Kindern mit Behinderungen. (Materialband zum Zehnten Kinder- und Jugendbericht). München 1999

FEUSER, G.: Behinderte Kinder und Jugendliche. Zwischen Integration und Aussonderung. Darmstadt 1995

FRÜHAUF, T.: Integrative Entwicklung aus der Sicht des Sonderbereichs. In: Gemeinsam Leben. Sonderheft 3: Integration im Elementarbereich – Entwicklungsstand und Aufgaben für die Zukunft. München (DJI) 1990, 61–77

GEMEINSAM LEBEN – Zeitschrift für integrative Erziehung (GL). Neuwied/Berlin (1993–2002) und Weinheim (ab 2002)

HARTUNG, S.: Die Praxis im Kindergarten mit nichtbehinderten und behinderten Kindern. In: HUNDERTMARCK, G. (Hrsg.): Leben lernen in Gemeinschaft. Behinderte Kinder im Kindergarten. Freiburg 1981, 20–33

HEINZE, U.: Damals wurde es höchste Zeit – und wie ging es weiter? Entwicklung der Integration behinderter Kinder in Berlin seit der „Wende". In: Gemeinsam Leben 1 (1993), 20–22

HEIMLICH, U.: .Behinderte und nichtbehinderte Kinder spielen miteinander. Konzept und Praxis integrativer Spielförderung. Bad Heilbrunn 1995

HEIMLICH, U.: Qualitätsstandards in integrativen Kinderkrippen (QUINK). In: Gemeinsam Leben 14 (2007) 132–139

HEIMLICH, U./BEHR, I.: Integrative Qualität im Dialog entwickeln – auf dem Weg zur inklusiven Kindertageseinrichtung. Münster 2005

HONIG, M.-S./JOOS, M./SCHREIBER, N.: Was ist ein guter Kindergarten? Theoretische und empirische Analysen zum Qualitätsbegriff in der Pädagogik. Weinheim 2004

HÖSSL, A.: Die Bedeutung von Sondereinrichtungen für integrative Entwicklungen im Elementarbereich. Ergebnisse einer empirischen Untersuchung. In: Beteiligung von Sonder- und Frühfördereinrichtungen an integrativen Entwicklungen im Elementarbereich. Teil I. München (DJI) 1988, 1–79

HUNDERTMARCK, G.: Der Kindergarten als Ort der Begegnung und gemeinsamen Lebens von behinderten und nichtbehinderten Kindern. In: HUNDERTMARCK, G. (Hrsg.): Leben lernen in Gemeinschaft. Behinderte Kinder im Kindergarten. Freiburg 1981, 8–12

JUGENDMINISTERKONFERENZ: Integrative Erziehung in Kindertageseinrichtungen unter Einbeziehung der Problematik der ambulanten Frühförderung. 6./7. Juni 2002

KERSCHBAUMER, B.: Entwicklung eines Konzepts zur Integration von behinderten Kindern in Münchner Kinderkrippen. In: Gemeinsam Leben – Zeitschrift für integrative Erziehung 2 (1994) 68–71

KLEIN, G./KREIE, M./KRON, M./REISER, H.: Behinderte Kinder in hessischen Regelkindergärten. Frankfurt a. M. (Eigenverlag Johann Wolfgang Goethe-Universität) 1985

KLEIN, G./KREIE, M./KRON, M./REISER, H.: Integrative Prozesse in Kindertagesstätten. DJI München 1987

KNIEL, A./KNIEL, C.: Behinderte Kinder in Regelkindergärten. Eine Untersuchung in Kassel. München (DJI) 1984

KONFERENZ DER JUGENDMINISTER UND -SENATOREN DER LÄNDER: Integration behinderter und nichtbehinderter Kinder in Kindertagesstätten. 18. September 1985

KREUZER, M.: Integration als Prozess – Nach den Mühen der Gebirge kommen die Mühen der Ebenen. Mönchengladbach (Hochschule Niederrhein) 2002

KREUZER, M · Pädagogische Qualität von integrativen Kindergärten. In: Gemeinsam Leben 14 (2006) 132–140

KRON, M.:Kindliche Entwicklung und die Erfahrung von Behinderung. Eine Analyse der Fremdwahrnehmung von Behinderung und ihre psychische Verarbeitung bei Kindergartenkindern. Frankfurt a. M. 1988

KRON, M.: 25 Jahre Integration im Elementarbereich – ein Blick zurück, ein Blick nach vorn. 2006. Im Internet unter www.inclusion-online.net [19.5.2006]

LIPSKI, J: Behinderte (Integration). In: Zimmer, J. (Hrsg.): Erziehung in früher Kindheit. Enzyklopädie Erziehungswissenschaften. Band 6. Stuttgart 1985 a, 261–270

LIPSKI, J.: Die beste Förderung ist die gemeinsame. Plädoyer gegen die Aussonderung behinderter Kinder. In: Welt des Kindes. Zeitschrift für Kleinkindpädagogik und außerschulische Erziehung 63 (1985) 184–188

LUHMANN, N.: Einfache soziale Systeme. In: Luhmann, N.: Soziologische Aufklärung 2. Opladen 1975, 21–38

MIEDANER, L.: Gemeinsame Erziehung behinderter und nichtbehinderter Kinder. Materialien zur pädagogischen Arbeit im Kindergarten. München (DJI) 1986

PELZER, S.: Integrative Erziehung in Sonderkindergärten. Synopse vorliegender Erfahrungsberichte über Sondereinrichtungen. In: Beteiligung von Sonder- und Frühfördereinrichtungen an integrativen Entwicklungen im Elementarbereich. Teil II. München (DJI) 1988, 1–61

PFLUGER-JAKOB, M.: Barrieren abbauen und Türen öffnen. Integration behinderter Kinder in KiTa und Kindergarten. In: kindergarten heute 31 (H.3/2001), 6–12

REISER, H.: Integration im Elementarbereich – Entwicklungsstand und Aufgaben für die Zukunft. In: Gemeinsam Leben. Sonderheft 3: Integration im Elementarbereich – Entwicklungsstand und Aufgaben für die Zukunft. München (DJI) 1990, 9–20

RIEDEL, B.: Integration von Kindern mit Behinderung in Tageseinrichtungen. In: Zahlenspiegel – Kindertagesbetreuung im Spiegel der Statistik. München (DJI / Universität Dortmund) 2005, 169–182

SCHRÖDER, E.: Aussonderung verhindern durch vorbehaltlose Förderung aller Kinder in der Krippe. Durchgeführt in drei Krippen der „Vereinigung städtischer Kinder- und Jugendheime". Hamburg 1985

SPECK, O.: System Heilpädagogik. Eine ökologisch reflexive Grundlegung. München 1988

STAATSINSTITUT FÜR FRÜHPÄDAGOGIK UND FAMILIENFORSCHUNG (Hrsg.): Handbuch der integrativen Erziehung behinderter und nichtbehinderter Kinder. München 1989

STATISTISCHE VERÖFFENTLICHUNG DER KULTUSMINISTERKONFERENZ: Sonderpädagogische Förderung in Schulen 1994 bis 2003. Dokumentation Nr. 177. Bonn 2005

STATISTISCHES BUNDESAMT: Statistiken der Kinder- und Jugendhilfe. Wiesbaden 2003, 2007

TERVOOREN, A.: Pädagogik der Differenz oder differenzierte Pädagogik? Die Kategorie Behinderung als integraler Bestandteil der Bildung. In: FRITZSCHE, B./HARTMANN, J./SCHMIDT, A./TERVOOREN, A. (Hrsg.): Dekonstruktive Pädagogik. Erziehungswissenschaftliche Debatten unter poststrukturalistischen Perspektiven. Opladen 2001

TIETZE, M.: Wie gut sind unsere Kindergärten? Eine Untersuchung zur pädagogischen Qualität in deutschen Kindergärten. Neuwied 1998

ZILLER H./SAUERBIER, H.: Rechtliche und finanzielle Grundlagen der Integration behinderter Kinder im Kindergarten. München 1992

Andreas Hinz

13 Gemeinsamer Unterricht

13.1 Anfänge und Entwicklungslinien

Der Gemeinsame Unterricht beginnt in Deutschland in den 1970er Jahren mit der privaten Montessorischule München und mit der staatlichen Fläming-Grundschule in Berlin. In beiden Schulen spielen Elterninitiativen eine Rolle, die nach einer erfolgreichen Zeit im Elementarbereich eine Fortsetzung der Gemeinsamen Erziehung in der Grundschule wünschen (vgl. BOBAN/HINZ 2003 a sowie ROSS in diesem Buch). Sie sind seit den Anfängen die "Integrationsantreiber vom Dienst" (so ein früher Berliner Integrationsvater), die Gemeinsamen Unterricht gegen den Widerstand von Kultusministerien, Schulämtern und vielfach auch von Schulen und Lehrern durchsetzen. Integration ist also keine Erfindung von Pädagogen oder Schulpolitik, sondern entspringt einer basisdemokratischen Bewegung von Eltern.
Jedoch stellt der Gemeinsame Unterricht nicht die erste Entwicklung integrativer Bemühungen dar (vgl. HINZ 1993). Bereits seit den 1950er Jahren gibt es einzelne Schulen in der damaligen BRD, die sich für Schüler einer bestimmten Behinderungsart öffnen und etwa hörgeschädigte oder körperbehinderte Schüler aufnehmen. In ihnen wird auf die individuellen Belange der betreffenden Schüler Rücksicht genommen, wenn es etwa um spezifische Hilfsmittel und den Abbau von Barrieren geht.
Einen weiteren Entwicklungsstrang in Richtung Integration bilden Versuche mit Sonderschullehrern in Grundschulen. Sie sollen vor allem im Anfangsunterricht dazu beitragen, dass Überweisungen in Sonderschulen vermieden werden – daher der hierfür genutzte Begriff Präventionslehrer. Durch Arbeit an Grundkompetenzen von Schulanfängern soll ermöglicht werden, Anfangsprobleme zu beheben, bevor sie sich zu manifesten Beeinträchtigungen verdichten; hier werden unterschiedliche Modelle entwickelt, teils wird in der Grundschulklasse, teils aber auch in separierten Kleingruppen gearbeitet.
Um angemessener auf die vorhandene Unterschiedlichkeit der Schulanfänger und die Heterogenität der Lerngruppen eingehen zu können, wird in der

Grundschulpädagogik der 1970er Jahre der veränderte Unterricht in der „differenzierten Grundschule" mit einer Schuleingangsstufe thematisiert. Ein gemeinsames Problem der bisher beschriebenen Konzepte und Rahmenbedingungen liegt jedoch darin, dass die Anforderung des zielgleichen Unterrichts erhoben wird; Kinder, die nicht spätestens an deren Ende die Ziele der Grundschule erreicht haben, müssen auf entsprechende Sonderschulen wechseln. Dieses Problem wird erst mit der Einführung von Integrationsklassen - wie in der Fläming-Grundschule - überwunden, in denen auch Kinder lernen können, die voraussehbar nicht die üblichen Lernziele erreichen werden. Hier wird die Heterogenität von Lerngruppen weiter vergrößert, ohne dass verbindliche Mindestfähigkeiten vorhanden sein müssen. Dass Integrationsklassen aus der Elternperspektive die zentrale Form integrativer Pädagogik werden, liegt vor allem daran, dass oft eine schon bestehende Kerngruppe mit mehreren Kindern mit und ohne sonderpädagogischen Förderbedarf in eine gemeinsame Grundschulklasse übergehen soll. Dies bedeutet zugleich, dass meist mehrere Kinder mit (und natürlich viele ohne) Beeinträchtigungen aus einem größeren Einzugsgebiet in eine gemeinsame Klasse gehen. Gleichwohl ist damit der Nachteil verbunden, dass soziale Kontakte am Nachmittag aufgrund der häufig bestehenden größeren Wohnortentfernung erschwert werden. Zudem ist es für eine Schule auf Dauer schwer nachvollziehbar, wenn spezielle Integrationsklassen bei verringerter Kinderzahl und besserer personeller Ausstattung - häufig mit einem durchgängigen Zwei-Pädagogen-System - für alle Kinder offen sind und sie dort behalten werden, gleichzeitig aber Kinder mit vielleicht vergleichbaren Bedarfen aus parallelen Regelklassen in Sonderschulen überwiesen werden, weil keinerlei Unterstützung vorhanden ist. Zeitweilig kommt es auch zu Spaltungstendenzen in Kollegien mit Neidphänomenen. Gleichwohl wird das Konzept der Integrationsklasse mit der Kraft der Elternbewegung ab den 1980er Jahren die quantitativ erfolgreichste Form integrativer Pädagogik in Deutschland.

Zur Elterninitiative kommt ab den 1980er Jahren die Schulinitiative hinzu, der zufolge die ganze Schule als wohnortnahe Integrationsschule für alle Kinder arbeitet und demzufolge auch geringere Anteile von Schülern mit Beeinträchtigungen aufnimmt. Prominentes Beispiel hierfür ist die Uckermark-Grundschule Berlin, die allerdings zunächst einige Jahre lang keine Kinder mit geistiger Behinderung aufnehmen darf. Der Vorteil des repräsentativen Anteils von Kindern mit Beeinträchtigungen im Stadtteil ist allerdings mit einer Ausstattung verbunden, die nicht durchgängig aus zwei Pädagogen besteht. Ein zweites prominentes Beispiel dieses Typs von Schulen ist die integrative Grundschule in Hamburg, die vor allem in sozialen Brennpunkten realisiert wird und so die tendenziell bestehende soziale Selektivität der Integrationsbewegung, die sich wesentlich auf durchsetzungsstarke Eltern stützt, ein Stück weit relativiert (vgl. HINZ u. a. 1998). Zudem wird hier auf eine Etikettierung von Kindern mit Entwicklungsproblemen (mit den Förderschwerpunkten Lernen, sprachliche sowie emotional-soziale Entwicklung) verzichtet, was den großen Vorteil hat, dass ein großer zeitlicher, personeller und damit finanzieller Aufwand, der bisher in die Aufnahmediagnostik ging, nun direkt für die Begleitung und Unterstützung von Lernprozessen genutzt werden kann. Dieses von einer Kommission der Hamburger Schulbehörde entwickelte Konzept schafft auch einen großen Freiraum für Schulentwicklungsprozesse, indem die Schulen mit den ihnen zugewiesenen Ressourcen selbstverantwortlich umgehen können. Dies nutzt eine Reihe von ihnen zur Entwicklung eigener Konzepte, die stark in Richtung auf eine integrative, stadtteilbezogene, gesunde, interkulturelle, koedukative, jahrgangsübergreifend organisierte „Schule für alle" gehen (vgl. ein Beispiel in HINZ 1998). Dieses Konzept weist in Deutschland am weitesten in Richtung auf eine inklusive Schule und entspricht damit am ehesten dem, was international diskutiert und entwickelt wird (vgl. hierzu BOBAN/HINZ 2007). Gleichwohl gibt es auch bei der Integrativen Grundschule Widersprüche: Sie findet keine entsprechende Fortsetzung in der Sekundarstufe I, zudem erscheinen – so sie bestehen bleiben – die enthaltenen zwei Organisationsformen der Integrationsklasse und der integrativen Regelklasse mit ihren unterschiedlichen Ausstattungen und Klassengrößen als problematisch, denn sie schaffen wiederum einen Anlass für diagnostische Bemühungen um angemessene Zuordnungen von Kindern und Neidprobleme in Kollegien.

Außerhalb von Schul- und Modellversuchen ist - insbesondere im ländlichen Raum - das Konzept der wohnortnahen Einzelintegration bedeutsam, dem zufolge jedes Kind in die nächste Schule des Wohnortes gehen können soll, wie auch immer seine Voraussetzungen sich gestalten mögen. Soziale Kontakte sind hier leichter möglich; dieses Konzept weist den höchsten Grad von „Normalität" auf (vgl. SCHÖLER 1997). Gleichzeitig drohen Qualitätsprobleme und Anpassungstendenzen, wenn sich einzelne Kinder mit Förderbedarf in einer Klasse befinden und lediglich stundenweise ein – womöglich auch noch in verschiedenen Schulen eingesetzter – Sonderpädagoge in die ansonsten unverändert unterrichtete Klasse kommt. Wird dann das Kind mit Beeinträchtigungen in dieser Stunde aus der Klasse geholt, um seinem spezifischen Förderbedarf zu entsprechen, widerspricht dies integrativen Ansprüchen.

Bedeutsam sind schließlich auch Konzepte, die von einer Versorgung der spezifischen Bedürfnisse von Schülern mit Beeinträchtigungen durch ambulante sonderpädagogische Dienste von Förderzentren ausgehen. Hier ist Sonderpädagogik nicht mehr primär Sonderschulpädagogik, sondern wird zu einer unterstützenden Funktion innerhalb der allgemeinen Schule. Gleichwohl ist bei diesen Konzepten im Einzelnen jeweils genauer zu betrachten, welches Modell von Förderzentren gemeint ist: Das Spektrum beginnt bei der ausschließlich mobil arbeitenden Schule für Sehgeschädigte in Schleswig, quasi einer Schule ohne Schüler, mit einem in anderen Schulen unterstützend tätigen Kollegium und einer großen Medienwerkstatt, und es reicht bis zum Bayerischen Sonderpädagogischen Förderzentrum, das neben Mobilen Diensten für sinnesgeschädigte Schüler in allgemeinen Schulen aus zusammengelegten früheren Schulen für Lernbehinderte, Sprachbehinderte und Verhaltensgestörte besteht (vgl. hierzu die Systematik von WOCKEN 1999 a). Bei aller Skepsis gegenüber einer Rhetorik der Selbstauflösung von Sonderschulen ist gleichwohl festzustellen, dass in Schleswig-Holstein bei entsprechender ministerieller Steuerung immerhin vier Förderzentren, alles ehemalige Sonderschulen, mittlerweile ausschließlich mobil unterstützend arbeiten.

Betrachtet man die Organisationsformen des Gemeinsamen Unterrichts, so findet sich keine der bisher praktizierten, die nur positive Aspekte hätte. Der Königsweg der Organisation des Gemeinsamen Unterrichts ist noch nicht gefunden, vermutlich dürfte er aber in Richtung auf eine inklusive Schule hinauslaufen, die alle Kinder und Jugendlichen willkommen heißt, ihre Unterschiedlichkeit in heterogenen Lerngruppen produktiv zu nutzen sucht und sich auf einen kontinuierlichen Entwicklungsprozess als Schule einlässt.

Unter juristischen Aspekten betrachtet, wird Gemeinsamer Unterricht zunächst als Schul- und/oder Modellversuch praktiziert, bis er nach sehr unterschiedlich langer Zeit – bis zu 25 Jahren im Fall der Sekundarstufe I in Nordrhein-Westfalen – in den Regelstatus überführt und in den Schulgesetzen der Bundesländer verankert wird. Dies ist, beginnend 1986 im Saarland, in allen Bundesländern der Fall, wobei die Bedingungen deutlich differieren. So wird in Artikel 41 (1) des Bayerischen Schulgesetzes von 2000 die Fähigkeit zur aktiven Teilnahme jeden Schülers als Voraussetzung für Gemeinsamen Unterricht gefordert; damit ist zwar die Anforderung der zielgleichen Teilnahme am Unterricht nach langen Diskussionen gefallen – was aber die neue Formulierung in der Praxis verändern wird, bleibt abzuwarten. In keinem der Schulgesetze gibt es jedoch einen gesicherten Rechtsanspruch auf Gemeinsamen Unterricht; es ist lediglich ein Antragsrecht vorgesehen, das mit unterschiedlichen Formulierungen regelhaft unter drei Bedingungen realisiert wird: Die Eltern müssen einen Antrag stellen, dem Förderbedarf des Kindes muss entsprochen werden können und die Bedingungen müssen mit vertretbarem Aufwand hergestellt werden können. Dieser Finanzvorbehalt ist insofern nicht verwunderlich, als Förderschulen vorhanden sind und entsprechende Rahmenbedingungen für Gemeinsamen Unterricht häufig geschaffen werden müssen (vgl. HINZ 1999 b). Er ist jedoch insofern fragwürdig, als mit ihm nicht nur das Subsidiaritätsprinzip der Förderschule auf den Kopf gestellt, sondern auch suggeriert wird, dass Gemeinsamer Unterricht teurer sei als das Förderschulsystem - diese Einschätzung ist nach Untersuchungen von PREUSS-LAUSITZ (2000) in mehreren Bundesländern nicht mehr aufrechtzuerhalten.

Im internationalen Vergleich fällt Deutschland nicht nur durch sein hoch differenziertes, geradezu exotisch segregierendes Bildungssystem auf, sondern auch dadurch, dass Veränderungen, trotz aller entsprechenden Rhetorik nach PISA, extrem langsam und in geringem Ausmaß erfolgen. Dieses ist sicherlich auch durch das etablierte Förderschulwesen bedingt, das es zusätzlich erschwert, bestehende Mauern in Gebäuden und in Köpfen zu durchbrechen. Eine Rolle spielt sicher auch die nur in Deutschland vorhandene Differenzierung in sechs unterschiedliche Lehrämter. Ein zentraler Grund dürfte jedoch in einer kulturellen Tradition liegen (vgl. z. B. EVANS 2007), die seit dem Entstehen des Bildungsbürgertums dafür sorgt, dass Unterschiede hierarchisch gedeutet, also mit unterschiedlichen Wertigkeiten belegt werden, und dass diejenigen, die Entscheidungsmacht über mögliche Veränderungen im Bildungswesen haben, vom bisherigen, auf die Ständeschule zurückgehenden segregierten System profitieren und daher wenig Veränderungsimpulse zulassen, die das Bildungsprivileg bedrohen könnten - auch wenn dies international immer stärker kritisiert wird (vgl. MUÑOZ 2007).

13.2 Zum aktuellen Stand des Gemeinsamen Unterrichts

Nach 30 Jahren Praxis des Gemeinsamen Unterrichts zeigt die aktuellste Statistik der Kultusministerkonferenz (vgl. KMK 2005), dass 13 % aller Schüler mit sonderpädagogischem Förderbedarf allgemeine Schulen besuchen. Dieses Ergebnis ist nicht nur im internationalen Vergleich, sondern auch an sich beschämend (vgl. die Bundesbehindertenbeauftragte EVERS-MEYER 2007): 87 % dieser Schüler besuchen Förderschulen. Seit 1999 der Gemeinsame Unterricht statistisch erfasst wird, zeigt sich zudem eine deutliche Stagnation, während in den meisten Bundesländern der Anteil von

Schülern in Förderschulen zunimmt. Den Stand im Jahr 2003 mit den sonderpädagogischen Förderschwerpunkten zeigt Tabelle 2.

Tabelle 3: Zahl und Anteil von Schülern mit sonderpädagogischem Förderbedarf an allen Schülern sowie Zahl integrierter Schüler mit sonderpädagogischem Förderbedarf und Integrationsquote (Quelle: KMK 2005)

Förderschwerpunkt	Schüler mit sopäd. Förderbedarf	Anteil sopäd. Förderbedarf	Integrationsschüler
Lernen	258.618	2,9 %	29.706
geistige Entwicklung	72.277	0,8 %	1.991
Sprache	45.837	0,5 %	9.954
em./soz. Entw.	42.627	0,5 %	12.104
Körperl./mot. Entw.	27.324	0,3 %	4.387
übergreifend	16.310	0,2 %	951
Hören	13.717	0,2 %	2.704
Kranke	9.844	0,1 %	168
Sehen	6.167	0,1 %	1.431
Gesamt	492.721	5,6 %	63.369

Wie Tabelle 3 zeigt, bekommen über 5 % aller Schüler in Deutschland sonderpädagogischen Förderbedarf zugesprochen, davon mehr als die Hälfte einen Förderbedarf im Schwerpunkt Lernen. Diese Anteile sind über mehrere Jahre relativ stabil, wobei es eine abnehmende Tendenz im Bereich Lernen und zunehmende bei anderen Schwerpunkten gibt. Bei den Integrationsquoten sind deutliche Unterschiede zu sehen: Knapp 30 % der Schüler mit dem Schwerpunkt emotionale und soziale Entwicklung, um 20 % mit den Schwerpunkten Sprache, Sehen und Hören, zwischen 10 und 15 % mit den Schwerpunkten körperliche und motorische Entwicklung und Lernen, dagegen jedoch nur knapp 3 % mit dem Schwerpunkt geistige Entwicklung befinden sich dieser Statistik nach in allgemeinen Schulen.

Aufschlussreich ist auch eine Übersicht mit den Bundesländern, in der die absoluten Zahlen und die Anteile der Förderschüler enthalten sind sowie die Zahlen der Schüler mit sonderpädagogischem Förderbedarf in allgemeinen Schulen und ihr Anteil an allen Schülern mit sonderpädagogischem Förderbedarf, also die Integrationsquote, aufgeführt sind (Tabelle 4). Tabelle 4 macht deutlich, dass – bei aller angebrachten Skepsis gegenüber diesen Statistiken, die in allen Bundesländern „positiv gestaltet" werden (vgl. CLOERKES 2003) – hier Unterschiede zwischen den Bundesländern vorhanden sind, die nicht mit Schülern zu erklären sind: Sachsen-Anhalts Schüler können nicht mit mehr als 9 % mehr als doppelt so häufig Beeinträchtigungen aufweisen wie die aus Rheinland-Pfalz.

Tabelle 4: Zahl und Anteil von Förderschülern an allen Schülern sowie Zahl von integrierten Schülern mit sonderpädagogischem Förderbedarf und Integrationsquote in den Bundesländern/Stand 2006 (Quelle: KMK 2008)

	Schüler Kl 1-10 insgesamt	Förderschüler	Integrations- schüler	Förderbedarf
Baden-Württemberg	1192474	54227 = 4,50 %	18729 = 1,57 %	72956 = 6,12 %
Bayern	1361643	60169 = 4,42 %	8576 = 0,63 %	68745 = 5,05 %
Berlin	291226	13008 = 4,47 %	6597 = 2,27 %	19605 = 6,73 %
Brandenburg	193121	11546 = 5,98 %	4531 = 2,35 %	16077 = 8,32 %
Bremen	62597	2641 = 4,22 %	2152 = 3,44 %	4793 = 7,67 %
Hamburg	152868	7361 = 4,82 %	1310 = 0,86 %	8671 = 5,67 %
Hessen	624514	26701 = 4,28 %	3227 = 0,52 %	29928 = 4,79 %
Mecklenburg-Vorpommern	125326	10841 = 8,65 %	2802 = 2,24 %	13643 = 10,89 %
Niedersachsen	899408	38588 = 4,29 %	1894 = 0,21 %	40482 = 4,50 %
Nordrhein-Westfalen	2031471	103052 = 5,07 %	11765 = 0,58 %	114817 = 5,65 %
Rheinland-Pfalz	438030	16819 = 3,84 %	2521 = 0,56 %	19340 = 4,42 %
Saarland	101090	4051 = 4,01 %	1427 = 1,41 %	5478 = 5,42 %
Sachsen	290803	20094 = 6,91 %	2588 = 0,89 %	22682 = 7,8 %
Sachsen-Anhalt	174628	14773 = 8,46 %	862 = 0,49 %	15635 = 9,53 %
Schleswig-Holstein	312506	11053 = 3,54 %	5259 = 1,68 %	16312 = 5,22 %
Thüringen	164431	13161 = 8,00 %	2021 = 1,23 %	15182 = 9,23 %
Deutschland	8416136	408085 = 4,85 %	76261 = 0,91 %	484346 = 5,75 %

Hier sind die administrative Praxis der Zuweisung sonderpädagogischen Förderbedarfs und damit verbunden die Praxis institutioneller Diskriminierung (vgl. GOMOLLA/RADTKE 2002) entscheidende Faktoren. Auffällig ist hierbei, dass in den östlichen Bundesländern generell eine höhere Förderschulquote besteht. Hierbei mag auch die im Osten weitgehend nicht vorhandene Elternbewegung für Integration als fehlender Schubfaktor eine Rolle spielen. Zudem wird nur in Brandenburg nach der Wende kontinuierlich ein landesweiter Integrationsansatz realisiert (vgl. HEYER u. a. 1997).

Auch die Integrationsquoten der Bundesländer halten einige Überraschungen bereit (Tabelle 4): Bremen hat fast so viele Integrationsschüler wie Förderschüler. Allerdings sind hier auch separierte Förderklassen an allgemeinen Schulen enthalten. In die relativ hohe Quote Baden-Württembergs gehen viele ambulant beratene Grundschüler mit Sprach-, Lern- und Verhaltensproblemen und Formen ausgelagerter Förderschulklassen mit "Intensivkooperation" ein. Dabei ist umstritten, ob separierte Klassen in allgemeinen Schulen als Form der Integration zu bezeichnen sind (vgl. befürwortend MÜHL u. a. 1997, kritisch FEUSER 1996 sowie empirisch erklärend SPECHT 1993). Dagegen schlägt sich in der relativ geringen Integrationsquote Hamburgs die Praxis der Nichtetikettierung von Schülern mit den Förderschwerpunkten Lernen, Sprache und Verhalten in integrativen Regelklassen nieder. So kommen Ergebnisse zustande, die nur eingeschränkt mit bildungspolitischen Grundsätzen erklärt werden können.

Eine detaillierte Analyse mit Bezug auf einzelne Förderschwerpunkte in den Bundesländern verdeutlicht, dass der Umgang mit Schülern mit sonderpädagogischem Förderbedarf in den Bundesländern derartig große Unterschiede im Hinblick auf die Möglichkeiten zum Gemeinsamen Unterricht aufweist, dass hier regionale Traditionen eine deutlich größere Rolle spielen als fachliche Gesichtspunkte (vgl. hierzu aufschlussreich SCHNELL 2006). Ein Beispiel: Die Integrationsquote liegt bundesweit beim Förderschwerpunkt geistige Entwicklung stabil bei etwa 3 %. Allerdings liegt sie in Hamburg bei ca. 17 % und Bremen bei 14 %, während sechs Bundesländer im Süden und im Osten der Republik mit weniger als einem Prozent so gut wie keine Praxis aufweisen (vgl. HINZ 2006).

13.3 Studien zum Gemeinsamen Unterricht

Gerade in der Phase der Schul- und Modellversuche gibt es zahlreiche Untersuchungen, die den Gemeinsamen Unterricht unter unterschiedlichsten Aspekten in den Blick nehmen. In den letzten Jahren werden nicht mehr so viele

Untersuchungen durchgeführt und Berichte verfasst – auch eine Frage des Zugangs zu finanziellen Ressourcen. Im Folgenden werden die dominierenden Ergebnisse der Studien zum Gemeinsamen Unterricht zusammengefasst; wie weit die Ergebnisse aus der damaligen Phase intensiver Forschung unter aktuellen Bedingungen deutlicher Kürzungen von Ressourcen noch gültig sind, muss offen bleiben.

Bezüglich der Leistungsentwicklung lässt sich für die Kinder ohne Beeinträchtigungen ein „Patt der Systeme" (WOCKEN 1987 b) für fachliche Leistungen wie Lesen, Rechtschreibung und Rechnen feststellen: Kinder ohne sonderpädagogischen Förderbedarf entwickeln sich in integrativen Klassen nicht besser, aber auch nicht schlechter als in üblichen Klassen (vgl. WOCKEN 1999 b). Auch besonders begabte Kinder werden durch Integrationsklassen in ihrer Entwicklung nicht behindert (vgl. BLESS/KLAGHOFER 1991). Vorteile zeigen sich dagegen bei Fähigkeiten im Bereich von Schlüsselqualifikationen: Im Planen eigener Arbeit, im Kooperieren, in der Fähigkeit, sich in andere hineinzuversetzen sind Kinder ohne sonderpädagogischen Förderbedarf in integrativen Klassen besser als in üblichen Klassen (vgl. DUMKE/MERGENSCHRÖER 1990). Kinder mit Lernbehinderungen haben in Klassen der allgemeinen Schule deutliche Leistungsvorteile gegenüber lernbehinderten Sonderschülern (vgl. HAEBERLIN u.a. 1990), dies gilt sogar für den Vergleich zwischen Klassen für Lernbehinderte und Grundschulklassen ohne sonderpädagogische Unterstützung (vgl. TENT u.a. 1991). Auch bei Kindern mit anderen Beeinträchtigungen werden in vielen Fällen teilweise erstaunliche positive Entwicklungen wahrgenommen (vgl. z. B. DEPPE-WOLFINGER u.a. 1990), die auch kritische Rückfragen an die bisherige Sonderschulförderung nahe legen: Dies gilt z. B. für das Lesenlernen bei Kindern mit Down-Syndrom, dessen Anfang immer noch häufig frühestens für die Mittelstufe der Schule für Geistigbehinderte angesetzt wird, dagegen lernen viele Kinder in integrativen Klassen im Grundschulalter das Lesen (vgl. BOBAN/HINZ 1993). Es findet sich im deutschen Sprachraum keine Untersuchung, die Leistungsvorteile für die Förderschule feststellt – und dieses Ergebnis gilt auch für die USA (vgl. MCGREGOR/VOGELSBERG 2000).

Bezüglich der Sozialentwicklung lässt sich die Forschungslage auf den folgenden Punkt bringen: Gemeinsamer Unterricht ist die erfolgreichste Form sozialer Integration. Kinder mit sonderpädagogischem Förderbedarf nehmen das ganze Spektrum sozialer Rollen innerhalb der Klassen ein (vgl. WOCKEN 1987 a, PREUSS-LAUSITZ 1990 a, COWLAN u. a. 1991, 1993, DUMKE/ SCHÄFER 1993), wobei sich das soziale Netz mit aufsteigenden Klassen in der Grundschule verdichtet (vgl. PREUSS-LAUSITZ 1990 a). Die größten

Probleme gibt es bei Kindern mit Lern- und Verhaltensproblemen (vgl. COWLAN u. a. 1991, PREUSS-LAUSITZ/TEXTOR 2006, MAND 2007, KLICPERA/KLICPERA in diesem Buch). Bei diesen Kindern ergibt sich jedoch immerhin eine günstigere Situation der Freizeitkontakte im Vergleich mit der Schule für Lernbehinderte (vgl. PREUSS-LAUSITZ 1990 a). Im Vergleich zu Regelklassen haben die Schüler in Integrationsklassen mehr soziale Kontakte, sie erhalten mehr individuelle Zuwendung, zeigen häufiger eine positive emotionale Befindlichkeit, arbeiten häufiger konzentriert, geben und erhalten häufiger Hilfen und haben häufiger Konflikte mit anderen Schülern, befinden sich häufiger in Partnersituationen und haben häufiger Gelegenheit, von anderen Schülern durch Zuschauen bzw. Zuhören zu lernen – all dies in Abhängigkeit von einem weniger frontalen und stärker individualisierten Unterricht (vgl. DUMKE 1991). Darüber hinaus erweisen sich Integrationsklassen als annehmendstes Milieu für Kinder mit Abweichungen (verschiedene Beeinträchtigungen und Ausländer) in Relation zu anderen Klassen der allgemeinen und auch der Sonderschulen (vgl. WOCKEN 1993, PREUSS-LAUSITZ 1998). Zum emotionalen Wohlbefinden gibt es unterschiedliche Befunde: Die Hamburger Untersuchung in sozialen Brennpunkten (vgl. HINZ u.a. 1998) findet unterschiedliche Situationen mit deutlich positiver Tendenz für integrative Klassen, ebenso zeigen sich in anderen Untersuchungen Vorteile der Integrationsklassen im emotionalen Wohlbefinden in Relation zu normalen Parallelklassen (vgl. DUMKE/SCHÄFER 1993). Dagegen findet die Schweizer Untersuchung (vgl. HAEBERLIN u.a. 1990) ein geringeres Selbstbewusstsein und Wohlbefinden bei Kindern mit Lernbehinderungen. Bei dieser häufig zitierten Untersuchung ist allerdings zu berücksichtigen, dass es sich um einen Präventionsversuch für schulschwache Kinder mit dem Anspruch der Zielgleichheit und mit ergänzender separierter sonderpädagogischer Förderung handelt. Bezeichnenderweise ist das Selbstbild und das Wohlbefinden der lernschwachen Kinder, die zusätzliche sonderpädagogische Förderung erhalten, negativer als derjenigen, die keine zusätzliche Hilfe bekommen – hier wird der stigmatisierende Charakter einer auf einzelne Kinder gerichteten sonderpädagogischen Förderung deutlich, bei der zudem eher administrative und finanzielle als pädagogische Momente im Vordergrund stehen (vgl. HAEBERLIN u. a. 1990, BLESS 1995). In der Sekundarstufe I schließlich zeigen sich bei manchen Jugendlichen mit Behinderungen krisenhafte Phasen – hier handelt es sich um möglicherweise stärker sichtbare normale Pubertätsphänomene, zumal die Auseinandersetzung mit der eigenen Identität und mit Gemeinsamkeiten und Unterschieden zu anderen intensiviert wird. Diese Phasen werden bis zum Ende der Sekundarstufe I jedoch im Rahmen des sozialen Netzes der Klasse und mit der begleitenden Unterstützung der Lehrer in der Regel überwunden (vgl. BOBAN 1996, KÖBBERLING/SCHLEY 2000). In integrativen Klassen ist eine hohe Zufriedenheit der Eltern vorhanden (vgl. WOCKEN 1987c, PREUSS-LAUSITZ 1990 b). Eltern sind nicht nur die Erfinder des Gemeinsamen Unterrichts, sondern sie unterstützen ihn nach wie vor – phasenweise individuelle Zweifel eingeschlossen, die aber selten zur Abkehr vom Gemeinsamen Unterricht führen.

Ebenfalls ist eine hohe Zufriedenheit der Pädagogen im Gemeinsamen Unterricht festzustellen, obgleich die Arbeitsbelastungen ein hohes Maß erreichen und viele konkrete Kritikpunkte bestehen, seien es Rahmenbedingungen oder fehlende Fortbildungs-, Beratungs- und Supervisionsmöglichkeiten (vgl. z.B. SCHLEY 1992, SCHLEY/KÖBBERLING 1994, HEIMLICH/JACOBS 2000). So weit es zur Abkehr vom Gemeinsamen Unterricht kommt, so geschieht dies eher beim Konzept einer wohnortnahen Einzelintegration, bei dem Sonderpädagogen als reisende ambulante Unterstützer durch – wie die Schweizer sagen – „Köfferlipädagogik" fungieren, als bei integrativen Schwerpunktschulen, also Schulen, die sich in ihrem pädagogischen Profil explizit dem Gemeinsamen Unterricht widmen und Kinder und Jugendliche mit sonderpädagogischem Förderbedarf aus einem größeren Umfeld aufnehmen. In der Anfangszeit erweist sich schließlich das Problem der Kooperation zwischen den Pädagogen der verschiedenen Berufsgruppen als das primäre Problem des Gemeinsamen Unterrichts (vgl. BOBAN u.a. 1988; WOCKEN 1988), zwischenzeitlich liegen hier positivere Erfahrungen aufgrund entwickelter Konzepte und Praxis begleitender Fortbildungs- und Beratungssysteme vor, die – bei aller zusätzlichen Belastung – Teamarbeit auch als etwas Schönes, Entlastendes und Bereicherndes mit viel genauerer Wahrnehmung und Reflexion der Situation von Kindern deutlich werden lassen (vgl. HINZ 1999 a, HEIMLICH/JACOBS 2001). Zum Teamproblem tritt also als zweite Seite der Medaille der Teamgenuss hinzu.

Neuere Untersuchungen nehmen verstärkt die Situation und Effekte in Förderschulen, insbesondere der Förderschule mit dem Schwerpunkt Lernen, in den Blick. Dabei wird ersichtlich, dass die frühere Schule für Lernbehinderte weder ein leistungsförderlicher Schultyp ist (vgl. WOCKEN 2005), noch dass sie die behauptete Funktion eines sozialen Schonraumes wahrnimmt (vgl. SCHUMANN 2007).

13.4 Fazit

Der Gemeinsame Unterricht in Deutschlands Schulen hat sich dort etabliert, wo Eltern ihn durchsetzen konnten. Er ist zum regelhaften Angebot des öffentlichen Schulwesens geworden. Seine quantitative Entwicklung bleibt begrenzt und politisch bedroht, in den letzten zehn Jahren ist Stagnation festzustellen. Daran hat auch die positive Bilanz von Forschungsergebnissen nichts geändert. Neben der Herausforderung quantitativer Fortentwicklung, vor allem auf politischer Ebene, ist auch seine qualitative Weiterentwicklung von Nöten. Mit Reisers Diagnose, dass in Deutschland Integration in weiten Bereich der Praxis verflacht und "nachhaltig deformiert" ist (2007), stellt sich diese Notwendigkeit umso schärfer. Inwiefern hier der Begriff der Inklusion weiterführt, lässt sich noch nicht einschätzen (vgl. BOBAN/HINZ 2008), immerhin zeigen Praxisberichte, dass inklusive Schulentwicklung mit Hilfe des Index für Inklusion (vgl. BOBAN/HINZ 2003 b) eine Strategie sein kann, zur „Schule für alle" ohne Ausschluss mit einem auf die ganze Schule und nicht nur oder vorwiegend auf Schüler mit Beeinträchtigungen gerichteten Fokus beizutragen (vgl. PLATTE/SEITZ/TERFLOTH 2006).

Literatur

BLESS, G.: Zur Wirksamkeit der Integration. Forschungsüberblick, praktische Umsetzung einer integrativen Schulform, Untersuchungen zum Lernfortschritt. Bern 1995

BLESS, G./KLAGHOFER, R.: Begabte Schüler in Integrationsklassen. Untersuchung zur Entwicklung von Schulleistungen, sozialen und emotionalen Faktoren. Zeitschrift für Pädagogik 37 (1991) 215–223

BOBAN, I.: "Ist Liebe, wenn man ganz nahe bei jemandem sein will?" Ein Rückblick auf sechs Jahre Gesamtschulzeit. Behinderte in Familie, Schule und Gesellschaft 19 (H. 3/ 1996), 5–12

BOBAN, I./HINZ, A.: Geistige Behinderung und Integration. Überlegungen zum Begriff der »Geistigen Behinderung« im Zusammenhang integrativer Erziehung. Zeitschrift für Heilpädagogik 44 (1993) 327-340

BOBAN, I./HINZ, A.: Eltern als Motor der Integrationsbewegung in Deutschland. In: Wilken, U./Jeltsch-Schudel, B. (Hrsg.): Eltern behinderter Kinder. Empowerment – Kooperation – Beratung. Stuttgart 2003 a, 189-203

BOBAN, I./HINZ, A.: Index für Inklusion. Lernen und Teilhabe in Schulen der Vielfalt entwickeln. Halle (Saale) 2003 b

BOBAN, I./HINZ, A.: Inclusive Education – Annäherungen an Praxisentwicklung und Diskurs in verschiedenen Kontexten. In: Biewer – G./Luciak, M./Schwinge, M. (Hrsg.): Begegnung und Differenz: Menschen – Länder – Kulturen. Beiträge zur Heil- und Sonderpädagogik. Bad Heilbrunn 2007

BOBAN, I./HINZ, A.: Inklusive Pädagogik zwischen allgemeinpädagogischer Verortung und sonderpädagogischer Vereinnahmung – Anmerkungen zur internationalen und zur deutschen Debatte. In: Bericht von der Integrationsforschertagung 2007 in Erfurt. Erfurt 2008

BOBAN, I./HINZ, A./WOCKEN, H.: Warum Pädagogen aus der Arbeit in Integrationsklassen aussteigen. In: WOCKEN, H./ANTOR, G./HINZ, A. (Hrsg.): Integrationsklassen in Hamburger Grundschulen. Bilanz eines Modellversuchs. Hamburg 1988, 275–331
CLOERKES, G. : Zahlen zum Staunen. Die deutsche Schulstatistik. In: CLOERKES, G. (Hrsg.): Wie man behindert wird. Texte zur Konstruktion einer sozialen Rolle und zur Lebenssituation betroffener Menschen. Heidelberg 2003, 11–23
COWLAN, G./DEPPE-WOLFINGER, H./KREIE, G./KRON, M./REISER, H.: Der Weg der integrativen Erziehung vom Kindergarten in die Schule. Bd. 12 der Schriftenreihe Lernziel Integration. Bonn 1991
COWLAN, G./DEPPE-WOLFINGER, H./KREIE, G./KRON, M./REISER, H.: Gemeinsame Förderung Behinderter und Nichtbehinderter in Kindergarten und Grundschule. Bd. 13 der Schriftenreihe Lernziel Integration. Bonn 1993
DEPPE-WOLFINGER, H./PRENGEL, A./REISER, H.: Integrative Pädagogik in der Grundschule. Bilanz und Perspektiven der Integration behinderter Kinder in der Bundesrepublik Deutschland 1976–1988. München 1990
DUMKE, D.: Soziale Kontakte behinderter Schüler in Integrationsklassen. Heilpädagogische Forschung 17 (1991), 21–26
DUMKE, D./MERGENSCHRÖER, B.: Soziale Kognitionen von Schülern in Integrationsklassen. Psychologie in Erziehung und Unterricht 37 (1990) 111-122
DUMKE, D./SCHÄFER, G.: Entwicklung behinderter und nichtbehinderter Schüler in Integrationsklassen. Einstellungen, soziale Beziehungen, Persönlichkeitsmerkmale und Schulleistungen. Weinheim 1993
EVANS, P.: Interview in Frontal 21 vom 3. 7. 07. Mainz 2007. Im Internet unter www.zdf.de/ZDFde/inhalt/16/0,1872,5561968,00.html [24. 7. 2007]
Ewers-Meyer, K.: Redebeitrag auf der Europäischen Konferenz zur Integration behinderter Menschen am 11. und 12. Juni 2007 in Berlin. Im Internet unter www.eu2007.bmas.de/EU2007/Redaktion/Deutsch/PDF/2007-06-12-rede-eversmeyer,property = pdf,bereich=eu 2007,sprache=de,rwb=true.pdf [24. 7. 2007]
FEUSER, G. : Behinderte Kinder und Jugendliche zwischen Integration und Aussonderung. Darmstadt 1995
GOMOLLA, M./RADTKE, F.-O.: Institutionelle Diskriminierung. Die Herstellung ethnischer Differenz in der Schule. Opladen 2002
HAEBERLIN, U./BLESS, G./MOSER, U./KLAGHOFER, R.: Die Integration von Lernbehinderten. Versuche, Theorien, Forschungen, Enttäuschungen, Hoffnungen. Bern 1990
HEIMLICH, U./JACOBS, S.: Integrative Schulentwicklung im Sekundarbereich. Das Beispiel der Integrierten Gesamtschule Halle/Saale. Bad Heilbrunn 2001
HEYER, P./PREUSS-LAUSITZ, U./SCHÖLER, J.: "Behinderte sind doch Kinder wie wir!" Gemeinsame Erziehung in einem neuen Bundesland. Berlin 1997
HINZ, A.: Heterogenität in der Schule. Integration – Interkulturelle Erziehung – Koedukation. Hamburg 1993
HINZ, A.: Pädagogik der Vielfalt - ein Ansatz auch für Schulen in Armutsgebieten? Überlegungen zu einer theoretischen Weiterentwicklung. In: HILDESCHMIDT, A./SCHNELL, I. (Hrsg.): Integrationspädagogik. Auf dem Weg zu einer Schule für alle. Weinheim 1998, 127–144
HINZ, A.: Sonderpädagogische Arbeit in Integrativen Regelklassen. Eine Studie zur Praxisentwicklung im ersten und vierten Schuljahr. In: KATZENBACH, D./HINZ, A. (Hrsg.): Wegmarken und Stolpersteine in der Weiterentwicklung der Integrativen Grundschule. Hamburg 1999 a, 201–301

HINZ, A.: Stand und Perspektiven der Auseinandersetzung um den Gemeinsamen Unterricht vor dem Hintergrund leerer Kassen. Die neue Sonderschule 44 (1999 b) 101–115
HINZ, A.: Integration und Inklusion. In: WÜLLENWEBER, H. u.a. (Hrsg.): Handbuch Pädagogik bei geistiger Behinderung. Stuttgart 2006, 251–261
HINZ, A. u.a.: Die integrative Grundschule im sozialen Brennpunkt. Ergebnisse eines Hamburger Schulversuchs. Hamburg 1998
KMK (Kultusministerkonferenz) (Hrsg.): Sonderpädagogische Förderung in Schulen 1994-2003. Statistische Veröffentlichungen der Kultusministerkonferenz. Dokumentation Nr. 177, November 2005. Im Internet unter www.kmk.org/statist/Dokumentation177.pdf [24. 7. 2007]
KMK (Kultusministerkonferenz) (Hrsg.): Sonderpädagogische Förderung in Schulen 1997-2006. 2008 Statistische Veröffentlichungen der Kultusministerkonferenz. Im Internet unter http://www.kmk.org/statist/home.htm?schule [21. 5. 2008]
KÖBBERLING, A./SCHLEY, W.: Sozialisation und Entwicklung in Integrationsklassen. Untersuchungen zur Evaluation eines Schulversuchs in der Sekundarstufe. Weinheim 2000
MAND, J.: Social position of special needs pupils in the classroom – a comparison between German special schools for pupils with learning difficulties and integrated primary school classes. In: European Journal of Special Education 22 (2007), 7–14
MCGREGOR, G./VOGELSBERG, R.T.: Inclusive Schooling Practices: Pedagogical and Research Foundations. Baltimore 2000
MÜHL, H. u.a.: Lernen unter einem Dach. Schulische Integration durch Kooperation. Marburg 1997
MUÑOZ, V.: Bericht des Sonderberichtserstatters für das Recht auf Bildung, Vernor Munoz, Addendum, Deutschlandbesuch (13. – 26. Februar 2006). 2007. Arbeitsübersetzung der GEW. Im Internet unter www.gew.de/Binaries/Binary25150/Arbeits%FCbersetzung_M%E4rz07.pdf [24. 7. 2007]
PLATTE, A./SEITZ, S./TERFLOTH, K. (Hrsg.): Inklusive Bildungsprozesse. Bad Heilbrunn 2006
PREUSS-LAUSITZ, U.: Soziale Beziehungen in Schule und Wohnumfeld. In: HEYER, P./PREUSS-LAUSITZ, U./ZIELKE, G. (Hrsg.): Wohnortnahe Integration. Gemeinsame Erziehung behinderter und nichtbehinderter Kinder in der Uckermark-Grundschule in Berlin. Weinheim 1990 a, 95–128
PREUSS-LAUSITZ, U.: Die Eltern innerhalb der integrativen Schule. In: HEYER, P./PREUSS-LAUSITZ, U./ZIELKE, G. (Hrsg.): Wohnortnahe Integration. Gemeinsame Erziehung behinderter und nichtbehinderter Kinder in der Uckermark-Grundschule in Berlin. Weinheim 1990 b, 169–189
PREUSS-LAUSITZ, U.: Bewältigung von Vielfalt – Untersuchungen zu Transfereffekten gemeinsamer Erziehung. In: HILDESCHMIDT, A./SCHNELL, I. (Hrsg.): Integrationspädagogik. Auf dem Weg zu einer Schule für alle. Weinheim 1998, 223–240
PREUSS-LAUSITZ, U.: Gesamtbetrachtung sonderpädagogischer Kosten im Gemeinsamen Unterricht und im Sonderschulsystem – Ergebnisse einer empirischen Studie. Zeitschrift für Heilpädagogik 51 (2000) 95–101
PREUS-LAUSITZ, U./ TEXTOR, A.: Verhaltensauffällige Kinder sinnvoll integrieren – eine Alternative zur Schule für Erziehungshilfe. In: Zeitschrift für Heilpädagogik 57 (2006) 1–8
REISSER, H.: Inklusion – Vision oder Illusion? In: Katzenbach, D. (Hrsg.): Vielfalt braucht Struktur. Frankfurt a. M. 2007, 99–105
SCHLEY, W. : Befragung der Integrationsteams in der Sek I. In: SCHLEY, W./BOBAN, I./HINZ, A. (Hrsg.): Integrationsklassen in Hamburger Gesamtschulen. Hamburg^2 1992, 279–328
SCHLEY, W./KÖBBERLING, A.: Integration in der Sekundarstufe. Hamburg 1994
SCHNELL, I.: Was die KMK-Statistik zeigt. Zeitschrift für Heilpädagogik 57 (2006) 469-474

SCHÖLER, J.: Einzelintegration – Alternative oder Lückenbüßer? In: MEIßNER, K./HESS, E. (Hrsg.): Integration in der pädagogischen Praxis. Berlin1997, 112–124

SCHUMANN, B.: „Ich schäm mich ja so!" Die Sonderschule für Lernbehinderte als „Schonraumfalle". Bad Heilbrunn 2007

SPECHT, W.: Evaluation der Schulversuche zum gemeinsamen Unterricht behinderter und nichtbehinderter Kinder – Ergebnisse einer bundesweiten Befragung von Lehrerinnen und Lehrern im Schulversuch. Graz 1993

TENT, L./WITT, M./ZSCHOCKE-LIEBERUM, C./BÜRGER, W.: Über die pädagogische Wirksamkeit der Schule für Lernbehinderte. Zeitschrift für Heilpädagogik 42 (1991) 289–320

WOCKEN, H.: Soziale Integration behinderter Kinder. In: Wocken, H./Antor, G. (Hrsg.): Integrationsklassen in Hamburg. Erfahrungen – Untersuchungen – Anregungen. Solms-Oberbiel 1987 a, 203–275

WOCKEN, H.: Schulleistungen in Integrationsklassen. In: Wocken, H./Antor, G. (Hrsg.): Integrationsklassen in Hamburg. Erfahrungen – Untersuchungen – Anregungen. Solms-Oberbiel 1987 b, 276–306

WOCKEN, H.: Eltern und schulische Integration. In: Wocken, H./Antor, G. (Hrsg.): Integrationsklassen in Hamburg. Erfahrungen – Untersuchungen – Anregungen. Solms-Oberbiel 1987 c, 125–202

WOCKEN, H.: Kooperation von Pädagogen in integrativen Grundschulen. In: Wocken, H./Antor, G./Hinz, A. (Hrsg.): Integrationsklassen in Hamburger Grundschulen. Bilanz eines Modellversuchs. Hamburg 1988, 199–274

WOCKEN, H.: Bewältigung von Andersartigkeit. Untersuchungen zur Sozialen Distanz in verschiedenen Schulen. In: Gehrmann, P./Hüwe, B. (Hrsg.): Forschungsprofile der Integration von Behinderten. Bochumer Symposion 1992. Essen 1993, 86–106

WOCKEN, H.: Ambulanzlehrerzentren – Unterstützungssysteme für integrative Förderung. In: Heimlich, U. (Hrsg.): Sonderpädagogische Fördersysteme. Auf dem Weg zur Integration. Stuttgart 1999 a, 79–95

WOCKEN, H.: Schulleistungen in heterogenen Lerngruppen. In: Eberwein, H. (Hrsg.): Integrationspädagogik. Kinder mit und ohne Behinderung lernen gemeinsam. Ein Handbuch. Weinheim[5] 1999 b, 315–320

WOCKEN, H.: Andere Länder, andere Schüler? Vergleichende Untersuchungen von Förderschülern in den Bundesländern Brandenburg, Hamburg und Niedersachsen (Forschungsbericht). 2005. Im Internet unter http://bidok.uibk.ac.at/download/wocken-forschungsbericht.pdf [24.7.2007]

Stefan Doose

14 Berufliche Integration

14.1 Einleitung

Die Teilhabe am Arbeitsleben ist ein zentraler Bereich der gesellschaftlichen Partizipation. Über Arbeit bestimmt sich unser sozialer Status und über den Verdienst auch maßgeblich die Möglichkeiten der Lebensgestaltung im Wohn- und Freizeitbereich. Arbeit ist die Tätigkeit, die das Individuum in Beziehung zur Gesellschaft bringt. Wir leben in wechselseitiger Abhängigkeit durch die Arbeit, die wir alle leisten. Arbeit bestimmt die Art und Weise, wie der Mensch in die Gesellschaft integriert ist.

Berufliche Integration meint sowohl den Prozess der beruflichen Eingliederung als auch die berufliche Teilhabe und das positive Eingebundensein in die soziale Struktur eines Betriebes im Sinne einer sozialen Integration als Ziel dieses Prozesses. Mit dem Begriff „Beruf" ist dabei im Gegensatz zum alltagssprachlichen Gebrauch nicht nur eine durch Ausbildung oder Studium zertifizierte berufliche Tätigkeit gemeint, sondern jede un-, an- oder gelernte Tätigkeit. Dies deckt sich mit dem Begriff des Berufs in unserer Verfassung, in der im Artikel 12 des Grundgesetzes die Freiheit der Berufswahl und der Berufsausübung sowie die Freiheit der Wahl des Arbeitsplatzes und der Ausbildungsstätte garantiert ist. Für Menschen mit Behinderungen ist es nicht einfach, dieses grundgesetzliche Recht der Freiheit der Berufsauswahl und Berufsausübung auch praktisch umzusetzen und am Arbeitsleben teilzuhaben.

14.2 Ausgangssituation

Immer noch dreieinhalb Millionen Menschen sind trotz sehr guter Wirtschaftslage im September 2007 in Deutschland als erwerbslos registriert. Die berufliche Ausgrenzung betrifft immer breitere Bevölkerungsgruppen: ältere Arbeitnehmer über 55 Jahre, Migranten, Menschen mit Behinderungen, Menschen ohne Berufsausbildung, Schüler mit Haupt- oder Sonderschulabschluss. Menschen mit Behinderungen sind beispielsweise länger und häufiger erwerbslos und haben eine geringere Erwerbsbeteiligung (vgl. BIH 2006). Bei Menschen mit sogenannter geistiger Behinderung, umfänglicher „Lernbehinderung" und zunehmend Menschen mit psychischer Behinderung wird meist davon ausgegangen, dass sie „wegen Art oder Schwere der Behinderung nicht, noch nicht oder noch nicht wieder auf dem allgemeinen Arbeitsmarkt beschäftigt werden können" (§ 136 SGB IX) und sie deshalb in einer Werkstatt für behinderte Menschen (WfbM) außerhalb von Betrieben arbeiten sollten. Dieser Sonderarbeitsmarkt ohne eine existenzsichernde Entlohnung umfasst mittlerweile über 250.000 Menschen mit Behinderung. Menschen mit einer so genannten geistigen Behinderung, die ca. 80 % der Werkstattbeschäftigten ausmachen, sind so in der Regel nicht arbeitslos, aber fast vollständig vom allgemeinen Arbeitsmarkt ausgegrenzt. Erwerbslosigkeit betrifft überproportional Personen, die als weniger leistungsfähig und damit als schwer oder nicht vermittlungsfähig gelten. Sie profitieren unterproportional von der konjunkturellen Erholung am Arbeitsmarkt. Viele Menschen dieses Personenkreises werden auch bei einer besseren Arbeitsmarktsituation nicht ohne besondere Unterstützung eine Arbeit finden und – was ebenso bedeutend ist – sie auch nach Abschluss des Arbeitsvertrags halten können.

In Deutschland ist ein gegliedertes und differenziertes System der beruflichen Rehabilitation entstanden (einen ersten Überblick bieten BAR 2005, BMAS 2007), das für Menschen mit Behinderungen verschiedene Leistungen zur Teilhabe am Arbeitsleben bereithält (vgl. ausführlich Bieker 2005, Haines 2005). Die berufliche *Eingliederung* von Menschen mit Behinderungen soll in der Regel immer noch durch die *Ausgliederung* in spezielle außerbetriebliche Maßnahmen und Einrichtungen für Menschen mit Behinderung erreicht werden. Das Sozialgesetzbuch IX – Rehabilitation und Teilhabe behinderter Menschen (SGB IX), in dem seit dem Jahre 2001 die gesetzlichen Grundlagen zusammengefasst sind, enthält zwar eine Reihe von Regelungen und neuen Instrumentarien wie Integrationsprojekte, Integrationsfachdienste und Arbeitsassistenz, die eine betriebliche Unterstützung der beruflichen Integration erleichtern sollen, die gängige Praxis sind aber weiterhin außerbetriebliche Berufsvorbereitungs- und Berufsausbildungsmaßnahmen bei Bildungsträgern oder in Berufsbildungswerken (BBW). Auch die Anzahl der Menschen mit Behinderungen in den WfbM ist in den letzten Jahrzehnten erheblich gestiegen. Dabei hat es in den letzten Jahren durchaus erfolgreiche Modellprojekte und Ansätze gegeben, die durch eine direkte Unterstützung im Betrieb die berufliche Integration ermöglichen. Sie sollen in diesem Beitrag vorgestellt werden.

14.3 Unterstützte Beschäftigung

Einen zentralen Ansatz der betrieblichen Unterstützung der beruflichen Integration bietet das Konzept der Unterstützten Beschäftigung (Supported Employment), das Ende der 1970er- und Anfang der 1980er-Jahre in den USA entwickelt wurde und sich mittlerweile in vielen Ländern der Welt als neuer Ansatz der beruflichen Rehabilitation etabliert hat. So wie im Wohnbereich der Ansatz des „Supported Living" wesentliche Impulse zur Entwicklung von ambulanter Unterstützung im eigenen Wohnraum gegeben hat, so war es im Bereich der Arbeit für Menschen mit Behinderung das Konzept des „Supported Employment". In Deutschland ist es seit Anfang der neunziger Jahre in zahlreichen Modellprojekten erfolgreich erprobt worden.
Unterstützte Beschäftigung ist bezahlte Arbeit auf dem allgemeinen Arbeitsmarkt mit anfänglicher, zeitweiser oder dauerhafter Unterstützung (ausführlich DOOSE 2007).
Unterstützte Beschäftigung umfasst folgende methodische Elemente:
- individuelle Berufsplanung mit der Erstellung eines beruflichen Profils
- individuelle Arbeitsplatzsuche
- Unterstützung bei der Suche des Arbeitsplatzes
- Vorbereitung des Arbeitsverhältnisses
- Unterstützung bei der Beantragung von Fördermitteln
- Arbeitsplatzanalyse und -anpassung
- Arbeitserprobungen, begleitete Praktika
- betriebliche Unterstützungsphase (Erstellung eines Einarbeitungs- und Unterstützungsplans, Job-Coaching, Qualifizierung am Arbeitsplatz)
- Beratung und Unterstützung von Kollegen im Betrieb
- weitergehende Unterstützung, psychosoziale Betreuung je nach Bedarf von gelegentlicher Krisenintervention bis zu dauerhafter Unterstützung am Arbeitsplatz

Unterstützte Beschäftigung ist eine ambulante Organisationsform der beruflichen Rehabilitation und der Unterstützung von Menschen mit Behinderungen im Arbeitsleben. Im Gegensatz zu traditionellen Rehabilitationsmaßnahmen setzt Unterstützte Beschäftigung auf
- individuelle Unterstützung statt Unterstützung in Gruppen
- das Erstellen eines dynamischen individuellen Fähigkeitsprofils
- Assessment in betrieblichen Realsituationen statt statusdiagnostische Tests und Assessment in außerbetrieblichen künstlichen Situationen
- aktive individuelle Arbeitsplatzakquisition statt reaktive berufsgruppenbe-zogene Arbeitsvermittlung

- direkte Unterstützung der Qualifizierung und Inklusion in Betrieben des allgemeinen Arbeitsmarkts durch Job Coaching statt vorbereitender außerbetrieblicher Qualifizierung und Exklusion in Sondereinrichtungen
- eine intensive Beratung und konkrete personelle Unterstützung durch einen Integrationsberater bzw. einen Job Coach zur Aufnahme und Sicherung eines Arbeitsverhältnisses

Unterstützte Beschäftigung ist nicht nur ein neuer methodischer Ansatz der beruflichen Rehabilitation, sondern er basiert auf einer veränderten Sichtweise sowohl von Menschen mit Behinderungen als auch davon, wie Einrichtungen der beruflichen Rehabilitation ihre Unterstützung anbieten sollten. Der Ansatz wurde zunächst für Menschen mit Lernschwierigkeiten (people first) entwickelt, aber bald auch für Menschen mit erworbenen Hirnschädigungen, Autismus, Körper- und Mehrfachbehinderungen sowie in modifizierter Form für Menschen mit psychischer Behinderung angewandt. In einigen europäischen Ländern zeichnet sich eine weitere Zielgruppenerweiterung ab, indem andere Personengruppen mit „Arbeitsbehinderungen" wie Personen mit schwerwiegenden sozialen Problemen, z. B. Jugendliche aus der stationären Jugendhilfe in Großbritannien, Jugendliche nach Gefängnisaufenthalt und Drogenabhängigkeit in Norwegen oder Migranten in Finnland und Schweden durch Job Coaching erfolgreich in Betriebe eingegliedert werden. Das Konzept der Unterstützten Beschäftigung hat die Entwicklung von Integrationsfachdiensten in Deutschland maßgeblich mit beeinflusst, so finden sich die Zielgruppe und die methodischen Elemente in den gesetzlichen Regelungen wieder.

14.4 Integrationsfachdienste

Integrationsfachdienste (IFD) sind Dienste, die die Eingliederung von Menschen mit Behinderung auf dem allgemeinen Arbeitsmarkt bei der Aufnahme, Ausübung und Sicherung einer möglichst dauerhaften Beschäftigung unterstützen sollen. IFD sind für die Menschen mit Behinderung gedacht, die eine personalintensivere Unterstützung bei ihrer beruflichen Eingliederung benötigen. Dies gilt insbesondere für Menschen mit einer so genannten geistigen oder psychischen Behinderung oder mit einer schweren Körper-, Sinnes- oder Mehrfachbehinderung. Der Integrationsfachdienst kann auch zur beruflichen Eingliederung von Behinderten, die nicht Schwerbehinderte sind, tätig werden (z. B. Menschen mit psychischer Behinderung oder Schulabgänger, die noch keinen Schwerbehindertenausweis besitzen). Die Integrationsfachdienste sind in §§ 109 SGB IX bzw. § 33 (6) SGB IX gesetzlich geregelt. Sie sollen dabei leistungsträgerübergreifend für die Agenturen für Arbeit (Vermittlung) und Integrationsämter (Begleitung, Sicherung eines Arbeitsplatzes) sowie die Rehabilitationsträger (z. B. Eingliederung nach einem Unfall) tätig sein. Es gibt mittlerweile ein flächendeckendes Netz von 260 Integrationsfachdiensten (Adressen unter www.integrationsaemter.de) mit insgesamt 1305 Integrationsberatern im Jahre 2006 (BIH 2007, 28). Zu den gesetzlichen Aufgaben des Integrationsfachdienstes gehört es (§ 110 (2) SGB IX):

(1) „die Fähigkeiten der zugewiesenen schwerbehinderten Menschen zu bewerten und einzuschätzen und dabei ein individuelles Fähigkeits-, Leistungs- und Interessenprofil zur Vorbereitung auf den allgemeinen Arbeitsmarkt in enger Kooperation mit den schwerbehinderten Menschen, dem Auftraggeber und der abgebenden Einrichtung der schulischen oder beruflichen Bildung oder Rehabilitation zu erarbeiten

(1a.) die Bundesagentur für Arbeit auf deren Anforderungen bei der Berufsberatung und Berufsorientierung in den Schulen einschließlich der auf jeden Jugendlichen bezogenen Dokumentation der Ergebnisse zu unterstützen

(1b.) geeignete Arbeits- und Ausbildungsplätze auf dem allgemeinen Arbeitsmarkt zu erschließen

(2.) die betriebliche Ausbildung schwerbehinderter, insbesondere seelisch und lernbehinderter Jugendlicher zu begleiten

(3.) die schwerbehinderten Menschen auf die vorgesehenen Arbeitsplätze vorzubereiten

(4.) die schwerbehinderten Menschen, solange erforderlich, am Arbeitsplatz oder beim Training der berufspraktischen Fähigkeiten am konkreten Arbeitsplatz zu begleiten

(5.) die Mitarbeiter im Betrieb oder in der Dienststelle über Art und Auswirkungen der Behinderung und über entsprechende Verhaltensregeln zu informieren und zu beraten

(6.) eine Nachbetreuung, Krisenintervention oder psychosoziale Betreuung durchzuführen

(7.) als Ansprechpartner für die Arbeitgeber zur Verfügung zu stehen, über Leistungen für die Arbeitgeber zu informieren und für die Arbeitgeber diese Leistungen abzuklären und

(8.) in Zusammenarbeit mit den Rehabilitationsträgern und den Integrationsämtern die für schwerbehinderte Menschen benötigten Leistungen zu klären und bei der Beantragung zu unterstützen."

Die Zielgruppe und die Aufgabenstellung der IFD entspricht weitestgehend dem Konzept der Unterstützten Beschäftigung. Das Problem ist, dass die derzeitige Finanzierung eine Unterstützung von Menschen mit höherem Unterstützungsbedarf oft nicht zulässt.

14.5 Betriebliche Berufsbildungsmaßnahmen

Die Schüssel für die langfristige betriebliche Integration sind betriebliche Berufsbildungsmaßnahmen. Im SGB IX gibt es zwar ebenso wie in den Weisungen der Bundesagentur für Arbeit einen Vorrang von betrieblichen Maßnahmen vor außerbetrieblichen Maßnahmen der beruflichen Rehabilitation. In der Praxis dominieren dagegen noch außerbetriebliche Berufsbildungsmaßnahmen. Dabei ist allgemein bekannt, dass begleitete betriebliche Berufsbildungsmaßnahmen und begleitete betriebliche Ausbildungen eine wesentlich höhere Übergangsquote haben als außerbetriebliche Ausbildungen, außerbetriebliche berufsvorbereitende Berufsbildungsmaßnahmen und der Berufsbildungsbereich der WfbM (BiBB 2001; HINZ/BOBAN 2001). In den letzten Jahren sind in zahlreichen Modellprojekten betriebliche Berufsbildungsmaßnahmen erfolgreich erprobt worden.

Berufsorientierung und Berufsvorbereitung in der Schule: Die allgemeinbildenden Schulen mit Integrationsklassen bzw. die Sonderschulen sind zuständig für die Berufsorientierung und die individuelle Berufswegeplanung ihrer Schüler. Die Werkstufe der Sonderschulen für geistig Behinderte soll neben der Berufsorientierung auch eine schulische Berufsvorbereitung bieten. In der Praxis findet die Berufsorientierung und Berufsvorbereitung in den meisten Schulen für geistig Behinderte noch im Hinblick auf eine zukünftige Beschäftigung in einer Werkstatt für behinderte Menschen statt. In Folge dessen gehen fast alle Schüler in den Eingangsbereich und Berufsbildungsbereich der WfbM über.

Eine strukturierte, betriebliche Berufsorientierung oder eine betriebliche Berufsvorbereitung gibt es bisher nur in wenigen Regionen, so z. B. in Baden-Württemberg oder Hamburg (BÖHRINGER 2005, KÜCHLER 2006, HAMBURGER ARBEITSASSISTENZ 2007). In Baden-Württemberg gab es an sechs Sonderschulen für geistig Behinderte ein Modellprojekt zum besseren Übergang von der Schule in den Beruf, das umfassend dokumentiert wurde (KÜCHLER 2006). Einige Schulen bieten begleitete Langzeitpraktika für ihre Schüler an. Individuelle Berufswegeplanungen mit allen Beteiligten im Übergang Schule – Beruf sind für alle Schüler mit Lernschwierigkeiten in Baden-Württemberg eingeführt worden. In Hamburg wurden in Kooperation mit Schulen intensive betriebliche Berufsorientierungen für Jugendliche mit Lernschwierigkeiten durchgeführt und gutes Material zur Berufsorientierung entwickelt (HAMBURGER ARBEITSASSISTENZ 2007). Das Projekt „Sprungbrett" bietet seit 1999 in Berlin eine arbeitsfeldbezogene Bildungsbegleitung im Übergang Schule-Beruf für Menschen mit Lernschwierigkeiten an (RADATZ u.a. 2005; GINNOLD 2006). Seit 2004 ist die Begleitung des Übergangs von der Schule in den Beruf auch durch den Integrationsfachdienst gesetzlich möglich. In Nordrhein-Westfalen oder Baden-Württemberg sind bereits Integrationsfachdienste vom Integrationsamt für die Betreuung von Schülern mit Behinderung beauftragt. In Baden-Württemberg ist der Integrationsberater in einigen Projekten der Kampagne „IFD plus 1000" als schnittstellenübergreifende Bildungsbegleitung einbezogen (KVJS 2005). Die Bundesagentur für Arbeit hat bundesweit den Integrationsfachdienst trotz dieser Möglichkeit jedoch bisher nicht im Übergang Schule-Beruf z. B. für die Koordination der Berufswegeplanung oder die Begleitung von längeren Praktika beauftragt. Das Bundesministerium für Arbeit und Soziales hat mit dem Programm „Job 4000" von 2007 – 2013 die zusätzliche Förderung von mindestens 2500 schwerbehinderten Schulabgängern im Übergang von der Schule auf den allgemeinen Arbeitsmarkt vorgesehen. Ohne eine Veränderung der Zuweisungspraxis der Bundesagentur für Arbeit und der Integrationsämter und den Einbezug von regulären Fördermitteln wird dies jedoch nicht bedarfsgerecht sein.

Betrieblicher Berufsbildungsbereich: Die WfbM gliedert sich in eine bis zu dreimonatige *Eingangsphase* sowie einen zweijährigen *Berufsbildungsbereich* und einen *Arbeitsbereich*. Die ersten beiden Maßnahmen werden in der Regel von der Bundesagentur für Arbeit finanziert, der Arbeitsbereich hingegen im Rahmen der Eingliederungshilfe von den überörtlichen Sozialhilfeträgern bezahlt. Der Berufsbildungsbereich ist in der Regel außerbetrieblich in der WfbM organisiert. Mittlerweile gibt es z.B. in Hamburg, Erlangen, Bamberg, Berlin, Rheinland-Pfalz betriebliche Angebote im Berufsbildungsbereich (vgl. BAG UB 2006, SEEGER 2002; RADATZ et al. 2005, www.chance-24.de). Seit 1996 bietet beispielsweise die Hamburger Arbeitsassistenz zunächst für Jugendliche mit Lernschwierigkeiten einen betrieblichen Berufsbildungsbereich (früher Ambulantes Arbeitstraining genannt) an, in dem die Teilnehmer mit Unterstützung eines Job Coachs mit der Methode der Unterstützten Beschäftigung in Betrieben des allgemeinen Arbeitsmarkts qualifiziert werden (HAMBURGER ARBEITSASSISTENZ 2001, HINZ/BOBAN 2001, vgl. CIOLEK 2006). Seit 2006 ist das Angebot des Berufsbildungsbereichs in betrieblicher Form unabhängig von einer WfbM für den Personenkreis über das persönliche Budget möglich. Die ersten persönlichen Budgets sind bereits in Hamburg bewilligt worden. Für diese Jugendlichen gibt es in Hamburg maßgeschneiderten Berufsschulunterricht und mit dem Programm KUKUK direkt auf die Qualifizierungspraktika bezogene Seminare zum Thema Schlüsselqualifikationen (HAMBURGER ARBEITSASSISTENZ 2004).

Betriebliche berufsvorbereitende Berufsbildungsmaßnahmen: Nach dem neuen Fachkonzept für berufsvorbereitende Berufsbildungsmaßnahmen vom März 2006 (BUNDESAGENTUR FÜR ARBEIT 2006) ist es prinzipiell möglich, in Kooperation mit einem Bildungsträger oder als Einzelmaßnahme, berufsvorbereitende Bildungsmaßnahmen auch mit der notwendigen Begleitung in Betrieben zu organisieren. Betriebe haben die Möglichkeit, Berufsausbildungsvorbereitung in eigener Verantwortung oder in Verbindung mit Trägern, die sozialpädagogische Erfahrung besitzen, durchzuführen. Der Erfolg der betrieblichen Berufsvorbereitungen ist dabei maßgeblich von der Qualität der Begleitung der betrieblichen Prozesse abhängig (vgl. HEISLER 2005, 10). In Baden-Württemberg wird in dem Projekt „Kooperative Bildung und Vorbereitung auf den allgemeinen Arbeitsmarkt" (KoBV) eine betriebliche berufliche Bildungsmaßnahme in Trägerschaft der WfbM in Kooperation mit der Berufsschule und dem Integrationsfachdienst durchgeführt. Der Integrationsfachdienst beginnt bereits während der Schulzeit mit einer schnittstellenübergreifendenden Bildungsbegleitung (vgl. KVJS 2005). Auch in Hessen gibt es eine betriebliche berufsvorbereitende Berufsbildungsmaßnahme, die auch für Jugendliche mit sogenannter geistiger Behinderung offen steht (vgl. SCHOLDEI-KLIE 2005; 2007).

Betriebliche Angebote durch Reha-Einrichtungen: Ein relativ junges Angebot sind ambulante, betriebliche Angebote durch spezielle Reha-Einrichtungen freier und gemeinnütziger Träger im Rahmen der wohnortnahen beruflichen Rehabilitation (vgl. BAG WOHNORTNAHE BERUFLICHE REHABILITATION 2005). Sie unterstützen in Zusammenarbeit mit regionalen Kooperationspartnern sowohl Berufsvorbereitende Bildungsmaßnahmen der Agentur für Arbeit als auch eine Berufsausbildung nach der regulären Ausbildungsordnung oder nach den besonderen Ausbildungsregeln für behinderte Menschen in Betrieben des allgemeinen Arbeitsmarktes für Jugendliche mit Behinderung. Die Jugendlichen schließen dabei einen Ausbildungsvertrag mit dem Betrieb während die Reha-Einrichtung bei der Maßnahmedurchführung die notwendigen organisatorischen, beratenden, unterstützenden und koordinierenden Leistungen im Sinne eines umfassenden Case-Managements erbringt (vgl. FAßMANN 2005, 198).

14.6 Arbeitsassistenz

Arbeitsassistenz ist im weiteren Sinne die personale Unterstützung am Arbeitsplatz (ausführlich BAG UB 2005). Im SGB IX gibt es in § 33 (8) sowie § 102 (4) SGB IX einen Rechtsanspruch auf die „notwendige Arbeitsassistenz". Der Begriff der „Arbeitsassistenz" war in der Vergangenheit vielfältig besetzt: So hießen die ehemaligen Berufsbegleitenden Dienste (heute Integrationsfachdienst – Begleitung) in Bayern „Arbeitsassistenz". In Österreich heißen die Integrationsfachdienste „Arbeitsassistenz". Die Hamburger Arbeitsassistenz verbindet den Begriff der Arbeitsassistenz mit „Job Coaching".

Die Bundesarbeitsgemeinschaft der Integrationsämter und Hauptfürsorgestellen (BIH) hat in den gültigen Empfehlungen zur Arbeitsassistenz diese enger definiert als „die über gelegentliche Handreichungen hinausgehende, zeitlich wie tätigkeitsbezogen regelmäßig wiederkehrende Unterstützung von schwerbehinderten Menschen bei der Arbeitsausführung in Form einer von ihnen beauftragten persönlichen Arbeitsplatzassistenz im Rahmen der Erlangung oder Erhaltung eines Arbeitsplatzes auf dem allgemeinen Arbeitsmarkt" (BIH 2005, 1). Es handelt sich nach dieser Empfehlung um eine Geldleistung, die der behinderte Arbeitnehmer erhält, um sich seine Arbeitsassistenz selbst anzustellen (Arbeitgebermodell) oder bei einem ambulanten Dienst einzukaufen. Im Rahmen der Leistungen bei außergewöhnlichen Belastungen nach § 27 der Schwerbehindertenausgleichsabgabeverordnung (SchwAV) ist es auch möglich, die Kosten eines beim Arbeitgeber angestellten Arbeitsassistenten zu übernehmen. Arbeitsassistenz im Sinne der Empfehlung der BIH ist die direkte personale Unterstützung am Arbeitsplatz, wie beispielsweise eine Vorlesekraft für blinde Arbeitnehmer oder Menschen mit Lernschwierigkeiten, ein Gebärdensprachdolmetscher für gehörlose Arbeitnehmer oder eine Hilfskraft für körperbehinderte Arbeitnehmer. Die Kerntätigkeit der Arbeitsaufgaben muss jedoch der Arbeitnehmer selbst erledigen können. Arbeitsassistenz wird zurzeit hauptsächlich von Arbeitnehmern mit Körper- und Sinnesbehinderungen in Anspruch genommen. Denkbar ist aber auch eine Inanspruchnahme von Menschen mit Lernschwierigkeiten für die Abdeckung des dauerhaften Unterstützungsbedarfs am Arbeitsplatz. Die Vermittlung eines Arbeitsplatzes, die Unterstützung der Einarbeitung durch Job Coaching oder die psychosoziale Begleitung durch den Integrationsfachdienst ist keine Arbeitsassistenz im Sinne der Empfehlung der BIH.

Im Jahre 2003 gab es 8.304 Fälle von Arbeitsassistenz bei den Integrationsämtern, davon 620 nach dem Arbeitgebermodell (BIH 2004, 22). Bis zum Jahr 2006 stieg die Zahl der Fälle von Arbeitsassistenz nach dem Arbeitgebermodell auf 1.309, die anderen Zahlen wurden von der BIH leider nicht ausgewiesen (BIH 2007, 25 f.).

14.7 Integrationsprojekte

Integrationsprojekte sind nach § 132 SOZIALGESETZBUCH IX rechtlich und wirtschaftlich selbstständige Unternehmen (Integrationsunternehmen) oder unternehmensinterne Betriebe (Integrationsbetriebe) oder Abteilungen (Integrationsabteilungen) zur Beschäftigung von Menschen mit Behinderungen auf dem allgemeinen Arbeitsmarkt (ausführlich SCHWENDY/SENNER 2005). Sie sind im Gegensatz zu WfbM Betriebe des allgemeinen Arbeitsmarkts, die mit dem Ziel gegründet wurden, reguläre, sozialversicherungspflichtige Arbeitsplätze für Menschen mit Behinderungen zu schaffen. In Integrationsprojekten sollen in der Regel nicht weniger als 25 % und nicht mehr als 50 % Arbeitnehmer mit Schwerbehinderung arbeiten.
Im Jahre 2006 gab es nach Angaben der Bundesarbeitsgemeinschaft der Integrationsämter 499 Integrationsprojekte mit 17.711 Beschäftigten, davon 6.228 schwerbehinderten Beschäftigten, die aus der Ausgleichsabgabe gefördert wurden (BIH 2007, 23).
Die häufigste Form von Integrationsprojekten sind die Integrationsunternehmen, früher auch Integrationsfirmen oder „Selbsthilfefirmen" genannt. Integrationsunternehmen sind in allen Branchen tätig, Tätigkeitsschwerpunkte waren nach einer Erhebung der BAG Integrationsfirmen im Jahre 2004 Industrie-Dienstleistungen, Hotel- und Gaststättengewerbe, Handwerk, Handel, Hausdienstleistungen, Büro-, EDV- und Internetdienstleistungen, Garten- und Landschaftsbau sowie personenbezogene Dienstleistungen (vgl. SCHWENDY/SENNER 2005, 309).

14.8 Berufliche Integration auf lange Sicht - Forschungsergebnisse

In zahlreichen Begleitforschungen der Modellprojekte konnte eindrucksvoll nachgewiesen werden, dass mithilfe des Ansatzes von Unterstützter Beschäftigung auch Menschen mit Behinderungen mit einem höheren Unterstützungsbedarf erfolgreich in den allgemeinen Arbeitsmarkt integriert werden können (zusammenfassend DOOSE 2007). In aktuellen Verbleibs- und Verlaufsstudien (KASELMANN/RÜTTGERS 2005; DOOSE 2007) zur langfris-

tigen Entwicklung der beruflichen Integration zeigt sich beispielsweise, dass Unterstützte Beschäftigung eine signifikante Veränderung der beruflichen Lebensläufe der vermittelten Menschen mit Lernschwierigkeiten bewirkt:
- Über zwei Drittel der Arbeitnehmer mit Lernschwierigkeiten – auch aus den WfbM – waren über fünf Jahre nach ihrer Vermittlung noch auf dem allgemeinen Arbeitsmarkt integriert (KABELMANN/RÜTTGERS 2005; DOOSE 2007, 252).
- Die unterstützten Arbeitsverhältnisse zeigen dabei eine erstaunliche Stabilität, die deutlich über der Stabilität der nicht unterstützten Arbeitsverhältnisse liegt (DOOSE 2007, 260). Drei Jahre nach der Vermittlung bestehen noch 76% der Arbeitsverhältnisse, fünf Jahre nach der Vermittlung sind es 62% und zehn Jahre nach der Vermittlung 55%.
- Eine intensive betriebliche Unterstützung der Berufseinmündungsphase zahlt sich aus: Drei Viertel der unterstützten Personen waren in den ersten fünf Jahren überwiegend erwerbstätig (DOOSE 2007, 247).
- Wird der Berufsbildungsbereich der WfbM in Betrieben des allgemeinen Arbeitsmarktes als betrieblicher Berufsbildungsbereich in Kooperation mit Betrieben organisiert und durch Job Coaching intensiv begleitet, gelingen für 70% der unterstützten Menschen mit signifikanten Lernschwierigkeiten Übergänge in den allgemeinen Arbeitsmarkt (HAMBURGER ARBEITSASSISTENZ 2001; BUNDESREGIERUNG 2005, 54).
- Eine integrative Begleitung im Übergang von der Schule in den Beruf wie z. B. beim Berliner Modellprojekt SprungBRETT geschehen, führt zu einer größeren Anzahl von betrieblichen Berufsausbildungen (GINNOLD 2006).
- Die soziale Integration der Arbeitnehmer im Betrieb ist in den meisten Fällen gegeben, private Kontakte mit Kollegen bilden dagegen die Ausnahme: Fast 90% der Arbeitnehmer mit Lernschwierigkeiten können aufgrund von verschiedenen Indikatoren (Grüßen und kurze Gespräche, Pausengespräche) sowie Zufriedenheit mit dem Verhältnis zu Vorgesetzten und Kollegen als sozial im Betrieb integriert, fast zwei Drittel sogar als gut integriert gelten (DOOSE 2007, 285 ff.).

Eine frühe Integration schon in der Schule bzw. mit betrieblichen Berufsvorbereitungsmaßnahmen und Unterstützung durch den Fachdienst bereits am Anfang der Berufseinmündungsphase scheint die soziale Integration zu begünstigen. Eine gute soziale Integration führt zu stabileren Arbeitsverhältnissen. Eine schlechte soziale Integration im Betrieb geht oft einher mit einer allgemeinen Unzufriedenheit mit dem Arbeitsverhältnis, betrieblichen Problemen auch in anderen Bereichen und einer schlechteren sozialen Integration auch außerhalb des Arbeitsverhältnisses.

14.9 Ausblick

Es gibt eine erhebliche Diskrepanz zwischen der in Modellprojekten erwiesener Maßen möglichen beruflichen Integration sowie der Gesetzeslage im SOZIALGESETZBUCH IX und der breiten Praxis der Aussonderung von Menschen mit Behinderungen in außerbetriebliche Berufsbildungsmaßnahmen, Arbeitslosigkeit und Werkstätten für behinderte Menschen.
- Innovative Konzepte der beruflichen Integration wie
- individuelle Berufsplanung bereits in der Schule mit Unterstützung des Integrationsfachdienstes (IFD)
- individuelle Begleitung und Vermittlung von Schülern durch den Integra-tionsfachdienst
- Vorrang von betrieblichen Maßnahmen vor außerbetrieblichen Maßnahmen
- fließende Übergänge von der WfbM in den allgemeinen Arbeitsmarkt
- Job Coaching, Qualifizierung am Arbeitsplatz solange erforderlich
- Arbeitsassistenz
- persönliches Budget im Bereich der beruflichen Rehabilitation

sind im SOZIALGESETZBUCH IX bereits als Normalität verankert, aber längst noch nicht Realität. Die neuen gesetzlichen Möglichkeiten werden selten durch Verwaltungshandeln im Sinne einer stärkeren Förderung der beruflichen Integration umgesetzt.

Obwohl die rechtlichen Grundlagen den Ansatz der Unterstützten Beschäftigung als Aufgabe beschreiben und es einen Rechtsanspruch auf Arbeitsassistenz gibt, haben in der Praxis gerade Menschen mit einem höheren Unterstützungsbedarf immer noch Probleme, die intensive Unterstützung betrieblicher Wege finanziert zu bekommen. Das Persönliche Budget (§ 17 SOZIALGESETZBUCH IX) bietet zukünftig auch für alle Leistungen zur beruflichen Teilhabe die Möglichkeit, statt der Sachleistung in einer Einrichtung eine Geldleistung bzw. einen Gutschein zu erhalten, mit dem die Unterstützung selbst eingekauft werden kann. Dies soll Leistungsberechtigten mehr Selbstbestimmung hinsichtlich der Art und Weise der Ausgestaltung von Leistungen ermöglichen. Es bleibt zu hoffen, dass dies auch die Finanzierung von betrieblichen Maßnahmen erleichtert. Es ist jedenfalls nicht einzusehen, wieso die dauerhafte Finanzierung der Unterstützung in einer

WfbM problemlos möglich ist, nicht jedoch denselben Betrag zur dauerhaften Unterstützung desselben Personenkreises in einem Betrieb einzusetzen.

Literatur

BIEKER, R. (Hrsg.): Teilhabe am Arbeitsleben. Wege der beruflichen Integration von Menschen mit Behinderung. Stuttgart 2005

BÖHRINGER, K.-P.: Von der Werkstufe über die „Eingliederungswerkstufe" zur „Berufsvorbereitenden Einrichtung des Enzkreises (BVE)". Chronologie einer Erfolgsgeschichte. In: impulse 10 (2005) 3–12. Im Internet unter: www.integrationsfachdienste.de /projekte/down load_bp/Forum_04.pdf [15.10.2007]

BUNDESAGENTUR FÜR ARBEIT (BA): Fachkonzept für berufsvorbereitende Bildungsmaßnahmen nach § 61 SGB III. Nürnberg 23.3.2006. Nürnberg 2006. Im Internet unter www.arbeitsagentur.de/zentraler-Content/A05-Berufl-Qualifizierung/A051-Jugendliche/Publikation/pdf/bvB-Fachkonzept-0306.pdf [15.10.2007]

BUNDESARBEITSGEMEINSCHAFT DER INTEGRATIONSÄMTER UND HAUPTFÜRSORGESTELLEN (BIH) (Hrsg.): Jahresbericht 2006/2007. Hilfen für Schwerbehinderte Menschen im Beruf. Karlsruhe 2007. Im Internet unter www.integrationsaemter.de/files/602/JB_BIH07_web.pdf [15.10.2007]

BUNDESARBEITSGEMEINSCHAFT DER INTEGRATIONSÄMTER UND HAUPTFÜRSORGESTELLEN (BIH) (Hrsg.): Jahresbericht 2005/2006. Hilfen für Schwerbehinderte Menschen im Beruf. Karlsruhe 2006. Im Internet unter www.integrationsaemter.de/files/602/JB_BIH06.pdf [15.10.2007]

BUNDESARBEITSGEMEINSCHAFT DER INTEGRATIONSÄMTER UND HAUPTFÜRSORGESTELLEN (BIH): Empfehlung der Bundesarbeitsgemeinschaft der Integrationsämter und Hauptfürsorgestellen (BIH) für die Erbringung finanzieller Leistungen zur Arbeitsassistenz schwerbehinderter Menschen gemäß § 102 Abs. 4 SGB IX (Stand 1.8.2005). Karlsruhe 2005. Im Internet unter www.hauptfuersorgestellen.de/files/599/Empfehlungen_Arbeits-assistenz_August2005 .pdf [15.10.2007]

BUNDESARBEITSGEMEINSCHAFT DER INTEGRATIONSÄMTER UND HAUPTFÜRSORGESTELLEN (BIH) (Hrsg.): Jahresbericht 2003/2004. Hilfen für Schwerbehinderte Menschen im Beruf. Karlsruhe 2004. Im Internet unter www.integrationsaemter.de/files/602/Jahresbericht_03_04. pdf [15.10.2007]

BUNDESARBEITSGEMEINSCHAFT FÜR REHABILITATION (BAR): Wegweiser Rehabilitation und Teilhabe behinderter Menschen. 12. völlig neu bearbeitete Auflage. Frankfurt 2005. www.bar-frankfurt.de/upload/BAR_Wegweiser_142.pdf [15.10.2007]

BUNDESARBEITSGEMEINSCHAFT FÜR UNTERSTÜTZTE BESCHÄFTIGUNG (BAG UB): Konzept eines betrieblichen Berufsbildungsbereiches. Integrative berufliche Eingliederungsmaßnahme für junge Erwachsene mit Behinderung im Übergang von der Schule in den Beruf. In: impulse 11 (H. 38 2006) 32 – 35

BUNDESARBEITSGEMEINSCHAFT FÜR UNTERSTÜTZTE BESCHÄFTIGUNG (BAG UB) (Hrsg.): Handbuch Arbeitsassistenz. Hamburg 2005. Im Internet unter: www.arbeitsassis tenz.de/ download/handbuch-arbeitsassistenz.pdf [15.10.2007]

BUNDESARBEITSGEMEINSCHAFT WOHNORTNAHE BERUFLICHE REHABILITATION (BAG WBR): Wohnortnahe berufliche Integration – ein Konzept der Zukunft. Erfurt 2005. Im Internet unter www.bag-wbr.de/downloads/Broschuere.pdf [15.10.2007]

BUNDESINSTITUT FÜR BERUFSBILDUNG (BiBB): „Erste" und „zweite Schwelle" hängen eng miteinander zusammen. Meldung 15/2001. Bonn 2001. Im Internet unter www.bibb.de/de/12891.htm [15.10.2007]

BUNDESMINISTERIUM FÜR ARBEIT UND SOZIALES (BMAS): Ratgeber für behinderte Menschen. Bonn 2007. Im Internet unter www.bmas.de/coremedia/generator/3132/property=pdf/ratgeber__fuer__behinderte__mens__390.pdf , Zugriff am 15.10.2007

BUNDESMINISTERIUM FÜR ARBEIT UND SOZIALES (BMAS): Statistik zur Rentenversicherung der Werkstattbeschäftigten. Bonn 2006

BUNDESREGIERUNG: Bericht der Bundesregierung über die Situation behinderter und schwerbehinderter Frauen und Männer auf dem Ausbildungsstellenmarkt 2003/2004. Berlin 2005. Im Internet unter www.sgb-ix-umsetzen.de/pdfuploads/bericht_schwerbehind_ maenner-frauen-00.pdf [15.10.2007]

CIOLEK, A.: Das Ambulante Arbeitstraining der Hamburger Arbeitsassistenz. In: HIRSCH, S./LINDMEIER, C. (Hrsg.): Berufliche Bildung von Menschen mit geistiger Behinderung. Neue Wege zur Teilhabe am Arbeitsleben. Weinheim 2006, 162 – 172

DOOSE, S.: Unterstützte Beschäftigung: Berufliche Integration auf lange Sicht. Theorie, Methodik und Nachhaltigkeit der Unterstützung von Menschen mit Lernschwierigkeiten durch Integrationsfachdienste und Werkstätten für behinderte Menschen auf dem allgemeinen Arbeitsmarkt. Eine Verbleibs- und Verlaufsstudie. Marburg² 2007

FAßMANN, H.: Wohnortnahe betriebliche Ausbildung – Modelle und ihre praktische Umsetzung. In: BIEKER, R. (Hrsg.): Teilhabe am Arbeitsleben. Wege der beruflichen Integration von Menschen mit Behinderung. Stuttgart 2005, 185–204

GINNOLD, A.: Der Übergang von der Schule in das Arbeitsleben für Jugendliche mit Lernschwierigkeiten. Rekonstruktion von Entwicklungs- und Entscheidungsprozessen. Dissertation. Berlin (Technische Universität) 2006

HAINES, H.: Teilhabe am Arbeitsleben – Sozialrechtliche Leitlinien, Leistungsträger, Förderinstrumente. In: BIEKER, R. (Hrsg.): Teilhabe am Arbeitsleben. Wege der beruflichen Integration von Menschen mit Behinderung. Stuttgart 2005, 44–61

HAMBURGER ARBEITSASSISTENZ: bEO – berufliche Erfahrung und Orientierung – Konzept und Materialien zur Berufsorientierung von Menschen mit Behinderung. Hamburg 2007

HAMBURGER ARBEITSASSISTENZ: KUKUK. Kommunikation – Konfliktbewältigung – Kooperation. Ein Bildungsangebot für Menschen mit Lernschwierigkeiten zum Thema Schlüsselqualifikationen. Ein Beitrag zur beruflichen Handlungskompetenz. Hamburg 2004

HAMBURGER ARBEITSASSISTENZ: Übergang von der Schule in den Beruf für Menschen mit Behinderung. Handbuch zum Modellprojekt: Integrative berufliche Orientierung und Qualifizierung von Menschen mit Lernschwierigkeiten im „Ambulanten Arbeitstraining" und „Integrationspraktikum". Hamburg 2001

HEISLER, D.: Die Einbindung der Berufsausbildungsvorbereitung in betriebliche Leistungsprozesse. Gegenüberstellung betrieblicher und außerbetrieblicher berufsvorbereitender Maßnahmen. In: bwp@ 5 (9/2005). Im Internet unter www.bwpat.de/ausgabe9/heisler_bwpat9.pdf [15.10.2007]

HINZ, A./BOBAN, I.: Integrative Berufsvorbereitung. Unterstütztes Arbeitstraining für Menschen mit Behinderung. Neuwied 2001

KOMMUNALVERBAND FÜR JUGEND UND SOZIALES BADEN-WÜRTTEMBERG (KVJS): Kampagne „IFD Plus 1000". Karlsruhe 2005

KÜCHLER, M.: Was kommt nach der Schule? Handbuch zur Vorbereitung auf das nachschulische Leben durch die Schule für Menschen mit geistiger Behinderung. Marburg 2006

RADATZ, J./KÖNIG, F./BAUSCH, M./PETRI, C./HUMPERT-PLÜCKHAHN, G.: Arbeitsweltbezogene Bildungsbegleitung im Übergangsfeld zwischen Schule und Beruf. In: impulse 9 (H. 36, 2005) 23–33

SCHOLDEI-KLIE, M. (2007): Berufsvorbereitende Bildungsmaßnahmen in Frankfurt gehen weiter! In: impulse 11 (H. 41, 42, 2007) 43

SCHOLDEI-KLIE, M.: Unterstützte Beschäftigung im Rahmen Berufsvorbereitender Bildungsmaßnahmen. Ein Praxisbericht. In: impulse 9 (H. 34, 2005), 25–28. Im Internet unter www.bag-ub.de/impulse/download/impulse34.pdf [15.10.2007]

SEEGER, A.: „Betriebliches Arbeitstraining" als Sprungbrett in den ersten Arbeitsmarkt. Erfolgreiche Vermittlung durch den Integrationsfachdienst ACCESS gGmbH, Erlangen. In: impulse 6 (H. 24, 2005) 21–23

Bernhard Klingmüller

15 Wohnen und Integration

Das Nachdenken über Behinderung und die Vorstellungen von angemessenen Konzepten, insbesondere bezogen auf den Alltag von Wohnen, Arbeit und Freizeit sind in der letzten Zeit wieder stärker in Bewegung gekommen. Vor allem während der rot-grünen Bundesregierung haben entsprechende konzeptionelle Veränderungen ihren Niederschlag in der Gesetzgebung gefunden, die sich u. a. darin ausdrückten, dass der Zielort der Eingliederungshilfe nicht mehr als „Gesellschaft", sondern als „Gemeinschaft" bestimmt wird. Für die betreute Wohnsituation sind darüber hinaus entscheidende Veränderungen zu erwarten. Noch werden sehr viele Personen stationär betreut, wobei die Datenlage als relativ diffus einzuschätzen ist. Denn bei der Definition von „stationär" wird nur ansatzweise unterschieden zwischen großen Stationen und Einrichtungen, die noch in der Nähe von totalen Institutionen angesiedelt werden müssten und Einrichtungen, die GAEDTS Vorstellung einer „normalisierten Großeinrichtung" entsprechen könnten oder in Auflösung begriffen sind (GAEDT 1996). Die Zahlen des Deutschen Vereins für öffentliche und private Fürsorge von 2002 (160.000 stationär, 40.000 ambulant wohnende Menschen mit Behinderung) kann man allenfalls als Anhaltspunkte nehmen. Diese Zahlen sind allerdings wesentlich brauchbarer als die oft verwendeten Angaben der Zahlen von Schwerbehinderten nach dem SGB IX mit Angaben von ungefähr 8 % der Bevölkerung, die in sozialpolitischen Argumentationen gerne verwendet wird. Denn bei diesem Personenkreis handelt es sich zum Teil um Personen, die weder Leistungen aus der Eingliederungshilfe noch von Rehabilitationsträgern in nennenswertem Umfang erhalten. Tatsächliche Bedarfe im Zeitablauf können erheblich neben, mit welchen Methoden auch immer erhobenen Hochrechnungen liegen. Dies hat z.B. das Berliner Programm zur Aufhebung der Fehlplazierung gezeigt: Nach einer Schätzung von 1.300 Fehlplazierten wurde ein Programm mit 1.000 Plätzen vom Berliner Senat bereitgestellt. Die hohe Zahl von Plätzen führte zu enormen Schwierigkeiten, das Programm zu realisieren (HERZOG 1996, SEIFERT 1996).

Insgesamt muss man nach wie vor mit WANSING (2005, 85) konstatieren: „das repräsentative empirische Wissen über die soziale Lage behinderter Menschen ... über ihre gesellschaftliche Teilhabe [kann] als unbefriedigend bezeichnet werden." Dabei muss man berücksichtigen, dass gute Zahlen nicht umsonst zu haben sind. Wichtige Zahlen für die weitere Entwicklung sind der Bevölkerungsenwicklung abzuleiten. Die allgemeine demographische Dynamik, also die zunehmende Veralterung, bedeutet, dass die Ressourcen auch für die Eingliederungshilfe knapper werden. Im Bereich der Eingliederungshilfe liegt heute die Spitze in der Altersverteilung bei den 40 – 50jährigen, so dass spätestens in zehn Jahren auch hier mit einem wesentlichen Bedarf an altersgerechten Einrichtungen zu rechnen ist (HEUSER 2007). Heuser resümiert insgesamt: „Die Ressourcen werden hinter den Fallzahlen zurückbleiben" (HEUSER 2007, 32).

Die gegenwärtige Antwort auf Einsparungsvorgaben sowohl der Kostenträger wie der Einrichtungsträger ist eine systematische Entberuflichung durch prekäre Arbeitsverhältnisse (kurze Verträge, Verwendung von Zeitarbeitsfirmen usw.).

Die Antwort, die allgemein in der aktuellen pädagogischen Diskussion präferiert wird, besteht darin, die stationären Angebote zu Gunsten von ambulanten Wohnformen zu reduzieren. Verbunden ist damit die Vorstellung, dass auf Seiten der institutionell betreuten Menschen mit Behinderungen ein erhebliches Potential an selbstständigen und damit wesentlich weniger Betreuungsaufwand im Wohnalltag erfordernden Kompetenzen schlummert. Weiterhin besteht die Hoffnung, dass innerhalb des Alltags Aufgaben, die bislang von Professionellen geleistet wurden, unentgeltlich von Personen in „Netzwerken" übernommen würden.

Auf Seiten des Kostenträgers drückt sich dieser „Paradigmenwechsel" u. a. darin aus, dass der Zielort der Eingliederungshilfe nicht mehr als „Gesellschaft", sondern als „Gemeinschaft" bestimmt wird. Auf Seiten der Sonderpädagogik findet sich analog zur sozialpolitischen Diskussion das Vordringen des Inklusions-Modells als Bezugspunkt, sowohl bezogen auf Schule, auf Arbeit wie auch auf Wohnen.

Bei der Inklusion handelt es sich um eine Denkrichtung, die zunächst von engagierten Körperbehinderten geführt wurde. Wie sieht die Situation von Körperbehinderten bezüglich des Wohnens aus? Körperbehinderte verfügen im Allgemeinen über genügend „Regiekompetenz", um gegenüber dem Kostenträger ihre gewünschte Wohnform durchzufechten, zumindest wenn man die Darstellungen der Szene akzeptiert. Allerdings gibt es keine soliden Zahlen, um Aussagen über ihre tatsächliche „ambulante" Wohnsituation zu konstatieren. Die Inklusionsdebatte wurde von der Selbstbestimmt-Leben-Bewegung z. T. in Anschluss an die amerikanische Diskussion geführt, die geprägt ist von der starken Stellung des Rechtssubjekts in der amerikanischen Sozialgesetzgebung. Gegenüber diesen Verkürzungen haben FUCHS (2002) und KOBI (2006), teilweise auch DEDERICH (2006), Positionen bezogen, die Diskrepanzen der innerhalb der Sonder- und Heilpädagogik geführten Inklusionsdebatte deutlich machen, insbesondere wenn es um Menschen mit geistiger Behinderung geht. KOBI (a.a.O.) beispielsweise zeigt auf, wie der Inklusions-Diskurs innerhalb der sonderpädagogischen Provinz mit dem Begriff des Profanmythos auseinander genommen werden kann, weil der Diskurs die Frage der Kompetenz (der „dreifachen Last" nach NIRJE 1994,175 f.) ausblendet.

Ein zweiter Aspekt in der Inklusionsdiskussion muss in dem Zusammenhang von gesellschaftlichen Dimensionen betrachtet werden, die, wenn man von TÖNNIES Unterscheidung „Gesellschaft und Gemeinschaft" ausgeht, zu den Charakteristika von Gemeinschaft gehören. Das beginnt mit der Begrifflichkeit wie „community care" oder „Integration in die Gemeinde" und endet mit den konkreten Beschreibungen von sozialen Welten, die gewährleistet oder geschaffen werden müssten. Gesellschaftlichkeit kommt meist nur negativ bestimmt vor, quasi als etwas Feindliches (Globalisierung, zunehmende Kürzungen im Sozialetat, Finanzierungskrise, Individualisierung usw. oder Risikogesellschaft).

Zentrale Aspekte des gesellschaftlichen Prozesses werden mehr oder weniger ausgeblendet. Am deutlichsten zeigt sich das im Umgang mit der sozialen Differenzierung und ihren beiden Achsen, der vertikalen und der horizontalen und deren gegenseitiger Beeinflussung. Die Gefahr der Gemeinschaftlichkeit, die sich schon bei TÖNNIES andeutet, wenn er als Sozialdemokrat die Form der Gemeinschaft der Monarchie oder anderen absoluten Machtformen zuordnet, wird eskamotiert. Gemeinschaftliches Leben wird darüberhinaus naiv mit Lebensqualität gleichgesetzt, und zwar für alle Formen der Behinderung. Ein Gewinn komplexer Gesellschaften besteht in deren Interaktionsordnung, die Organisation des Sozialen entlang von Situationen mit zugehörigen Identitätsnormen. Diese ermöglicht erst, dass man jederzeit mit Unbekannten in strukturierte Interaktion treten kann. Demgegenüber verstehen die gängigen Modelle von Inklusion soziale Beziehungen nur im Rahmen einer von durch persönliche Beziehungen geprägten Gemeinschaft. Insofern kann eine Feststellung, dass soziale Nähe, z.B. des Wohnens, „Verachtung" nicht reduzieren muss oder dass 54 % von gemeindeintegrierten Bewohnern nur „selten oder manchmal" Kontakt zu ihren Nachbarn haben (SEIFERT 2006, 103), zwar formuliert, aber nicht begriffen werden.

Die Differenzierung großer Gesellschaften entlang von Situationen mit spezifischen Zugehörigkeitsbedingungen (LUHMANN 1965) macht deutlich, dass man zwischen zwei verschiedenen Formen von Zugehörigkeit (also Inklusion) unterscheiden muss, nämlich zwischen der grundsätzlich menschlichen, wie sie beispielsweise durch das Grundgesetz garantiert ist und der konkreten situationsspezifischen Zugehörigkeit. Über die erste Form der Zugehörigkeit besteht hoher Konsens (abgesehen von spezifischen Aspekten der ethischen Diskussion um Vorstellungen über Beginn oder Ende des Lebens). Diese Diskussion sollte man zunächst nicht vermischen mit der Frage der situativen Zugehörigkeit.

15.1 Soziale Aspekte des Wohnens

Wenden wir uns den sozialen Bedingungen von integrativem Wohnen zu.
Das sozial-integrierte Wohnen von Menschen mit Behinderung unterliegt einigen Gesetzmäßigkeiten, deren allgemeine Struktur sich nicht von den Bedingungen unterscheidet, die auch sonst für das Wohnen relevant sind.
Wenn jemand gegen die (offizielle oder stillschweigende) Hausordnung eines Mietshauses verstößt und ihm dadurch Ausschluss aus dem Mietvertrag droht, dann wäre es überzogen, dieses Problem auf einen Inklusionsverstoß zu reduzieren. Eine mögliche Lösung ist die gemeinschaftliche (siehe das schöne Beispiel, das NIEHOFF/SCHABLON 2005, 83 f. erwähnen, in der aus der Bearbeitung einer akustischen Störung ein Kontakt entstand), eine andere ist die Veränderung der Ursache des störenden Verhaltens durch Selbsterziehung oder Fremdeinfluß, eine dritte ist Umzug in eine andere Wohnsituation mit anderen Ordnungen, eine vierte wären möglicherweise bauliche Veränderungen (z.B. eine schalldichte Kabine für jemand, der Saxophon üben möchte).
Wohnbedeutsame Eigenschaften und Attribute: Ausgangspunkt für wohnrelevantes Handeln von Menschen mit und ohne Behinderungen sind bestimmte Faktoren der physischen Welt und bestimmte Attribute von Personen.
Es ist davon auszugehen, dass nur wenigen sozialen Faktoren und individuellen Attributen eine größere Relevanz für wohnbedeutsame Interaktionen und Beziehungen zukommt. Diese können sowohl negative wie positive Wertigkeit besitzen. Hierzu gehören insbesondere

- die akustischen Aspekte (Geräusche oder deren Fehlen, wobei zu unterscheiden ist, ob sie von Mitbewohnern oder von anderen Quellen stammen; Verkehr, Glockenläuten, Hähnekrähen kann auch wohnrelevantes Handeln zur Folge haben),
- die Aspekte der Atemluft (toxisch bzw. geruchsbelästigend vs. gesund),
- Aspekte der baulichen Substanz (Pflege des Gebäudes durch den Besitzer, sorgfältige Behandlung vs. Gefährdung durch Fahrlässigkeit oder durch grobe Fahrlässigkeit z.b. im Umgang mit Feuer und Wasser),
- Aspekte der persönlichen Integrität oder der persönlichen Inhalte einer Wohneinheit (Kriminalitätsgefährdung vs. soziales Sicherheitsgefühl),
- Aspekte der wirtschaftlichen und sozialen Bewertung einer Wohnsituation (z.B. Schichtzugehörigkeit, Zugehörigkeit zu spezifischen Lebenswelten).

Aushandlungen von wohnrelevanten Faktoren, Eigenschaften und Attributen: Gegenüber diesem Katalog zeigt sich, dass in den für das gemeinsame Wohnen relevanten Aspekten die meisten Menschen sich von einer erstaunlichen Homogenität zeigen. "Störmieter" (eine Kategorisierung durch die Wohnungswirtschaft, GdW 1998, 46) sind selten. Diese Homogenität stellt sich nicht automatisch ein, sondern ist ein fragiles Produkt im Laufe des Zivilisationsprozesses und konkret von Aushandlungen unter den Beteiligten abhängig. Solche Aushandlungen werden meistens im nachbarschaftlichen Kontakt vorgenommen, gegebenenfalls unter Einbeziehung von Agenturen sozialer Kontrolle (insbesondere Vermieter, Polizei und Justiz) vorgenommen.

Die Wohnsituation und Wohngestaltung von Menschen mit Behinderungen ist nicht unabhängig von einem solchen Katalog von Faktoren und Attributen und den damit verbundenen Aushandlungen zu sehen. Die Diskussion um das "Kölner Urteil" über die Gartenbenutzung von Bewohnern mit geistigen Behinderungen einer gemeindeintegrierten Wohnung ist nicht nur bedeutsam, weil sie eine Reaktion auf ein behindertenfeindliches Urteil ist, sondern auch, weil sich hier mehrere Facetten eines solchen Aushandlungsprozesses zeigen. Die Prägnanz der Faktoren und Attribute kann sehr unterschiedlich sein. Man kann die verschiedenen Wohnsituationen unterscheiden nach dem Grad an Toleranz gegenüber bestimmten Attributen, der die Grundlage der wohnbedeutsamen Eigenschaften und Beziehungen darstellt.

Auf der einen Seite stehen Wohnformen, die dem einzelnen gestatten, eine große Bandbreite von wohnrelevanten Eigenschaften zu zeigen. Dazu gehören Wohnsituationen, in denen zwischen den einzelnen Wohneinheiten viel Raum zur Verfügung steht, z.B. in großbürgerlichen Villenvierteln oder bei

lockerer ländlicher Bebauung. Dazu gehören jedoch auch Wohnsituationen von Personen, die untereinander ein hohes Maß an Gleichgültigkeit besitzen oder ein geringes Maß an Bereitschaft zum Kontakt mit Agenturen der sozialen Kontrolle, um auf Störungen der eigenen Wohnwelt zu reagieren.
Am anderen Ende stehen Wohnsituationen hohen Aufeinanderangewiesenseins (wie z.B. Wohnen in Gemeinschaftseigentumshäusern) oder Wohnsituationen, in denen ein hohes Bedürfnis an gegenseitiger sozialer Kontrolle besteht (z.B. die sprichwörtlichen Reihenhaussiedlungen) mit relativ homogenen sozialem Status und Herkunft) und in denen wohnrelevante Faktoren und Attribute eine hohe Rolle spielen.
Angesichts dieses Kontinuums sind Wohnsituationen für Menschen mit Behinderung je nach der Bedeutung der wohnrelevanten Attribute mit sehr unterschiedlichen Situationen konfrontiert, die als Faktoren in die Entscheidung für einen Standort und für den späteren Wohnalltag eine Rolle spielen. Wie an den Beispielen ersichtlich, ist der Faktor der Irrelevanz von wohnrelevanten Attributen nicht einfach nach der niedrigsten Valenz hin zu strukturieren, weil eine solche Entscheidung sowohl mit dem Normalisierungsprinzip wie der Perspektive der Rollenaufwertung (WOLFENSBERGER 1991) oder mit den Immobilienpreisen usw. konfligieren kann.
Für die konkrete Wohnsituation und der damit verbundenen Nachbarschaft sind zudem individuelle Entscheidungen relevant. Hier sind insbesondere Einkommensverwendung und Aufwand zum Realisieren jeweiliger Wohnsituationen anzuführen. Innerhalb eines bestimmten Einkommens lassen sich (ab einer bestimmten Höhe von Einkommen) Entscheidungen fällen zwischen Ausgaben für Wohnung/Miete und deren verschiedenen Möglichkeiten (Stadtrand oder Szene usw.) und anderen Ausgaben (Wohnungskosten, Reisen oder Konsum). Diese Faktoren können sich unterschiedlich auf die Toleranz von Nachbarschaft mit Menschen mit Behinderung auswirken, je nachdem wie diese Nachbarschaft positiv oder negativ bewertet wird und welche Struktur die jeweilige Entscheidung besitzt. Sie wirken sich wiederum auf den Aushandlungsprozeß relevanter Attribute aus.
Es ist noch darauf zu verweisen, dass die Bedeutung der Attribute und Eigenschaften kulturell relativ ist, wie sich insbesondere die unterschiedliche Bewertung von Geräuschen und Gerüchen in verschiedenen Kulturen, Subkulturen und Schichten zeigt.
Negative und positive Kooperation: Kennzeichnend für den Wohnalltag sind unterschiedliche Kooperationsformen, wobei die vorherrschende als "negative Kooperation" (BUHR 1987) charakterisiert werden kann. Normalerweise sind städtische Wohnsituationen so eingerichtet, dass nur ein Mini-

mum an Kooperation notwendig ist, so dass sie meisten Bezüge sich darauf reduzieren, dass die Unabhängigkeit der einzelnen Wohneinheiten voneinander erhalten bleibt und Kooperationsanlässe überhaupt nur dann gegeben sind, wenn diese Unabhängigkeit gefährdet ist. Das Ziel der Kooperation besteht dann darin, diese Unabhängigkeit voneinander wieder herzustellen. Neben diesem Grundmuster gibt es verschiedene Elemente der positiven Kooperation. Dazu gehört erstens die kleine Nachbarschaftshilfe im Bedarfsfall (fehlendes Ei, Versorgung des Briefkastens usw.).
Als zweite Form ist die Kooperation gegenüber einem äußeren Dritten anzuführen z.B. die jeweilige Wohnungsverwaltung (oder ggf. Vermieter), Baufirmen die im Wohnbereich tätig werden oder anderen Personen und Institutionen, die Einfluss auf die Wohnqualität nehmen (wie Stadtverwaltungen über Bebauungsplane, Geräusche erzeugende Betriebe, Gewerbetreibende im Haus oder in der Nachbarschaft usw.) Weiterhin wäre zur positiven Kooperation die Hilfe in Notfällen hinzuzurechnen.
Dazu gehort viertens intentionale positive Kooperation zur Erhöhung der Integration der Mieter untereinander oder zur Stabilisierung von Gemeinschaftsgefühlen usw. wie Haus- und Nachbarschaftsfeste. Diese können beispielsweise zusätzlich politisch oder kommerziell bestimmt sein.
Negative Kooperationen finden bei Wohnprojekten, an denen Menschen mit Behinderungen beteiligt sind, meistens zwischen den allgemeinen Mietern und den Mitarbeitern der Wohneinrichtung statt. Die Form, die bei der Realisierung solcher negativen Kooperationen gewählt wird (Gleichgültigkeit, Gereiztheit, positive Orientierung auf gemeinsam erträgliche Lösungen), kann entscheidend daran beteiligt sein, wie die konkreten Lösungen ausfallen. Eine funktionierende negative Kooperation ist eine Vorbedingung für sich in der Wohnsituation zu Hause fühlen zu können. Insofern hat negative Kooperation direkte Auswirkung auf die Lebensqualität von Menschen mit Behinderungen.
Urbanität: Soziales Leben, selbst in ländlichen Lebenswelten, ist heutzutage in unserer Kultur urban geprägt. Die Vorstellung eines autochthonen, autonomen, nichturbanen Lebens wird heute als Programm formuliert auf dem Hintergrund von Lebensreformprojekten (LEPSIUS 1994) und hat seinen ursprünglichen sozialen Hintergrund verloren. Mit Urbanität ist über das Städtische hinaus eine Vorstellung verbunden, die direkt mit der Akzeptanzthematik verbunden ist. Mit Urbanität wird auf eine Verbindung von städtischem Leben und Weltoffenheit angespielt und in den Gegensatz zur Enge einer Kleinstadt oder eines Dorfes gesetzt. Die Stadt einer solchen Urbanität wird von Weltbürgern bewohnt. Urbanität wird insofern als ein Prinzip angesehen,

das auf Weltoffenheit und Toleranz verweist. Gleichzeitig ist in Urbanität das Prinzip der Toleranz der Gleichgültigkeit enthalten, das Abschwächen von Identitätsnormen. In der Urbanität gilt: Leben und Leben lassen. Man läßt die anderen leben, wie auch immer sie von Normen abweichen mögen. In diesem Sinne ist Urbanität eine positive Bedingung dafür, das das Wohnen von Menschen nicht allzu leicht scheitert. Urbanität wird noch in einem dritten Rahmen diskutiert, nämlich in der Diskussion um die Bedeutung der Stadt für kindliches Erleben und kindliche Entwicklung. Hier wird mit dem Gegensatz von Naturnähe und gesunder Bewegung gegenüber den Gefahren der Großstadt oder des Ambitus der Einbezogenheit argumentiert. Die Verkindlichung von Erwachsenen entlang des Eltern-Kind-Komplexes (GOFFMAN 1981, 20 ff.) mit geistiger Behinderung (und vielleicht nach wie vor in Ansätzen auch bei Menschen mit körperlicher Behinderung) hat sich auch in der Ortsorientierung niedergeschlagen. In einer ländlichkeitsbezogenen Ortswahl in gesunder Umgebung sind Vorstellungen verborgen, die von dem Modell romantischer Familien- und Kindheitskonzepten geprägt sind. Insofern kann in einer städtischen Ortswahl auch die Anerkennung des Erwachsenseins aktualisiert werden.

Normalisierung und Rollenaufwertung im urbanen Leben von Menschen mit Behinderung: Aus den Überlegungen von NIRJE zum Normalisierungsprinzip ergeben sich drei Kriterien für gemeindeintegriertes Wohnen, nämlich inwieweit diese Wohnformen den üblichen Kulturmustern entsprechen, inwieweit das Prinzip des „so normal wie möglich" gemessen an den acht Facetten realisiert wird und wie spezielle geistige Behinderung als dreifache Last berücksichtigt ist (NIRJE 1992, 40) – die Dekonstruktion des Normalen als Normalismus ist soziologisch naiv – gegenüber den früheren schichtspezifischen Wohnsituationen und zugehörigen Kulturmustern ist heute realistischerweise eher von spezifischen Milieus auszugehen, wie z.B. SCHULZE (1992) herausgearbeitet hat. Solche milieubedingten Orientierungen entscheiden darüber, wie die Stadt als Wohnraum gesehen wird und welche Angebote der Stadt realisiert werden. Hier ist zu unterscheiden zwischen den Milieu-Orientierungen der Planer von gemeindeintegrierten Wohnformen, den Milieu-Orientierungen der Mitarbeiter und dem Herkunftsmilieu der Bewohner. Die Beteiligung von Menschen mit Behinderungen am städtischen Leben wird durch diese verschiedenen Milieu-Orientierungen beeinflusst sein. Konzeptionalisierungen und Realisierungen können die verschiedenen Milieus, auch mit ihren Diskrepanzen, reflektieren, oder unreflektiert die jeweilige Milieu-Orientierung als maßgebliche durchzusetzen versuchen.

Milieunähe zu einem dieser Muster ist kein Garant für die Realisierung von Wohnformen, die den Bedürfnissen und Orientierungen von Menschen mit Behinderungen entsprechen, insbesondere wenn sie wenig den Mustern ihrer Herkunft entsprechen.

Rollenaufwertung und Vorurteilsproblematik: In WOLFENSBERGERS (1991) Konzept der Rollenaufwertung findet sich zunächst ein negativer Bezug zu Lebensbedingungen urbaner Milieus, als er einen Zusammenhang herstellt zu vielen verschiedenen Formen abgewerteten städtischen Lebens. Anders als in den USA finden sich in einer durch Eingliederungshilfe strukturierten Welt diese Formen am ehesten dort, wo Versorgungslücken der Eingliederungshilfe wirksam werden (z.b. Wohnungslose mit sonderpädagogischer Biographie).

Im integrierten Wohnen besteht überhaupt erst die Chance, dass jemand in die Ordnung der Rollenbewertungen aufgenommen wird. Das birgt das Risiko in sich, dass die Bewertung negativ ausgehen kann. Entgegen der Kontakthypothese verweist GOFFMAN (1967, insbesondere 69) darauf, dass soziale Nähe Verachtung nicht reduziert. Wenn Bewohner mit annähernd gleichen Merkmalen ("schwere geistige Behinderung") zusammenwohnen in normalisierten Wohnformen, dann kann es dazu führen, dass zunächst die verschiedenen Personen von den anderen Mitbewohnern zusammengefasst werden unter einer Kategorie, zumal wenn diese Kategorie angeboten wird wie "Menschen mit geistiger Behinderung". Aber im Gegensatz zu isolierten Wohnsituationen besteht hier die Möglichkeit, dass sich gegenseitige Erfahrungen ausdifferenzieren und sich biographische Gegenüber bilden können. Insofern unterliegt die Rollenaufwertungshypothese der gleichen Problematik wie Einstellungsänderungsprogramme. Durch gemeindeintegriertes Wohnen ist nicht gewährleistet, dass z.B. die Einnahme der Rolle als Mieter oder als Mitbewohner automatisch die Akzeptanz verbessert. Erfahrungen mit der Bedeutung von Kontakt verweisen darauf, dass sich die Einstellungen polarisieren, aber nicht automatisch verbessern.

Akzeptanz und Risiko: Die soziale Rationalität für gemeindeintegrierte Wohnformen kann nicht direkt aus der Rollenaufwertung oder der Kontakthypothese gewonnen werden. Sie berücksichtigen die Komplexität sozialer Prozesse zu wenig. Eine soziale Rationalität ergibt sich wesentlich adäquater durch die Verbindung von Komplexität und Risiko. Gemeindeintegrierte Wohnformen sind auf vielfältige Weise risikobeladen. Das Risiko kann die verschiedensten Wege gehen. Wohnprojekte können scheitern an den Mitarbeitern, an den Bewohnern, sie können scheitern an den Nachbarn. Das Risiko selbst führt nicht zum Scheitern, sondern zu vielen komplexen sozialen

Erfahrungen. Die Komplexität dieser sozialen Erfahrungen muss von den Trägern gemeindeintegrierten Wohnens genau so gemacht werden, wie von der Welt, in der dieses Wohnen stattfindet. Die Begründung liegt also nicht im Scheitern, sondern im Risiko.

15.2 Sozial-integriertes Wohnen als Gemeinschaft im Netzwerk?

Darüber hinausgehende Vorstellungen von gemeinsamem Wohnen im Sinne einer tiefergehenden Einheit von Gemeinschaftlichkeit stellen eine Erwartungsbelastung dar. In betreuten Wohnsituationen ist es schon allein deshalb schwierig, dass sich solche Gruppenprozesse herausbilden, weil die einzelnen Mitarbeiter für sich die verschiedensten Formen haben, wie sie selbst Wohnen realisieren. Wenn sich solche Gemeinschaftlichkeitsformen entwickeln, ist gleichzeitig immer ihre Fragilität zu bedenken. An dörflichen Vorstellungen von Gemeinschaft orientierte Modelle (z.B. Camphill, Arche) wie auch eine zu naive Übertragung der Wohngemeinschaftsideale der Studentenbewegung (auf dem Hintergrund der fundamentalen Kritik an der Institution Familie) haben konstant mit dieser Fragilität zu kämpfen.

15.3 Pädagogik des Wohnens?

Inklusion und die neueren Schlagworte zum Leben von Erwachsenen mit Behinderungen wie Begleitung, Assistenz, Selbstvertretung, Klientenorientierung verzichten zunächst – zumindest verbal – auf einen pädagogischen Anspruch. Insofern ist hier eine erfreuliche Abkehr vom Kindchenschema in der Betreuung zu verzeichnen, die sich noch lange nicht umfassend durchgesetzt hat.
Dennoch ist zu überlegen, ob die Strukturierung der Lebenswelt von Menschen mit kognitiven Beeinträchtigungen ohne Pädagogik vorgenommen werden kann und ob mit der Hypothese eines Paradigmenwechsels vom Objekt zum Subjekt (die reine Subjekt-Subjekt-Beziehung gibt es ohnehin nur in der Frühsozialisation) bei Erwachsenen mit Behinderungen ein möglicher pädagogischer Aspekt der Beziehung zwischen Begleitetem und Begleiter aus Gründen eines Prinzips einfach nur der Reflexion entzogen wird. Schon lange gibt es einen von der Pädagogik formulierten Anspruch auch auf das Erwachsenenleben, insbesondere bei Menschen mit geistiger Behinderung: „Als geistigbehindert gilt, wer ... in seiner psychischen Gesamtentwicklung und seiner Lernfähigkeit so sehr beeinträchtigt ist, dass er voraussichtlich lebenslanger sozialer und pädagogischer Hilfen bedarf." (DEUTSCHER

BILDUNGSRAT 1974, 37). Es gibt viele latent pädagogische Aspekte, das Wohnen von spezifischen Personen Leuten sozial zu thematisieren, wie z.B. im Rahmen von Perspektiven der Wohnungspolitik. Genauso wie es möglich ist, dass jemand keiner pädagogischen Betreuung bedarf, weil entweder wohnbezogene Verhaltensänderungen, die mehr Autonomie ermöglichen, selbst gesteuert werden wie man das auch sonst von Erwachsenen erwartet oder die Betreuungssituation eingerichtet ist auf ein Verhalten, das als pädagogisch nicht beeinflussbar angesehen wird oder die Verhaltensprobleme therapeutischer oder psychiatrischer Antworten bedarf. Es gibt aber auch unterschiedliche Grade, in denen Pädagogik die Lebensqualität im Wohnalltag erheblich erweitern kann. Oftmals handelt es sich dabei um Kompetenzen, die in vorherigen (pädagogischen) Welten nicht erreicht wurden oder nicht gefordert wurden, wie z.B. Zeitverständnis und das Erlernen der Interpretation einer Uhr. Die Interventionen der Betreuer im Wohnalltag sind bei vielen Menschen mit Behinderungen nicht auf die Realisierung ihrer selbst entwickelten Vorstellungen, der Selbstwahrnehmung eigener Interessen, auf die „Entwicklung und Kontrolle von Dienstplänen und Konzepten" und die Qualifizierung der Bewohner für „Mitarbeit in Personalauswahlgremien" (NIEHOFF/SCHABLON 2005, 80) zu reduzieren, sondern auch auf die reflektierte und sensible nicht-bevormundende, sondern autonomie-erzeugende „Durchdringung pädagogischer Alltagssituation" zu beziehen.

15.4 Schlussbemerkungen

Das Verhältnis von Integration und Inklusion wurde zunächst diskutiert auf dem Hintergrund relevanter soziologischer Denkmuster. Daraus ergibt sich, dass man eine Reihe sozialer Aspekte berücksichtigen muss, um nicht Naivitäten zu verfallen und dass man diese in soziologischer Perspektive diskutieren muss, wenn man sich um einen realistischen und humaneren Wohnalltag bemüht. Das bedeutet aber auch, dass der Versuch, das Inklusionsparadigma beim Kostenträger beliebt zu machen, naiv ist. Integration in den Wohnalltag ist nicht definitorisch zu leisten, sondern gelingt nur im Prozeß der sozialen Eingliederung, der zumindest bei kognitiv beeinträchtigten Menschen ohne professionelle Kompetenz nicht zu leisten ist.

Literatur

BUHR, P.: Programmentwicklung im politisch-administrativen System. ISB-Matrialien 24. Bielefeld 1987

DEDERICH, M.: Exklusion. In DEDERICH, M.: u. a. (Hrsg.): Inklusion statt Integration? Heilpädagogik als Kulturtechnik. Gießen 2006

DEUTSCHER BILDUNGSRAT/BILDUNGSKOMMISSION: Zur pädagogischen Förderung behinderter und von Behinderung bedrohter Kinder und Jugendlicher. Stuttgart 1974\

DEUTSCHER VEREIN FÜR ÖFFENTLICHE UND PRIVATE FÜRSORGE: Entwicklung der Sozialhilfeausgaben für Menschen mit Behinderung. In: NDV (H. 4, 2003), 1-4

FUCHS, P.: Behinderung und soziale Systeme. Anmerkungen zu einem schier unlösbaren Problem. In: Das gepfefferte Ferkel 2002. Im Internet unter: www.ibs-networld.de/altesferkel/fuchs-behinderung.shtml [10.7.2007]

GAEDT, CH.: Bildung, Assistenz und strukturelle Unterstützung für Menschen mit einer schweren geistigen Behinderung in einer Großeinrichtung. In: Fischer, U. u.a. (Hrsg.): Urbanes Wohnen für Erwachsene mit schwerer geistiger Behinderung. Reutlingen 1996

GDW Bundesverband deutscher Wohnungsunternehmen e.V.: Überforderte Nachbarschaften. Köln 1998

GOFFMAN, E.: Stigma. Frankfurt 1967

GOFFMAN, E.: Geschlecht und Werbung. Frankfurt 1981

HAEBERLIN, U.: Heilpädagogik als wertgeleitete Wissenschaft. Bern 1996

HERZOG, W.: Planungen der Berliner Senatsverwaltung für Soziales zum Abbau des Defizits an Wohnplätzen für Erwachsene mit schwerer geistiger Behinderung. In: Fischer, U. u. a. (Hrsg.): Urbanes Wohnen für Erwachsene mit schwerer geistiger Behinderung. Reutlingen 1996

HEUSER, K.: Zur Zukunft der Eingliederungshilfe – ein wegweisendes Konzept des Landschaftsverbandes Rheinland. In: Theorie und Praxis der Sozialen Arbeit. Heft 5, 2007, 31 – 40

KOBI, E.: Inklusion: ein pädagogischer Mythos? In: Dederich u.a. (Hrsg.): Inklusion statt Integration? Heilpädagogik als Kulturtechnik. Gießen 2006

LEPSIUS, R.: Dritte Simmel-Vorlesung. Berlin, Januar 1995

LUHMANN, N.: Funktion und Folgen formaler Organisation. Berlin 1964

NIEHOFF, U./SCHABLON, K.-U: Selbstbestimmung und Teilhabe. Welches Rüstzeug brauchen professionelle Unterstützer. In: Hähner, U. u. a.: Kompetent begleiten. Marburg 2005

NIRJE, B.: The Normalization Papers. Uppsala (Centre for Handicap Research, Uppsala University) 1992

NIRJE, B.: Das Normalisierungsprinzip. In: Fischer, U. u.a. (Hrsg.): WISTA. Reutlingen 1994

SEIFERT, M.: Die Wohnsituation von Erwachsenen mit schwerer geistiger Behinderung in Berlin. Überblick und Handlungsbedarf. In: Fischer, U. u.a. (Hrsg.): Urbanes Wohnen für Erwachsene mit schwerer geistiger Behinderung. Reutlingen 1996

SEIFERT, M.: Inklusion ist mehr als Wohnen in der Gemeinde. In Dederich, Markus u. a. (Hrsg.): Inklusion statt Integration? Heilpädagogik als Kulturtechnik. Gießen 2006

SCHULZE, G.: Die Erlebnisgesellschaft. Kultursoziologie der Gegenwart. Frankfurt 1995

WANSING, G.: Teilhabe an der Gesellschaft. Menschen mit Behinderung zwischen Inklusion und Exklusion. Wiesbaden 2005

WOLFENSBERGER, W.: Die Bewertung sozialer Rollen. Genf. (edition deux continents) 1991

Reinhard Markowetz

16 Freizeit inklusive – Aspekte des Gelingens integrationspädagogischer Arbeit im Lebensbereich Freizeit

16.1 Freizeit im Leben von Menschen mit Behinderungen

Fundamental für die sozial- wie bildungspolitische Diskussion um mehr gesellschaftliche Teilhabe behinderter Menschen im Lebensbereich Freizeit ist die Tatsache, dass die Freizeitbedürfnisse und das Freizeitverhalten von Menschen mit und ohne Behinderung nahezu identisch sind (MARKOWETZ 2007 c, 297). Wenige, aber einschlägige empirische Forschungsergebnisse über die Freizeitsituation von Menschen mit geistiger Behinderung bestätigen dies (EBERT 2000; THEUNISSEN u.a. 2000; MARKOWETZ 2007 a, 2007 c). Da jeder Mensch entlang seiner Lernmöglichkeiten und Entwicklungsausgangslagen Architekt und zugleich Akteur seiner Freizeitgestaltung ist, erweist sich das Freizeitverhalten als Ausdruck der Befriedigung von Freizeitbedürfnissen hinsichtlich Intensität, Quantität, Qualität und freier Verfügbarkeit von Zeit und entsprechender Wahl-, Entscheidungs- und Handlungsfreiheit jedoch durchaus universell verschieden und bisweilen in einem höchsten Maße individuell. Es gibt eine Vielzahl an förderlichen und hemmenden Bedingungen und Parameter, die Einfluss auf die Freizeittätigkeit eines Individuums als selbstbestimmt handelndes Subjekt haben. Das können sozio-ökonomische Bedingungen genauso sein wie familiäre, ökosystemische, gesellschafts- und bildungspolitische Gegebenheiten und Machtverhältnisse. Freizeit ist nicht per se ein Problem für Behinderte. Dennoch erleben Menschen mit Behinderungen ökonomische und soziale Benachteiligungen, die die Partizipation an individuellen und gesellschaftlichen Freizeitgestaltungsmöglichkeiten erschweren und noch immer eine umfangreiche Liste mit Forderungen zur Verbesserung einer sozialintegrativ wirksamen Freizeitgestaltung für Menschen mit Behinderung auf den Plan rufen (MARKOWETZ 2007 d). Das Freizeitverhalten von Behinderten hängt von einer Vielzahl an Variablen (z.B.

Lebensalter, Geschlecht, Regionalfaktor, Wohnfaktor, Familienverhältnisse, Einkommen, Vermögen, „soziales Netzwerk", Zeitfaktor, Behinderungsfaktor, Sichtbarkeit der Behinderung, Qualität der materiellen und personellen Hilfen, Angebot, Schulzugehörigkeit) ab und vor allem davon, ob und in welchem Umfang diese Variablen vom Betroffenen selbst bzw. von seiner Umwelt günstig beeinflusst und verändert werden können. Einschränkungen der Bewegung, der Mobilität und der Kommunikation wirken sich besonders auf das Freizeitverhalten von Menschen mit Behinderung aus. Sie können nur bis zu einem gewissen Maß kompensiert werden. Für Behinderte ist es deshalb mehr als notwendig, nicht ausschließlich nach technisch-apparativen (Barrierefreiheit) sondern nach sozialintegrativen Lösungen (Abbau der Barrieren im Kopf; Entstigmatisierung) zu suchen, damit sie in gleichem Umfang wie nicht behinderte Menschen auch ihren Freizeitbedürfnissen nachkommen können. Wir können also davon ausgehen, dass die Freizeitsituation als Lebenszeit für Menschen mit Behinderungen weder einheitlich positiv noch generell negativ eingeschätzt werden darf. Insofern ist Behinderung zwar keine zu vernachlässigende Größe, sie muss aber nicht automatisch zu einer unbefriedigenden, fremdbestimmten und von der Hilfe anderer abhängigen Freizeitsituation führen. Nicht behindert zu sein ist nicht per se ein Garant für sinnerfüllte, selbstbestimmte und qualitativ in unserer Gesellschaft hoch bewertete Freizeit.

Auf dem Weg zu einer inklusiven Gesellschaft bedarf es gegenwärtig einem deutlichen Mehr an Beachtung, Aufwertung sowie der Professionalisierung der Freizeit. Mit Blick auf das disperse Feld des integrationspädagogischen Arbeitens in den sehr unterschiedlichen Freizeitbereichen und Freizeiteinrichtungen wie pädagogischen Erlebens in offenen, nicht institutionalisierten Freizeitsituationen (vgl. MARKOWETZ/CLOERKES 2000) werden in diesem Beitrag die Notwendigkeit von Freizeiterziehung und Freizeitbildung, die flächendeckende Einführung von Freizeitassistenz und die Professionalisierung von Freizeitberufen als überdauernde und alle Handlungs- und Erfahrungsfelder von Freizeit gleichermaßen bestimmende Wirkvariablen thematisiert.

16.2 Freizeiterziehung und Freizeitbildung – Lernen für das Leben und Schlüssel für das Leben in einer inklusiven Gesellschaft

Freizeiterziehung in einem engeren, pädagogischen Sinn meint die planmäßige Ausbildung spezieller Fähigkeiten, insbesondere in der Familie, dem Kindergarten und der Schule, um mit den psychischen und sozialen Problemen der Freizeit ganz persönlich zukünftig besser umgehen zu können. Damit suggeriert der Begriff Freizeiterziehung (vgl. MARKOWETZ 2008) zunächst, dass mit der Erziehung im Lebensbereich Freizeit ein letztes Feld professionalisiert wird und die Pädagogisierung der Gesellschaft abgerundet oder gar abgeschlossen wird.

Heute gilt als gesichert, dass das Leben von Menschen mit und ohne Behinderung immer weniger dem Diktat der Erwerbsarbeit unterliegt und sie sich deshalb immer mehr mit Freizeit identifizieren. Das gefährdet den Absolutheitsanspruch der Arbeit, stellt den Mythos der Berufsarbeit in Frage und lässt traditionelle Werte, wie sie das Arbeitsleben gebetsmühlenartig einfordert (z.B. Leistungsstreben, Ehrgeiz, Fleiß, Pflichterfüllung oder Selbstbeherrschung) ins Wanken geraten. Immer mehr Menschen suchen nach Lebensalternativen zur Erwerbsarbeit, besinnen sich auf neue Werte und wollen nicht mehr nur leben um zu arbeiten, sondern allenfalls arbeiten um zu leben. Freizeitinteressen werden zu Lebensinteressen und spalten Arbeit als den zentralen Kern menschlicher Existenzberechtigung. Wenn sich Arbeit verflüchtigt, ist zu erwarten, dass das Interesse an Freizeit steigt, immaterielle Aspekte des Lebens wichtiger werden und Freizeit das berufliche Selbstverständnis und Anspruchniveau der Menschen verändert. Die Einstellung zu Freizeit scheint besser zu werden und auch die Befürchtung der rückwärtsgerichteten Metamorphose der Menschheit zu einer Spaß- und Freizeitgesellschaft verliert an Kraft. Entgegen der Annahme, dass Freizeit Arbeit ersetzt und Leistung ausblendet, zeigt sich heute, dass Arbeit als Konstrukt und Notwendigkeit nicht verschwunden ist, sondern in neuen, vielfältigeren Gesichtern weiterlebt, als bezahlte Erwerbsarbeit, als freiwillige Eigenleistung, als ehrenamtliche Dienstleitung im Sozial-, Kultur- und Bildungsbereich. Der Wert der Arbeit als sinn- und identitätsstiftendes Moment im Leben der Menschen spielt also nach wie vor eine zentrale Rolle, und Leistung ist und bleibt ein anthropologisches Grundbedürfnis des Menschen, die er allerdings nicht mehr nur für Geld, sondern insbesondere immer mehr für soziale Anerkennung erbringt.

Der kompetente Umgang mit Freizeit und das sichere, aktive sich in seinen vier Handlungsdimensionen (Eigenzeit, Sozialzeit, Bildungszeit und Arbeitszeit) Verhalten und Bewegen will also gelernt sein und verweist auf eine lange bekannte Bildungslücke (OPASCHOWSKI 1990, 42 ff.). Freizeit definiert deshalb ein breit gefächertes Lern- und Sozialisierungsfeld institutionalisierter Erziehung und praktischer Pädagogik. Selbst wenn Schulen die Bedeutung der Freizeit für die Erfüllung des Lebens stets anerkannten, sind sie Lehranstalten geblieben, denen andere, materiale Bildungsinhalte wichtiger waren. Lediglich die Sonderschulen konnten notgedrungen die formale Seite kategorialer Bildung stärker betonen und in gewisser Weise die Orientierung an lebenspraktischen Fähigkeiten und Fertigkeiten in ihren Bildungsplänen verankern (vgl. z.B. MINISTERIUM FÜR KULTUS UND SPORT BADEN-WÜRTTEMBERG 1982; BAYRISCHES STAATSMINISTERIUM 1989). „Bildung mit Format" (vgl. LAMERS/HEINEN 2006), das heißt eine Bildung die im Sinne der kategorialen Bildungstheorie (vgl. KLAFKI 1957) formale und materiale Bildung integriert und in Balance hält und nach dem interaktionistischen Verständnis von Erziehung und Bildung (education) in einem offenen Haus des Lehrens und Lernens in einem Unterricht für Alle, zwischen der Objekt- und Subjektseite im Bildungsprozess vermittelt, könnte deshalb in der Tat auch der pädagogisch-didaktische Schlüssel für eine auf Emanzipation und Partizipation ausgerichtete Freizeiterziehung sein.

Der Anspruch auf Freizeiterziehung und die Notwendigkeit zu Freizeitbildung macht für den Freizeitforscher OPASCHOWSKI (2001, 186) keinen grundsätzlichen Unterschied zwischen Menschen mit und ohne Behinderung. Eine Pädagogik der Lebenszeit, die Berufsbildung und Freizeitbildung zu triangulieren versteht, die lernenden Subjekte zu lebenslangem Lernen befähigt und auf das Leben in einer inklusiven Gesellschaft vorbereitet, kann folgerichtig nur eine allgemeine, inklusive Gesamtpädagogik sein, die insbesondere die Schulpädagogik, die Sozialpädagogik und die Heil- und Sonderpädagogik (vgl. MARKOWETZ/SCHWAB 2008) zusammenführt und weitere spezielle Pädagogiken wie die Erlebnispädagogik, Waldpädagogik, Zirkuspädagogik, Theaterpädagogik, Motopädagogik, Museumspädagogik, Medienpädagogik, Sexualpädagogik, Friedenspädagogik, Gedenkstättenpädagogik u. a. m. in ihren Dienst stellt. Eine inklusive Pädagogik und Didaktik der Freizeit (MARKOWETZ 2007 c), die das Lernen der Subjekte in den Mittelpunkt rückt, wird natürlich die individuellen Lernausgangslagen gebührend zu berücksichtigen wissen, um auch und gerade die Entwicklungspotentiale für Kinder und Jugendliche mit Behinderungen und Benachteiligungen zu optimieren, ihre Teilhabe an der Gesellschaft zu sichern und es pädagogisch verstehen, sie entwicklungslogisch (FEUSER 1995, 94 ff.) bei der Gestaltung des eigenen Lebens anzuleiten sowie zur sinnvollen Verwendung von Lebenszeit zu befähigen. Unter sozialintegrativen Aspekten erweist sich gerade Freizeit mit dem höchsten Anteil (53%) am Gesamtbudget an Lebenszeit (vgl. ZELLMANN 2002) als ein gemeinsam zu bewältigender Lerngegenstand und zwischen Arbeitsethos und Mußeidee als ein Handlungsfeld, um das Zusammenleben und Zusammenhandeln der Menschen mit und ohne Behinderung neu zu denken und zu realisieren. Freizeiterziehung und Freizeitbildung einer modernen, inklusiven Pädagogik ist ein interaktives Geschehen, eine Form des sozialen Handelns und der symbolischen Interaktion zwischen Menschen mit und ohne Behinderung.

16.3 Freizeitassistenz – Konzept, Modell und Methode für eine inklusive Freizeitgestaltung

Seit der Einführung des Sozialgesetzbuches IX im Jahr 2001 und den fortlaufenden Aktualisierungen zur sozialpolitischen Neuordnung und Regelung der „Rehabilitation und Teilhabe behinderter Menschen" (BUNDESMINISTERIUM 2002, 2004; KOSSENS 2003), insbesondere der flächendeckenden Einführung des Persönlichen Budgets als Regelleistung zum 01. Januar 2008 und der entsprechenden Budgetverordnung (§ 17 Abs. 2–4 SGB IX) wird neu und kontrovers darüber diskutiert, wie Menschen mit Behinderungen am allgemeinen gesellschaftlichen Leben partizipieren und zukünftig immer mehr auf Aussonderung und spezielle Lebenswelten verzichten können. Das Recht auf volle und uneingeschränkte gesellschaftliche Teilhabe von Menschen mit Behinderungen (Inklusion) umfasst dabei alle Lebensphasen und Lebensbereiche mit allen ihren Prozessen und ist demnach auch in der Freizeit in der jeweiligen Lebenswelt gemeinde- und alltagsnah umzusetzen. Vermehrt wird dabei in Frage gestellt, ob die bisherigen Hilfsangebote der traditionellen Behindertenhilfe dies auch wirklich wollen und zu leisten vermögen. Damit behinderte Menschen ein Leben mitten in der Gemeinde, in einer „Stadt und Region für Alle" führen können, muss sich die Gesellschaft mit ihren Einrichtungen und Angeboten genau so öffnen wie das komplexe System ambulanter und stationärer Hilfen für behinderte Menschen. Unterstützung in Form persönlicher Assistenzen und materieller Erleichterungen ist deshalb dort zu gewähren, wo der einzelne Mensch mit einer Behinderung sie braucht, um dann „mittendrin" sein zu können, wenn er das will (vgl. z.B. ARBEITSGRUPPE IDEAL E.V. 2006; MARKOWETZ 2007c).

Die Verwendung des Assistenzbegriffs und des Assistenzmodells als Motor für mehr Integration und Garant für mehr Lebensqualität ist hinsichtlich unterschiedlicher Aufgaben und Funktionen in einem doppelten Sinn von

Bedeutung. Zum einen bedarf es einer Bezugsperson und auserwählten Person des Vertrauens, die einem behinderten Menschen zur Seite steht, alle privaten, bisweilen sehr intimen Belange der Lebensführung und Gestaltung von Lebenszeit oder auch nur einzelne Facetten davon stellvertretend nach außen managt und vertritt, die dabei gemachten Erfahrungen und Ergebnisse fortlaufend dialogisch mit ihm stets fein abstimmt und prozessual entfaltet. Zum anderen sind professionelle Dienste notwendig, die dann die assistiert generierten Wünsche kompetent und kundengerecht umsetzen. Besonders Menschen mit geistigen und mehrfachen Behinderungen brauchen bereits im Vorfeld der Leistungserbringung durch verschiedene geeignete Dienstleistungsunternehmen kompetente Unterstützung, z.B. bei den Findungsprozessen für sozialintegrativ wirksame Entscheidungen, der Gestaltung persönlicher Zukunftsvisionen, der konkreten Assistenzplanung und reflexiven Beurteilung des Verlaufs. Das können zwar die Eltern, Familienmitglieder oder gesetzliche Betreuer leisten, müssen dies aber nicht ausschließlich, durchgängig und dauerhaft. Die Umsetzung des emanzipatorischen und partizipatorischen Interesses, der uneingeschränkte Zugang zu den Leistungsangeboten unserer Gesellschaft definiert eine professionelle, inklusionspädagogische Aufgabe und versteht sich als entwicklungslogische Bildungsarbeit mit behinderten Menschen, die es u. a. mit Hilfe des Repertoires Unterstützter Kommunikationstechniken (vgl. z.B., TETZCHNER/MARTINSEN 2000; RENNER 2004; LAGE 2006), dialogischer Praktiken basaler Verständigung (z.B. FRÖHLICH 1982) und erprobter Strategien nach dem didaktischen Gütesiegel LL: „Leicht lesbar und leicht verständlich" (vgl. CANDUSSI 2005) allmählich möglich macht, dass nichts mehr über sie ohne sie entschieden und eingeleitet wird. Assistenz als authentisches, allseits und von allen nachvollziehbares Sprachrohr nicht sprechender Menschen und Mediator zwischen ihrer Innen- und Außenwelt ist didaktisch außerordentlich anspruchsvoll und will die Zugänge zu gesellschaftlicher Teilhabe für Menschen mit Behinderung neu denken und neu herstellen sowie zu ihrer „Entstigmatisierung" beitragen (MARKOWETZ 2007 b, 2007 c).

Solche „Gate-Manager" (vgl. KRAFT 2001) führen die gewünschten Dienstleistungen selbst nicht durch, sondern suchen nach geeigneten Angeboten von Anbietern, die das zu leisten vorgeben. Selbst wenn die Versorgung Behinderter aus einer Hand eine gewisse Tradition hat und gelegentlich vorübergehend auch sinnvoll erscheinen mag, halte ich es für angebracht, die Analyse, Planung und kritische Reflexion individueller Assistenzleistungen von der praktischen Durchführung durch geeignete Leistungserbringer zu trennen. Zu groß ist die Gefahr, dass das sensible Wissen über die Personen in wohlmeinenden Begründungen für separierende Maßnahmen advokatorisch dann doch wieder mit eigenen bzw. institutionellen und letztlich monetären Interessen verknüpft werden könnte und das Grundrecht auf Teilhabe verwässert.

16.4 Freizeit als Beruf – Qualifikationsanforderungen für die integrationspädagogische Arbeit im Lebensbereich Freizeit

Das Ausmaß und die Bedeutung des Lebensbereichs Freizeit wird in unserer Gesellschaft weiter zunehmen. Freizeit als Lebenszeit dient heute mehr denn je der salutogenetischen (ANTONOVSKY 1998) und identitätsstiftenden (MARKOWETZ 2007c) Befriedung immer vielfältiger werdender Freizeitbedürfnisse. Gleichzeitig wird der Zugang zu Freizeit schwieriger sowie die Möglichkeiten zur Freizeitgestaltung anspruchsvoller und können den Einzelnen rasch überfordern. Für ein erfülltes Freizeiterleben und das Gelingen von Freizeit werden deshalb immer mehr Dienste und Hilfen feilgeboten. Der Wirtschaftsfaktor Freizeit boomt und setzt zur Verbreitung seiner Interessen immer mehr auf qualifiziertes Personal. Schon heute steht fest, dass ein Großteil der zukunftsträchtigen Dienstleistungsberufe Freizeitberufe sein werden, z.B. Animateur, Unterhalter, Conferencier, Coach, Fitnesstrainer, Reiseleiter, Touristikassistent, Gästebetreuer, Fremdenführer oder Freizeitberater. Wohl deshalb hat zum Beispiel die Berufsfachschule der staatlichen Handelsschule „Berliner Tor" in Hamburg Freizeit zum Beruf gemacht und bietet bereits eine zweijährige Ausbildung zum Freizeitassistenten bzw. zur Freizeitassistentin als einen attraktiven, staatlich geprüften Serviceberuf an.
Neben dem Erwerb freizeitberuflicher Kompetenzen ist es zwingend notwendig, alle Auszubildenden, Praktikanten, Volontäre, Anwärter und Absolventen, die zukünftig in einem Freizeitberuf arbeiten wollen, für die integrative Freizeitgestaltung zu qualifizieren. Perspektivisch geht es vor dem Hintergrund eines egalitären Integrationsverständnisses und der demokratischen Auffassung von Inklusion als Menschenrecht zum einen darum, ein Bewusstsein zu schaffen, dass grundsätzlich auch Menschen mit einer Behinderung unabhängig von Art und Schweregrad ihrer Behinderung an allen Angeboten des Freizeitsektors sowohl mit als auch ohne ihre persönlichen Assistent(inn)en teilnehmen können. Zum anderen geht es natürlich darum, sie als Freizeitassistentinnen und Freizeitassistenten soweit auszubilden, dass sie selbst in der Lage sind, in der Praxis aller Facetten von Freizeit die integrative Freizeitarbeit kompetent zu leisten. Mit Blick auf die Aus-, Fort- und Weiterbildungsmöglichkeiten „zum Assistent/zur Assistentin für Menschen

mit Behinderungen" im Lebensbereich Freizeit (vgl. MARKOWETZ 2006; 2007c) kommen mehrere Organisationsformen in Betracht, die aus freizeitwissenschaftlicher Sicht je nach Bedarf und Notwendigkeit die theoretische und praktische Ausbildung in diesem neuen Serviceberuf für die Zielgruppe der Menschen mit Behinderung auf unterschiedlichen Anspruchsniveaus bestimmen und zu verschiedenen Abschlüssen führen, z.B:

- Schulungen für ehrenamtlich engagierte Personen zur Unterstützung ihres bürgerschaftlichen Engagements und ihrer Bürgerarbeit für ein Leben in Nachbarschaften (Bildungswochenenden, Seminarwoche, Kurse)
- Zusatzausbildungen für alle Berufsgruppen, die schon oder in Kürze berufspraktisch im Lebensbereich Freizeit arbeiten (Kurssystem, berufsbegleitend oder als Block; Umschulung, Fortbildung),
- Integration relevanter Inhalte in das Curriculum der Primärausbildung erzieherischer, heilpädagogischer, sozialpädagogischer, therapeutischer Berufe bzw. weiterer Rehabilitations-Berufe genauso wie in das Curriculum der Primärausbildung sogenannter Freizeitberufe an Berufsschulen, Fachschulen, Akademien, Fachhochschulen und Universitäten (Modularisierte Kompetenzbereiche),
- Kontakt-, Aufbau- Erweiterungs- bzw. Masterstudium für Absolventinnen und Absolventen eines aus freizeitwissenschaftlicher Sicht relevanten Erststudiums (modularisiertes Curriculum Freizeit und Behinderung; Gate-Management).

Die im Kontext des Forschungsprogramms „Inclusion and Community Care" am Fachbereich Heilpädagogik/Inclusive Education konzeptualisierte und in Kürze an der Katholischen Fachhochschule in Freiburg beginnende einjährige Weiterbildung zur Inklusionspädagogin/zum Inklusionspädagogen mit dem Schwerpunkt „Wohnassistenz und Freizeitassistenz für Menschen mit Behinderung/Benachteiligungen" (vgl. MARKOWETZ/FERTIG 2007) richtet sich neben den professionell für die Arbeit mit behinderten Menschen erstqualifizierten Experten insbesondere sehr breit an die Berufsgruppen aus der Sozialen Arbeit/Sozialpädagogik und an die in Freizeitberufen erstqualifizierten Berufsschul-, Fachschul- und/oder Fachhochschulabsolven-tinnen und -absolventen. Gerade die Triangulation unterschiedlicher Berufsgruppen in das praktische Berufsfeld 'Freizeit inklusiv' könnte im interdisziplinär professionellen Umgang mit Gleichheit und Differenz zur Entmedizinierung, Entinstitutionalisierung, Enthinderung und Entstigmatisierung führen und helfen die Praxis der sozialen Kontakte zwischen den Menschen in allen Bereichen, Segmenten und Facetten des Lebensbereichs Freizeit zu optimieren.

16.5 Zusammenfassung und Ausblick

Freizeit ist Lebenszeit! Aufgabe von Erziehung und Bildung ist es, Lebensführungskompetenzen zu vermitteln und ein zukunftsorientiertes Lernen für das Leben zu organisieren, damit Lebenszeit, Lebenszufriedenheit und Lebensqualität in unserer Gesellschaft kein exklusives Gut für wenige Personen werden, sondern das Zusammenleben und Zusammenhandeln der Menschen auf dem Weg zu einer inklusiven Gesellschaft tragen und bestimmen (MARKOWETZ 2007 a). Freizeiterziehung und Freizeitbildung müssen erneut Einzug halten in unseren Kindergärten und Schulen, damit Lebensentwürfe, die Lebensplanung und die alltägliche Lebensgestaltung gelingen kann, ohne Identitäten zu beschädigen (MARKOWETZ 2007 c). Es bedarf pädagogisch gewollter Unterrichts-, Förder- und Betreuungsangebote, die die eng geführten Vorstellungen vor- wie schulischer Leistungen in Richtung persönlichkeitsbildender Leistungen überwinden und dabei dem Lernziel „Entfaltung von Lebensführungskompetenz" entschieden näher kommen will. Persönlichkeitsbildung ist Bildung, die für das Leben qualifiziert, zwischen Berufs- und Freizeitbildung makelt, formale und materiale Bildungsansprüche unserer Gesellschaft in Balance halten und lebensbezogene Erziehungsziele mit berufsbezogenen Erziehungsziele in Einklang bringen kann (MARKOWETZ 2008).

Mit der (Wieder-)Entdeckung der Freizeit und Intensivierung der freizeitorientierten Bildungsarbeit haben unsere Sozialisationsinstanzen die Chance, ein humaner, demokratischer und sozialintegrativer Ort des Lernens mit Kopf, Herz und Hand zu werden, der dem Anliegen des Lernens in heterogenen Gruppen entgegen kommt und jedwede Form der Kooperation mit der offenen wie institutionalisierten Fachlichkeit des Lebens in unserer Gesellschaft und kritisch-konstruktiven Auseinandersetzung mit unserer Kultur begrüßt. Bei der Fortschreibung des Erziehungs-, Bildungs- und Beziehungsauftrages und der konkret praktischen Schulentwicklung auf dem Weg zu einer Schule für alle und zu deutlich mehr gemeinsamem Unterricht muss sich Schule, vor allen Dingen die Ganztagsschule in das öffentliche Leben ausbreiten, sich in die soziale und kulturelle Wirklichkeit des Umfeldes hinein stark öffnen und mit ihr vernetzen, organisatorisch und personell neue Wege gehen und bisweilen für die Schulpädagogik und ihre Fachdidaktiken noch ungewöhnliche Lehr- und Lerngegenstände professionell thematisieren und als gesamtpädagogische Aufgabe einer inklusiven Pädagogik und Didaktik annehmen, die ein emanzipatorisches wie partizipatorisches Interesse verfolgt.

Für die Beurteilung der Wirksamkeit von Inklusion im Freizeitbereich dürfte vor dem Hintergrund der in diesem Beitrag angesprochenen Notwendigkeit von Freizeiterziehung und Freizeitbildung, den beiden Assistenzebenen und berufsqualifizierenden Ausbildungsmöglichkeiten gerade das Gelingen der persönlichen Assistenz von Menschen mit Behinderungen ein fundamentaler Prüfstein sein (MARKOWETZ 2007 b). Durch den Einsatz gut ausgebildeter Freizeitassistentinnen und -assistenten wird man dem hohen Stellenwert der Freizeit in unserer heutigen Gesellschaft gerecht werden und dafür Sorge tragen können, dass sich die Freizeitbedürfnisse von Menschen mit Behinderungen mit klarem Bezug auf integrative und emanzipatorische Zielsetzungen erfüllen. Dann ist zu erwarten, dass die Entwicklungen im Lebensbereich Freizeit das Zusammenleben und Zusammenhandeln der Menschen sowie die daraus resultierende soziale Wirklichkeit positiv verändern. Gelingt es in diesem Prozess Vorurteile abzubauen, Einstellung und Verhaltensweisen gegenüber Menschen mit Behinderung zu ändern (MARKOWETZ 2007 c) und Möglichkeiten der Entstigmatisierung zu nutzen, dann sind wir sowohl auf dem Weg zu einer inklusiven Gesellschaft als auch zu einer Lebensgesellschaft, die sich vom Diktat der Erwerbsarbeit allmählich befreien und stärker der Freizeitbildung hinwenden kann (MARKOWETZ 2007 c; 2008). Die Bewältigung der Heterogenität, die Verwirklichung von Gerechtigkeit und Lebenschancen durch Freizeitassistenz ist dabei das Ziel und der Weg einer modernen Pädagogik und Didaktik der Freizeit und das Anliegen einer auf Inklusion gerichteten Behindertenhilfe und Sozialen Arbeit im Lebensbereich Freizeit. In jedem Fall wecken die in diesem Beitrag thematisierten Begriffe Freizeiterziehung, Freizeitbildung, Freizeitassistenz und Freizeitberufe neue, berechtigte Hoffnungen für ein Mehr an Selbstbestimmung, Emanzipation und gesellschaftlicher Teilhabe von Menschen mit Behinderungen (MARKOWETZ 2007b).

Literatur

ANTONOVSKY, A.: Salutogenese – Zur Entmystifizierung der Gesundheit. Tübingen (DGVT Verlag) 1998.

ARBEITSGRUPPE IDEAL E.V.: Freizeitassistenz am Beispiel des Hallenser Vereins IDEAL – Der Weg von einer studentischen Initiative zu einem sozialen Träger. In: THEUNISSEN G./SCHIRBORT, K. (Hrsg.), Inklusion von Menschen mit geistiger Behinderung.. Stuttgart (Kohlhammer) 2006, 266 – 274.

BAYERISCHES STAATSMINISTERIUM FÜR UNTERRICHT, KULTUS, WISSENSCHAFT UND KUNST: Einführung des Lehrplans für die Werkstufe der Schule für Geistigbehinderte. München (Amtsblatt. Bekanntmachung Nr. III/10-4/31 446) 1989

BUNDESMINISTERIUM FÜR ARBEIT UND SOZIALORDNUNG, Referat Öffentlichkeitsarbeit (Hrsg.): SGB IX – Rehabilitation und Teilhabe behinderte Menschen: mehr Beratung, mehr Leistung, mehr Chancen. Bonn (Bundesministerium) 2002

BUNDESMINISTERIUM FÜR GESUNDHEIT UND SOZIALE SICHERUNG (Hrsg.): Rehabilitation und Teilhabe behinderter Menschen. Bonn (Bundesministerium) 2004

CANDUSSI, K.: Was passiert, wenn „geistig Behinderte" mit ihrem Kopf arbeiten? In: KAISER, H./KOCNIK, E./SIGOT, N. (Hrsg.): Vom Objekt zum Subjekt. Inklusive Pädagogik und Selbstbebestimmung. Klagenfurt/Ljubljana/Wien (Mohorjeva Hermagoras) 2005, 163–173

EBERT, H.: Menschen mit geistiger Behinderung in der Freizeit. Bad Heilbrunn 2000

FEUSER, G.: Behinderte Kinder und Jugendliche. Zwischen Integration und Aussonderung. Darmstadt 1995

FRÖHLICH, A.: Der somatische Dialog. Zur psychischen Situation schwerstmehrfachbehinderter Kinder. Behinderte in Familie, Schule und Gesellschaft 5 (1982), 15–20

KLAFKI, W.: Das pädagogische Problem des Elementaren und die Theorie der kategorialen Bildung. Weinheim 1957 (1959)

KOSSENS, M: Grundzüge des neuen Behindertenrechts: SGB IX und Gleichstellungsgesetz. München 2003

KRAFT, W.F.: Institutionelle Hilfe versus persönliche Assistenz. 2001. Internetquelle. Download unter: www.alsterdorf.de/evangelische_stiftung alsterdorf C7726855567F40E29F9F2496160 B5474.htm [6.4.2006]

LAGE, D.: Unterstützte Kommunikation und Lebenswelt. Eine kommunikationstheoretische Grundlegung für eine behindertenpädagogische Konzeption. Bad Heilbrunn 2006

LAMERS, W./HEINEN, N.: Bildung mit ForMat – Impulse für eine veränderte Unterrichtspraxis mit Schülerinnen und Schülern mit (schwerer) Behinderung. In: LAUBENSTEIN, D./LAMERS, W./HEINEN, N. (Hrsg.), Basale Stimulation kritisch-konstruktiv. Düsseldorf 2006, 141–205

MARKOWETZ, R.: Freizeit und Behinderung – Inklusion, Teilhabe durch Freizeitassistenz. In: Spektrum Freizeit – Forum für Wissenschaft, Politik & Praxis. Heft II: Schwerpunkt: Freizeit – Ethik und Behinderung. Bedingungen und Möglichkeiten freizeitkultureller Teilhabe für Alle. Herausgegeben von Prof. Dr. Udo WILKEN. 28 Jg. (2006) 54 – 72

MARKOWETZ, R.: Inklusion und soziale Integration von Menschen mit Behinderungen. In: CLOERKES, G.: Soziologie der Behinderten. Heidelberg[3] 2007a, 207–278

MARKOWETZ, R.: Behinderung und Inklusion. Paradigmenwechsel – Verändert Inklusion das Verständnis von Behinderung und bringt Menschen mit Behinderung mehr Teilhabe und Emanzipation? In: BETREUUNGSMANAGEMENT 3 (2007 b) 59–71

MARKOWETZ, R.: Soziale Integration, Identität und Entstigmatisierung. Behindertensoziologische Aspekte und Beiträge zur Theorieentwicklung in der Integrationspädagogik. Heidelberg 2007c

MARKOWETZ, R.: Freizeiterziehung für Kinder und Jugendliche mit Behinderungen/Benachteiligungen. In: STEIN, R./ORTHMANN, D. (Hrsg.): Förderung privater Lebensgestaltung bei Behinderung und Benachteiligung im Kindes- und Jugendalter. Hohengehren 2008

MARKOWETZ, R./CLOERKES, G. (Hrsg.): Freizeit im Leben behinderter Menschen. Theoretische Grundlagen und sozialintegrative Praxis. Heidelberg 2000

MARKOWETZ, R./FERTIG, T.: Fachpädagogin/Fachpädagoge „Inklusion und Community Care für Menschen mit Behinderung im Lebensbereich Freizeit" – Konzept und Curriculum der einjährigen Weiterbildung im Kontext des Forschungsprogramms „Inklusion und Community Care". Freiburg (Katholische Fachhochschule) 2007

MARKOWETZ, R./SCHWAB, J. (Hrsg.): Kooperation von Jugendhilfe und Schule zwischen Anspruch und Wirklichkeit. Bad Heilbrunn 2008

MINISTERIUM FÜR KULTUS UND SPORT BADEN-WÜRTTEMBERG (Hrsg.): Bildungsplan der Schule für Geistigbehinderte. Amtsblatt. Lehrplanheft 5/1982. Villingen-Schwenningen 1982

OPASCHOWSKI, H. W.: Pädagogik und Didaktik der Freizeit. Opladen 1990

OPASCHOWSKI, H.W.: Freizeiterziehung und Freizeitbildung. In: ANTOR, G./BLEIDICK, U. (Hrsg.), Handlexikon der Behindertenpädagogik. Schlüsselbegriffe aus Theorie und Praxis. Stuttgart 2001, 186–188

RENNER, G.: Unterstützte Kommunikation. Eine Grundlegung. Berlin 2004

TETZCHNER v. S./ MARTINSEN, H.: Einführung in Unterstützte Kommunikation. Heidelberg 2000

THEUNISSEN, G./DIETER, M./NEUBAUER, G./NIEHOFF, U.: Zur Situation geistig behinderter Menschen in ihrer Freizeit. Eine Umfrage bei der Lebenshilfe in Deutschland. Geistige Behinderung 39 (2000) 360–372

THEUNISSEN, G.: Von der Heilpädagogik zu Sozialen Arbeit? Behinderte in Familie, Schule und Gesellschaft 28 (2005) 30–42

ZELLMANN, P.: Arbeit, Erholung und Zeit zum Leben. Spektrum Freizeit 24 (2002) 112–122

Autorinnen und Autoren

Prof. Dr. Gudrun Doll-Tepper
Freie Universität Berlin
Fabeckstr. 69
14195 Berlin

Dr. Stefan Doose
Steinrader Hauptstr. 16
23556 Lübeck
stefan.doose@t-online.de

Prof. Dr. Hans Eberwein
Internationale Akademie für innovative Pädagogik, Psychologie und
Ökonomie (INA) an der Freien Universität Berlin
Eberwein.Hans@web.de

Prof. Dr. Georg Feuser
Universität Zürich
Institut für Sonderpädagogik
Hirschengraben 48
CH - 8001 Zürich
feuser@isp.uzh.ch, gfeuser@wissonline.ch

Prof. Dr. Barbara Gasteiger-Klicpera
Pädagogische Psychologie
Pädagogische Hochschule Weingarten
Kirchplatz 2
88250 Weingarten
gasteiger@ph-weingarten.de

Anette Hausotter
National Coordinator European Agency for Development
in Special Needs Education (www.european-agency.org)
Institut für Qualitätsentwicklung an Schulen Schleswig-Holsteins
Leitung BIS-Autismus IQSH-345
Schreberweg 5
24119 Kronshagen

Sabine Herm
Diplom-Pädagogin /Supervisorin
Kindertagesstättenberatung
Arbeiterwohlfahrt Landesverband Berlin e. V.
Blücherstraße 62
10961 Berlin
SabineHerm@t-online.de

Prof. Dr. Andreas Hinz
Martin-Luther-Universität Halle-Wittenberg
Philosophische Fakultät III - Erziehungswissenschaften
Institut für Rehabilitationspädagogik
06099 Halle (Saale)
andreas.hinz@paedagogik.uni-halle.de

Prof. Dr. Christian Klicpera
Universität Wien
Fakultät für Psychologie
Arbeitsbereich Klinische Psychologie
Universitätsstraße 7
A - 1010 Wien

Prof. Dr. Bernhard Klingmüller
Evangelische FH Rheinland-Westfalen-Lippe
Immanuel-Kant-Str. 18-20
44803 Bochum

Prof. Dr. Max Kreuzer
Hochschule Niederrhein
Fachbereich Sozialwesen
Richard-Wagner-Str. 101
41065 Mönchengladbach

Prof. Dr. Johannes Mand
Evangelische FH Rheinland-Westfalen-Lippe
Immanuel-Kant-Str. 18-20
44803 Bochum
e-mail@johannes-mand.de

Prof. Dr. Reinhard Markowetz
Katholische Fachhochschule Freiburg
Karlstraße 63
79104 Freiburg
markowetz@kfh-freiburg.de

Douglas Ross
Eltern für Integration
Clayallee 260 a
14169 Berlin

Prof. Dr. Alfred Sander
Mecklenburgring 47
66121 Saarbrücken
a.sander@mx.uni-saarland.de

Prof. Dr. Jutta Schöler (em.)
Grimnitzstr. 4
13595 Berlin

Marcel Veber
Sonderschullehrer
Wiesenstr. 37
47239 Duisburg